中國古代史

夏曾佑著

民國滬上初版書·復制版

中國古代史

夏曾佑 著

上海三联书店

图书在版编目(CIP)数据
中国古代史 / 夏曾佑著. ——上海:上海三联书店,2014.3
(民国沪上初版书·复制版)
ISBN 978-7-5426-4621-7
Ⅰ.①中… Ⅱ.①夏… Ⅲ.①中国历史—古代史 Ⅳ.①K22
中国版本图书馆 CIP 数据核字(2014)第 035465 号

中国古代史
著　　者 / 夏曾佑
责任编辑 / 陈启甸 王倩怡
封面设计 / 清风
策　　划 / 赵炬
执　　行 / 取映文化
加工整理 / 嘎拉 江岩 牵牛 莉娜
监　　制 / 吴昊
责任校对 / 笑然
出版发行 / 上海三联书店
(201199)中国上海市闵行区都市路 4855 号 2 座 10 楼
网　　址 / http://www.sjpc1932.com
邮购电话 / 021-24175971
印刷装订 / 常熟市人民印刷厂

版　　次 / 2014 年 3 月第 1 版
印　　次 / 2014 年 3 月第 1 次印刷
开　　本 / 650×900　1/16
字　　数 / 430 千字
印　　张 / 36.25
书　　号 / ISBN 978-7-5426-4621-7/K·259
定　　价 / 165.00 元

民国沪上初版书·复制版

出版人的话

如今的沪上，也只有上海三联书店还会使人联想起民国时期的沪上出版。因为那时活跃在沪上的新知书店、生活书店和读书出版社，以至后来结合成为的三联书店，始终是中国进步出版的代表。我们有责任将那时沪上的出版做些梳理，使曾经推动和影响了那个时代中国文化的书籍拂尘再现。出版“民国沪上初版书·复制版”，便是其中的实践。

民国的“初版书”或称“初版本”，体现了民国时期中国新文化的兴起与前行的创作倾向，表现了出版者选题的与时俱进。

民国的某一时段出现了春秋战国以后的又一次百家争鸣的盛况，这使得社会的各种思想、思潮、主义、主张、学科、学术等等得以充分地著书立说并传播。那时的许多初版书是中国现代学科和学术的开山之作，乃至今天仍是中国学科和学术发展的基本命题。重温那一时期的初版书，对应现时相关的研究与探讨，真是会有许多联想和启示。再现初版书的意义在于温故而知新。

初版之后的重版、再版、修订版等等，尽管会使作品的内容及形式趋于完善，但却不是原创的初始形态，再受到社会变动施加的某些影响，多少会有别于最初的表达。这也是选定初版书的原因。

民国版的图书大多为纸皮书，精装(洋装)书不多，而且初版的印量不大，一般在两三千册之间，加之那时印制技术和纸张条件的局限，几十年过来，得以留存下来的有不少成为了善本甚或孤本，能保存完好无损的就更稀缺了。因而在编制这套书时，只能依据辗转找到的初版书复制，尽可能保持初版时的面貌。对于原书的破损和字迹不清之处，尽可能加以技术修复，使之达到不影响阅读的效果。还需说明的是，复制出版的效果，必然会受所用底本的情形所限，不易达到现今书籍制作的某些水准。

民国时期初版的各种图书大约十余万种，并且以沪上最为集中。文化的创作与出版是一个不断筛选、淘汰、积累的过程，我们将尽力使那时初版的精品佳作得以重现。

我们将严格依照《著作权法》的规则，妥善处理出版的相关事务。

感谢上海图书馆和版本收藏者提供了珍贵的版本文献，使“民国沪上初版书·复制版”得以与公众见面。

相信民国初版书的复制出版，不仅可以满足社会阅读与研究的需要，还可以使民国初版书的内容与形态得以更持久地留存。

2014 年 1 月 1 日

中國古代史

夏曾佑著

中華民國二十二年十一月初版

第一篇　凡例

講堂演述。中學較西學爲難。西學有塗轍。中學無塗轍也。是編有鑒於此。故於所引之書。皆於其下作一記號。如第三節一。檢附卷中第三節（一）即可知其出處。其不作記號者。皆二十四史之文。因是編以二十四史爲底本。故不復註其出處也。（其正史與他書交錯於一處者。仍註出處。其一節中徵引過繁者。均註出處於本文之下。不復編號。以省錯誤。）

是編分我國從古至今之事爲三大時代。又細分之爲七小時代。每時代中於其特別之事加詳。而於普通之事從略。如言古代則詳於神話。周則詳於學派。秦則詳於政術。是也。餘類推。

書中所引人名地名。各從其所本之書。而見於標題及案語中者。則以至通行之書爲本。如包犧之名即用易文也。餘類推。

列史年表。與古人著述。有與史事關繫極切。而其物又無可刪節者。皆全篇附入。以供博考。

歷史必資圖畫。然中國古圖畫不傳。後人所補作者。甲造乙難。迄無定論。是編一概不錄。

中國歷史體段太大。倉猝編述。漏誤必多。當俟將來加以釐正。

敍

智莫大於知來。來何以能知。據往事以爲推而已矣。故史學者。人所不可無之學也。雖然。有難言者。神洲建國既古。往事較繁。自秦以前。其紀載也多歧。自秦以後。其紀載也多仍。歧者無以折衷。仍者不可擇別。況史本王官。載筆所及。例止王事。而街談巷語之所造。屬之稗官。正史缺焉。治史之難。於此見矣。然此猶爲往日言之也。洎乎今日。學科日侈。日不暇給。既無日力以讀全史。而運會所遭。人事將變。目前所食之果。非一一於古人證其因。卽無以知前途之夷險。又不能不亟讀史。若是者將奈之何哉。是必有一書焉。文簡於古人。而理富於往籍。其足以供社會之需乎。今茲此編。卽本是旨。而學殖時日。皆有不逮。疏繆之譏。知不可免、亦聊述其宗趣云爾。錢唐夏曾佑敍

時。故講述當以此爲急。本篇所詳。卽此二事。然種族之概。雖已略具。而宗敎則已限於時日。未遑詳述。

本章時事複雜。非表不明。惟作表則必不能簡。將居全書之半。而事仍不能詳。今竟不復作表。淸嘉定徐

文範。有晉南北朝輿地表。旣誌輿地。復詳人事。卽可作爲本篇之表。

第二篇皆屬中古史範圍。故章數相承。(第二章)

第二篇 凡例

第一篇中所見人名。大都年代久遠。強半不知其字與何地人。本篇時代漸近。諸人之字號籍貫。大都可考。今皆隨文注明。惟兩漢不及添注。另作附錄附於後。

第一篇中中國尚爲無數小國。其事並無統紀。不能不以表明之。本篇兩漢皆一統。三國雖分。尚不破碎。故無所用表。

本篇用意與第一篇相同。總以發明今日社會之原爲主。文字雖繁。其綱只三端。一。關乎皇室者。如宮庭之變。羣雄之戰。凡爲一代興亡之所繫者。無不詳之。其一人一家之事。則無不從略。雖有名人。如與所舉之事無關。皆不見於書。一。關乎外國者。如匈奴西域西羌之類。事無大小。凡有交涉。皆舉其略。所以代表。一。關乎社會者。如宗教風俗之類。每於有大變化時詳述之。不隨朝而舉也。執此求之。則不覺其繁重矣。

(第一章)

本章原擬自晉迄五代。今所述自晉迄隋而止。惟自晉迄五代之事。本多一貫。今既中止。其間種種情事。遂有不能結論之處。讀者諒之。

本章所述時期。乃中國由單純之種族宗教。(漢以前之種族宗教亦不得謂之單純。惟較漢以後爲單純耳。)轉入複雜之種族宗教

目錄

第一篇　上古史

第二篇　中古史

中國古代史

第一篇　上古史

第一章　傳疑時代(太古三代)

第一節　世界之初

人類之生。決不能謂其無所始。然言其所始。說各不同。大約分爲兩派。古言人類之始者。爲宗教家。今言人類之始者。爲生物學家。宗敎家者。隨其敎而異。各以其本羣最古之書爲憑。世界各古國。如埃及(Egypt)巴比倫(Babylon)印度(India)希伯來(Hebrew)等。各自有書。詳天地剖判之形。元祖降生之事。其說尙在。爲當世學者所知。而我神洲亦其一也。顧各國所說。無一同者。昔之學人。篤於宗敎。每多入土出奴之意。今幸稍衰。但用以考古而已。至於生物學家者。創於此百年以內。最著者英人達爾文(Darwin)之種源論(Origin of Species）。其說本於攷察當世之生物。與地層之化石。條分縷析。觀其會通。而得物與物相嬗之故。由古之說。則人之生爲神造。由今之說。則人之生爲天演。其學如水火之不相容。此二說者。若欲窮其指歸。則自有專門之學在。非本篇所暇及。本篇所以首及此者。因討論歷史。幾無事不與宗教相涉。古史尤甚。故先舉此以告學者。庶幾有所別擇焉。

第二節　地之各洲人之各種

大地之陸。分爲五洲。吾人所居。曰亞細亞洲（Asia）。其西曰歐羅巴洲（Europe）。其西南曰亞非利加洲（Africa）。再西曰南北亞美利加洲（South and North America）。亞洲之東南。曰澳大利亞洲（Australia）。是爲五大洲。其名皆歐羅巴人所命也。其居此五洲之種族。居亞洲者曰蒙古利亞種（Mongolians）。居亞洲之南及各島中者。曰馬來種（Malays）。居歐羅巴洲者。曰高加索種（Caucasians）。居非洲者。曰內革羅種（Negroes）。居美洲者。曰印第安種（Indians）。是謂五種。其名亦皆歐羅巴人所命也。因與此五洲五種相交涉。而有信史可傳者、始於歐羅巴人、故泰東之言洲名與種名者、不得不用其所立之名也、此諸種人。在上古時。大約聚居亞細亞西北之高原。其後散之四方。因水土不同。生事各異。久之。遂有形貌之殊。文化之別。然其語言文字之中。猶有同者。會而通之。以觀其分合之迹。此今日之新科學也。中國位於亞洲之東。而屬於蒙古利亞族。案亞細亞、本亞洲西方之一小地、而蒙古又胡人一分族之名也、殆不足以概中國。歐人云云。亦以偏概全之例爾。此族之史。爲吾人本國之史。本書所講演者此也。

第三節　中國種族之原

種必有名。而吾族之名。則至難定。今人相率稱曰支那。案支那之稱。出於印度。其義猶邊地也。此與歐人之以蒙古概吾種無異。均不得爲定名。至稱曰漢族。則以始通匈奴得名。稱曰唐族。則以始通海道得名。其實皆朝名。非國名也。諸夏之稱。差爲近古。然亦朝名。非國名也。惟左傳襄公十四年。引戎子支駒之言曰。我諸戎飲食衣服。不與華同。華非朝名。或者吾族之眞名歟。至吾族之所從來。尤無定論。近人言吾族從巴比倫遷來。據下文最近西歷一千八百七十餘年後。法德美各國人數次在巴比倫故墟掘地。所發見之證據觀之。則古巴比倫人與歐洲之文化相去近。而與吾族之文化相去遠。恐非同種也。其古事附錄於後。

巴比倫有二種語。一南一北。南爲文言(the pure language)。北爲婦人之言(the woman's language)。西元前六千年之塼文。凡書十二部。紀其國之古事。第一部云。無始之時。光明與黑暗相戰。於是有大神出其間。名彌羅岱(Merodach)。當此之時。又有一龍。底麥得(Tiamat)。與神爲敵。神以大力磔龍而分之。其首爲天。尾爲地。第十一部言二大神。一名吉而葛莫斯(Gilgames)。一名衣本尼(Ea-bani)。上帝造衣神。本令其殺吉神。不料二神結爲死黨。二神協力殺一惡神。名克母伯(Khumbaba）此惡神本住一奇怪杉樹之下。又殺一神牛。因殺神牛。遂有洪水之禍。後衣神忽死。而吉神又患重病。此病惟一神能醫之。神住死水之外。名西蘇詩羅斯（Xisuthros）吉神往就醫。從阿剌伯經過一日落之山。此山上本歸一種怪人名蠍人者保護。海邊有樹。以寶石爲果又行四十五日而至死水。死水之中有羣島。有一島名福島。於此島望見西神。西神始告以造洪水之故。又以生命樹一枝授之。吉神卽攜樹歸巴比倫。於路偶渴。就泉而飲。泉中有一蛇出。竊其生命樹。吉神大哭而無如何也。　又大神彌羅岱。以土造人。第一人曰愛特巴（Adapa）。偶因釣魚。誤折南風之翼。南風訴之於天。天神愛牛（Anu）召愛特巴而問之。有神名醫（Ea）。謂愛特巴曰。愛牛神處之物。不可飲食。愛特巴遂不敢飲食。於是其子孫無不死者矣。蓋愛牛之飲食。皆能使人不死者也。　又有神納格爾（Nergal）欲謀殺一女神名愛來得（Allat）。女神乃與之商。以地球上之權。悉讓之。遂得不死。而女神爲陰司之神。　又有神名衣登腦（Etanna）。與鷹相商。欲至天至高之處。已過愛牛之室。又至一斯他（Istar）之室。鷹力已竭。遂棄於地上。　有神司風潮名蘇（Zu）。竊彌羅岱定數之簿。而彌羅岱之權遂失。久之始得奪回。　巴比倫女子可受父母之遺產。　在公庭。父子平權。　奴隸亦有財產與訟獄之權。　無用刑訊之事。又以誑言爲重罪。　商法甚詳。　敎育普及。　女子亦講學問。　郵信極多。　已知日月食。　創十二宮。　休息之日。以度歲爲至要。倍爾神升座行福故也。　人皆平等自由。　供神之物。分爲二種。有血者肉類。無血者香酒等類。稅取十分之一以與廟。商亦最重。帝王亦經商。貸資有至二十分者。後減至十三分半。以金銀銅三種條爲幣、一金門尼、爲六十悉克爾。

第四節 古今世變之大概

中國之史。可分爲三大期。自草昧以至周末。爲上古之世。自秦至唐爲中古之世。自宋至今。爲近古之世。若再區分之。求與世運密合。則上古之世。可分爲二期。由開闢至周初。爲傳疑之期。因此期之事。並無信史。均從羣經與諸子中見之。（經史子之如何分別。後詳之。）往往寓言實事。兩不可分。讀者各信其所習慣而已。故謂之傳疑期。由周中葉至戰國爲化成之期。因中國之文化。在此期造成。此期之學問。達中國之極端。後人不過實行其諸派中之一分。以各蒙其利害。故謂之化成期。中古之世。可分爲三期。由秦至三國。爲極盛之期。此時中國人材極盛。國勢極彊。凡其兵事。皆同種相戰。而別種人則稽顙於闕廷。此由實行第二期人之理想。而得其良果者。故謂之極盛期。由晉至隋爲中衰之期。此時外族侵入。握其政權。而宗教亦大受外教之變化。故謂之中衰期。唐室一代。爲復盛之期。此期國力之彊。略與漢等。而風俗不逮。然已勝於其後矣。故謂之復盛期。近古之世。可分爲二期。五季宋元明爲退化之期。因此期中。敎殖荒蕪。風俗凌替。兵力財力。逐漸摧頹。漸有不能獨立之象。此由附會第二期人之理想。而得其惡果者。故謂之退化期。清代二百六十一年爲更化之期。此期前半。學問政治。

集秦以來之大成。後半。世局人心。開秦以來所未有。此蓋處秦人成局之已窮。而將轉入他局者。故謂之更化期。此中國歷史之大略也。

第五節　歷史之益

讀我國六千年之國史。有令人悲喜無端。俯仰自失者。讀上古之史。則見至高深之理想。（如大易然）至完密之政治。（如周禮然）至純粹之倫理。（如孔教然）燦然大備。較之埃及迦勒底印度希臘。無有愧色。讀中古之史。則見國力盛强。逐漸用兵。合閩粤滇黔越南諸地爲一國。北絕大漠。西至帕米爾高原。裒然爲亞洲之主腦。羅馬匈奴之盛。殆可庶幾。此思之令人色喜自壯者也。洎乎讀近今之史。則五代之間。我之傭販皂隸與沙陀契丹狂噬交捽。衣冠塗炭。文物掃地。種之不滅者幾希。趙宋建國。稍稍稱治。然元氣摧傷。不可猝起。而醫國者又非其人。自此以還。對外則主優柔。對內則主壓制。士不讀書。兵不用命。名實相反。主客易位。天下愁歎。而不知所自始。其將蹈埃及印度之覆轍乎。此又令人悵然自失者矣。雖然及觀清代二百餘年間。道光以前。政治風俗。雖仍宋明之舊。而學問則已離去宋明。而與漢唐相合。道光以後。與天下相見。數十年來。乃駸駸有戰國之勢。於是識者知其運之將轉矣。又未始無無窮之望也。夫讀史之人。必悉其史中所陳。引歸身受。而後讀史乃有益。其大概如此。

第六節　上古神話

第一期傳疑時代者。漢有三王五帝九皇。貶極爲民之說。一 此純乎宗教家言。不可援以攷實。其三皇五帝之名。始見於周初。二 古注以爲其書卽三墳五典。然墳典已亡。莫知師說。古又有泰古二皇之說。二皇謂庖犧神農。三 又有古有天皇地皇有泰皇。泰皇最貴之說。四 然皆異說不常見。常見者。以天皇地皇人皇爲多。而其所指者。各不同。緯候所傳言者非一。有以虙戲燧人神農爲三皇者。五 有以伏羲女媧神農爲三皇者。六 有以伏羲神農黃帝爲三皇者。七 有以伏羲神農祝融爲三皇者。八 大約異義。尚不止此。此其大略耳。五帝之說。亦甚不同。或用以配五人神。太昊配勾芒。炎帝配祝融。黃帝配后土。少昊配蓐收。顓頊配玄冥。九 而其再變則爲靑帝靈威仰。赤帝赤熛怒。黃帝含樞紐。白帝白招拒。黑帝汁光紀。爲五感生帝。十 異義亦不止此。此亦其大略耳。大抵皆秦漢間人各本其宗教以爲言。故牴牾如此。今紀錄則自包犧始。

案世有盤古天皇地皇人皇之說。非雅言也。今錄之以備攷。天地混沌。如雞子。盤古生其中。萬八千歲。天地開闢。陽淸爲天。濁陰爲地。盤古在其中。一日九變。神於天。聖於地。天日高一丈。地日厚一丈。盤古日長一丈。如此萬八千歲。天數極高。地數極厚。盤古極長。後乃有三皇。御覽二引徐整三五歷 天皇十二頭。號曰天靈。治萬八千歲。御覽七十八引項峻始學篇 被跡在柱州崑崙山下。御覽七十八引遁甲開山圖 地皇十二頭。治萬八千歲。御覽七十八引項峻始學

篇 興於熊耳龍門山。皆蛇身獸足。生於龍門山中。（御覽七十八引遁甲開山圖）人皇九頭。治四萬五千六百年。（御覽七十八引徐整三五歷）起於形馬。（御覽七十八引遁甲開山圖）或云提地之國。（御覽三百九十六引春秋命歷序）其說之荒誕如此。今案盤古之名。古籍不見。疑非漢族舊有之說。或盤古槃瓠音近。槃瓠爲南蠻之祖。（後漢書南蠻傳）此爲南蠻自說其天地開闢之文。吾人誤用以爲己有也。故南海獨有盤古墓。桂林又有盤古祠。（任昉述異記）不然。吾族古皇並在北方。何盤古獨居南荒哉。至三皇之說。雖三皇五帝之書。掌於故府。（周禮春官外史氏）事自確有。然必卽指包犧諸帝而言。非別有所謂三皇也。

案古又有十紀之說。一曰九頭紀。二曰五龍紀。三曰攝提紀。四曰合雒紀。五曰連通紀。六曰序命紀。七曰循蜚紀。八曰因提紀。九曰禪通紀。十曰流訖紀。（史記三皇本紀）與巴比倫古塼文載洪水前有十皇相繼。四十三萬年之說合。

第七節　包犧氏

包犧氏蛇身人首。風姓。都于陳。（今河南陳州）一 華胥履跡。怪生皇犧。（華胥神農母跡靈威仰之跡也）二 結繩而爲網罟。以畋以漁。三 制以儷皮嫁娶之禮。四 以木德王。五 始作八卦。六 以龍紀官。故爲龍師而龍名。七 在位一百一十年。或云一百一十六年。八 案包犧之義。正爲出漁獵社會而進游牧社會之期。此爲萬國各族所必歷。但爲時有遲速。而我國之出漁獵社會為較早也。始制嫁娶。則離去知有母而不知有父之陋習。而變為家族。亦為進化必歷之階級。而其中至大之一端。則為作八卦。近世西人拉克伯里(Lacouperie)著書。言八卦卽巴比倫之楔形文。今易緯乾鑿度解八卦。正作古文。☰為古天字。☷為古地字。☴為古風字。☶為古山字。☵為古水字。☲為古火字。☳為古雷字。☱為古澤字。夫水火風雷天地山澤等物。均世間至大至常之現象。為初作記號者所必先。或包犧與巴比倫分支極早。其他之文均未作。而僅有此八文與。

第八節　女媧氏

女媧氏。亦風姓也。承包犧制度。蛇身人首。是為女皇。[一] 摶黃土作人。[二] 有共工氏。任智刑以強伯。[三] 以水紀。為水師而水名。[四] 康回憑怒。（康回共工之名）地東南傾。[五] 四極廢。九州裂。天不兼覆。地不周載。火焰炎而不滅。水浩洋而不息。猛獸食顓民。鷙鳥攫老弱。於是女媧氏鍊五色石以補蒼天。斷鼇足以立四極。殺黑龍以濟冀州。積蘆灰以止淫水。蒼天補。四極正。淫水涸。冀州平。狡蟲死。[六] 女媧氏沒。大庭氏作。次有柏皇氏。中央氏。栗陸氏。驪連氏。赫胥氏。尊盧氏。祝融氏。混沌氏。昊英氏。有巢氏。葛天氏。陰康氏。朱襄氏。無懷氏。凡十五代。並襲包犧之號。[七] 案黃土摶人。與巴比倫之神話合。（創世記亦出於巴比倫）其故未詳。共工之役。為古人兵爭之始。其戰也殆有決水灌城之舉。補天殺龍。均指此耳。[八] 大庭以下。不復可稽。然古書所引尚多。與此小異。總以見自包犧至神農。其時日必

極久矣。莊子胠篋與此不同

第九節　神農氏

神農氏姜姓。母曰任姒。有喬氏之女名女登。爲少典妃。遊於華陽。有神龍首感女登於常羊。生炎帝。人身牛首。長於姜水。以火德王。故謂之炎帝。都於陳。凡八世。帝承。帝臨。帝明。帝直。帝來。帝衰。帝榆罔。諸侯夙沙氏叛。不用命。炎帝退而修德。夙沙氏之民自攻其君而歸炎帝。在位百二十年。葬長沙。一 又名帝魁。二 以火紀。故爲火師而火名。三 斲木爲耜。揉木爲耒。耒耜之利。以敎天下。四 乃始敎民播五穀。相土地宜燥溼肥磽高下。嘗百草之滋味。察水泉之甘苦。令民知所避就。當此之時。一日而遇七十毒。五 神農納奔水氏之女曰聽談。爲妃。生帝哀。哀生帝克。克生榆罔。凡八代。五百三十年。六 而爲黃帝所滅。七 案此時代發明二大事。一爲醫藥。一爲耕稼。而耕稼一端。尤爲社會中至大之因緣。蓋民生而有飲食。飲食不能無所取。取之之道。漁獵而已。然其得之也。無一定之時。亦無一定之數。民日冒風雨。驀谿山。以從事於飲食。飢飽生死。不可預決。若是之羣。其文化必不足開發。故凡今日文明之國。其初必由漁獵社會。以進入遊牧社會。自漁獵社會。改爲遊牧社會。而社會一大進。蓋前此之蚤暮不可知。鉅細不可定者。至此皆俯仰各足。於是民無憂餒陟險之害。乃有餘力以從事於文化。且以遊牧之必須逐水草。避寒暑也。得以矚覽川原之博大。上測天星。下稽道里。而其學遂不能不進矣。雖然。

遊牧之羣。必須廣土。若生齒大繁。地不加闢。則將無以爲遊牧之場。故凡今日文明之國。其初必又由遊牧社會。以進入耕稼社會。自遊牧社會。改爲耕稼社會。而社會又一大進。蓋前此櫛甚風沐甚雨。不遑寧處者。至此皆可殖田園。長子孫。有安土重遷之樂。於是更有暇日。以擴其思想界。且以畫地而耕。其生也有界。其死也有傳。而井田宗法世祿封建之制生焉。天下萬國。其進化之級。莫不由此。而期有長短。若非洲美洲澳洲之土人。今尙滯於漁獵社會。亞洲北方及西方之土人。尙滯於遊牧社會。我族則自包犧已出漁獵社會。神農已出遊牧社會矣。

第十節　神話之原因

綜觀伏羲女媧神農三世之紀載。則有一理可明。大凡人類初生。由野番以成部落。養生之事。次第而備。而其造文字。必在生事略備之後。其初族之古事。但憑口舌之傳。其後乃繪以爲畫。再後則畫變爲字。字者畫之精者也。故一羣之中。既有文字。其第一種書。必爲紀載其族之古事。必言天地如何開闢。古人如何創制。往往年代杳邈。神人雜糅。不可以理求也。然既爲其族至古之書。則其族之性情風俗法律政治。莫不出乎其間。而此等書。常爲其俗之所尊信。胥文明野蠻之種族。莫不然也。中國自黃帝以上。包犧女媧神農諸帝。其人之形貌。事業年壽。皆在半人半神之間。皆神話也。故言中國信史者。必自炎黃之際始。

第十一節　炎黃之際中國形勢

凡人羣之遷徙也。常順山川之形勢以前進。中國之山帶河流。皆爲橫列。與赤道平行。故各族之居其地者。亦用橫列之法。以分占大地。當炎帝末造。居中國者。約分三族。最北以漠南北爲界者爲葷粥。（獯鬻玁狁匈奴皆一音之轉）西起崑崙東漸大海。夾黃河兩岸者。爲諸夏。大江以外。及乎南溟。是爲黎族。獯鬻之來。不可考。然出於夏桀淳維之說。必不足信。黎族與今之馬來族相同。向疑其爲神洲之土著。然近日有人發見猓玀古文書。中言洪水方舟之事。（日本鳥居龍藏所引西人之說）則亦從西方來者。或較吾族早耳。當時諸夏。雖爲一族。然似有二支。一炎帝。一黃帝也。因史記稱黃帝遷徙往來無常處。以兵師爲營衛。而神農氏教民稼穡。農夫非可遷徙往來無常處者。故疑其爲一族分二支也。古時黎族。散處江湖間。先於吾族。不知幾何年。其後吾族順黃河流域而至。如此者又不知幾年。至黃帝之時。生齒日繁。民族競爭之禍。乃不能不起。遂有炎帝黃帝蚩尤之戰事。而中國文化。藉以開焉。

第十二節　黃帝與炎帝之戰

黃帝姓公孫。生於姬水。故姓姬。是本姓公孫。後改姬姓。（原注）名曰軒轅。（一）少典之子。（二）（此爲炎帝同族之證炎帝事見前）母曰附寶。感大電繞樞。生帝軒。（三）以土德王。（四）以雲紀官。故爲雲師而雲名。（五）案黃帝之時。葷粥在北。九黎在南。黃帝與炎帝。並居於黃河流域。而黃帝與於阪泉涿鹿之間。涿鹿今直隸涿州阪泉在涿州城東地在北。六 炎帝舊都陳。地在南。七 故黃帝此時。欲兼并四方。首當合同種之國爲一。而後南向以爭殖民地。北徼荒寒。殖民非便。其於北狄。逐之使不內向而已。不窮之也。然此實黃帝之失策。此後北狄之害。遂與黃帝子孫相終始。中國之於四鄰。大約自夏以前。則注意在南。自夏以後。則注意在北。注意於南。而江南遂永爲中國殖民之地。注意於北。已國或時爲他人殖民地焉。其我之有盛衰耶。其敵之有強弱耶。不可知矣。今姑舍是。但考黃帝與炎帝用兵之端。說各不同。一曰。諸侯相侵伐。虐百姓。而神農氏弗能征。八 一曰。炎帝欲侵凌諸侯。九 一曰。赤帝爲火災。十 其義率相違戾。此殆當時藉以用兵之辭耳。及與炎帝戰於阪泉之野。三戰而後得其志。十一 夫曰得其志。則黃帝之謀炎帝也久矣。蓋普魯士不合日耳曼列邦爲一統。不能大勝法蘭西也。

第十三節　黃帝與蚩尤之戰

黃帝所戰之炎帝。似必爲帝榆罔矣。然或謂蚩尤即炎帝。古書之疑似者頗多。今案蚩尤之說。百家沸騰。然會而通之。亦可得其條理。且黃帝蚩尤之役。爲吾國民族競爭之發端。亦即吾今日社會之所以建立。周秦以前人猶知此義。故涿鹿之戰。百家均引之。今言其事。尤不可不詳也。案蚩尤爲九黎之君。一 其少時曾學於中國。一仕於炎帝。使宇少昊。二 再仕於黃帝。爲主金之官。三 又爲當時之官。當時司天之官也四 黃帝深器之。使佐少昊。五其時。黎民踼躇江湖之外。爲我所鄙賤。（民字之義見後）蚩尤既久遊外國。稔知諸夏九黎。終不能並存於世。又默觀神農世衰。[六] 知事機不可失。乃潛鑄金類。以爲利器。[七] 遂卽率衆北向。以反抗中國。未幾。逐帝榆罔而自立。號炎帝。亦曰阪泉氏。[八] 則日耳曼人自稱該撒之例也。古稱黃神與炎神。爭鬬涿鹿之野。[九] 是黃帝所滅者。爲榆罔。爲蚩尤。雖若可疑。然當從史記。分而爲二。[十] 蓋古史僅稱蚩尤逐帝榆罔。而未言蚩尤殺帝榆罔也。[十一] 殆當時榆罔都蚩尤黃帝之間。先被逐於蚩尤。後見滅於黃帝。蚩尤所率九黎之民。先在江南。及戰勝榆罔。自號炎帝。時則已逾河北。乃進而益西。與黃帝遇於阪泉涿鹿之野。已在中國之西北偏。是當時神洲大陸。已爲蚩尤所據。若涿鹿之戰。而黃帝再敗。則吾族尙失其自包犧神農以來之殖民地。而仍回蔥嶺之高原。五千年間泰東之史事。無一同者矣。故涿鹿之戰。誠諸夏之大事也。古人述此戰者。言人人殊。所謂百家言黃帝者。不雅馴也。或云。黃帝使應龍殺蚩尤。[十二] 或云。黃帝使女魃殺蚩尤。[十三] 或云。黃帝受玄女兵符。殺蚩尤。[十四] 皆古之神話。宜學者之謂爲不雅馴也。夫蚩尤受金作兵。伐黃帝。（見前）是地質學家所謂銅刀期矣。（中國秦漢以前之兵均以銅其說見後）而吾族剡林木以爲兵。[十五] 銅木之間。利鈍殊焉。蚩尤勝而黃帝敗。殆無疑義。然而成敗相反。此何故哉。案黃帝時吾族已發明弓矢之制。古稱揮作弓。揮黃帝臣也。[十六] 又稱倕之竹矢在西房。[十七] 倕亦黃帝臣也。[十八] 而其矢以砮石爲之。[十九] 是弓矢均創於黃帝。而又無待乎金。中國形勢。江南多洲渚林藪。故利在短兵。而長於用水。河北多平原大陸。故利在騎射。而便於野戰。蚩尤率澤國之民。徒步短兵。以與黃帝控弦之士。相角於大野，雖有銅頭鐵額之固。[二十]風伯雨師之從。[二十一]亦無所用之。此不獨蚩尤然也。千古以來。凡居中國之地者。南人之文化。必高於北人。南人之武勇。必劣於北人。故南人恆爲北人所制。此殆地形民族之公例然哉。蚩尤既死。黃帝遷其類之善者。於鄒屠之鄉。其不善者。以木械之。[二十二]而命之曰民。[二十三]己之族。則曰百姓。[二十四]民之言冥。言未見仁道也。[二十五]百姓言天所生也。[二十六]故百姓與民有親疏貴賤之別。[二十七]蓋戰勝之族。治戰敗之族所必有之例矣。

第十四節　黃帝之政教

黃帝既滅炎帝。殺蚩尤。天下歸於一。乃齋祓七日。游河洛之間。至翠嬀之淵。有大魚泝流而至。左右莫見。黃帝跪而迎之。舒視之。名曰籙圖。[一]今日中國所有之文化。尚皆黃帝所發明也。列之如左。

一天文　黃帝使羲和占日。常儀占月。臾區占星氣。伶倫造律呂。隸首作祘容成綜此六術而作歷。[二]推分星次。以定律度。自斗十一度至婺女七度。名曰星紀之次。今吳越分野。自婺女八度至危十六度。曰元枵之次。今齊分野。自危十七度至奎四度。曰豕韋之次。今衞分野。自奎五度至胃六度。曰降婁之次。今魯分野。自胃七度。至畢十一度。曰大梁之次。今趙分野。自畢十二度至東井十五度。曰實沈之次。今晉魏分野。自井十六度至柳八度。曰鶉首之次。今秦分野。自柳九度至張十七度。曰鶉火之次。今周分野。自張十八度至軫十一度。曰鶉尾之次。今楚分野。自軫十二度至氐四度。曰壽星之次。今韓分野。自氐五度至尾九度。曰大火之次。今宋分野。自尾十度至斗十度百三十五分而終。曰析木之次。今燕分野。凡天有十二次。日月之所躔也。地有十二分。王侯之所國也。三

二井田　昔者黃帝始經土設井。以塞爭端。立步制畝。以防不足。使八家爲井。井開四道而分八宅。鑿井於中。一則不洩地氣。二則無費一家。三則同風俗。四則齊巧拙。五則通財貨。六則存亡更守。七則出入相司。八則嫁娶相媒。九則有無相貸。十則疾病相救。是以性情可得而親。生產可得而均。欺淩之路塞。鬬訟之心弭。既牧之於邑。故井一爲鄰。鄰三爲朋。朋三爲里。里五爲邑。邑十爲都。都十爲師。師十爲州。夫始分之於井。則地著。計之於州。則數詳。迄乎夏殷。不易其制。四

三文字　黃帝之史蒼頡。見鳥獸蹏迒之跡。知分理之可以別異也。初造書契。蒼頡之初作書。蓋依類象形。故謂之文。其後形聲相益。卽謂之字。文者物象之本。字者言孳乳而寖多也。箸於竹帛之謂書。書者如也。五 或云。蒼頡古之王者。在包犧前。又云。在炎帝世。又云。在神農黃帝之間。然當以黃帝史官爲信。又黃帝史官。尚有沮誦。

四衣裳　黃帝堯舜垂衣裳而天下治。六 黃帝作冕垂旒。目不邪視也。充纊。耳不聽讒言也。七 黃帝始蠶故也

五歲名　容成作歷。大撓作甲子。二人皆黃帝之臣。蓋自黃帝以來。始用甲子紀日。每六十日甲子一周。八

六律呂　昔黃帝令伶倫作爲律。伶倫自大夏之西。乃之阮隃之陰。取竹於嶰谿之谷。以生空竅厚鈞者。斷兩

節間，其長三寸九分而吹之，以爲黃鐘之宮。制十二筩，以之阮隃之下，聽鳳凰之鳴，以別十二律。其雄鳴爲六，雌鳴亦六，以比黃鐘之宮，適合。黃鐘之宮，皆可以生之，故曰黃鐘之宮，律呂之本。九

案律有十二，陽六爲律，陰六爲呂。律以統氣類物，一曰黃鐘，二曰太族，三曰姑洗，四曰蕤賓，五曰夷則，六曰亡射。呂以旅陽宣氣，一曰林鐘，二曰南呂，三曰應鐘，四曰大呂，五曰夾鐘，六曰中呂。此乃專門之學，欲知其詳，當通漢書歷律志。又近人言西人以形色顯成音之理，其數與律書合。此爲新說，附記於此，以見中國古術之非誣也。

七壬禽　黃帝將上天，次召其三子而告之曰：吾昔受此龍首經於玄女，今以告汝。其術以天一居中，而以大吉神后登明河魁所游，以占吉凶，是謂六壬。原注言日辰陰陽及所坐所養之御，三陰三陽，故曰六壬也。十

案其詳見漢書翼奉傳。

八神僊　華山首山太室泰山東萊，此五山黃帝之所常游，與神會。黃帝且戰且學僊，百餘歲，然後得與神通。採首山銅，鑄鼎於荊山下。鼎既成，有龍垂胡髯下迎黃帝。黃帝上騎，羣臣後宮從者七十餘人，龍乃上去。十一

古房中家，亦始於容成。今家法亡，故不列此。

九醫經　黃帝問於岐伯，作素問八十一篇，靈樞八十一篇。十二

案神農所創之醫，爲醫之經驗；黃帝所創之醫，爲醫之原理。進化之級，應如是也。

右中國文化作於黃帝者九，皆取漢以前之說最雅馴者。

前所舉九條，試讀古人之典籍，游今日之社會，有能出於此九事以外者乎？則中國文化，自黃帝開之，可無疑義矣。然此猶其小節云爾。若論其宏綱鉅旨，則莫如百姓與民之辨。蓋凡優種人戰勝劣種人，而占其地，奴其人，欲其彼此相安，視爲定命，則必創一宗教，謂吾與若所生不同，本非同類，原無平等之義。如是則一切人權，

所享大殊。不啻皆天之所命。而無可質矣。故亞利安種。據印度。必造婆羅門。人從大梵頂生。剎帝利。人從大梵臂生。吠奢人從大梵股生。戍陀人從大梵足生之說。百姓與民之義。亦正如此。姓為古之神聖感天而生。十三如華胥履跡生皇犧。任己感龍生帝魁。附寶出降大電生帝軒。此舉前課曾講者以起例。其後。凡一姓受命。必有感生帝可以類推。而華胥所履。為靈威仰之跡。十四準此以推。伏羲以木王。故華胥所感。為靈威仰。然則神農以火王。任己所感。必赤熛怒。黃帝以土王。阿寶所感。必含樞紐。少昊以金王。女節所感。必白招拒。顓頊以水王。女樞所感。必汁光紀。帝王皆上帝之子。故明堂大祭。祭其祖之所自出。而以其祖配之也。十五百姓者。王公之子孫。十六亦即天之子孫矣。百姓之義如此。至於民者。冥也。言未見人道。因彼族三生凶惡。故著其事。而謂之民。十七故民字專為九黎有苗而設。如推其種所從出。則羌。羊種也。蠻。蛇種也。閩。亦蛇種也。貉。豸種也。謂長脊獸之種也。貉之言貉貉。惡也。狄。犬種也。狄之為言淫辟也。十八其言異族之從出如此。百姓與民。既有天神與蟲豸之別。故所享利權。因之大異。其綱要為禮不下庶人。刑不上大夫。十九案禮經所傳者。莫完整於儀禮十七篇、皆為士禮。禮皆行於廟。庶人無廟。庶人即民。故無禮也。而書呂刑。述民與刑之源流。最為詳盡。其對民之處。皆稱皇帝。與對本族稱帝有別。蓋所謂墨劓剕宮大辟諸刑。本黎民苗民之法。即以其人之法。還治其人之身。今歐人之馭殖民地之土人。莫不然也。中國古人設此分人等級之法。原為黃帝與蚩尤戰後。不得已之故。及後則種族淆而禮俗存。至今乃為社會之大礙矣。

第十五節　少昊氏顓頊氏

黃帝居軒轅之丘。（其地無考）而娶於西陵之女是為嫘祖。嫘祖為黃帝正妃生二子。其一曰玄囂。是為青陽。其二曰昌意。黃帝二十五子。其得姓者十四人。[一]為十二姓。姬酉祈己滕葴任荀僖姞儇依也。[二]玄囂青陽。是為少昊。繼黃帝立。[三]一說非也。[四]少昊名摯。母曰女節。黃帝時有大星如虹。下流華渚。女節意感生少昊。[五]嬴姓。一作姬姓。[六]以金德王。[七]其立也鳳鳥適至。故為鳥師而鳥名。[八]昌意生昌僕。昌僕生高陽。是為帝顓頊。[九]母曰女樞。瑤光之星如蜺貫月。正白感女樞生黑帝顓頊。[十]妘姓。[十一]以水德王。[十二]自顓頊以來。不能紀遠。乃為民官而命以民事。[十三]案此時代與南方蠻族。又有征戰。當少皞之衰。九黎亂德。民神雜糅。不可方物。顓頊受之。乃使南正重司天以屬神。命火正黎司地以屬民。使復舊常。無相侵瀆。是謂絕地天通。[十四]其後三苗服九黎之德。（謂三苗從九黎亂德）故二官咸廢所職。疇人子弟分散。或在諸夏。或在夷狄。是以其禨祥廢而不統。[十五]是少昊之季之於九黎。顓頊之季之於三苗。其亂一也。

第十六節　帝嚳氏

帝嚳高辛者。黃帝之曾孫也。高辛父曰蟜極。蟜極父曰玄囂。[一]姬姓。其母不見。（謂無可考）[二]以木德王。[三]帝嚳娶陳鋒氏女。生放勛。娶娵訾氏女。生摯。帝嚳崩。而摯代立。帝摯立不善崩。而弟放勳立。是爲帝堯。[四] 包犧神農黃帝少昊顓頊。是謂五帝。古人用以紀五行。蓋宗教說也。自包犧至炎帝。自炎帝至黃帝。中間年紀曠邈。前已詳之。其黃帝少昊顓頊帝嚳。據此說。則父子相承。釐然可考。然鄭元以爲黃帝傳十世。二千五百二十歲。次曰帝宣。卽少昊 則窮桑氏。傳八世。五百歲。次曰顓頊。則高陽氏。傳二十世。三百五十歲。次是帝嚳。卽高辛氏。傳十世。四百歲。[五] 馬遷爲史家之巨擘。康成集漢學之大成。而其立說違反若此。然觀遷所作歷書。敘少昊顓頊之衰。則其間必非一世可知矣。今姑用本紀說耳。案司馬遷之說。出於大戴禮。鄭元之說。出於春秋歷命序。

第十七節　堯舜

孔子刪書。斷自唐虞。故儒家言政治者。必法堯舜。孟子所謂先王。由三代前推之 荀子所謂後王也。由五帝後數之 九流百家。託始不同。墨子言禹。道家言黃帝。許行言神農。各有其所宗。卽六藝之文。並孔子所述作。而託始亦異。詩惟見禹湯文武。易備五帝。春秋法文王。惟書首堯舜。其義深矣。帝堯陶唐氏。母慶都。游三河之首。有赤龍負圖出。慶都讀之。風雨奄然。赤龍與慶都合昏。龍消不見。生堯。[一] 祁姓。都平陽。今山西臨汾縣 [二] 以火德王。[三] 榮光起河。休氣四塞。龍馬銜甲。赤文綠地。臨壇止。吐甲圖。[四] 復遂重黎之後。[五] 命共工治事。命鯀治洪水。[六] 七十載。舉舜。又二十八載。崩。[七] 帝舜有虞氏。名重華。父曰瞽叟。瞽叟父曰橋牛。橋牛父曰句望。句望父曰敬康。敬康父曰窮蟬。窮蟬父曰帝顓頊。（八）母握登。見大虹。意感而生舜。（九）姚姓。都於蒲坂。（今山西蒲州）（十）以土德王。（十一）觀河渚。有五老相謂曰。河圖將來告帝期。五老化爲流星。上入昴。有頃。亦龍負圖出。（十二）命二十二人。各盡其職。（十三）（禹、垂、益、伯夷、夔、龍六人。又四岳十二牧。共二十二人。除稷、契、皋陶四人。其詳見尚書舜典。）舜生三十登庸。（言始見用）三十在位。（攝政三十年）五十載。（卽帝位五十年）陟方乃死。（巡狩至蒼梧而崩）（十四）

第十八節　堯舜之政教

堯舜二代之事。漸有可稽。非若顓頊以前之荒渺。其職官如司空。（禹爲之。掌平水土）后稷。（棄爲之。掌播百穀）司徒。（契爲之。掌敷五教）士。（皋陶爲之。掌刑）共工。（垂爲之。掌百工）虞。（益爲之。掌草木鳥獸）秩宗。（伯夷爲之。掌禮）典樂。（夔爲之。掌樂）納言。（龍爲之。掌出入王命）等官名。後世皆沿稱之。祭祀之典。有上帝。（昊天）六宗。（星辰司中司命風雨師也。六宗說最多。此引鄭康成說）山川。（地祇）羣神。（人鬼物魅）則周禮之所出也。然此代尚有一大事。爲古今所聚訟。則禪讓是矣。案中國天子之位。自有可考以來。並係世及。前乎唐虞者。包犧神農黃帝少昊顓頊。後乎唐虞者。夏商周秦漢。以迄今。皆世及也。惟唐虞介乎其間。獨以禪讓聞。於是論者求其故而不得。率以臆見解之。有以爲皆天意者。（孟子）有以爲鄙夷大寶而去之者。（莊子）有以爲與後世篡竊無異者。（劉知幾史通）有以爲卽民主政體者。（近人）案一二兩說。未免太空。劉知幾說。以小人待天下。未可爲訓。近人說亦不合。（民主必有下議院。而帝典無之。且列代總統。豈能全出一族。如堯舜禹者。）求其近似。大約天子必選擇於一族之中。（必黃帝之後）而選舉之權。則操之岳牧。（四岳十二牧）

是爲貴族政體。近世歐洲諸國。曾多有行之者。而中國則不行已久。故疑之也。至於孔孟老莊之所以稱堯舜者。其託古之義歟。

第十九節　夏禹

夏禹名曰文命。禹之父曰鯀。鯀之父曰顓頊。一母曰脩紀。命星貫昴。脩紀夢接生禹。宋衷注。命使之星。謂流星也。二堯之時。洪水滔天。求能治水者。四岳皆舉鯀。堯不可。然卒以四岳意用之。九年而水不息。舜攝政。殛鯀於羽山。於是舉鯀子禹。而使續鯀之業。禹乃勞身焦思。居外十三年。孟子作八年。今從禹貢史記。隨山刊木。定高山大川。自冀州始。一冀州。今山西直隸境二兗州。今直隸山東境三青州。今山東境四徐州。今江蘇安徽境五揚州。今江蘇江西境六荊州。今江西湖廣境七豫州。今河南境八梁州。今四川境九雍州。今陝西境是謂九州。爾雅釋地九州與此異各第其貢賦之數。水陸之程。皆前此所未有也。水土既平。舜薦禹於天。爲嗣。十七年。舜崩。三年之喪畢。禹卽天子位。都平陽。姓姒氏。三會諸侯於塗山。執玉帛者萬國。四而薦益於天。十年。東巡狩。至於會稽崩。

第二十節　禹之政敎

近人謂中國進化。始於禹。禹以前。皆宗敎所託言。此說未可論定。然禹之與古帝異者。其端極多。蓋禹之於黃帝堯舜。一如秦之於三代。亦古今之一大界也。凡此皆治史學專科者所宜分別略疏之爲四端。

一曰三苗至禹而結局。　南蠻爲神洲之土著。黃帝時蚩尤之難。幾覆諸夏。少昊之衰。九黎亂德。顓頊媾三苗之亂。至於歷數失序。一及堯戰於丹水之浦。在南陽浦岸二舜時遷三苗於三危。三危西裔也謂逐之西去三稍以衰落。至禹三危既宅。謂可居三苗不敍。謂服敍四於是洞庭今湖南洞庭湖彭蠡今江西鄱陽湖之間。五皆王跡之所經。無舊種人之歷史矣。蓋吾族與土族之爭。自黃帝至禹。上下亘千年。至此而興亡乃定。嗚呼。異種之爭。存滅之感。豈獨苗民也哉。

二曰洪水至禹而平。　中國今日所有之書。最古者莫如帝典。帝典稱洪水滔天。浩浩懷山襄陵。則其水之大可知矣。然不詳起於何時。一若起於堯時者。然今案女媧氏時。四極廢、九州裂。水浩漾而不息。於時女媧氏斷鰲足以立四極。積爐灰以止淫水。六其後共工氏與顓頊爭爲帝。怒而觸不周之山。共工氏振滔洪水以薄窮桑江淮流通。四海溟涬。民皆上邱陵。赴樹木。七似洪水之禍。實起於堯以前。特至堯時人事進化。始治之耳。考天下各族。述其古事。莫不有洪水。巴比倫古書言洪水乃一神西蘇詩羅斯所造。洪水前有十王。凡四十三萬年。洪水後乃今世。希伯來創世記言耶和華鑒世人罪惡貫盈。以洪水滅之。歷百五十日。不死者惟挪亞一家。八最近發見雲南猓猓古書。亦言洪水。言古有宇宙乾燥時代。其後即洪水時代。有兄弟四人。三男一女。各思避水。長男乘鐵箱。次男乘銅箱。三男與季女同乘木箱。其後惟木箱不沒。而人類遂存。九觀此則知洪水爲上古之實事。而此諸族者。亦必有相連之故矣。

三曰五行至禹而傳。包犧以降。凡一代受命。必有河圖。前已歷言之矣。然古書言河洛事者。不知凡幾。各緯固多。各經中亦有。尙書顧命。天球河圖在東序。而孔子亦有河不出圖之歎。亦可見古人言天命者。例以河圖爲證矣。至河圖之由來。蓋草昧之時。爲帝王者。不能不託神權以治世。故必受河圖。以爲天命之據。且不但珍符而已。圖書均有文字。（觀前數課所引已可見河圖必有文字欲究其詳當觀胡渭易圖明辨）列治國之法。與洪範等。惜其書均不傳。惟洪範存於世。五行之說。殆爲神洲學術之質幹。鯀湮洪水。汩陳其五行。帝乃震怒。不畀洪範九疇。彝倫攸斁。鯀則殛死。禹乃嗣興。天乃錫禹洪範九疇。彝倫攸敍。其諸西奈山之石版歟。

四曰傳子至禹而定。黃帝以前。君統授受之制。不可知。黃帝少昊顓頊嚳摯堯舜禹八代。則同出於一族。而不必傳子。是無定法也。至禹乃確立傳位之定法。（商雖傳弟然有定法則一也）蓋專制之權漸固。亦世運進步使然。無所謂德之隆替也。

第二十一節　夏之列王

禹娶塗山氏女。生啓。禹崩。啓卽位。諸侯有扈氏不服。啓伐之。大戰於甘。王責以威侮五行。怠棄三正。（卽言有扈氏不遵洪範之道）遂滅有扈氏。啓崩。子帝太康立。一太康無道。有窮（國名）后羿因夏民以代夏政。羿既篡夏。委政寒浞。（一作韓浞）浞行媚於內。而施賂於外。以取其國家。羿猶不悛。將歸自田。家人逢蒙殺而烹之。浞因羿室。生澆（卽奡）及豷。使澆用師。滅斟灌及斟尋氏。二 覆其舟取之。三（卽論語奡盪舟事）滅夏后相。（太康崩。弟仲康立。仲康崩。子相立。依二斟同姓之國。蓋太康以來。猶擁虛器。至此乃滅。）后緡。（相之妻）方娠。逃出自竇。歸於有仍。生少康焉。既長。使女艾諜澆。（卽楚辭天問之女岐）使季杼誘豷。遂滅過戈。復禹之績。四 帝少康崩。子帝予立。（卽季杼）帝予崩。子帝槐立。帝槐崩。子帝芒立。帝芒崩。子帝泄立。帝泄崩。子不降立。帝不降崩。弟扃立。帝扃崩。子帝廑立。帝廑崩。立帝不降之子孔甲。是爲帝孔甲。帝孔甲崩。子帝皋立。帝皋崩。子帝發立。帝發崩。子帝履癸立。是爲桀。爲湯所滅。夏亡。五 凡十七帝四百七十一年。

第二十二節　夏傳疑之事

有夏一代可紀之事。自禹而外。傳者絕稀。惟有二事。古書多道之。一爲益與啓之事。一爲羿與浞之事。益啓之事。一以爲天命歸啓。不歸益。（孟子）一以爲益爲啓所殺。（逸周書）然觀啓代益作后。卒然離蠥。惟啓何憂而能拘是達。（楚辭天問）則似其間必有一事矣。今既不得明證。存疑可也。羿浞之事。楚辭左傳言之極詳。似爲古人之大事。然尚書無之。孔子又不答南宮适之問。史記夏本紀亦削去其事。古人著書。其去取之際。必非偶然。恐別有大義。然不可知矣。自太康尸位起。至少康中興止。其間至少亦六七十年。其間有水師之戰。有間諜之用。皆前古所無。宜乎言戰者必引之也。

第二十三節　商之自出

有娀氏二佚女。居九成之臺。帝上帝也令燕往視之。二女愛而爭搏之。覆以玉筐。少選。發而視之。燕遺二卵飛去。一所謂天命玄鳥降而生商也。二契母曰簡狄。有娀部為帝嚳次妃。契為舜司徒。封於商。今河南睢州姓子氏。契卒。子昭明立。昭明卒。子相土立。相土卒。子昌若立。昌若卒。子曹圉立。曹圉卒。子冥立。冥卒。子振立。振卒。子微立。微卒。子報丁立。報丁卒。子報乙立。報乙卒。子報丙立。報丙卒。子主壬立。主壬卒。子主癸立。主癸卒。子天乙立。是為成湯。自契至湯八遷。湯始居亳。今河南偃師縣從先王居。帝嚳都亳時夏桀無道。伊尹負鼎俎以滋味之道說湯。三湯得伊尹。祓之於廟。四伊尹說湯之事見呂覽本味伊尹五就湯。五就桀。卒歸於湯。五湯乃伐夏。鏖兵鳴條。今陝西安邑縣困夏南巢。今安徽廬江放之歷山。六今安徽和州東湯既絀夏。於是諸侯服湯。踐天子位。七即位十七年。而踐天子位。踐天子位。十三年而崩。壽百歲。

第二十四節　商之列王

湯崩。太子太丁未立而卒。於是乃立太丁之弟外丙。即位二年崩。乃立外丙之弟中壬。即位四年崩。伊尹乃立太丁之子太甲。太甲既立三年。不遵湯法。伊尹放之於桐。三年。伊尹攝行政事。當國以朝諸侯。太甲居桐宮。三年悔過自責。反於善。伊尹乃迎太甲而授之政。太甲修德。諸侯咸歸殷。太甲稱太宗。（案此爲廟號之始）太宗崩。子沃丁立。沃丁之時。伊尹卒。葬之亳。沃丁崩。弟太庚立。太庚崩。子小甲立。小甲崩。弟雍己立。雍己時。殷道衰。雍己崩。弟太戊立。太戊立伊陟爲相。（伊尹之子。案子字疑孫字之誤）伊陟舉巫咸。（始以巫官者）巫咸乂王家。殷復興。太戊稱中宗。中宗崩。子仲丁立。仲丁遷於敖。（今河南滎澤縣）仲丁崩。弟外壬立。外壬崩。弟河亶甲立。河亶甲遷於相。（今河南內黃縣）河亶甲時。殷復衰。河亶甲崩。子祖乙立。祖乙遷於耿。（今山西河津縣）殷復興。巫賢任職。祖乙崩。子祖辛立。祖辛崩。弟沃甲立。沃甲崩。兄祖辛之子祖丁立。祖丁崩。弟沃甲之子南庚立。南庚崩。祖丁之子陽甲立。陽甲之時。殷衰。自仲丁以來。廢嫡而更立諸弟子。弟子或爭相代立。比九世亂。於是諸侯莫朝。陽甲崩。弟盤庚立。盤庚之時。殷已都河北。盤庚渡河。復居成湯之故居。殷自成湯由南亳。（今河南府西北）遷西亳。（今河南偃師縣）仲丁遷敖。河亶甲居相。祖乙居耿。盤庚渡河南居西亳。凡五遷無定處。殷民皆怨。不欲徙。盤庚乃告諭諸侯大臣。以不可不遷之故。遂涉河南治亳。行湯之政。然後百姓得寧。殷道得興。諸侯來朝。盤庚崩。弟小辛立。殷道復衰。小辛崩。弟小乙立。小乙崩。子武丁立。武丁思復興殷。而未得其佐。三年不言。政事決於冢宰。以觀國風。武丁夜夢得聖人。名曰說。以夢所見示羣臣百吏。皆非也。於是使百工營求之野。得說於傅巖中。是時說爲胥靡。築於傅巖。見於武丁。武丁曰。是也。與之語。果聖人。舉以爲相。殷國大治。遂以傅險姓之。號曰傅說。於是百姓咸歡。殷道復興。殷人嘉武丁之德。立其廟爲高宗。高宗崩。子祖庚立。祖庚崩。弟祖甲立。祖甲淫亂。殷復衰。祖甲崩。子廩辛立。廩辛崩。弟庚丁立。庚丁崩。弟武乙立。

殷復去亳。徙河北。武乙無道。爲偶人謂之天神。與之博。令人爲行。爲天人行博 天神不勝。乃僇辱之。爲革囊盛血。仰而射之。命曰射天。武乙獵於河渭之間。天暴雷。武乙震死。案武乙所爲。乃反對當時之鬼神派耳。然當時則目爲無道。且有震死之說矣。子太丁立。太丁崩。子帝乙立。帝乙時殷益衰。帝乙崩。子辛立。是爲紂。紂爲不道。當是時。周室滋大。周武王東伐。至孟津。諸侯叛殷會周者八百國。於是武王遂率諸侯伐紂。紂拒之牧野。甲子日紂兵敗。走入登鹿臺。衣其寶玉衣。赴火而死。殷亡。凡三十一帝。六百餘年。周武王封紂子武庚。以續殷祀。後武庚作亂。周公誅之。而立微子於宋。紂庶兄 以續殷後。又七百餘年乃亡。

第二十五節　桀紂之惡

中國言暴君。必數桀紂。猶之言聖君。必數堯舜湯武也。今案各書中所引桀紂之事多同。可知其間必多附會。蓋既亡之後。其興者必極言前王之惡。而後己之伐暴爲有名。天下之載已爲甚。當不如此不得也。今比而觀之。桀寵妹嬉。晉語 紂寵妲己。晉語 一也。桀爲酒池。可以運舟。一鼓而牛飲者三千人。劉向新序 紂以酒爲池。懸肉爲林。使男女倮相逐其間。爲長夜之飲。史記殷本紀 二也。桀爲瓊臺瑤室。以臨雲雨。劉向列女傳 紂造傾宮瑤臺。七年乃成。其大三里。其高千仞。太平御覽八十四引帝王世紀 三也。桀殺關龍逢。太平御覽八十二引尚書帝命驗 紂殺比干。史記殷本紀 四也。桀囚湯於夏臺。史記夏本紀 湯行賂。桀釋之。太公金匱 紂囚文王於羑里。西伯之徒。獻美女奇物善馬。紂乃赦西伯。史記殷本紀 五也。

桀曰時日曷喪。（時日言生之時日即命也與紂稱有命在天同意前人以天上之日不喪解之又訛爲桀失日恐非孟子）紂曰我生不有命在天。（尚書祖伊奔告）六也。故一爲內寵。二爲沈湎。三爲土木。四爲拒諫。五爲賄賂。六爲信命。而桀紂之符合若此。夫天下有爲善而相師者矣。未有爲惡而相師者也。故知必有附會也。

第二十六節　周之關繫

有周一代之事。其關繫於中國者至深。中國若無周人。恐今日尙居草昧。蓋中國一切宗教典禮政治文藝皆周人所創也。中國之有周人。猶泰西之有希臘。泰西文化。開自希臘。至基督教統一時。希臘之學中絕。洎貝根以後。希臘之學始復興。中國亦有若此之象。文化雖沿自周人。然至兩漢之後。去周漸遠。大約學界之範圍。愈趨於隘。而事物之實驗。愈卽於虛。所以僅食周人之弊。而不能受周人之福也。此等之弊。極於宋明。至淸代始漸復古。殆可如泰西十八世紀希臘諸學之復興矣。此義至後當詳之。今所述周人歷史。當分爲三期。第一期自周開國至東遷。此一期爲傳疑時代之尾。第二期自東遷至春秋末。第三期自戰國至秦。（春秋國策皆書名後人即以書名名其時代）此二期爲正屬化成時代。每期皆先詳其興替治亂。而後討論其宗教典禮政治文藝諸事焉。

第二十七節　周之自出

周之先妣曰姜嫄。有邰氏女。爲帝嚳元妃。姜嫄出野。見巨人迹。悅而踐之。居期而生子。以爲不祥。棄之隘巷。馬牛過者。皆避不踐。徙置之林中。適會山林多人。遷之。而棄渠中冰上。飛鳥以其翼覆薦之。姜嫄以爲神。遂收養之。因初欲棄。遂名曰棄。爲兒時。其游戲好樹藝。及成人。好耕農。相地之宜。穀者稼穡焉。爲堯農師。天下得其利。封於有邰。（今陝西武功縣）號曰后稷。姓姬氏。后稷卒。子不窋立。不窋末年。夏太康失國。廢稷之官。不復務農。不窋因失其官。奔於戎狄之間。不窋卒。子鞠立。鞠卒。子公劉立。公劉雖在戎狄之間。復修后稷之業。務耕種。行地宜。行者有資。居者有蓄積。百姓懷之。多徙而歸焉。周道之興自此始。公劉卒。子慶節立。國於豳。（今陝西邠州）慶節卒。子皇僕立。皇僕卒。子差弗立。差弗卒。子毀隃立。毀隃卒。子公非立。公非卒。子高圉立。高圉卒。子丘圉立。丘圉卒。子公叔類立。公叔類卒。子古公亶父立。古公亶父。復修后稷公劉之業。積德行義。國人戴之。狄人來侵。古公亶父曰。君子不以其所以養人者害人。遂去豳。至於岐山之下。（今陝西岐山縣）豳人舉國歸之。及他旁國。亦多歸之。於是古公乃貶戎狄之俗。而營築城郭宮室。詩稱后稷之孫。實惟太王。（周受命追王）居岐之陽。實始翦商是也。太王長子曰太伯。次曰虞仲。太姜（太王之妃）生少子季歷。季歷娶太任。生子昌。有赤雀銜丹書之瑞。太伯虞仲。知太王欲立季歷。以傳昌。二人乃亡如荊蠻。文身斷髮。以讓季歷。太王卒。季歷立。修太王遺道。篤於行義。諸侯順之。季歷卒。子昌立。是爲西伯。及受命。曰文王。西伯遵后稷公劉之業。則太王王季之法。篤仁。敬老。慈少。伯夷叔齊在孤竹。聞西伯善養老。往歸之。太顛。閎夭。散宜生。鬻子。辛甲大夫。皆往歸之。紂信崇侯之譖。囚西伯於羑里。西伯臣以

美女文馬。因費仲獻紂。紂乃赦西伯。賜以弓矢斧鉞。使專征伐。史記周本紀

第二十八節　周之列王

文王卽位之四十二年。十年九歲甲子日。赤雀銜丹書止於戶。是爲文王受天命之始。古人受天命。必有符瑞。大約及身而王者。其符爲河圖洛書。不及身而王者。其符爲鳳鳥。孔子所謂鳳鳥不至。河不出圖是也。唐人尙明此義。至宋人始昧之。文王受命稱王。一年斷虞芮之訟。二年伐邘。三年伐密須。四年伐犬戎。五年伐耆。六年伐崇。周本紀與此文序不同 七年而崩。文王晚年作豐邑。今陝西鄠縣東卽崇之地 徙都之。文王崩。子發立。是爲武王。卽位九年。東觀兵至於盟。今河南孟縣西南 爲文王木主。載以東征。渡河中流。百魚躍入王舟中。王取以祭。火自天流於王屋。化爲赤烏。此卽河出圖鳳鳥至也。 又還師居二年。再伐紂。二月甲子。戰於商郊牧野。今河南淇縣 紂前徒倒戈。紂兵敗。自焚死。天下歸周。又二年。武王崩。子誦立。是爲成王。成王卽位。年少。周公旦武王弟 相成王。攝政當國。二叔流言。管叔蔡叔皆周公兄 謂公將不利於孺子。與武庚以畔。周公東征。誅武庚管叔。放蔡叔。三案周公東征一事。古人引之者多。尙書。詩。小戴記。逸周書。墨子。列子。史記管蔡世家。宋微子世家。魯周公世家。均有其文。大同小異。今從史記周本紀。 封微子啓於宋。今河南商縣 三年而畢。七年。周公反政成王。北面就羣臣之位。作洛邑。今河南河南府 爲朝會之所。周公於是興禮樂。改制度。封同姓。孔子之前。黃帝之後。於中國有大關繫者。周公一人而已。成王崩。子康王釗立。成康之時。刑措四十餘年不用。爲中國古今極治之時。康王崩。子昭王瑕立。昭王時。王道微缺。王南巡。死於江。昭王崩。子穆王滿立。四王作呂刑。五乘八

駿登崑崙。六會西王母。七徐夷今江蘇徐州僭號。率九夷以伐宗周。諸侯朝者三十六國。穆王乃還。令楚滅徐偃王。八觀此知湯武之事已不能行於穆滿之時可以知社會之變遷矣穆王崩。五十五年子共王繄扈立。共王崩。子懿王囏立。懿王時。王室遂衰。懿王崩。共王弟辟方立。是爲孝王。孝王崩。懿王子燮立。是爲夷王。九始下堂而見諸侯。十夷王崩。子厲王胡立。王即位三十年。暴虐侈傲。民多謗。王得衞巫使監謗者。神巫知人腹誹也於是國莫敢言。三年乃相與畔王。王出奔於彘。十一今山西霍州共和行政焉。共和行政有二說。一說以爲召公周公二相行政。十二一說以爲共國之伯名和者今河南衞輝府攝政。十三二說未能定論。然以後說爲長。因古人曾言共伯和得道也。十四共和十四年。厲王崩五十一年於彘。子宣王靜立。宣王能修文武成康之遺風。諸侯復宗周。宣王崩。四十六年子幽王宮湦立。幽王嬖褒姒。褒姒生子伯服。幽王欲廢太子。太子母申侯女也。爲幽王后。太子既廢。申侯今河南南陽府北二十里與犬戎今陝西西寧府攻幽王。殺幽王於驪山下。今陝西臨潼縣東二十里虜褒姒。取周賂重器也而去。諸侯乃共立太子宜臼。是爲平王。東遷於雒。十五此西周之大略也。凡二百五十三年。

第二十九節　周之政敎

周公集黃帝堯舜禹湯文武之大成。其道繁博奧衍。畢生研之而不可盡。當別設專科。非歷史科所能兼也。今特著其梗概於此。然微言大義。實已略具。大約古人政敎不分。其職任皆屬於天子。而天子所以操政敎之原者。則爲孝。故明堂大祭。爲政敎至重之事。至深之理。孔子言人之行。莫大於孝。孝莫大於嚴父。嚴父莫大於配天。則周公其人也。周公郊祀后稷以配天。宗祀文王於明堂。以配上帝。蓋天者。祖之所自出。故王者。禘其祖之所自出。而以其祖配之也。周公攝政之六年。朝諸侯於宗周。遂率之以祀文王。以配上帝。此明堂無屋 洎乎作雒。又作明堂。亦所以朝諸侯。祀文王。配享功臣。亦謂之淸廟。此明堂有屋 觀天文於靈臺。靈臺。明堂也。尊師養老。敎胄獻俘。郊射。均於辟雝。辟雝。亦明堂也。蓋文王周公之道。盡於明堂淸廟而已。故孔子曰。郊社之禮。禘嘗之義。知其說者之於天下也。其如視諸掌乎。鬼神之說。原本三苗。至禹而有五行之說。自此以來。二說更爲盛衰。夏后啓。則以威侮五行之故。而伐有扈。一孔甲則以信鬼神之故。而失諸侯。二紂又以不敬神祇之故。而父兄料其必亡。三是二說之不相容如此。至周則二說並重。分鬼神爲四種。在天者爲天神。即上帝在地者爲地示。即山川之神人死曰鬼。即祖百物曰魅。即俗稱妖怪而即以鬼神之等級。見主祭者之貴賤。惟天子可祭天。諸侯祭其封內之山川。即地示 大夫士祭其先。即人鬼 庶人無廟而祭於寢。四 然鬼神之情狀。不可直接而知也。乃以五行之理。間接而知之。其術分爲六。一曰天文。二曰歷譜。三曰五行。四曰蓍龜。五曰雜占。六曰形法。五 其說以爲無事不有鬼神之意向。行乎其中。而鬼神有貴賤。惟天子爲昊天上帝之子。六 斯可以主百神。主百神。則天下之政令由之矣。

第二章　化成時代（春秋戰國）

第一節　東周之列王

傳疑時代之事已終。今當述化成時代矣。周自平王東遷。王室遂微。迄於亡。不復振。平王之四十九年。爲魯隱公元年。孔子託始於是年。以作春秋。孔子弟子左丘明亦始是年。爲春秋作傳。於是東周之事。遂顯於後世。後遂目其時代謂之春秋。入春秋之第三年。平王崩。入春秋後之時局。與古大異。列强並起。其迭爲興替。大半與王室無相關之理。故吾人講演此期之事。亦不能如前數代之以王室爲綱。惟王室當先敍而已。平王太子洩父早死。王崩。五十一年孫桓王林立。桓王伐鄭。鄭人射傷王。桓王崩。二十三年子莊王陀立。莊王崩。十五年子釐王胡齊立。釐王崩。三年子惠王閬立。惠王三年。叔父王子頹作亂。王奔溫。周邑名今河南溫縣子頹僭立。鄭伯虢公殺子頹。王復位。惠王崩。二十五年子襄王鄭立。王立十七年。弟子帶作亂。晉平之。襄王崩。三十二年子頃王壬立。頃王崩。六年子匡王班立。匡王崩。二十七年子景王貴立。景王崩。二十年子悼王猛立。爲弟子朝所弒。晉人平其亂。立悼王弟丐。是爲敬王。敬王四十一年。孔子卒。出春秋。

第二節　諸侯之大概

禹之時。塗山之會。執玉帛而朝者萬國。湯之時三千。武王時猶有千八百國。知其殘滅已多矣。夫古國能如是之多者。大抵一族卽稱一國。一國之君。殆一族之長耳。至入春秋之世。國之見於書者。僅一百四十餘。然大半無事可紀。其可紀者。十餘國。何其少哉。蓋羣之由分而合也。世運自然之理。物競爭存。自相殘賊。歷千餘年。自不能不由萬數減至十數。然亦卒以此故。諸夏之國。以兼幷而力厚。足以南拒百蠻。北捍胡虜。凡戎狄之錯居內地者。悉芟薙之。此諸大國之力也。不然。周制王畿千里。公侯皆方百里。伯七十里。子男五十里。聚無數彈丸黑子之國。以星羅棊布於黃河之兩岸。其不爲別族人所滅者幾何。匈奴不大於東周之世。至西漢始大。眞中國之天幸哉。今述春秋各國之大略如下。春秋始終二百四十年。迭興之國有七。齊。晉。宋。秦。楚。吳。越是也。其間惟晉爲周之懿親。（武王之子叔虞）齊爲周之勛戚。（武王娶太公女。列王之后。多出於姜。）故王室是賴。亦以此二國爲多。宋雖上公。而微子之後。吳雖同姓。而泰伯之後。於周皆有代興之意。不知有所謂尊王攘夷也。至於秦。楚。越。則於周更無與焉。五霸之稱。或曰齊桓。晉文。宋襄。秦穆。楚莊。或曰齊桓晉文楚莊吳夫差越勾踐。雖未可斷言。然五霸桓文爲盛。則無可疑。桓公（名小白）創霸。以尊王攘夷爲名。（案當時有一例。凡在夷創霸者。均自稱王。穆王時之徐偃王。春秋之楚吳越是也。而於諸夏創霸者。則與之相反。非惟齊晉以尊攘爲名。卽宋秦亦不敢稱王。而夏夷之別。則在禮俗。而不在種類。故曰用夷禮則夷之。用中國禮則中國之。卽此例。）桓公之兄襄公（名諸兒）無道。鮑叔牙知亂將作。奉小白奔莒。管夷吾召忽奉小白兄公子糾奔魯。襄公斃於亂。小白自莒入。先立。是爲桓公。魯莊公伐齊。納子糾。齊人敗之。魯乃殺子糾以與齊人平。歸管仲於齊。齊以爲相。伐楚。盟於召陵。（楚邑名今河南郾城縣）會王太子於首止。（宋地名今河南睢州東南皆釐王時事）桓公用管仲。實始變周禮。桓公九合諸侯。晚年。囑子昭於宋襄公。（名兹甫）公卒。宋襄公以兵納昭。宋襄謀創霸。合諸侯於盂。（宋地名今河南睢州）爲楚所執。既而釋之。明年。宋楚戰於泓。（水名在今河南柘縣）又敗。殆不成其爲霸也。（皆襄王時事）晉文公。（名重耳）初獻公。（名俛諸）嘗伐驪戎。（姬姓之戎居驪山）獲驪姬。嬖之。卒殺太子申生。公子重耳奔白狄。公子夷吾奔梁。（國名今陝西韓城縣）獻公卒。晉亂。立二君。（奚齊卓子）皆被弒。夷吾求入立。以重賂許秦穆公及晉大夫。齊桓公使隰朋會秦師納之。是爲惠公。惠公入而背內外之賂。故秦伯伐晉。戰於韓原。（晉邑名今山西韓城縣）虜晉侯。既而歸之。重耳在外十九年。從狐偃趙衰賈佗魏犨等。周遊諸侯。秦伯召之於楚。及惠公卒。其子懷公立。秦伯納重耳於晉。晉人殺懷公而奉之。是爲文公。文公既立。時王子帶攻襄王。王告急於晉。狐偃言於文公曰。求諸侯。莫如勤王。文公從之。師師納王。殺子帶。楚圍宋。宋告急於晉。（襄王二十年）晉以齊宋秦之師敗楚人於城濮。（衛地今山東濮州）合諸侯於踐土。（鄭地今河南滎澤縣）王命晉侯爲伯。文公卒。子襄公（名歡）與秦戰於崤。（山名今河南永寧縣）覆秦師。襄公繼霸。而秦穆公（名任好）能用賢改過。遂霸西戎。秦由是興。至始皇。遂有天下。此中原之大略也。三代惟夏之版圖最大。自滅三苗。盡有南方地。塗山（山名今安徽壽州）之會。會稽（山名今浙江會稽縣）之會。均在南方。夏啓舞九招於天穆之野。一（今安徽徽州府）夏桀與妹喜等渡江奔歷山。二（山名今安徽和州）亦均南方。商興於景亳。周肇於豐岐。皆在今河南陝西之間。商之一代。以及周初。其會盟征伐之事。無及南方者。至東周乃漸有南人之事。其事首見於楚。繼之者吳越。楚莊王（名旅）爲五霸之一。楚莊王伐陸渾之戎。（今河南嵩縣）遂至於洛。使人問鼎之大小輕重。有窺王室之意。（定王元年）伐鄭。十旬克之。鄭伯肉袒牽羊以降。晉人救鄭。晉楚戰於邲。（鄭地今河南鄭州東）晉師敗績。舟中之指可掬也。（定王十年）楚申公巫臣得罪於楚而奔吳。（簡王七年）吳於是始大。至闔閭敗越於夫椒。（山名今江蘇無錫縣太湖濱）（敬王二十六年）夫差伐齊。齊人爲弒其君以赴於吳。（敬王三十五年）越勾踐始爲吳敗。乃臥薪嘗膽。以圖復仇。當吳之伐齊也。遂伐吳。三年滅之。越至戰國時自相分裂。爲楚所滅。當楚吳越迭起之時。中原諸夏之族。其所見者。晉厲公（名壽）時。（簡王十一年）晉楚有鄢陵（鄭地名今河南鄢陵縣）之戰。楚師敗。然晉益不振。至悼公。（名周）晉復霸。未幾仍替。（靈王時）其後宋向戍合晉楚及諸侯之大夫盟於宋。（靈王二十六年）此中國之弭兵會也。而不能久。政在世卿。又自相吞併。至春秋末。晉惟存范氏。中行氏。智氏。（即荀氏）趙氏。韓氏。魏氏。既而智氏滅范中行氏。而又爲趙韓魏氏所滅。遂爲春秋入戰國之關鍵。齊自田氏奔齊以後。（在春秋初）公厚斂焉。陳氏厚施焉。遂盜其政。至田常遂專齊國。（敬王時）其他魯衞宋鄭諸邦。亦均公室弱而私家強。然所憑藉者薄。終不能爲齊晉之逐其君而盜其國。惟秦人自穆公以後。閉關自守。不與東諸侯通。獨能保其元氣精神。不染中夏之習。至戰國。遂爲天下主動之國。以至於代周焉。

附錄　清顧棟高春秋大事表五（列國爵姓及存滅）

國	爵	姓	始封	都	存滅
魯	侯	姬	周公子伯禽	國於曲阜今山東兗州府曲阜縣	獲麟後二百三十二年頃公二十四年滅于楚
蔡	侯	姬	文王子叔度	國於蔡今河南汝寧府上蔡縣平侯遷新蔡今汝寧府新蔡縣昭侯遷州來今江南鳳陽府壽州北三十里下蔡城是	宣公二十八年入春秋靈公十二年爲楚所滅（昭十一）後二年平公復興（昭十三）成公十年獲麟後三十四年蔡侯齊四年滅于楚
曹	伯	姬	文王子叔振鐸	國于陶丘今山東曹州府定陶縣	桓公三十五年入春秋曹伯陽十五年滅于宋（哀八）孟子時有曹交趙註云曹君之弟疑曹地旣入于宋宋以封其大夫如齊封田文爲薛公之類
衛	侯	姬	文王子康叔封	國于朝歌今河南衛輝府淇縣東北有朝歌城戴公廬曹今衛輝府滑縣文公遷楚丘今滑縣東六十里廢衛南縣是成公遷帝丘今直隸大名府開州	桓公十三年入春秋出公十二年獲麟後二百七十二年衛君角二十一年爲秦二世所滅
滕	侯後書子	姬	文王子叔繡	今山東兗州府滕縣西南十四里有古滕城	入春秋七年始見經終春秋世猶存世族譜春秋後六世齊滅之今案戰國策宋康王滅滕疑宋亦尋滅地入于齊故譜云然
晉	侯	姬	武王子叔虞	國于大夏今山西太原府太原縣北有	鄂侯二年入春秋定公三十一年獲麟

				古唐城燮父改國號曰晉穆侯徙絳孝侯改絳曰翼亦曰故絳今山西平陽府翼城縣東南十五里有故翼城景公遷新田仍稱絳今平陽府曲沃縣西南二里有絳城	後一百五年靜公二年爲魏韓趙所滅
鄭	伯	姬	厲王子友	舊都咸林今陝西同州府華州武公遷于溱洧今河南許州府新鄭縣	莊公二十二年入春秋聲公二十年獲麟後一百六年康公二十一年滅于韓
吳	子（按國語本伯爵）	姬	太王子太伯	國于梅里今江南常州府無錫縣東南三十里有太伯城諸樊南徙吳闔閭築大城都之今蘇州府治是	入春秋一百二十二年始見傳(宣八)又十七年壽夢二年始見經(成七)夫差十五年獲麟後八年滅于越
北燕	伯（史記作侯）	姬	召公奭	國于薊今直隸順天府治大興縣是	穆侯七年入春秋獻公十二年獲麟後二百五十九年燕王喜三十三年滅于秦
齊	侯	姜	太公尚父	國于營丘今山東青州府臨淄縣	僖公九年入春秋簡公四年獲麟後九十五年田氏篡齊遷康公于海上又七年康公二十六年亡
秦	伯	嬴	伯益後非子	國于秦今陝西秦州清水縣莊公徙故西犬丘秦州西南百二十里西縣故城	文公四十四年入春秋悼公十一年獲麟後二百六十年始王初幷天下

				是寧公遷平陽在今陝西鳳翔府郿縣西四十六里德公遷雍今鳳翔府治是	
楚	子	羋	顓頊後熊繹	國于丹陽在今湖廣宜昌府歸州東南七里武王遷郢今荆州府城北十里紀南城是昭王遷都旋還郢	武王十九年入春秋惠王八年獲麟後二百五十八年楚王負芻五年滅于秦 穆
宋	公	子	殷後微子啓	國于商丘今河南歸德府治商丘縣	穆公七年入春秋景公三十六年獲麟後一百九十五年宋王偃四十三年滅于齊
杞	侯後書伯或書子	姒	禹後東樓公	國于雍丘今河南開封府杞縣成公遷緣陵在今山東青州府昌樂縣東南五十里文公遷淳于在今青州府安丘縣東北三十里其雍丘之地不知何年入于宋	武公二十九年入春秋閔公六年獲麟後三十六年簡公元年滅于楚
陳	侯	嬀	舜後胡公	國于宛丘今河南陳州府治淮寧縣	桓公二十三年入春秋哀公三十五年爲楚所滅（昭八）後五年惠公復興（昭十三）閔公二十一年獲麟後三年滅于楚史記先一年
薛	侯後書伯	任	黃帝後奚仲	今山東兗州府南四十里有薛城	入春秋十一年始見經終春秋世猶存後不知爲誰所滅或曰齊滅之

邾	子（本附庸進爵）	曹	顓頊苗裔挾	今山東兗州府鄒縣文公遷繹今鄒縣東南二十六里有古邾城	儀父始入春秋（隱元）終春秋世猶在後改國號曰鄒　杜譜春秋後八世楚滅之
莒	子	己	玆輿期	舊都介根今山東萊州府膠州西南五里有計斤城春秋初徙于莒今山東沂州府莒州	人春秋二年始見經莒于狂（其廷反）卒之年獲麟後五十年滅于楚
小邾	子（本附庸進爵）	曹	邾公子友	國于郳今山東兗州府滕縣東六里有郳城	人春秋三十四年始見經（莊五）終春秋世猶存　杜譜春秋後六世楚滅之
許	男	姜	伯夷後文叔	今河南許州府治東三十里故許昌城是靈公遷于葉今河南南陽府葉縣悼公遷夷實城父今江南潁州府亳州東南七十里有城父城旋還葉又遷于析實白羽今南陽府內鄉縣許男斯遷容城或曰在葉縣西	入春秋十一年始見經是年莊公奔衛後十五年穆公復立于許（桓十五）許男斯十九年爲鄭所滅（定六）後十年復見經（哀元）或云楚復封之許男結元年獲麟戰國時滅于楚
宿	男	風	太皞後	今山東泰安府東平州東二十里無鹽城是	隱元年見莊十年宋人遷宿後入齊爲邑
祭	伯	姬	周公子	今河南開封府鄭州東北十五里有祭亭	隱元年見
申	侯	姜	伯夷後	國于謝今河南南陽府北二十里申城	隱元年見莊六年傳楚文王伐申後遂

				是	入楚爲申邑
東虢		姬	文王弟虢仲	今河南開封府汜水縣是	春秋前爲鄭所滅爲制邑隱元年見傳
共	伯			今河南衛輝府輝縣是	隱元年見後地入于衛
紀	侯	姜		今山東青州府壽光縣東南有紀城	隱元年見莊四年滅于齊
夷		妘		今山東萊州府卽墨縣西六十里有壯武故城卽其地	隱元年見
西虢	公	姬	文王弟虢叔	舊都在今陝西鳳翔府寶雞縣東五十里後隨平王東遷更封于上陽今河南陝州東南有上陽城其支庶留于故都者爲小虢	隱元年見僖五年滅于晉其小虢于莊七年爲秦所滅
向		姜		今江南鳳陽府懷遠縣東北四十五里有古向城	隱二年見
極	附庸	姬		今山東兗州府魚臺縣西有極亭	隱二年見
邢	侯	姬	周公子	今直隸順德府治邢臺縣後遷夷儀今山東東昌府西南十二里有夷儀城	隱四年見僖二十五年滅于衛
郕	伯	姬	文王子叔武	今山東兗州府汶上縣北二十里有郕	隱五年見文十二年郕伯來奔傳云郕

				城	人立君則郕尚存也戰國時有城陽君括地志云古郕國
南燕	伯	姞	黃帝後	今河南衛輝府東南二十五里廢胙城縣是	隱五年見
凡	伯	姬	周公子	今衛輝府輝縣西南二十里有凡城	隱七年見
戴		子		今河南歸德府考城縣東南五里考城故城是	隱十年見不知何年滅于宋
息	侯	姬		今河南光州息縣	隱十一年見莊十四年傳爲楚所滅爲息邑
郜	子	姬	文王子	今山東曹州府城武縣東南二十里有郜城	桓二年見
芮	伯	姬		在今陝西同州府城南	桓三年見僖二十年滅于秦竹書作二年今從史記
魏		姬		今山西解州芮城縣東北七里有古魏城	桓三年見閔元年爲晉所滅以賜畢萬爲邑
州	公	姜		國于淳于在今山東青州府安丘縣東北三十里	桓五年州公如曹傳云度其國危遂不復後地入于杞爲杞都

隨	侯	姬		今湖廣德安府隨州	桓六年見終春秋世猶存
穀	伯	嬴		今湖廣襄陽府穀城縣西北七里故穀城是	桓七年見後地入于楚
鄧	侯	曼		今河南南陽府鄧州	桓七年見莊十六年滅于楚
黃		嬴		今河南光州西十二里有黃城	桓八年見僖十二年滅于楚
巴	子	姬		今四川重慶府治巴縣	桓九年見至戰國時滅于秦
鄾	子			今湖北襄陽府城東北十二里有鄾城	桓九年見不知何年滅于楚
梁	伯	嬴		今陝西同州府韓城縣南二十二里有少梁城	桓九年見僖十九年滅于秦以其地爲少梁邑文十年晉人取少梁地遂入晉
荀（或云郇國）	侯	姬		在今山西絳州界	桓九年見後爲晉所滅以賜大夫原氏是爲荀叔
賈	伯	姬		今陝西同州府蒲城縣西南十八里有賈城	桓九年見不知何年滅于晉後以賜狐射姑爲邑
虞	公	姬	仲雍後虞仲	國于夏墟今山西解州平陸縣東北四十五里有虞城	桓十年見僖五年滅于晉

貳				在今湖廣德安府應山縣境	桓十一年見不知何年滅于楚
軫				在今德安府應城縣西	
鄖 即䢵國	子			今德安府治安陸縣即古鄖城	
絞				在今湖廣鄖陽府西北	
州				今湖廣荆州府監利縣東三十里有州陵城	
蓼				今河南南陽府唐縣南九十里湖陽故城是	
羅		熊		今湖廣襄陽府宜城縣西二十里有羅川城又荆州府枝江縣岳州府平江縣皆其所遷處	桓十二年見不知何年滅于楚
賴	子			今河南光州商城縣南有賴亭	桓十三年見昭四年滅于楚公穀俱作滅厲蓋古厲賴二字同音故有此誤
牟	附庸			今山東泰安府萊蕪縣東二十里有牟城	桓十五年見
葛	伯	嬴		今河南歸德府寧陵縣北十五里有葛城	桓十五年見

於餘邱				未詳其地或曰在沂州境	莊二年見
譚	子	子		今山東濟南府治東南七十里有譚城	莊十年見爲齊所滅
蕭	附庸	子	蕭叔大心	今江南徐州府蕭縣西北十里有蕭	莊十二年見宣十二年滅于楚後仍入宋爲邑
遂		嬀		今山東兗州府寧陽縣北有遂鄉	莊十三年見爲齊所滅
滑	伯	姬		國于費今河南河南府偃師縣南二十里緱氏故城	莊十六年見僖三十三年滅于秦旋入晉後又屬周
原	伯	姬	文王子	今河南懷慶府濟源縣西北十五里有原鄉	莊十八年見僖二十五年王以其地賜晉晉遷原伯貫于冀此後原伯見于傳者甚多或曰遷邑于河南至隱十一年傳蘇忿生之田亦有原邑當是兩地正義合爲一誤
權		子		今湖廣安陸府當陽縣東南有權城	莊十八年見不知何年滅于楚
郭				今山東東昌府東北有郭城	莊二十四年經冬郭公胡傳郭亡也
徐	子	嬴	伯益後	今江南泗州北八十里有古徐城	莊二十六年見昭三十年滅于吳徐子奔楚楚城夷以處之後仍爲楚所滅

樊	侯		仲山甫	國于陽今河南懷慶府濟源縣西南十五里有陽城	莊二十九年見傳二十五年王以其地賜晉晉語倉葛曰陽有樊仲之官守知尚未絕封蓋遷于河南昭二十二年傳有樊頃子
鄣	附庸	姜		今山東泰安府東平州東六十里有鄣城集	莊三十年齊人降鄣
耿		姬		今山西絳州河津縣南十二里有耿城	閔元年見爲晉所滅以賜趙夙爲邑
霍	侯	姬	文王子叔處	今山西霍州西十六里有古霍城	閔元年見爲晉所滅後以賜先且居爲邑
陽	侯	姬		今山東沂州府沂水縣南有陽都城或曰陽國本在今益都縣東南齊逼遷之于此	閔二年齊人遷陽
江		嬴		今河南汝寧府正陽縣東南有故江城	僖二年見文四年滅于楚
冀				今山西絳州河津縣東有冀亭	僖二年見後地入于晉爲郤氏食邑
舒	子	偃		今江南廬州府舒城縣	僖三年徐人取舒後復見至文十二年楚子孔執舒子平疑自後遂滅于楚
弦	子	隗		今湖廣黃州府蘄水縣西北四十里有	僖五年見爲楚所滅　宛溪氏曰昭三

				軑縣古城爲弦國地又河南光州西南府弦城蓋因光山縣西有僑置軑縣故城而誤或曰弦子奔黄時所居也	十一年傳吳圍弦蓋楚復其國也
道				今河南汝寧府確山縣北二十里有道城或云在息縣西南	僖五年見昭十一年楚靈王遷之于荆十三年平王卽位而復之知此時尚存杜註謂楚已滅之爲邑未詳何據
柏				今河南汝寧府西平縣有柏亭	僖五年見
溫	子	己	司寇蘇公後	今河南懷慶府温縣西南三十里有古温城	春秋初蘇氏已絕封隱十一年王與鄭人蘇忿生之田十二温居一焉不知何時地復歸王蘇氏續封而仍居温僖十年爲狄所滅二十五年王以其地賜晉至文十年女栗之盟復見蘇子杜註蓋王復之或云自是遷于河南
鄅	子	妘	禹後	今山東兗州府嶧縣東八十里有鄅城	僖十四年見襄六年滅于莒昭四年地入于魯
厲		姜	厲山氏後	今湖廣德安府隨州北四十里有厲山山下有厲鄉	僖十五年見
英氏		偃	皐陶後	今江南六安州西有英氏城	僖十七年見後滅于楚

項				今河南陳州府項城縣	僖十七年滅項後爲楚地
密		姬		今河南許州府密縣	僖十七年見
任		風	太皞後	今山東兗州府濟寧州是	僖二十一年見至孟子時猶有任國
須句	子	風	太皞後	今山東泰安府東平州是	僖二十一年見爲邾所滅二十二年公伐邾復其封後復滅于邾文七年魯再取之卒爲魯地
顓臾	附庸	風	太皞後	今山東沂州府費縣西北八十里有顓臾城	僖二十一年見
頓	子	姬		今河南陳州府商丘縣卽故南頓城或曰頓國本在今縣北三十里頓子迫于陳而奔楚自頓南徙故曰南頓	僖二十三年見定十四年滅于楚
管		姬	文王子叔鮮	今河南開封府鄭州卽故管城	春秋前已絕封其地屬檜檜滅屬鄭宣十二年傳晉師救鄭楚子次于管以待之是也戰國時屬韓　以下十三國俱僖二十四年見
毛	伯	姬	文王子叔鄭	未詳或曰在今河南府宜陽縣境	昭二十六年毛伯奔楚
聃		姬	文王子季載	國于那處今湖廣安陸府荆門州東南	不知何年滅于楚莊十八年傳遷權于

				有那口城	那處則聃之滅又在權前矣
雍		姬	文王子	今河南懷慶府修武縣西有雍城	
畢		姬	文王子	今陝西西安府咸陽縣北五里有畢原	春秋前不知爲誰所滅畢萬其後也
酆	侯	姬	文王子	今陝西西安府鄠縣東五里有酆城	酆本商崇侯虎地文王滅崇作豐邑武王封其弟爲酆侯竹書成王十九年黜酆侯自是絕封後其地復爲崇國
郇	侯	姬	文王子	今山西蒲州府臨晉縣東北十五里有古郇城	不知何年滅于晉
邘		姬	武王子	今河南懷慶府城西北三十里有邘臺村	地名考略隱十一年傳王取鄔劉蔿邘之田于鄭邘即武王子所封據此則春秋初邘已并于鄭矣然註疏無明文當別是一邑邘國不知爲誰所滅高氏誤
應	侯	姬	武王子	今河南汝州魯山縣東三十里有應城	不知何年絕封地入周後入秦史記赧王四十五年客謂周最以應爲秦太后養地是也
韓	侯	姬	武王子	今陝西同州府韓城縣南十八里有古韓城	春秋前爲晉所滅後以封大夫韓萬爲邑

蔣		姬	周公子	今河南光州固始縣西北七十里期思城是	不知何年滅于楚爲期思邑
茅		姬	周公子	今山東兗州府金鄉縣西北有茅鄉	後爲邾邑哀七年傳茅成子以茅叛是也
胙		姬	周公子	在今河南衛輝府廢胙城縣西南	
鄀				國于商密今河南南陽府內鄉縣西南百二十里丹水故城是後遷於鄀今湖廣襄陽府宜城縣東南九十里有鄀縣故城	僖二十五年見文五年秦人入鄀蓋自是南徙爲楚附庸定六年傳遷郢于鄀則楚已滅之爲邑矣
夔	子	羋	熊摯	今湖廣宜昌府歸州東二十里有夔子城	僖二十六年見爲楚所滅
檜		妘	祝融後	今河南許州府密縣東北五十里有古檜城	春秋前爲鄭所滅僖三十三年見傳
沈	子	姬		今河南汝寧府東南有平輿城其北有沈亭	文三年見定四年爲蔡所滅後屬楚爲平輿邑
六		偃	皋陶後	今江南六安州	文五年見爲楚所滅下同
蓼		偃	皋陶後	今江南潁州府霍丘縣西北有蓼縣故城	

偪		姞			文六年見
麇	子			國于錫穴今陝西興安州白河縣是	文十年見不知何年滅於楚
巢	伯			今江南廬州府巢縣東北五里有居巢城	文十二年見昭二十四年滅于吳
宗	子			見下註	文十二年見
舒蓼		偃	皋陶後	今江南廬州府舒城縣爲古舒城廬江縣東百二十里有古龍舒城舒蓼舒庸舒鳩及宗四國約略在此兩城間	文十四年見宣八年滅于楚
庸				今湖廣鄖陽府竹山縣東四十里有上庸故城	文十六年見爲楚所滅
崇				見前酆國註蓋秦之與國復居酆而襲崇之舊號者	宣元年見
郯	子	己	少昊後	今山東沂州府郯城縣西南百里有古郯城	宣四年見終春秋世猶存　紀年云于越子朱句三十五年滅郯今按史記楚世家頃襄王十八年猶有郯國相去一百三十五年紀年誤
萊	子	姜		今山東登州府黃縣東南二十里有萊子城	宣七年見襄六年滅于齊

越	子	姒	夏后少康子	國于會稽今浙江紹興府治山陰縣	
劉	子	姬	匡王子	今河南河南府偃師縣南三十五里有劉聚	宣十年見至貞定王時絕封
唐	侯	祁	堯後	今湖廣德安府隨州西北八十五里有唐城鎮	宣十二年見定十五年滅于楚
黎	侯			今山西潞安府黎城縣東北十八里有黎侯城	宣十五年見嘗爲狄所滅是年晉復立之詩旄丘序狄人迫逐黎侯詩譜次于周桓王之世誤也酆舒奪黎氏地即當日罪案豈有失國百年而後復之乎
鄅	附庸			未詳或曰在今山東沂州府郯城縣東北	成六年見爲魯所滅
州來				在今江南鳳陽府壽州北三十里	成七年見昭三年滅于吳
呂	侯	姜		今河南南陽府城西三十里有呂城	不知何年并于楚爲邑成七年傳子重請取于申呂以爲賞田即此
檀	伯			在今河南懷慶府濟源縣境	成十一年見
鍾離	子			今鳳陽府臨淮縣東四里有鍾離城	成十五年見昭二十四年滅于吳

舒庸		偃		見舒蓼註	成十七年見爲楚所滅
偪陽	子	妘		今山東兖州府嶧縣南五十里有偪陽城	襄十年見晉滅之以予宋使周内史選其族嗣納諸霍人以奉妘姓之祀
邿				今山東兖州府濟寧州東南有邿城	襄十三年見爲魯所滅
鑄		祁	堯後	今山東兖州府寧陽縣西北有鑄城	襄二十三年見
杜	伯	祁	堯後	今陝西西安府治東南十五里有杜陵故城	春秋前已絕封襄二十四年見傳
舒鳩	子	偃		見舒蓼註	襄二十四年見二十五年滅于楚定二年復見傳蓋楚復之
胡	子	歸		今江南潁州府西北二里有胡城	襄二十八年見定十五年滅于楚
焦		姬		今河南陝州南二里有焦城	襄二十九年見不知何年滅于晉
楊	侯	姬		今山西平陽府洪洞縣東南十八里有楊城	襄二十九年見不知何年滅于晉以賜羊舌肸爲楊氏邑
邶				今河南衛輝府東北有邶城	襄二十九年見不知何年幷于衛下同
鄘				今河南衛輝府新鄉西南三十二里有鄘城	

沈			金天氏苗裔臺駘之後	封于汾川下同	昭元年見不知何年滅于晉下同
姒			同上		
蓐			同上		
黃			同上		
不羹				今河南許州府襄城縣東南有西不羹城南陽府舞陽縣西北有東不羹城按舊說如此疑有誤	昭十一年見不知何年滅于楚
房				今河南汝寧府遂平縣是	昭十三年見前二年楚靈王遷之于荊至是平王復之不知何年并于楚漢志吳房縣孟康註楚封吳夫概于此故曰吳房
鄅	子	妘		國于啓陽今山東沂州府治北十五里有開陽城	昭十八年邾人入鄅十九年宋公伐邾盡歸鄅俘知鄅復存不知何年地入于魯哀三年城啓陽卽此
鍾吾	子			今江南徐州府宿遷縣西北有司吾鄉	昭二十七年見三十年吳子執鍾吾子疑遂亡

桐		偃		今江南安慶府桐城縣	定二年見
戎				今山東曹州府曹縣東南四十里楚丘城是	隱二年見後地入于衞所謂戎州也以下四裔
北戎				在今直隸永平府境	隱九年莊三十年齊人伐山戎卽此
盧戎	子		南蠻	今湖廣襄陽府南漳縣東北五十里有中盧鎭	桓十三年見後滅于楚爲盧邑文十六年傳自盧以往振廩同食是也
大戎		姬	唐叔後	在今陝西延安府境	莊二十八年見下同
小戎		允	四岳後	今陝西肅州西八百六里敦煌廢縣是後遷伊川	
驪戎	男	姬		今陝西西安府臨潼縣東二十四里有驪戎城	莊二十二年爲晉所滅二十八年見後入秦爲侯酈地
山戎			卽北戎		
狄			有白狄赤狄二種		莊三十二年見
犬戎			西戎之別在中國者	在今陝西鳳翔府境其本國則今陝西西寧府西北樹敦城是也	閔二年見

東山皋落氏			赤狄別種	今山西絳州垣曲縣西北六十里有皋落鎮又山西平定州樂平縣東七十里有皋落山未詳孰是	閔二年見後滅于晉
楊拒泉皋伊雒之戎				在今河南府境	僖十一年楊拒泉皋伊雒之戎同伐王城按文八年公子遂及雒戎盟于暴國語北有洛泉徐蒲知其類不一
淮夷				在今江南徐州府邳州境	僖十三年見
陸渾之戎又名陰戎	子	允	卽小戎之徙于中國者	陸渾卽瓜州地名後遷伊川今河南府嵩縣北三十里有古陸渾城	僖二十二年秦晉遷之伊川仍以陸渾爲名昭十七年爲晉所滅陸渾子奔楚其餘服屬于晉曰九州戎
廧咎如		隗	赤狄別種		僖二十三年見
介			東夷國	今山東萊州府膠州南有介亭	僖二十九年見
姜戎	子	姜	四岳後陸渾之別部		僖三十三年見襄十四年晉執戎子駒支卽此
白狄				傳云白狄及君同州當與秦相近在今陝西延安府境	僖三十三年見
鄋瞞		漆	防風氏後	古防風氏國于封禺之山在今浙江湖	文十一年見宣十五年滅于晉

				州府武康縣春秋時爲長狄在今山東濟南府北境	
羣蠻				在今湖廣辰州沅州二府之境	文十六年見戰國時滅于楚
百濮			西南夷	在今雲南曲靖府境或曰湖廣常德辰州二府境	文十六年見
赤狄				赤狄種類至多	宣三年見
根牟			東夷國	今山東沂州府沂水縣東南有牟鄉	宣九年見爲魯所滅
潞氏	子		赤狄別種	今山西潞安府潞城縣	宣十五年見爲晉所滅
甲氏			赤狄別種	在今直隸廣平府雞澤縣境	宣十六年見爲晉所滅下同
留吁			赤狄別種	今潞安府屯留縣東南十里純留城是	
鐸辰			赤狄別種	在潞安府境	
茅戎			戎別種	今山西解州平陸縣東南有茅城	成元年見
戎蠻 卽蠻氏	子		戎別種	今河南汝州西南有蠻城	成六年見哀四年滅于楚
無終	子		山戎國	今直隸永平府玉田縣西有無終城	襄四年見

肅愼			東北夷	今興京所屬地	昭九年見
亳			西夷史記索隱蓋成湯之胤	在今陝西北境	隱十年爲秦所滅昭九年見傳
鮮虞一名中山		姬	白狄別種	今直隸眞定府西北四十里有鮮虞亭	昭十二年見獲麟後一百八十六年滅于趙
肥	子	姬	白狄別種	今直隸眞定府藁城縣西南七里有肥纍城	昭十二年見爲晉所滅
鼓	子	祁	白狄別種	今直隸眞定府晉州是	昭十五年見二十二年滅于晉
有莘			夏商時國		僖二十八年見　以下古國
有窮			夏時國下同		襄四年見下同
寒				今山東萊州府濰縣東北三十里有寒亭	
有鬲		偃		今山東濟南府德平縣東十里有故鬲城	
斟灌		姒		今山東青州府壽光縣東北四十里有斟灌城又有灌亭	

斟鄩		姒		今山東萊州府濰縣西南五十里有斟城	
過				今山東萊州府掖縣北有過鄉	
戈				地在宋鄭之間	
豕韋		彭	夏商時國	今河南衛輝府滑縣東南有韋城鎮	襄二十四年見按昭二十九年傳云夏后孔甲嘉劉累賜氏曰御龍以更豕韋之後杜注以劉累代彭姓之豕韋累尋還魯縣豕韋復國至商而滅累之後世復承其國爲豕韋氏
觀		姒	夏時國	今山東曹州府觀城縣	昭元年見下同
扈		姒	同上	在今陝西西安府鄠縣北	
姺			商時國下同		
邳				今江南徐州府邳州	
奄	嬴			今山東兗州府曲阜縣東二里有奄城	
仍			夏時國下同		昭四年見下同

有緡					
駘				今陝西乾州武功縣西南二十二里有斄城	后稷封于邰即此　以下俱昭九年見
岐				今陝西鳳翔府岐山縣	大王遷于岐即此
蒲姑			商時國	今山東青州府博興縣東北十五里有蒲姑城	成王滅之以其地益封齊
逢		姜	商時國		昭十年見其地後爲齊國
昆吾		己	夏時國	在今河南許州府又直隸大名府開州東二十五里有昆吾城按正義曰蓋昆吾居此二處未知孰爲先後	昭十二年見春秋時其地屬許衛二國
密須		姞	商時國	今陝西平涼府靈臺縣西五十里有密城	文王伐密即此　昭十五年見下同
闕鞏			古國		
甲父			同上	今山東兖州府金鄉縣有甲父亭	昭十六年見
鄝			古國		昭二十九年見其地後爲州蓼之蓼

鬷夷	董	虞夏時國	封于鬷川	昭二十九年見其地後爲曹國
封父		古國	今河南開封府封丘縣	定四年見
有虞	姚	夏商時國	今河南歸德府虞城縣	哀元年見　武王封其後于陳

第三節　孔子以前之宗教上

此代至要之事。乃孔子生於此代也。孔子一身。直爲中國政教之原。中國之歷史。卽孔子一人之歷史而已。故談歷史者。不可不知孔子。然欲攷孔子之道術。必先明孔子道術之淵源。孔子者。老子之弟子也。孔子之道。雖與老子殊異。然源流則出於老。故欲知孔子者。不可不知老子。然老子生於春秋之季。欲知老子。又必知老子以前天下之學術若何。老子以前之學術明。而後老子之作用乃可識。老子之宗旨見。而後孔子之教育亦可推。至孔子教育之指要。既有所窺。則自秦以來。直至目前。此二千餘年之政治盛衰。人材升降。文章學問。千枝萬條。皆可燭照而數計矣。此春秋前半期學派之所以爲要也。案前第二十九節。曾言中國自古以來。卽有鬼神五行之說。而用各種巫史卜祝之法。以推測之。此爲其學問宗教之根本。而國家政治。則悉寄於禮樂文物之間。明堂淸廟。瞽宗辟雝是也。此等社會。沿自炎黃。至周公而備。至老子而破。中間事蹟。有可言焉。

有神。人面。白毛。虎爪。執鉞。是爲蓐收。天之刑神也。(周語) 有神。鳥身。素服。三絕。面正方。曰予爲勾芒。(墨子明鬼。此界神與非神之間者。禮記祭法注謂之人神) 至其名位。則昊天上帝最貴。化而爲青帝靈威仰。赤帝赤熛怒。白帝白招拒。黑帝汁光紀。黃帝含樞紐。爲王者之所自出。而佐以日月星辰司中司命風師雨師。則天神備矣。(周禮春官疏)

右天神

山海經。(十三篇以前。眞禹書。十四篇以後。漢人所作。) 所列鬼神。殆將數百。其狀如鳥身龍首等。(南山經) 其名如泰逢熏池武羅等。(中山經) 其禮如白狗糈稌等。(南山經) 而楚詞所引湘君湘夫人河伯雒嬪亦數十見皆地示也。惟左傳國語無明文耳。

右地示

齊侯田于貝丘。(齊邑名今青州府博興縣東北十五里) 見大豕。從者曰。公子彭生也。(左莊八年) 狐突適下國。(晉邑名今山西聞喜縣東) 遇太子。太子曰。帝(上帝也) 許我罰有罪(謂惠公) 矣。(左僖十一年) 大事(禘也) 于太廟。夏父弗忌曰。吾見新鬼大。故鬼小。(左文二年) 魏顆見老人結草以亢杜回。杜回躓而顚。故獲之。夜夢之曰。余而所嫁婦人之父也。(左宣十六年) 鄭人相驚以伯有。曰伯有至矣。則皆走。子產曰。鬼有所歸。乃不爲厲。(左昭七年。本文下云。用物精多。則魂魄強。伯有三世爲卿。而執其政柄。其用物宏矣。其取精多矣。強死爲鬼。不亦宜乎。案此即庶人無鬼之理也。又墨子明鬼。周宣王殺杜伯而不辜。三年。杜伯乘素車白馬朱衣冠。執朱弓矢。射王殪之車中。燕簡公殺莊子儀而不辜。三年。莊子儀荷朱杖而擊燕簡公。殪之車上。詬觀辜從事于厲。祭不以法。祩子舉楫而槀之。殪之壇上。墨子雖在老子後。而所引皆古事。杜伯事。亦見國語。)

右人鬼

方相氏掌儺。以毆方良。（即魍魎）庭氏射妖鳥。（周禮）涸澤之精曰慶忌。若人長四寸。衣黃衣冠黃冠。戴黃蓋。乘小馬。好疾馳。可使千里外一日返報。涸川之精曰蟡。一頭而兩身。其形若蛇。長八尺。呼其名可取魚鼈。（管子水地篇。又莊子達生篇引此而物怪更多）此皆物魃也。

右物魃

以上所言。乃舉古人言神示鬼魃之分見者。其合見之處。則莫如周禮之春官大宗伯曰。掌建邦之天神人鬼地示之禮。（中略）凡祀大神享大鬼祭大示詔相王之大禮。司服曰。王之吉服。祀昊天上帝則服大裘而冕。祀五帝亦如之。享先王則袞冕。享先公饗射則鷩冕。祀四望山川則毳冕。祭社稷五祀則希冕。祭羣小祀則玄冕。大司樂曰。樂一變而致羽物及川澤之示。再變而致贏物及山林之示。三變而致鱗物及丘陵之示。四變而致毛物。及墳衍之示。五變而致介物及土示。六變而致象物及天神。（鄭注此大蜡之禮）若樂六變則天神皆降。樂八變則地示皆出。樂九變則人鬼可得而禮。（鄭注此大禘之禮）大祝曰。辨六號。一曰神號。二曰鬼號。三曰示號。（後略）而終篇則曰。凡以神仕者。掌三辰之法。以猶（鄭注圖也）鬼神示之居。辨其名物。以冬至日致天神人鬼。以夏至日致地示物魃。古人之分天神人鬼地示物魃。其明晝若此。然亦有不甚分明者。如社稷五祀。皆地示也。（春官鄭注）而社卽后土。是爲勾龍。共工氏之子。稷爲柱。烈山氏之子。木正勾芒。是爲重。金正蓐收。是爲該。水正玄冥。是爲熙及修。此三官。皆少皞氏之子。火正祝融。是爲黎。顓頊之子。土正卽勾龍。是以一體而兼神鬼示矣。此名之至棵雜者。（左傳昭二十九）

第四節　孔子以前之宗教下

鬼神位矣。世間之事。無一不若有鬼神主宰乎其間。於是立術數之法。以探鬼神之意。以察禍福之機。術數者。一天文。二曆譜。三五行。四蓍龜。五雜占。六形法。（漢書藝文志）今卽由此六術。以證古人之事。往往相合。惟漢志所列之書。今不傳者十之九。故其爲術。今人無能通者。今之術數。雖源於古之術數。而不盡爲古之術數也。（詳見後）術既無師。則觀古人之已事。不能知其用何家之學說。然大略亦可分矣。大約可分四類。其天文曆譜五行三家之說。不甚可分。今列之爲一類。其蓍龜雜占形法三家。尙分明。如其家分之爲三。

楚滅陳。晉侯問於史趙曰。陳其遂亡乎。對曰。未也。歲在鶉火。是以卒滅。今在析木之津。猶將復出。（左昭八年）春正月。有星出于婺女。鄭裨竈曰。七月戊子。晉君將死。（左昭十年）春。將禘於武公。梓愼望氛曰。吾見赤黑之祲。非祭祥也。喪氛也。其在涖事乎。（左昭十五年）冬。有星孛於大辰。西及漢。申須曰。諸侯其有火災乎。梓愼曰。其宋衞陳鄭乎。其丙子若壬午作乎。裨竈曰。若我用瓘斝玉瓚。鄭必不火。（左昭十七年）春二月乙卯。周毛得殺毛伯過而代之。萇弘曰。毛得必亡。是昆吾（夏伯也）稔之日也。（左昭十八年）春二月己丑。日南至。梓愼望氛曰。今茲宋有亂。國幾亡。三年而後弭。蔡有大喪。（左昭二十年）天王將鑄無射。泠州鳩曰。王其將以心疾死乎。（左昭二十一年）夏五月乙未朔。日有食之。

梓愼曰。將水。昭子曰。旱也。（左昭二十四年）夏。吳伐越。史墨曰。不及四十年。越其有吳乎。越得歲而吳伐之。必受其凶矣。（左昭三十二年）

右天文歷譜五行

初。懿氏卜妻敬仲。其妻占之。曰。吉。是謂鳳凰于飛。和鳴鏘鏘。有嬀之後。將育于姜。五世其昌。並爲正卿。八世之後。莫之與京。周史有以周易見陳侯者。陳侯使筮之。遇觀䷓之否䷋。曰。是謂觀國之光。利用賓于王。（左莊二十二年）初。畢萬筮仕於晉。遇屯䷂之比䷇。辛廖占之。曰。吉。（中略）公侯之卦也。公侯之子孫。必復其始。（左閔元年）成季之將生也。桓公使卜楚丘之父卜之。曰。男也。其名曰友。間於兩社。爲公室輔。季氏亡。則魯不昌。又筮之。遇大有䷍之乾䷀。曰。同復於父。敬如君所。（左閔二年又昭三十二年）秦伯伐晉。卜徒父筮之。曰。吉。涉河。侯車敗。詰之。對曰。乃大吉也。三敗必獲晉君。其卦遇蠱䷑。曰。千乘三去。三去之餘。獲其雄狐。初。晉獻公筮嫁伯姬於秦。遇歸妹䷵之睽䷥。史蘇占之。曰。不吉。其繇曰。士刲羊。亦無衁也。女承筐。亦無貺也。西鄰責言。不可償也。歸妹之睽。猶無相也。爲雷爲火。爲嬴敗姬。車脫其輹。火焚其旗。不利行師。敗於宗丘。歸妹睽孤。寇張之弧。姪其從姑。六年其逋。逃歸其國。而棄其家。明年其死於高梁之墟。（左僖十五年）惠公之在梁也。梁伯妻之。梁嬴孕過期。卜招父與其子卜之。其子曰。將生一男一女。招曰。然。男爲人臣。女爲人妾。（左僖十七年）晉將伐楚。公筮之。史曰。吉。其卦遇復䷗。曰。南國蹙。射其元。王中厥目。（左成十六年）穆姜薨於東宮。始往而筮之遇艮之八䷳史曰是謂艮之隨䷐隨其出也君必速出姜曰亡 中略 必死於是勿得出矣 左襄九年 鄭皇耳帥師侵衛孫文子卜追之獻兆於定姜姜氏問繇曰兆如山陵有夫出征而喪其雄 左襄十年 崔武子將娶棠姜筮之遇困䷮之大過䷛陳文子曰妻不可娶也其繇曰困於石據於蒺藜入於其宮不見其妻凶 左襄二十五年 初穆子之生也莊叔以周易筮之遇明夷䷣之謙䷎卜楚丘曰是將行 出奔 而歸爲子祀 奉祭祀也 以讒人入其名曰牛卒以餒死 左昭五年

衛襄公夫人姜氏無子孔成子夢康叔謂己立元余使羈之孫圉與史苟相之史朝亦夢康叔謂己余將命而子苟與孔烝鉏 成子名 之曾孫圉相元史朝見成子告之夢夢協晉韓宣子爲政聘於諸侯之歲婤姶生子命之曰元孔成子以周易筮之遇屯䷂之比䷇史朝曰元亨又何疑焉 左昭七年 南蒯之將叛也枚筮之 不指其事汎卜吉凶 遇坤䷁之比䷇子服惠伯曰忠信之事則可不然必敗 左昭十二年 晉趙鞅卜救鄭遇水適火占諸史趙史墨史龜史龜曰是謂沈陽可以興兵利以伐姜不利子商史墨曰 前略 水勝火伐姜則可史趙曰 前略 救鄭則不吉不知其他陽虎以周易筮之遇泰䷊之需䷄曰宋方吉不可與也 左哀九年 案卜筮分爲二術卜者龜也周禮太卜掌三兆之法一曰玉兆二曰瓦兆三曰原兆其經兆之體皆百有二十其繇皆千有二百蓋以火灼龜觀其璺罅各從其形似占之所謂使某卜之其繇曰云云皆卜也筮者蓍也周禮筮人掌三易一曰連山二曰歸藏三曰周易其經卦皆八其別皆六十有四蓋用蓍草四十九枚揲之成卦以觀吉凶所謂使某筮之遇某卦之某卦云云皆筮也其不言周易者皆連山歸藏

右蓍龜

初。晉穆公之夫人以條（晉邑名今山西安邑縣北）之役生太子。命之曰仇。其弟以千畝（晉邑名今山西介休縣南）之戰生。命之曰成師。師服曰。異哉君之名子也。（中略）始兆亂矣。兄其替乎。（左桓二年）初內蛇與外蛇鬬于鄭南門中。內蛇死。六年而厲公入。申繻曰。人之所忌。其氣燄以取之。妖由人與也。人無釁焉。妖不自作。人棄常。則妖興。故有妖。（左莊十五年）八月。甲午。晉侯圍上陽。（虢地名今河南陝州東南）問於卜偃曰。吾其濟乎。對曰。克之。公曰。何時。對曰。童謠云。丙之晨。龍尾伏辰。均服振振。取虢之旂。鶉之奔奔。天策焞焞。火中成軍。虢公其奔。其九月十月之交乎。丙子旦。日在尾。月在策。鶉火中。必是時也。（左僖五年）秋八月辛卯。沙鹿（山名今直隸元城縣境）崩。晉卜偃曰。期年將有大咎。幾亡國。（左僖十四年）晉侯夢與楚子搏。楚子伏己而盬其腦。子犯曰。吉。吾得天。楚伏其罪。吾且柔之矣。（左僖二十八年）楚子玉自爲瓊弁玉纓。未之服也。先戰。夢河神謂己曰。畀余。余賜汝孟諸（澤名今河南歸德府治東）之麋。弗致也。大心與子西使榮黃諫。弗聽。出告二子曰。非神敗令尹。令尹實自敗也。（左僖二十八年）趙嬰夢天使謂己。祭余。余必福汝。（中略）士貞伯曰。神福善而禍淫。淫而無罰。福也。祭其得亡乎。祭之明日而亡。（左成六年）晉侯夢大厲。被髮及地。搏膺而踊。曰。殺余孫不義。余得請於帝矣。壞大門及寢門而入。公懼。入于室。又壞戶。公覺。召桑田巫。巫言如夢。公曰。何如。曰。不食新矣。公疾病。求醫於秦。秦伯使醫緩爲之。未至。公夢疾爲二豎子。曰。彼良醫也。懼傷我。焉逃之。其一曰。居肓之上。膏之下。若我何。醫至。曰。疾不可爲也。在肓之上。膏之下。攻之不可。達之不及。藥不至焉。不可爲也。（中略）六月丙午。晉侯欲麥。甸人獻麥。饋人爲之。召桑田巫。示而殺之。將食。張。如廁。陷而卒。小臣有晨夢負公登天。及日中。負晉侯出諸廁。遂以為殉。（左成十一年）初。聲伯夢涉洹。（水名今河南安陽縣北）或與已瓊瑰。食之。泣而為瓊瑰。盈其懷。從而歌之曰。濟洹之水。贈我以瓊瑰。歸乎歸乎。瓊瑰盈吾懷乎。懼不敢占也。三年。占之。暮而卒。（左成十七年）中行獻子將伐齊。夢與厲公（厲公獻子所弒者）訟。弗勝。公以戈擊之。首隊於前。跪而戴之。奉之以走。見梗陽之巫皐。他日見諸道。與之言。同。巫曰。今茲主必死。（左襄十八年）有鸜鵒來巢。師己曰。異哉。吾聞文武之世。童謠有之曰。鸜之鵒之。公出辱之。鸜鵒之羽。公在外野。往饋之馬。鸜鵒跦跦。公在乾侯。徵褰與襦。鸜鵒之巢。遠哉遙遙。稠父喪勞。宋父以驕。鸜鵒鸜鵒。往歌來哭。童謠有是。今鸜鵒來巢。其將及乎。（左昭二十五年）十二月辛亥朔。日有食之。是夜也。趙簡子夢童子贏而轉以歌。占諸史墨。曰。吾夢如是。今而日食。何也。對曰。六年及是月也。吳其入郢乎。（楚都今湖北江陵縣北）終亦弗克。（左昭三十一年）曹人或夢衆君子立于社宮。而謀亡曹。曹叔振鐸請待公孫彊。許之。旦而求之曹。無之。戒其子曰。我死。爾聞公孫彊為政。必去之。（左哀七年）衞侯夢于北宮。見人登昆吾之觀。被髮北面而譟曰。登此昆吾之虛。緜緜生之瓜。余為渾良夫。叫天無辜。衞侯貞卜。其繇曰。如魚竀尾。衡流而方羊。裔焉大國。滅之將亡。闔門塞竇。乃自後踰。（左哀十七年）

右雜占

王使內史叔服來會葬。公孫敖聞其能相人也。見其二子焉。叔服曰。穀也食子。難也收子。穀也豐下。必有後於魯國。（左文元年。案左文元年。子上曰。是蠭目而豺聲。忍人也。周語中。叔孫僑如方上而銳下。宜其觸冒人。並以相定人之善惡。其以相定人之禍福。始此。又荀子非相篇。古有姑布子卿。今之世。梁有唐舉。相人）

之形狀顏色。而知其吉凶妖祥。知此術盛於戰國也。

右形法

以上所言鬼神術數之事。今人不能不笑古人之愚。然非愚也。蓋初民之意。觀乎人類。無不各具知覺。然而人之初生。本無知覺者也。其知覺不知從何而來。人之始死。本有知覺者也。其知覺又不知從何而去。於是疑肉體之外。別有一靈體存焉。其生也。靈體與肉體相合而知覺顯。其死也。靈體與肉體相分而知覺隱。有隱現而已。無存亡也。於是有人鬼之說。既而仰觀於天。日月升沈。寒暑迭代。非無知覺者所能爲也。於是有天神之說。俯觀乎地。出雲雨。長草木。亦非無知覺者所能爲也。於是有地祇之說。人鬼天神地祇。均以生人之理。推之而已。其他庶物之變。所不常見者。則謂之物魅。亦以生人之理。推之而已。此等思想。太古已然。逮至算術既明。創爲律歷天文諸事。漸可測量。推之一二事而合。遂謂推至千萬事而無不合。乃創立法術。以測未來之事。而術數家與此社會。自古至今。未嘗或變。非但中國尙居此社會中。卽外國亦未離此社會也。所異者。春秋以前。鬼神術數之外無他學。春秋以後。鬼神術數之外。尙有他種學說耳。

第五節　新說之漸

鬼神術數之學。傳自炎黃。至春秋而大備。然春秋之時。人事進化。駸駸有一日千里之勢。鬼神術數之學。遂不足以牢籠一切。春秋之末。明哲之士。漸多不信鬼神術數者。左傳所引。如史嚚曰。國將興。聽於民。國將亡。聽於神。莊公三十二年 子產曰。天道遠。人道邇。非所及也。何以知之。昭公十八年 仲幾曰。薛徵於人。宋徵於鬼。宋罪大矣。定公元年 自此以來。障蔽漸開。至老子遂一洗古人之面目。九流百家。無不源於老子。老子楚人。史稱老子姓李名耳。恐此爲後人所竄入也 周守藏室之史也。一 周制。學術。藝文。朝章。國故。凡寄於語言文字之物。無不掌之於史。二 故世人之諮異聞質疑事者。莫不於史。觀前十課所引可見 史之學識。於通國爲獨高。亦猶之埃及印度之祭司也。老子以猶龍之資。讀藏室之富。而丁蛻化之時。迺著書上下篇。言道德之意。五千餘言而去。莫知所終。三 後世言老子者甚多。然皆出於神仙家。

第六節　老子之道

老子之書。於今具在。討其義蘊。大約以反復申明鬼神術數之誤爲宗旨。萬物芸芸。各歸其根。歸根則靜。是爲復命。是知鬼神之情狀。不可以人理推。而一切禱祀之說破矣。有物渾成。先天地生。則知天地山川五行百物之非原質。不足以明天人之故。而占驗之說廢矣。禍兮福所倚。福兮禍所伏。則知禍福純乎人事。非能有前定之者。而天命之說破矣。鬼神五行前定既破。而後知天地不仁。以萬物爲芻狗。聖人不仁。以百姓爲芻狗。閟宮清廟。明堂辟雝之制。衣裳鐘鼓揖讓升降之文。之更不足言也。雖然。老子爲九流之初祖。其生最先。凡學說與政論之變也。其先出之書。所以矯前代之失者。往往矯枉過正。老子之書。有破壞而無建立。可以備一家之哲學。而不可以爲千古之國教。此其所以有待於孔子歟。

第七節　孔子世系及形貌

孔子生魯昌平鄉陬邑。（今山東曲阜縣）其先。宋人也。一 宋襄公生弗父何。何生宋父周。周生世子勝。勝生正考父。正考父生孔父嘉。五世親盡。別爲公族。姓孔氏。孔父生木金父。木金父生睪夷。睪夷生防叔。畏華氏之逼而奔魯。爲魯人。防叔生伯夏。伯夏生叔梁紇。二 梁紇娶魯之施氏。生九女。其妾生孟皮。孟皮病足。乃求婚於顏氏。三 顏氏有三女。小女名徵在。嫁叔梁紇。時叔梁紇年六十四矣。四 孔子母徵在游於大澤之陂。夢黑帝使請己。己往夢交。語曰。汝乳必於空桑之中。覺則若感。生丘於空桑之中。故曰玄聖。五 （案此文學者毋以爲怪。因古人謂受天命之神聖人。必爲上帝之所生。孔子雖不有天下。然實受天命。此於文王。故亦以王者之瑞歸之。雖其事之信否。不煩言而喻。然古義實如此。改之則六經之說。不可通矣。凡解經者必兼緯。非緯則無以明經。此漢學所以勝於宋學也。）孔子生於魯襄公二十二年。（公羊傳。孔子以襄公二十一年十一月庚子生。卽周靈王二十一年。）生而首上圩頂。六 如屋宇之反。中低而四旁高。七 身長九尺六寸。人皆謂之長人。八 古稱孔子儀表者非一。如孔子反宇。是謂尼丘。九 孔子之胸。有文曰制作定世符運。十 孔子長十尺。大九圍。坐如蹲龍。立如牽羊。就之如昴。望之如斗。十一 孔子海口。言若含澤。十二 仲尼斗脣。舌理七重。吐教陳機受度。十三 仲尼虎掌。是謂威射。十四 胸應矩。是謂儀古。十五 龜脊。十六 輔喉。十七 駢齒。十八 面如蒙倛。十九 其顙似堯。其項似皋陶。其肩類子產。自要以下不及禹三寸。

第八節　孔子之事蹟

孔子爲兒嬉戲。常陳俎豆。設禮容。孔子母死。乃殯五父之衢。（在山東曲阜縣西南二里）郰人。（今山東曲阜縣與鄒縣相接處）輓父之母誨孔子父墓。然後合葬於防。（今山東費縣東北六十里）孔子少貧賤。及長嘗爲季氏史。料量平。嘗爲司職吏。而畜蕃息。南宮适言於魯君。請與孔子適周。魯君與之一乘車。兩馬。一豎子。俱適周問禮。蓋見老子云。孔子自周反於魯。弟子益進。孔子年三十五。魯三家共攻昭公。昭公出居乾侯。（今直隸成安縣東南）其後頃之。魯亂。孔子適齊。爲高氏家臣。在齊聞韶。齊景公問政於孔子。爲晏嬰所沮。不果用。孔子遂行。反乎魯。孔子年四十二。魯昭公卒於乾侯。定公立。是時陽虎爲政。自大夫以下皆僭。離於正道。故孔子不仕。退而修詩書禮樂。弟子彌衆。至自遠方。莫不受業焉。定公八年。陽虎欲廢三桓。不克。奔於齊。孔子年五十。公山不狃畔季氏。使人召孔子。孔子卒不行。定公十年。會齊侯於夾谷。孔子攝相事。定公十四年。將墮三都。叔孫氏先墮郈。（叔孫氏邑名今山東平度州東南十里）季孫氏墮費。（季孫氏邑名今山東魚臺縣東南）孟孫氏不肯墮成。（孟孫氏邑名今山東寧陽縣東北九十里）公圍成。未克。定公十五年。孔子五十六。由大司寇攝行相事。魯國大治。齊人懼。遺魯君女樂以沮孔子。季桓子與魯君爲周道游往觀終日。三日不聽政。又不致膰俎於大夫。孔子遂行。孔子適衛。或譖孔子於靈公。孔子去衛。將適陳。過匡。（衛地名今直隸長垣縣境）陽虎嘗暴於匡。孔子貌類陽虎。匡人拘孔子。孔子使從者通於甯武子。然後得去。反乎衛。見夫人南子。靈公與夫人同車。宦者雍渠驂乘出使孔子爲次乘。招搖市過之。孔子醜之。去衛適曹。復去曹適宋。與弟子習禮大樹下。宋司馬桓魋欲殺孔子。拔其樹。孔子去適鄭。遂至陳。居陳三年。過蒲。（衛地名今直隸長垣縣治）蒲人止孔子。弟子公良孺與疾鬭。蒲人懼。盟而出之。遂復適衛。靈公不能用。將西見趙簡子。臨河不濟。而返乎衛。靈公問陳。孔子行。復如陳。明年。自陳遷於蔡。三歲。楚使人聘孔子。孔子將往。陳蔡人圍之於野。不得行。使子貢至楚。楚興師迎孔子。然後得免。楚昭王將用孔子。子西沮之。於是孔子自楚反乎衛。年六十三矣。魯哀公六年也。居衛久之。季康子以幣迎孔子。孔子反魯。孔子去魯。凡十四年。而反乎魯。然魯卒不能用孔子。孔子亦不求仕。乃述詩書禮樂易象春秋之文。孔子將病。負杖逍遙於門。歌曰。太山其頹乎。梁木其摧乎。哲人其萎乎。子貢請見。孔子謂子貢曰。夏人殯於東階。周人於西階。殷人兩柱間。昨夢予坐奠兩柱之間。天下無道久矣。孰能宗予。予殷人也。殆將死。後病七日卒。年七十三。時魯哀公十六年四月己丑也。

第九節　孔子之異聞

孔子生平至大之事。爲制定六經。此事爲古今所聚訟。至於近年爭之彌甚。此中國宗教中一大關鍵也。今略述之。漢人言得麟之后。天降血書魯端門內。曰。趍作法。孔聖沒。周姬亡。彗東出。秦政起。胡破術。書記散。孔不絕。子夏明日往視之。血書飛爲赤烏。化爲白書。署曰。演孔圖。中有作法制圖之狀。孔子仰推天命。俯察時變。却觀未來。豫解無窮。知漢當繼大亂之後。故作撥亂之法以授之。一 孔子作春秋。制孝經。既成。使七十二弟子。向北辰。磬折而立。使曾子抱河洛事。北向。孔子齋戒。簪縹筆。衣絳單衣。向北辰而拜。告備於天。曰。孝經四卷。春秋河洛凡八十一卷。謹已備。天乃洪鬱起白霧摩地。赤虹自上下。化爲黃玉。長三尺。上有刻文。孔子跪受而讀之。曰。寶文出。劉季握。卯金刀。在軫北。字禾字。天下服。二 漢儒之說。大率類此。此舉其兩條耳。大抵上古天子之事有三。一曰感生。二曰受名。三曰封禪。感生者。如華胥履跡之類。受命者。如龍馬負圖之類。前已與諸生言及矣。惟封禪一事。前節未言。案封泰山禪梁甫之說。至漢而多。六藝之文。未詳其事。故後人有疑其不經者。然求之六經。其證尙多。不過未用封禪二字耳。其實則封禪也。詩周頌時邁序云。巡守告祭柴望也。書帝典。歲二月東巡守。至於岱宗。柴望秩於山川。徧於羣神。禮記禮器。因名山升中於天。而鳳皇降。龜龍假。三者皆言封禪。故時邁鄭箋云。巡守告祭者。天子巡行邦國。至於方岳之下。而封禪也。正義引白虎通曰。王者易姓而起。必升封太山何。告之也。始受天命之時。改制應天。天下太平。功成。封禪以告太平。所以必於太山何。萬物交代之處也。據此證之。知封禪爲上古之典禮。非不經之事。史記封禪書引管仲言古者封太山禪梁甫者七十二家。豈足怪乎。（聚土曰封。除地曰墠。變墠言禪者。神之也。）蓋感生者。明天子實天之所生。受天命者。天立之爲百神之主。使改制以應天。封禪者。天子受天明命。致太平。以告成於天。三事一貫。而其事惟王者能有之明矣。故上自包犧。凡一姓興起。無不備此三端。而孔子布衣。非王者。然自漢儒言之。則恆以天子待之。徵在遊於大澤。夢感黑龍。感生也。天下血書於魯端門化爲赤鳥。卽文王赤鳥銜書之例受命也。絳衣縹筆告備於天。天降赤虹白霧。封禪也。三者皆天子之事。更由爲之說曰。帝出乎震。故包犧以木德王。木生火。故神農以火德王。火生土。故黃帝以土德王。土生金。故少昊以金德王。金生水。故顓頊以水德王。水生木。故帝嚳以木德王。木生火。故帝堯以火德王。火生土。故帝舜以土德王。土生金。故禹以金德王。金生水。故湯以水德王。水生木。故文王以木德王。三 木當生火。而丘爲制法主。黑綠不代蒼黃。言孔子黑龍之精。不合四代周家木德之蒼也。此所以既比之以文王。五 又號之以素王歟。六 而赤帝子之名。則歸之漢高帝矣。七 此等孔子繼周而王。爲漢制法之說。極盛於前漢。至後漢漸有不信其說者。然至鄭康成爲羣經作注。仍用此說。自此至唐作注疏。無甚大異。洎乎宋儒。乃毅然廢之。似於聖門有摧陷廓清之功。然以解羣經之制度名物。微言大義。無一能合。然則宋學所持。其具之勝劣。姑不必言。而其非孔子之道。則斷然也。元明二代。不越乎宋學之範圍。清代諸儒。稍病宋學之空疏。而又畏漢學之詭誕。於是專從訓詁名物求之。所發明者頗多。而於人之身心。渺不相涉。其仍非宗教之眞可知也。今平心論之。各爲一時社會所限耳。蓋自上古至春秋。原爲鬼神術數之世代。乃合蚩尤之鬼道。與黃帝之陰陽以成之。皆初民所不得不然。三苗信鬼。乃最初之思想。黃帝明歷律。乃有術數。則稍進矣。其後乃合二派而用之。至老子驟更之。必爲天下所不許。書成身隱。其避禍之意耶。孔子雖學於老子。而知敎理太高。必與民智不相適而廢。於是去其太甚。留其次者。故去鬼神而留術數。論語言未知生焉知死。又言不知命無以爲君子。卽其例也。然孔子所言雖如此。而社會多數之習。終不能改。至漢儒乃以鬼神術數之理解經。此以上諸說之由來也。

第十節　孔子之六經

中國之聖經。謂之六藝。一曰詩。二曰書。三曰禮。四曰樂。五曰易象。六曰春秋。其本原皆出於古之聖王。而孔子刪定之。筆削去取。皆有深義。自古至今。繹之而不盡。經學家聚訟焉。今略述其概如左。

一易。六經之次第有二。七略以前。首詩。次書。次禮。次樂。次易。次春秋。此法周秦諸子悉遵之。七略以後。首易。次書。次詩。次禮。次樂。次春秋。此法用之至今。此爲經學中一大問題。本編本從周之義。以易爲首。包犧始畫八卦。因而重之爲六十四卦。文王作卦辭。周公作爻辭。孔子作彖辭象辭文言繫辭說卦序卦雜卦。是爲十翼。以授魯商瞿子木。凡易十二篇。

二書。書本王之號令。右史所記。孔子刪訂。斷自唐虞。下訖秦穆。典謨訓誥誓命之文。凡百篇。而爲之序。及秦禁學。孔子之孫惠壁藏之。凡書二十九篇。

三詩。詩者所以言志。吟詠性情。以諷其上者也。古有采詩之官。王者巡守。則陳詩以觀民風。知得失。自考正也。動天地。感鬼神。厚人倫。美敎化。莫近乎詩。自以孔子最先刪錄。既取周詩。上兼商頌。以授子夏。凡三百一十一篇。

四禮。帝王質文。世有損益。至於周公。代時轉浮。周公居攝。曲爲之制。故曰經禮三百。威儀三千。及周之衰。諸侯始僭。將踰法度。惡其害己。皆滅去其籍。自孔子時而不具矣。孔子反魯。乃始删定。値戰國交爭。秦氏坑焚。故惟禮經。崩壞爲甚。今所存者。惟儀禮至爲可信。周禮。禮記。皆漢人所掇拾耳。凡禮經十七篇。

五樂。自黃帝下至三代。樂各有名。孔子曰。安上治民。莫善於禮。移風易俗。莫善於樂。二者相與並行。周衰俱壞。孔子自衞反魯。然後樂正。然樂尤微眇。以音律爲節。又爲鄭衞所亂。故無遺法。古之王者。必有史官。君舉必書。所以愼言行。昭法式也。諸侯亦有國史。春秋卽魯之史記也。孔子應聘不遇。自衞而歸。西狩獲麟。傷其虛應。乃因魯舊史而作春秋。上述周公遺制。下明將來之法。勒成十二公之經。以授子夏。凡春秋十二篇。

右爲六經。皆孔子所手定也。此外猶有二經。與六經並重。皆門人記錄孔子言行之所作也。

一論語。論語者。孔子應答弟子時人及弟子相與言而接聞於夫子之語也。當時弟子各有所記。夫子旣卒。門人相與輯而論纂。故謂之論語。凡二十篇。

一孝經。孝經者。孔子爲曾子陳孝道也。凡一篇。

右二經。六經之總匯。至宋儒乃取論語二十篇。及禮記中之大學一篇。中庸一篇。而益以孟子七篇。謂之四書。於今仍之不改。非孔子之舊矣。

附錄唐陸德明經典釋文敍錄

魯商瞿子木受易於孔子。以授魯橋庇子庸。子庸授江東馯臂子弓。子弓授燕周醜子家。子家授東武孫虞子乘。子乘授齊田何子莊。高士傳云，字莊。漢書儒林傳云，臨淄人。及秦燔書，易爲卜筮之書，獨不禁，故傳授者不絕。漢興，田何以齊田徙杜陵，號杜田生。授東武王同子中、及洛陽周王孫、梁人丁寬。字子襄，事田何，復從周王孫受古義，作易說三萬言，訓故舉大誼而已。藝文志云，易說八篇。爲梁孝王將軍。齊服生。劉向別錄云，齊人，號服先。皆著易傳。漢初言易者本之田生。同授淄川楊何。字叔。一本作字叔元。太中大夫。寬授同郡碭田王孫。王孫授施讎、及孟喜、梁丘賀。由是有施孟梁丘之學焉。施讎字長卿，沛人。爲博士。傳易授張禹、字子文，河內軹人，徙家蓮勺，以論語授成帝，官至丞相，安昌侯。及琅邪魯伯。會稽太守。禹授淮陽彭宣。字子佩，大司空，長平侯，作易傳。及沛戴崇。字子平，少府，作易傳。伯授太山毛莫如。字少路，常山太守。及琅邪邴丹。字曼容。後漢劉昆。字桓公，陳留東昏人，侍中，弘農太守，光祿勳。受施氏易於沛人戴賓。其子軼。字君文，官至宗正。孟喜。字長卿，東海蘭陵人，曲臺署長，丞相椽。父孟卿。喜爲禮春秋。孟卿以禮經多，春秋煩雜，乃使喜從田王孫受易。喜爲易章句。授同郡白光。字少子。及沛翟牧。字子況。後漢洼丹。字子玉，南陽育陽人，世傳孟氏易，作易通論七篇，官至大鴻臚。觟陽鴻。字孟孫，中山人，少府。任安。字定祖，廣漢緜竹人。皆傳孟氏易。梁丘賀。字長翁，琅邪諸人，少府。本從太中大夫京房受易。房，淄川楊何弟子。後更事田王孫。傳子臨。黃門郎。臨傳五鹿充宗。字君孟，代郡人，少府，玄菟太守。及琅邪王駿。王吉子，御史大夫。充宗授平陵士孫張。字仲方，博士，揚州牧，光祿大夫，給事中，家世傳業。及沛鄧彭祖。字長夏，眞定太守。齊衡咸。字長賓，王莽講學大夫。後漢范升。代郡人，博士。傳梁丘易。一本作傳孟氏易。以授京兆楊政。字子行，左中郎將。又潁川張興。字君上，太子少傳。傳梁丘易。弟子著錄且萬人。子魴。傳其業。魴官至張掖屬國都尉。京房。字君明，東郡頓丘人，本姓李，推律自定爲京，至魏郡太守。受易梁人焦延壽。字延壽，名贛。延壽云嘗從孟喜問易。會喜死，房以延壽易卽孟氏學，翟牧白生不肯，曰非也。延壽嘗曰，得我術以亡身者，京生也。房爲易章句，說長於災異。以授東海殷嘉。（漢書儒林傳作殷嘉。）及河東姚平。河南乘弘。（一本作桑弘。）皆爲郎博士。由是前漢多京氏學。後漢戴馮。（字次仲。汝南平輿人。侍中兼領虎賁中郎將。）孫期。（字仲奇。濟陰成武人。兼治古文尚書。不仕。）魏滿。（字叔牙。南陽人。弘農太守。）並傳之。費直。（字長翁。東萊人。單父令。）傳易。授琅邪王璜。（字平仲。又傳古文尚書。）爲費氏學。本以古字。號古文易。無章句。徒以彖象繫辭文言解說上下經。（七錄云。直易章句四卷。殘缺。）漢成帝時。劉向典校書。考易說。以爲諸易家說皆祖田何楊叔元丁將軍。大義略同。唯京氏爲異。向又以中古文易經。校施孟梁丘三家之易經。或脫去無咎悔亡。唯費氏經與古文同。范曄後漢書云。京兆陳元。（字長孫。司空南閣祭酒。兼傳左氏春秋。）扶風馬融。（字季長。茂陵人。南郡太守。議郎。爲易傳。又注尚書毛詩禮記論語。）河南鄭衆。（字仲師。大司農。兼傳毛詩周禮左氏春秋。）北海鄭玄。（字康成。高密人。師事馬融。大司農。徵不至。還家。凡所注易尚書三禮論語尚書大傳五經中候。箸毛氏。作毛詩譜。駁許愼五經異議。鍼何休左氏膏肓。去公羊墨守。起穀梁廢疾。休見大慚。）潁川荀爽。（字慈明。至司空。爲易言。）並傳費氏易。沛人高相治易。與直同時。其易亦無章句。專說陰陽災異。自言出於丁將軍。傳至相。相授子康。（康以明易爲郎。）及蘭陵毋將永。（豫章都尉。）爲高氏學。漢初立楊氏易博士。宣帝復立施孟梁丘之易。元帝又立京氏易。費高二家不得立。民間傳之。後漢費氏興。而高氏遂微。永嘉之亂。施氏梁丘之易亡。孟京費之易。人無傳者。唯鄭康成王輔嗣所注。行於世。（江左中興。易唯置王氏博士。太常荀崧奏請置鄭易博士。詔許。値王敦亂。不果立。）而王氏爲世所重。

濟南伏生。（名勝。故秦博士。）授書於濟南張生。千乘歐陽生。（字和伯。千乘人。）生授同郡兒寬。（御史大夫。）寬又從孔安國受業。以授歐陽生之子。（歐陽大小夏侯尚書。皆出於寬。）歐陽氏世傳業。至曾孫高。作尚書章句。爲歐陽氏學。高孫地餘。（字長賓。侍中少府。）以書授元帝。傳至歐陽歆。(字正思。後漢大司徒。)歆以上八世。皆爲博士。濟南林尊。(字長賓。爲博士。論石渠。官至少府。太子太傅。)受尚書於歐陽高。以授平當。(字子思。下邑人。徙平陵。官至丞相。封侯。子晏。亦明經。至大司徒。)及陳翁生。(梁人。信都太傅。家世傳業。)翁生授殷崇。(瑯邪人。爲博士。)及龔勝。(字君賓。楚人。右扶風。)當授朱普。(字公文。九江人。爲博士。)及鮑宣。(字子都。渤海人。官至司隸。)後漢濟陰曹曾。(字伯山。諫大夫。)受業於歐陽歆。傳其子祉。(河南尹。)又陳留陳弇。(字叔明。受業於丁鴻。)樂安牟長。(字君高。河內太守。中散大夫。)並傳歐陽尚書。沛國桓榮。(字春卿。太子太傅。太常。五更。關內侯。)受尚書於朱普。(東觀漢紀云。榮事九江朱文文。卽普字。)以授漢明帝。遂世相傳。東京最盛。(漢紀云。門生爲公卿者甚衆。學者慕之。以爲法。榮子郁。以書授章帝。官至侍中。太常。郁子焉。復以書授安帝。官至太子太傅。太尉。)張生。(濟南人。爲博士。)授夏侯都尉。(魯人。)都尉傳族子始昌。(始昌通五經。以齊詩尚書敎授。爲昌邑太傅。)始昌傳族子勝。(字長公。後漢東平長。信少府。太子太傅。)勝從始昌受尚書及洪範五行傳說災異。又事同郡簡卿。卿者兒寬門人。又從歐陽氏問。爲學精熟。所問非一師。善說禮服。受詔撰尚書論語說。(藝文志。夏侯勝尚書章句二十九卷。)號爲大夏侯氏學。傳齊人周堪。(堪字少卿。太子少傅。光祿勳。)及魯國孔霸。(字次孺。孔子十三世孫。爲博士。以書授元帝。官至大中大夫。關內侯。號褒成君。)霸傳子光。(字子夏。丞相。博山侯。光又事牟卿。)堪授魯國牟卿。(爲博士。)及長安許商。(字伯長。四至九卿。善算。著五行論。)商授沛唐林。(字子高。王莽時爲九卿。)及平陵吳章。(字偉君。王莽時博士。)重泉王吉。(字少音。王莽時爲九卿。)齊炔欽。(字幼卿。王莽時博士。)後漢北海牟融。亦傳大夏侯尚書。夏侯建。(字長卿。勝從父兄子。爲博士。議郎。太子少傅。)師事夏侯勝及歐陽高。左右采獲。又從五經諸儒問與尚書相出入者。牽引以次章句。爲小夏侯氏學。傳平陵張山拊。(字長賓。爲博士。論石渠。官至少府。)山拊授同縣李尋。(字子長。騎都尉。)及鄭寬中。(字少君。爲博士。授成帝。官至光祿大夫。領尚書事。關內侯。)山陽張無故。(字子孺。廣陵太傅。)信都秦恭。(字延君。城陽內史。增師法至百萬言。)陳留假倉。(字子膠。以謁者論石渠。至膠東相。)寬中授東郡趙玄。(御史大夫。)無故授沛唐尊。（王莽太傅。）恭授魯馮賓。（爲博士。）後漢東海王良。亦傳小夏侯尙書。漢宣帝本始中。河內女子。得泰誓一篇。獻之。與伏生所誦。合三十篇。漢世行之。然泰誓年月。不與序相應。又不與左傳國語孟子衆書所引泰誓同。馬鄭王肅諸儒。皆疑之。漢書儒林傳云。百兩篇者。出東萊張霸。分析合二十九篇。以爲數十。又采左傳書序。爲作首尾。凡百二篇。篇或數簡。文意淺陋。成帝時。劉向校之。非是。後遂黜其書。古文尙書者。孔惠之所藏也。魯恭王壞孔子舊宅。（漢景帝程姬之子。名餘。封於魯。諡恭王。）於壁中得之。幷禮。論語。孝經。皆科斗文字。博士孔安國。（字子國。魯人。孔子十二世孫。受詩於魯申公。官至諫議大夫。臨淮太守。）以校伏生所誦。爲隸古寫之。增多伏生二十五篇。（藝文志云。多十六篇。）又伏生誤合五篇。凡五十九篇。爲四十六卷。（藝文志云。尙書古文經四十六卷。五十七篇。）安國又受詔。爲古文尙書傳。值武帝末。巫蠱事起。經籍道息。不獲奏上。藏之私家。（安國幷作古文論語。古文孝經傳。藝文志云。安國獻尙書傳。遭巫蠱事。未列於學官。）以授都尉朝。司馬遷亦從安國問故。遷書多古文說。劉向以中古文。校歐陽大小夏侯三家經文。脫誤甚衆。（藝文志云。酒誥脫簡一。召誥脫簡二。文異者七百有餘。脫字數十。）都尉朝授膠東庸生。（名譚。亦傳論語。）庸生授淸河朝常。（字少子。以明穀梁春秋爲博士。至部刺史。又傳左氏春秋。）常授虢徐敖。（右扶風掾。又傳毛詩。）敖授琅邪王璜。及平陵塗惲。（字子眞。）惲授河南乘欽。（字君長。一本作桑欽。）王莽時。諸學皆立。惲璜等貴顯。范曄後漢書云。中興。扶風杜林。傳古文尙書。賈逵（字景伯。扶風人。左中郎將。侍中。）爲之作訓。馬融作傳。鄭玄注解。由是古文尙書遂顯於世。案今馬鄭所注。並伏生所誦。非古文也。孔氏之本絕。是以馬鄭杜預之徒。皆謂之逸書。王肅亦注今文。而解大與古文相類。或肅私見孔傳。而祕之乎。江左中興。元帝時。豫章內史枚賾。（字仲眞。汝南人。）奏上孔傳古文尙書亡舜典一篇。購不能得。乃取王肅注堯典從愼徽五典以下。分爲舜典篇。以續之。孔序謂伏生以舜典合於堯典。孔傳堯典止於帝曰往欽哉。而馬鄭王之本同爲堯典。故取爲舜典。學徒遂驕。後范甯字武子。順陽人。東晉豫章太守。兼注穀梁。變爲今文集注。俗間或取舜典篇以續孔氏。齊明帝建武中。吳興姚方興采馬王之注。造孔傳舜典一篇。云於大航頭買得上之。梁武時爲博士議曰。孔序稱伏生誤合五篇。皆文相承接。所以致誤。舜典首有曰若稽古。伏生雖昏耄。何容合之。遂不行用。漢始立歐陽尙書。宣帝復立大小夏侯博士。平帝立古文。永嘉喪亂。衆家之書並滅亡。而古文孔傳始興。置博士。鄭氏亦置博士一人。近唯崇古文。馬鄭王注遂廢。今以孔氏爲正。其舜典一篇。仍用王肅本。

漢興。傳詩者有四家。魯人申公。亦謂申培公。楚王太傅。武帝以安車蒲輪徵之。時申公年八十餘。以爲太中大夫。受詩於浮丘伯。以詩經爲訓故以敎。無傳疑者則闕不傳。號曰魯詩。弟子爲博士者十餘人。郎中令王臧。蘭陵人。御史大夫趙綰。代人。臨淮太守孔安國。膠西內史周霸。城陽內史夏寬。東海太守魯賜。碭人。長沙內史繆生。蘭陵人。膠西中尉徐偃。膠東內史闕門慶忌。鄒人。皆申公弟子也。申公本以詩春秋授瑕丘江公。盡能傳之。徒衆最盛。魯許生。免中徐公。皆守學敎授。丞相韋賢。　詩於江公及許生。傳子玄成。賢字長孺。玄成字少翁。父子並爲丞相。封扶陽侯。又治禮論語。玄成兄子賞。以詩授哀帝。大司馬車騎將軍。又王式。字翁思。東平新姚人。昌邑王師。受詩於免中徐公及許生。以授張生長安。名長安。字幼君。山陽人。爲博士。論石渠。至淮陽中尉。及唐長賓。東平人。爲博士。楚王太傅。褚少孫。沛人。爲博士。褚氏家傳云。郎續史記褚先生。張生兄子游卿。諫大夫。以詩授元帝。傳王扶。琅邪人。泗水中尉。扶授許晏。陳留人。爲博士。又薛廣德。字長卿。沛國相人。御史大夫。受詩於王式。授龔舍。字君倩。楚國人。太山太守。齊人轅固生。漢景帝時。爲博士。至淸河太守。作詩傳。號齊詩。傳夏侯始昌。始昌授后蒼。字近君、東海郯人、通詩禮、爲博士、至少府。蒼授翼奉。字少君、東海下邳人、爲博士、諫大夫。及蕭望之。字長倩、東海蘭陵人、御史大夫、前將軍、兼傳論語。匡衡。字稚圭、東海承人、丞相、樂安侯、子咸、亦明經、歷九卿、家世爲博士。衡授師丹。字公仲、琅邪人、大司空。及伏理。字游君、高密太傅、家世傳業。滿昌。字君都、潁川人、詹事。昌授張邯。九江人。及皮容。琅邪人。皆至大官。徒衆尤盛。後漢陳元方。亦傳齊詩。燕人韓嬰。漢文帝時爲博士、至常山太傅。推詩之意。作內外傳數萬言。號曰韓詩。淮南賁生受之。武帝時。嬰與董仲舒論於上前。仲舒不能難。嬰又爲易傳、燕趙閒好詩、故其易微、惟韓氏自傳之。其孫商爲博士。孝宣時。涿韓生其後也。河內趙子事燕韓生。授同郡蔡誼。誼以詩授昭帝、至丞相、封侯。誼授同郡食子公。爲博士。及琅邪王吉。字子陽、王駿父、昌邑中尉、諫大夫、吉兼五經、能爲鄒氏春秋、以詩論教授。子公授太山栗豐。部刺史。吉授淄川長孫順。爲博士。豐授山陽張就。順授東海髮福。並至大官。藝文志云。齊韓詩。或取春秋。采雜說。咸非其本義。魯最爲近之。毛詩者。出自毛公。河間獻王好之。徐整字文操、豫章人、吳太常卿。云。子夏授高行子。高行子授薛倉子。薛倉子授帛妙子。帛妙子授河間人大毛公。毛公爲詩故訓傳於家。以授趙人小毛公。名萇小毛公。爲河間獻王博士。以不在漢朝。故不列於學。一云。子夏傳曾申。字子西、魯人、曾參之子。申傳魏人李克。克傳魯人孟仲子。鄭玄詩譜云、子思之弟子。孟仲子傳根牟子。根牟子傳趙人孫卿子。孫卿子傳魯人大毛公。漢書儒林傳云。毛公趙人。治詩。爲河間獻王博士。授同國貫長卿。長卿授解延年。爲阿武令、詩譜云、齊人。延年授虢徐敖。敖授九江陳俠。王莽講學大夫。或云陳俠傳謝曼卿。元始五年。公車徵說詩。後漢鄭衆賈逵傳毛詩。馬融作毛詩注。鄭玄作毛詩箋。申明毛義。難三家。於是三家遂廢矣。魏太常王肅。更述毛非鄭。荊州刺史王基。字伯輿、東萊人。駁王肅申鄭義。晉豫州刺史孫毓。字休朗，北海平昌人，長沙太守。為詩評，評毛鄭王肅三家同異，朋於王。徐州從事陳統。字元方。難孫申鄭。宋徵士鴈門周續之。字道祖。及雷次宗，俱事廬山惠遠法師。豫章雷次宗，字仲倫，宋通直郎，徵不起。齊沛國劉瓛，並為詩序義。前漢魯齊韓三家詩列於學官。平帝世毛詩始立。齊詩久亡。魯詩不過江東。韓詩雖在，人無傳者。惟毛詩鄭箋獨立國學。今所遵用。

漢興，有魯高堂生傳士禮十七篇，即今之儀禮也。而魯徐生善為容，孝文時為禮官大夫。景帝時河間獻王好古，得古禮獻之。鄭六藝論云，後得孔氏壁中，河間獻王古文禮五十六篇，記百三十一篇，周禮六篇。其十七篇與高堂生所傳同，而字多異。劉向別錄云，古文記二百四篇。藝文志曰，禮古經五十六篇，出於魯淹中。蘇林云，淹中，里名。或曰河間獻王開獻書之路，時有李氏上周官五篇，失冬官一篇，乃購千金不得，取考工記以補之。瑕丘蕭奮以禮至淮陽太守，授東海孟卿。孟喜父。卿授同郡后蒼及魯閭丘卿。其古禮經五十六篇，蒼傳十七篇，所餘三十九篇，以付書館，名為逸禮。蒼說禮數萬言，號曰后蒼曲臺記。在曲臺校書著記，因以為名。孝宣之世，蒼為最明。蒼授沛聞人通漢。字子方，以太子舍人論石渠，至中山中尉。及梁戴德。字延君，號大戴，信都太傅。戴聖。字次君，號小戴，以博士論石渠，至九江太守。沛慶普。字孝公，東平太傅。由是禮有大小戴慶氏之學。普授魯夏侯敬，又傳族子咸。豫章太守。大戴授琅邪徐良。字斿卿，為博士，州牧，郡守，家世傳業。小戴授梁人橋仁。字季卿，大鴻臚，家世傳業。及楊榮。字子孫，琅邪太守。王莽時劉歆為國師，始建立周官經以為周禮。河南緱氏杜子春受業於歆，還家以教門徒。好學之士鄭興父子。興字少贛，河南人，後漢大中大夫。子衆，已見前。並作周禮解詁。等多往師之。賈景伯亦作周禮解詁。禮記者，本孔子門徒共撰所聞，以為此記。後人通儒各有損益，故中庸是子思伋所作。緇衣是公孫尼子所制。鄭玄云。月令是呂不韋所撰。盧植（字子幹。涿郡人。後漢北中郎將。九江太守。）云。王制是漢時博士所爲。陳邵（字節良。下邳人。晉司空長史。）周禮論序云。戴德刪古禮二百四篇爲八十五篇。謂之大戴禮。戴聖刪大戴禮爲四十九篇。是爲小戴禮。（漢劉向別錄。有四十九篇。其篇次與今禮記同名。爲他家書。拾撰所取。不可謂之小戴禮。）後漢馬融盧植考諸家同異。附戴聖篇章。去其繁重。及所敍略。而行於世。卽今之禮記是也。鄭玄亦依盧馬之本而注意。范曄後漢書云。中興。鄭衆傳周官經。後馬融作周官傳。授鄭玄。玄作周官注。（鄭注引杜子春。鄭大夫。鄭司農之義。鄭玄三禮目錄云。二鄭信同宗之大儒。今贊而辯之。）玄本治小戴禮。後以古經校之。取其於義長者順者。故爲鄭氏學。玄又注小戴所傳禮記四十九篇。通爲三禮焉。漢初。立高堂生禮博士。後又立大小戴慶氏三家。王莽又立周禮。後漢三禮皆立博士。今慶氏曲臺久亡。大戴無傳學者。惟鄭注周禮儀禮禮記並列學官。而喪服一篇。又別行於世。今三禮俱以鄭爲主。

春秋有公羊。（名高。齊人。子夏弟子。受經於子夏。）穀梁。（名赤。魯人。糜信云。與秦孝公同時。七錄云。名淑。字元始。風俗通云。子夏門人。）鄒氏。（王吉善鄒氏春秋。）夾氏之傳。鄒氏無師。夾氏有錄無書。故不顯於世。漢興。齊人胡母生。（字子都。景帝時爲博士。年老。歸教於齊。齊之言春秋者宗事之。公孫弘亦頗受焉。）趙人董仲舒。（官至江都膠西相。）並治公羊春秋。蘭陵褚大。（梁相。）東平嬴公。（諫大夫。）廣川殷仲溫。呂步舒。（步舒。丞相長史。）皆仲舒弟子。嬴公守學。不失師法。授東海孟卿。及魯眭弘。（字孟。符節令。）弘受嚴彭祖。（字公子。東海下邳人。爲博士。至左馮翊。太子太傅。）及顏安樂。（字翁孫。魯國薛人也。孟姊子也。爲魯郡太守丞。）由是公羊有嚴顏之學。弘弟子百餘人。常曰。春秋之意在二子矣。彭祖授琅邪王中。（少府。家世傳業。）中授同郡公孫文。（東平太傅。徒衆甚盛。）及東門雲。（荊州刺史。）安樂授淮陽冷豐。（字次君。淄川太守。）及淄川任翁。（少府。）豐授大司徒馬宮。（字游卿。東海戚人。封扶德侯。）及琅邪左咸。（郡守九卿。徒衆甚盛。）始貢禹。（字少翁。琅邪人。御史大夫。）事嬴公。而成於眭孟。以授潁川堂谿惠。惠授泰山冥都。（丞相史。）又疏廣。（字仲翁。東海蘭陵人。太子太傅。）事孟卿。以授琅邪筦路。筦路及冥都又事顏安樂。路授大司農孫寶。（字子嚴。潁川鄢陵人。）瑕丘江公受穀梁春秋及詩於魯申公。武帝時爲博士。（傳子至孫。皆爲博士。）使與董仲舒論。江公吶於口。而丞相公孫弘本爲公羊學。比輯其義。卒用董生。於是上因尊公羊家。詔太子受。衛太子復私問穀梁而善之。其後寖微。惟魯榮廣。（字王孫。）浩星公二人受焉。廣盡能傳其詩春秋。蔡千秋。（字少君。譙大夫。郎中戶將。）梁周慶。（字幼君。）丁姓。（字子孫。至中山太傅。）皆從廣受。千秋又事浩星公。爲學最篤。宣帝卽位。聞衛太子好穀梁。乃詔千秋與公羊家並說。上善穀梁說。後又選郎十人從千受秋。會千秋病死。徵江公孫爲博士。詔劉向受穀梁。欲令助之。江博士復死。乃徵周慶丁姓待詔。使卒授十人。十餘歲皆明習。乃召五經名儒太子太傅蕭望之等。大議殿中。平公羊穀梁同異。（時公羊博士嚴彭祖。侍郎申輓。伊推。宋顯。穀梁議郎尹更始。待詔劉向。周慶。丁姓。並論。）望之等多從穀梁。由是大盛。慶姓皆爲博士。姓授楚申章昌曼君。（爲博士。至長沙太傅。）初尹更始（字翁君。汝南邵陵人。議郎。諫大夫。長樂戶將。）事蔡千秋。又受左氏傳。取其變理合者。以爲章句。傳子咸。（大司農。）及翟方進。（字子威。汝南上蔡人。丞相。封侯。）房鳳。（字子元。琅邪不其人。光祿大夫。五官中郎將。青州牧。）始江博士。授胡常。常授梁蕭秉。（字君房。）王莽時爲講學大夫。

左丘明作傳。以授曾申。申傳衛人吳起。（魏文侯相。）起傳其子期。期傳楚人鐸椒。（楚太傅。）椒傳趙人虞卿。（趙相。）卿傳同郡荀卿。名況。況傳武威張蒼。（漢丞相。北平侯。）蒼傳洛陽賈誼。（長沙梁王太傅。）誼傳至其孫嘉。嘉傳趙人貫公。（漢書云。賈誼授貫公。爲河間獻王博士、）貫公傳其少子長卿。（蕩陰令、）長卿傳京兆尹張敞。（字子高、河東平陽人、徙杜陵、）及侍御史張禹。（字長子、清河人、）禹數為御史大夫蕭望之言左氏。望之善之。薦禹徵待詔。未及問會病死。禹傳尹更始。更始傳其子咸。及翟方進。胡常。常授黎陽賈護。（字季君、哀帝時待詔為郎、）護授蒼梧陳欽。（字子佚、以左氏授王莽、至將軍、）漢書儒林傳云。漢興。北平侯張蒼。及梁太傅賈誼。京兆尹張敞。大中大夫劉公子。皆修春秋左氏傳。始劉歆（字子駿、向之子、王莽國師、）從尹咸及翟方進受左氏。（哀帝時、歆與房鳳王龔欲立左氏、為師丹所奏、不果、平帝世始得立、）由是言左氏者。本之賈護劉歆。歆授扶風賈徽。（字元伯、後漢潁陰令、作春秋條例二十一卷、）徽傳子逵。逵受詔。列公羊穀梁。不如左氏四十事。奏之。名曰左氏長義。章帝善之。逵又作左氏訓詁。司空南閣祭酒陳元。作左氏同異。大司農鄭衆。作左氏條例章句。南郡太守馬融。為三家同異之說。京兆尹延篤。（字叔堅、南陽人、）受左氏於賈逵之孫伯升。因而注之。汝南彭汪。（字仲博、）記先師奇說。及舊注。大中大夫許淑。（字惠卿、魏郡人、）九江太守服虔。（字子慎、河南人、）侍中孔嘉。（字山甫、扶風人、）魏司徒王朗。（字景興、肅之父、）荊州刺史王基。大司農董遇。徵士燉煌周生烈。並注解左氏傳。梓潼李仲欽。著左氏指歸。陳郡潁容。（字子嚴、後漢公車徵不就、）作春秋條例。又何休。（字邵公、任城人、後漢諫大夫、）作左氏膏肓。公羊墨守。穀梁廢疾。鄭康成鍼膏肓。發墨守。起廢疾。自是左氏大興。漢初。立公羊博士。宣帝又立穀梁。平帝始立左氏。後漢建武中。以魏郡李封為左氏博士。羣儒蔽固者。數廷爭之。及封卒。因不復補。和帝元興十一年。鄭興父子奏上左氏。乃立於學官。仍行於世。迄今遂盛行。二傳漸微。（江左中興、立左氏傳杜氏服氏博士、太常荀崧奏請立二傳博士、詔許立公羊、云穀梁膚淺、不足立博士、王敦亂、竟不果立、）左氏今用杜預注。公羊用何休注。穀梁用范寧注。

河間人顏芝傳孝經。是爲今文。長孫氏。博士江翁。少府后蒼。諫大夫翼奉。安昌侯張禹傳之。各自名家。凡十八章。又有古文。出於孔氏壁中。別有閨門一章。自餘分析十八章。總爲二十二章。孔安國作傳。劉向校書定爲十八。後漢馬融。亦作古文孝經傳。而世不傳。世所行鄭注。相承以爲鄭玄。案鄭志。及中經薄無。惟中朝穆帝集。講孝經云。以鄭玄爲主。檢孝經注、與康成注五經不同。未詳是非。（江左中興、孝經、論語、共立鄭氏博士一人。）古文孝經。世既不行。今隨俗用鄭注十八章本。

漢興。傳論語者。則有三家。魯論語者。魯人所傳。卽今所行篇次是也。常山都尉龔奮。長信少府夏侯勝。丞相韋賢。及其子玄成。魯扶卿。太子少傅夏侯建。前將軍蕭望之。並傳之。各自名家。齊論語者。齊人所傳。別有問王知道二篇。凡二十二篇。其二十篇中章句。頗多於魯論。昌邑中尉王吉。少府宋畸。琅邪王卿。御史大夫貢禹。尚書令五鹿充宗。膠東庸生。並傳之。惟王陽名家。古論語者。出自孔氏壁中。凡二十一篇。有兩子張。（如淳云、分堯曰篇後、子張問何如可以從政以下、爲篇、名曰從政。）篇次不與齊魯論同。（新論云、文異者四百餘字。）孔安國爲傳。後漢馬融亦注之。安昌侯張禹。受魯論於夏侯建。又從庸生王吉受齊論。擇善而從。號曰張侯論。最後而行於漢世。禹以論授成帝。後漢包咸。（字子長、吳人、大鴻臚。）周氏。（不詳何人。）並爲章句。列於學官。鄭玄就魯論張包周、篇章考之齊古。爲之注焉。魏吏部尚書何晏。集孔安國。包咸。周氏。馬融。鄭玄。陳羣。（字長文、潁川人、魏司空。）王肅。周生烈。（燉煌人、七錄云、字文逵、本姓唐、魏博士、侍中。）之說。幷下己意。爲集解。正始中。上之。盛行於世。今以爲主。

案此篇皆唐人之學。至宋學興。而其說一變。至近日今文學興。而其說再變。年代久遠。書缺簡脫。不可詳也。然以今文學爲是。

第十一節　墨子之道

墨子名翟。宋人。孔子之弟子也。一或史角之弟子也。二其學與老子孔子同出於周之史官。而其說與孔子相反。惟修身親士。爲宗教所不可無。不能不與孔子同。其他則孔子親親。墨子尚賢。孔子差等。墨子兼愛。孔子繁禮。墨子節用。孔子重喪。墨子節葬。孔子統天。春秋稱以元統天。文言稱先天而天不違。蓋孔子不尙鬼神。故有此說。墨子天志。孔子遠鬼。論語稱未知生。焉知死。敬鬼神而遠之。墨子明鬼。孔子正樂。墨子非樂。孔子知命。論語道之將行也與。命也。道之將廢也與。命也。不知命。無以爲君子也。墨子非命。孔子尊仁。墨子貴義。殆無一不與孔子相反。然求其所以然之故。亦非墨子故爲與孔相戾。特其中有一端不同。而諸端遂不能不盡異。宗教之理。如算式然。一數改。則各數盡改。墨子學於孔子。以爲其禮煩擾而不脫厚葬糜財而貧民。服傷生而害事。三喪禮者。墨子與孔子不同之大原也。儒家喪禮之繁重。爲各宗教所無。然儒家則有精理存焉。儒家以君父爲至尊無上之人。以人死爲一往不返之事。無鬼神。則身死而神亦死矣。以至尊無上之人當一往不返之事。而孝又爲政教全體之主綱。喪禮烏得而不重。墨子既欲節葬。必先明鬼。有鬼神。則身死。猶有其不死者存。故喪可從殺。天下有鬼神之教。如佛教。耶教。回教。其喪禮無不簡略者。既設鬼神。則宗教爲之大異。有鬼神。則生死輕。而游俠犯難之風起。異乎儒者之尊生。有鬼神則生之時暫。不生之時長。肉體不足計。五倫非所重。而平等兼愛之義。伸異乎儒者之明倫。其他種種異義。皆由此起。而孔墨遂成相反之教焉。墨子曾仕宋爲大夫。其生卒年月無可攷。以墨子書攷之。非攻篇言墨子與公輸般相辨。是與公輸般同時。檀弓載季康子之母死。公輸般請以機封。康子卒在哀公二十七年。則哀公時墨子年已長。宜其逮事孔子也。墨子後其教分爲三支。（見韓非子顯學篇。）至西漢間而微。墨子書十五篇今存。

第十二節　三家總論

老孔墨三大宗教。皆起於春秋之季。可謂奇矣。抑亦世運之有以促之也。其後孔子之道。成爲國教。道家之眞不傳。（今之道家。皆神仙家。）墨家遂亡。興亡之故。固非常智所能窺。然亦有可淺測之者。老子於鬼神術數。一切不取者也。其宗旨過高。非神洲多數之人所解。故其教不能大。孔子留術數而去鬼神。較老子爲近人矣。然仍與下流社會不合。故其教祇行於上等人。而下等人不及焉。墨子留鬼神而去術數。似較孔子更近。然有天志而無天堂之福。有明鬼而無地獄之罪。是人之從墨子者。苦身焦思而無報。譏墨子者。放辟邪侈而無罰也。故上下之人均不樂之。而其教遂亡。至佛教西來。兼老墨之長。而去其短。遂大行於中國。至今西人皆以中國爲佛教國也。

附史記十二諸侯年表

	庚申				甲子		
周	共和元年以宣王少大臣共和行政	二 厲王子居召公宮是爲宣王	三	四	五	六	七
魯 眞公濞	十五年一云十四年	十六	十七	十八	十九	二十	二十一
齊 武公壽	十年	十一	十二	十三	十四	十五	十六
晉 靖侯宜臼	十八年	釐侯司徒元年	二	三	四	五	六
秦 秦仲	四年	五	六	七	八	九	十
楚 熊勇	七年	八	九	十	熊嚴元年	二	三
宋 釐公舉	十八年	十九	二十	二十一	二十二	二十三	二十四
衞 釐侯	十四年	十五	十六	十七	十八	十九	二十
陳 幽公寧	十四年	十五	十六	十七	十八	十九	二十
蔡 武侯	二十三年	二十四	二十五	二十六	夷侯元年	二	三
曹 夷伯	二十四年	二十五	二十六	二十七	二十八	二十九	三十
鄭							
燕 惠侯	二十四年	二十	二十六	二十七	二十八	二十九	三十
吳							

							甲戌		
八	九	十	十一	十二	十三	十四宣王即位共和罷	宣王元年厲王子	二	三
二十二	二十三	二十四	二十五	二十六	二十七	二十八	二十九	三十	武公敖元年
十七	十八	十九	二十	二十一	二十二	二十三	二十四	二十五	二十六
七	八	九	十	十一	十二	十三	十四	十五	十六
十一	十二	十三	十四	十五	十六	十七	十八	十九	二十
四	五	六	七	八	九	十	熊霜元年	二	三
二十五	二十六	二十七	二十八	惠公覸元年	二	三	四	五	六
二十一	二十二	二十三	二十四	二十五	二十六	二十七	二十八	二十九	三十
二十一	二十二	二十三	陳釐公孝元年	二	三	四	五	六	七
四	五	六	七	八	九	十	十一	十二	十三
幽伯彊元年	二	三	四	五	六	七	八	九	戴伯解元年
三十一	三十二	三十三	三十四	三十五	三十六	三十七	三十八	釐侯莊元年	二

	四	二	齊厲公無忌元年	十七	二十一	四	七	三十一	八	十四	二		三	
	五	三	二	十八	二十二	五	八	三十二	九	十五	三		四	
	六	四	三	晉獻侯籍元年	二十三	六	九	三十三	十	十六	四		五	
	七	五	四	二	莊公元年	熊狗元年	十	三十四	十一	十七	五		六	
	八	六	五	三	二	二	十一	三十五	十二	十八	六		七	
	九	七	六	四	三	三	十二	三十六	十三	十九	七		八	
	十	八	七	五	四	四	十三	三十七	十四	二十	八		九	
甲申	十一	九	八	六	五	五	十四	三十八	十五	二十一	九		十	
	十二	十	九	七	六	六	十五	三十九	十六	二十二	十		十一	
	十三	懿公戲元年	文公赤元年	八	七	七	十六	四十	十七	二十三	十一		十二	

							甲午	
十四	十五	十六	十七	十八	十九	二十	二十一	二十二
二	三	四	五	六	七	八	九	孝公稱元年伯御立爲君稱
二	三	四	五	六	七	八	九	十
九	十	十一	穆侯弗生元年	二	三	四取齊女爲夫人	五	六
八	九	十	十一	十二	十三	十四	十五	十六
八	九	十	十一	十二	十三	十四	十五	十六
十七	十八	十九	二十	二十一	二十二	二十三	二十四	二十五
四十一	四十二	武公和元年	二	三	四	五	六	七
十八	十九	二十	二十一	二十二	二十三	二十四	二十五	二十六
二十四	二十五	二十六	二十七	二十八	釐侯所事元年	一	二	四
十二	十三	十四	十五	十六	十七	十八	十九	二十
								鄭桓公友元年始封周宣王母
十三	十四	十五	十六	十七	十八	十九	二十	二十一

	二十三	二十四	二十五	二十六	二十七
爲諸公子云伯御武公孫	二	三	四	五	六
	十一	十二	成公說元年	二	三
	七以伐條生太子仇	八	九	十以千畝戰生仇弟成師二子名反君子譏之後亂	十一
	十七	十八	十九	二十	二十一
	十七	十八	十九	二十	二十一
	二十六	二十七	二十八	二十九	三十
	八	九	十	十一	十二
	二十七	二十八	二十九	三十	三十一
	五	六	七	八	九
	二十一	二十二	二十三	二十四	二十五
弟	二	三	四	五	六
	二十二	二十三	二十四	二十五	二十六

	二十八	七	四	十二	二十二	二十二	三十一惠公薨	十三	三十二	十	二十六	七	二十七
	二十九	八	五	十三	二十三	熊鄂元年	宋戴公立元年	十四	三十三	十一	二十七	八	二十八
	三十	九	六	十四	二十四	二	二	十五	三十四	十二	二十八	九	二十九
甲辰	三十一	十	七	十五	二十五	三	三	十六	三十五	十三	二十九	十	三十
	三十二	十一周宣王誅伯御立其弟稱是爲孝公	八	十六	二十六	四	四	十七	三十六	十四	三十	十一	三十一
	三十三	十二	九	十七	二十七	五	五	十八	陳武公靈元年	十五	曹惠伯雉元年	十二	三十二
	三十四	十三	齊莊公贖元年	十八	二十八	六	六	十九	二	十六	二	十三	三十三
	三十五	十四	二	十九	二十九	七	七	二十	三	十七	三	十四	三十四

					甲寅			
三十六	三十七	三十八	三十九	四十	四十一	四十二	四十三	四十四
十五	十六	十七	十八	十九	二十	二十一	二十二	二十三
三	四	五	六	七	八	九	十	十一
二十	二十一	二十二	二十三	二十四	二十五	二十六	二十七穆侯卒弟殤叔自立太子仇出奔	晉殤叔元年
三十	三十一	三十二	三十三	三十四	三十五	三十六	三十七	三十八
八	九	楚若敖元年	二	三	四	五	六	七
八	九	十	十一	十二	十三	十四	十五	十六
二十一	二十二	二十三	二十四	二十五	二十六	二十七	二十八	二十九
四	五	六	七	八	九	十	十一	十二
十八	十九	二十	二十一	二十二	二十三	二十四	二十五	二十六
四	五	六	七	八	九	十	十一	十二
十五	十六	十七	十八	十九	二十	二十一	二十二	二十三
三十五	三十六	燕頃侯元年	二	三	四	五	六	七

	四十五	二十四	十二	二	三十九	八	十七	三十	十二	二十七	十三	二十四	八	
	四十六	二十五	十三	三	四十	九	十八	三十一	十四	二十八	十四	二十五	九	
	幽王元年	二十六	十四	四 仇攻殺殤叔立爲文侯	四十一	十	十九	三十二	十五	二十九	十五	二十六	十	
	二 三川震	二十七	十五	晉文侯仇元年	四十二	十一	二十	三十三	陳夷公說元年	三十	十六	二十七	十一	
	三 王取褒姒	二十八	十六	二	四十三	十二	二十一	三十四	二	三十一	十七	二十八	十二	
	四	二十九	十七	三	四十四	十三	二十二	三十五	三	三十二	十八	二十九	十三	
甲子	五	三十	十八	四	秦襄公元年	十四	二十三	三十六	陳平公燮元年	三十三	十九	三十	十四	
	六	三十一	十九	五	二	十五	二十四	三十七	二	三十四	二十	三十一	十五	
	七	三十二	二十	六	三	十六	二十五	三十八	三	三十五	二十一	三十二	十六	

	八	三十三	二十一	七	四	十七	二十六	三十九	四	三十六	二十二	三十三	十七	
	九	三十四	二十二	八	五	十八	二十七	四十	五	三十七	二十三	三十四	十八	
	十	三十五	二十三	九	六	十九	二十八	四十一	六	三十八	二十四	三十五	十九	
	十一幽王爲犬戎所殺	三十六	二十四	十	七始列爲諸侯	二十	二十九	四十二	七	三十九	二十五	三十六以幽王故爲犬戎所殺	二十	
	平王元年東徙雒邑	三十七	二十五	十一	八初立西畤祠白帝	二十一	三十	四十三	八	四十	二十六	鄭武公元年	二十一	
	二	三十八	二十六	十二	九	二十二	三十一	四十四	九	四十一	二十七	二	二十二	
	三	魯惠公弗生元年	二十七	十三	十	二十三	三十二	四十五	十	四十二	二十八	三	二十三	
甲戌	四	二	二十八	十四	十一	二十四	三十三	四十六	十一	四十三	二十九	四	二十四	

五	六	七	八	九	十	十一	十二	十三
三	四	五	六	七	八	九	十	十一
二十九	三十	三十一	三十二	三十三	三十四	三十五	三十六	三十七
十五	十六	十七	十八	十九	二十	二十一	二十二	二十三
十二伐戎至岐而死	秦文公元年	二	三	四	五	六	七	八
二十五	二十六	二十七	楚霄敖元年	二	三	四	五	六
三十四	宋武公司空元年	二	三	四	五	六	七	八
四十七	四十八	四十九	五十	五十一	五十二	五十三	五十四	五十五
十二	十三	十四	十五	十六	十七	十八	十九	二十
四十四	四十五	四十六	四十七	四十八	蔡共侯興元年	二	蔡戴侯元年	二
三十	三十一	三十二	三十三	三十四	三十五	三十六	曹穆侯元年	二
五	六	七	八	九	十取申侯女武姜	十一	十二	十三
燕哀侯元年	二	燕鄭侯元年	二	三	四	五	六	七

甲申							
十四	十五	十六	十七	十八	十九	二十	二十一
十二	十三	十四	十五	十六	十七	十八	十九
三十八	三十九	四十	四十一	四十二	四十三	四十四	四十五
二十四	二十五	二十六	二十七	二十八	二十九	三十	三十一
九	十作鄜時	十一	十二	十三	十四	十五	十六
楚蚡冒元年	二	三	四	五	六	七	八
九	十	十一	十二	十三	十四	十五	十六
衛莊公楊元年	二	三	四	五	六	七	八
二十一	二十二	二十三	陳文公圉元年生桓公鮑厲公他他母蔡女	二	三	四	五
三	四	五	六	七	八	九	十
三	曹桓公終生元年	二	三	四	五	六	七
十四生莊公寤生	十五	十六	十七生太叔段	十八	十九	二十	二十一
八	九	十	十一	十二	十三	十四	十五

		甲午			
二十二	二十三	二十四	二十五	二十六	二十
二十	二十一	二十二	二十三	二十四	二十
四十六	四十七	四十八	四十九	五十	五十
三十二	三十三	三十四	三十五	晉昭侯元年封季弟成師於曲沃曲沃大於國君子譏曰晉人亂自曲沃始矣	二
十七	十八	十九作祠陳寶	二十	二十一	二十
九	十	十一	十二	十三	十四
十七	十八主魯桓公母	宋宣公力元年	二	三	四
九	十	十一	十二	十三	十四
六	七	八	九	十陳文公卒	陳桓
蔡宣侯措父元年	二	三	四	五	六
八	九	十	十一	十二	十三
二十二	二十三	二十四	二十五	二十六	二十
十六	十七	十八	十九	二十	二十

七	二十八	二十九	三十	三十一	三十二
五	二十六	二十七	二十八	二十九	三十
一	五十二	五十三	五十四	五十五	五十六
	三	四	五	六	潘父殺昭侯納成師不克昭侯子立是為孝侯
二	二十三	二十四	二十五	二十六	二十七
	十五	十六	十七	楚武王立	二
	五	六	七	八	九
	十五	十六	十七愛妾子州吁州吁好兵	十八	十九
公元年	二	三	四	五	六
	七	八	九	十	十一
	十四	十五	十六	十七	十八
七	母欲立段公不聽鄭莊公寤生元年祭仲生	二	三	四	五
一	二十二	二十三	二十四	二十五	二十六

	甲辰						
三十三	三十四	三十五	三十六	三十七	三十八	三十九	四十
三十一	三十二	三十三	三十四	三十五	三十六	三十七	三十八
五十七	五十八	五十九	六十	六十一	六十二	六十三	六十四
二	三	四	五	六	七	八	九曲沃桓叔成師
二十八	二十九	三十	三十一	三十二	三十三	三十四	三十五
三	四	五	六	七	八	九	十
十	十一	十二	十三	十四	十五	十六	十七
二十	二十一	二十二	二十三	夫人無子桓公立衛桓公完元年	二弟州吁驕桓黜之出奔	三	四
七	八	九	十	十一	十二	十三	十四
十二	十三	十四	十五	十六	十七	十八	十九
十九	二十	二十一	二十二	二十三	二十四	二十五	二十六
六	七	八	九	十	十一	十二	十三
二十七	二十八	二十九	三十	三十一	三十二	三十三	三十四

				甲寅			
	四十一	四十二	四十三	四十四	四十五	四十六	四十七
	三十九	四十	四十一	四十二	四十三	四十四	四十五
	齊釐公祿父元年	二司母弟夷仲年生公孫毋知也	三	四	五	六	七
卒子代立爲莊伯	十	十一	十二	十三	十四	十五	十六曲沃莊伯
	三十六	三十七	三十八	三十九	四十	四十一	四十二
	十一	十二	十三	十四	十五	十六	十七
	十八	十九公卒命立弟和爲穆公	宋穆公和元年	二	三	四	五
	五	六	七	八	九	十	十一
	十五	十六	十七	十八	十九	二十	二十一
	二十	二十一	二十二	二十三	二十四	二十五	二十六
	二十七	二十八	二十九	三十	三十一	三十二	三十三
	十四	十五	十六	十七	十八	十九	二十
	三十五	三十六	燕穆侯元年	二	三	四	五

	四十八	四十九	五十	五十一
	四十六	魯隱公息姑元年母聲子	二	三 三月日蝕
	八	九	十	十一
殺孝侯晉人立孝侯子郤爲鄂侯	晉鄂侯郤元年曲沃彊於晉	二	三	四
	四十三	四十四	四十五	四十六
	十八	十九	二十	二十一
	六	七	八	九 公屬孔父立殤公馮奔鄭
	十二	十三	十四	十五
	二十二	二十三	二十四	二十五
	二十七	二十八	二十九	三十
	三十四	三十五	三十六	三十七
	二十一	二十二 段作亂奔	二十三 公悔思母不見穿地相見	二十四 侵周取禾
	六	七	八	九

		甲子		
桓王元年	二使虢公伐晉之曲沃	三	四	五
四	五公觀魚于棠君子譏之	六鄭人來渝平	七	八易許田君
十二	十三	十四	十五	十六
五	六鄂侯卒曲沃莊伯復攻晉立鄂侯子光爲哀侯	晉哀侯光元年	二莊伯卒子稱立爲武公	三
四十七	四十八	四十九	五十	秦寧公元年
二十二	二十三	二十四	二十五	二十六
宋殤公與夷元年	二鄭伐我我伐鄭	三	四	五
十六州吁弑君自立	衛宣公元年晉共立之討州吁	二	三	四
二十六衛石碏來告故執州吁	二十七	二十八	二十九	三十
三十一	三十二	三十三	三十四	三十五
三十八	三十九	四十	四十一	四十二
二十五	二十六	二十七始朝王王不禮	二十八	二十九與晉
十	十一	十二	十三	十四

	六	七	八	九
子譏之	九三月大雨震電	十	十一大夫翬請殺桓公求爲相公不聽卽殺公	魯桓公允元年母宋武公女生手文爲魯夫人
	十七	十八	十九	二十
	四	五	六	七
	二	三	四	五
	二十七	二十八	二十九	三十
	六	七諸侯敗我我師與衛人伐鄭	八	九
	五	六	七	八
	三十一	三十二	三十三	三十四
	蔡桓侯封人元年	二	三	四
	四十三	四十四	四十五	四十六
祊易許田	三十	三十一	三十二	三十三以璧加魯易許田
	十五	十六	十七	十八

			甲戌	
十	十一	十二	十三伐鄭	十四
二宋賂以鼎入於太廟君子譏之	三翬迎女齊侯送女君子譏之	四	五	六
二十一	二十二	二十三	二十四	二十五山戎伐我
八	晉小子元年	二	三	曲沃武公殺小于周
六	七	八	九	十
三十一	三十二	三十三	三十四	三十五
華督見孔父妻好悅之華督殺孔父及殺殤公宋公馮元年華督為相	二	三	四	五
九	十	十一	十二	十三
三十五	三十六	三十七	三十八	弟他殺太子免代立
五	六	七	八	九
四十七	四十八	四十九	五十	五十一
三十四	三十五	三十六	三十七伐周傷王	三十八太子忽救
燕宣侯元年	二	三	四	五

十九	十八	十七	十六	十五	
十一	十	九	八	七	
三十	二十九	二十八	二十七	二十六	
六	五	四	三	二	伐曲沃立晉哀侯弟潛爲晉侯晉侯潛元年
三	二	秦出公元年	十二	十一	
四十	三十九	三十八	三十七伐隨弗拔但盟罷兵	三十六	
十執祭仲	九	八	七	六	
十八太子伋弟壽爭死	十七	十六	十五	十四	
六	五	四	三周史卜完後世王齊	二生敬仲完	國亂再起陳厲公他元年
十四	十三	十二	十一	十	
曹莊公射姑元年	五十五	五十四	五十三	五十二	
四十三	四十二	四十一	四十	三十九	齊齊將妻之
十	九	八	七	六	

			甲申	
二十	二十一	二十二	二十三	莊王元年生子頹
十二	十三	十四	十五天王求車非禮	十六公會晉謀伐鄭
三十一	三十二毋知釐公令秩服如太子	三十三	齊襄公諸兒元年貶毋知秩服毋知怨	二
七	八	九	十	十一
四	五	六三父殺出公立其兄武公	秦武公元年伐彭至華山	二
四十一	四十二	四十三	四十四	四十五
十一	十二	十三	十四	十五
十九	衛惠公朔元年	二	三朔奔齊立黔牟	衛黔牟元年
十公淫蔡蔡殺公	陳莊公林元年桓公子	二	三	四
十五	十六	十七	十八	十九
二	三	四	五	六
鄭厲公突元年	二	三諸侯伐我報宋故	四祭仲立忽出居櫟	鄭昭公忽元年毋鄧女祭仲取之
十一	十二	十三	燕桓公元年	二

二有兄弟	三	四周公欲殺王而立子克王誅周公克奔燕	五	六
十七日食不書日官失之	十八公與夫人如齊齊侯通焉使彭生殺公於車上	魯莊公同元年	二	三
三	四殺魯桓公誅彭生	五	六	七
十二	十三	十四	十五	十六
三	四	五	六	七
四十六	四十七	四十八	四十九	五十
十六	十七	十八	十九	宋湣公捷元年
二	三	四	五	六
五	六	七	陳宣公杵臼元年杵臼莊公弟	二
二十	蔡哀侯獻舞元年	二	三	四
七	八	九	十	十一
二渠彌殺昭公	鄭子亹元年齊殺子亹昭公弟	鄭子嬰元年子亹之弟	二	三
三	四	五	六	七

	甲午			
十一	十	九	八	七
八子糾來奔與管仲俱	七星隕如雨與雨偕	六	五與齊伐衛納惠公	四
十二毋知弒君自立	十一	十	九	八伐紀去其都邑
二十一	二十	十九	十八	十七
十二	十一	十	九	八
四	三	二伐申過鄧人曰楚可取鄧侯不許	楚文王貲元年始都郢	五十一王伐隨夫人心動王卒軍中
六	五	四	三	二
衛惠公朔復入十四年	十齊立惠公黔牟奔周	九	八	七
七	六	五	四	三
九	八	七	六	五
十六	十五	十四	十三	十二
八	七	六	五	四
五	四	三	二	燕莊公元年

		避毋知亂												
	十二	九魯欲與糾入後小白齊拒魯使生致管仲	齊桓公小白元年春齊殺毋知	二十二	十三	五息夫人陳女過蔡蔡不禮惡之楚	七	十五	八	十	十七	九	六	
	十三	十齊伐我爲糾故	二	二十三	十四	六伐蔡獲哀侯以歸	八	十六	九	十一楚虜我侯	十八	十	七	
	十四	十一臧文仲弔宋水	三	二十四	十五	七	九宋大水公自罪魯使臧文仲來弔	十七	十	十二	十九	十一	八	
	十五	十二	四	二十五	十六	八	十萬弒君仇牧有義	十八	十一	十三	二十	十二	九	

釐王元年	二	三	四	
十三曹沫劫桓公反所亡地	十四	十五	十六	
五與魯人會柯	六	七始霸會諸侯于鄄	八	
二十六	二十七	二十八曲沃武公滅晉侯湣以寶獻周周命武公為晉君并其地	晉武公稱并晉已立二十八年不更元因其元年	
十七	十八	十九	二十葬雍初以人從死	
九	十	十一	十二伐鄧滅之	
宋桓公御說元年莊公子	二	三	四	
十九	二十	二十一	二十二	
十二	十三	十四	十五	
十四	十五	十六	十七	
二十一	二十二	二十三	二十四	
十三	十四	鄭厲公元年厲公亡後七歲復入	二諸侯伐我	
十	十一	十二	十三	

甲辰					
五	惠王元年取陳后	二燕衛伐王王奔溫立子頹	三	四誅頹入惠王	五太子母早死惠后生叔帶
十七	十八	十九	二十	二十一	二十二
九	十	十一	十二	十三	十四陳完自陳
二十九武公卒子詭諸立爲獻公	晉獻公詭諸元年	二	三	四	五代驪戎得
秦德公元年武公弟	二初作伏祠社磔狗邑四門	秦宣公元年	二	三	四作密時
十三	堵敖囏元年	二	三	四	五弟惲殺堵
五	六	七取衛女文公弟	八	九	十
二十三	二十四	二十五	二十六	二十七	二十八
十六	十七	十八	十九	二十	二十一厲公
十八	十九	二十	蔡穆侯肸元年	二	三
二十五	二十六	二十七	二十八	二十九	三十
三	四	五	六	七救入亂周王	鄭文公捷元年
十四	十五	十六伐王王奔溫立子頹	十七鄭執我仲父	十八	十九

			來奔田常始此也	嬀		敖自立			子完奔齊				
	六	二十三 公如齊觀社	十五	六	五	楚成王惲元年	十一	二十九	二十二	四	三十一	二	二十
	七	二十四	十六	七	六	二	十二	三十	二十三	五	曹釐公夷元年	三	二十一
	八	二十五	十七	八 盡殺故晉侯羣公子	七	三	十三	三十一	二十四	六	二	四	二十二
	九	二十六	十八	九 始城絳都之	八	四	十四	衛懿公赤元年	二十五	七	三	五	二十三
甲寅	十 賜齊侯命	二十七	十九	十	九	五	十五	二	二十六	八	四	六	二十四
	十一	二十八	二十	十一	十	六	十六	三	二十七	九	五	七	二十五
	十二	二十九	二十一	十二 太子申生	十一	七	十七	四	二十八	十	六	八	二十六

	十三	十四	十五	十六
	三十	三十一	三十二莊公弟叔牙鴆死子般季友奔陳立湣公	魯湣公開元年
	二十二	二十三伐山戎爲燕也	二十四	二十五
居曲沃重耳居蒲城夷吾居屈驪姬故	十三	十四	十五	十六伐魏耿霍始封趙夙耿畢
	十二	秦成公元年	二	三
	八	九	十	十一
	十八	十九	二十	二十一
	五	六	七	八翟伐我公好鶴士不戰滅
	二十九	三十	三十一	三十二
	十一	十二	十三	十四
	七	八	九	曹昭公元年
	九	十	十一	十二
	二十七	二十八	二十九	三十

				甲子
	十七	十八	十九	二十
	二慶父殺湣公季友自陳立申爲釐公釐殺慶父	魯釐公申元年哀姜喪自齊至	二	三
	二十六	二十七殺女弟魯莊公夫人淫故	二十八爲衛築楚丘救狄戎伐	二十九與蔡姬共
萬魏始此	十七申生將軍君知其廢	十八	十九荀息以幣假道于虞以伐虢滅下陽	二十
	四	秦穆公任好元年	二	三
	十二	十三	十四	十五
	二十二	二十三	二十四	二十五
我國	國怨惠公亂滅其後更立黔牟弟衛戴公元年	衛文公燬元年戴公弟也	二齊桓公率諸侯爲我城楚丘	三
	三十三	三十四	三十五	三十六
	十五	十六	十七	十八以女故齊伐我
	二	三	四	五
	十三	十四	十五	十六
	三十一	三十二	三十三	燕襄公元年

	二十一	二十二	二十三	二十四	二十五襄王立畏太叔
	四	五	六	七	八
舟蕩公公怒歸蔡姬	三十率諸侯伐蔡蔡潰遂伐楚責包茅貢	三十一	三十二率諸侯伐鄭	三十三	三十四
	二十一申生以驪姬讒自殺重耳奔蒲夷吾奔屈	二十二滅虞虢重耳奔翟	二十三夷吾奔梁	二十四	二十五
	四迎婦于晉	五	六	七	八
	十六齊伐我至陘使屈完盟	十七	十八伐許許君肉袒謝楚釋之	十九	二十
	二十六	二十七	二十八	二十九	三十公疾
	四	五	六	七	八
	三十七	三十八	三十九	四十	四十一
	十九	二十	二十一	二十二	二十三
	六	七	八	九	曹共公元
	十七	十八	十九	二十	二十一
	二	三	四	五	六

	襄王元年 諸侯立王	二	三 戎伐我太叔帶召之欲誅叔帶奔齊
	九 齊率我伐晉亂至高梁還	十	十一
	三十五 夏會諸侯于葵丘天子使宰孔賜胙命無拜	三十六 使隰朋立晉惠公	三十七
伐翟以重耳故	二十六 公卒立奚齊里克殺之及卓子立夷吾	晉惠公夷吾元年 誅里克倍秦約	二
	九 夷吾使郤芮賂求入夷吾	十 丕鄭子豹亡來	十一 救王伐戎戎去
	二十一	二十二	二十三 伐黃
太子茲父讓兄目夷賢公不聽	三十一 公薨未葬齊桓會葵丘	宋襄公茲父元年 目夷相	二
	九	十	十一
	四十二	四十三	四十四
	二十四	二十五	二十六
年	二	三	四
	二十二	二十三	二十四 有妾夢天與之蘭生穆公蘭
	七	八	九

	甲戌		
四	五	六	七
十二	十三	十四	十五五月日有食之不書史官失之
三十八使管仲平戎于周欲以上卿禮讓受下卿	三十九使仲孫請王言叔帶王怒	四十	四十一
三	四饑請粟秦與我	五秦饑請粟晉倍之	六秦虜惠公復立之
十二	十三丕豹欲無與公不聽輸晉粟起雍至絳	十四	十五以盜食善馬士得破晉
二十四	二十五	二十六滅英六	二十七
三	四	五	六
十二	十三	十四	十五
四十五	陳穆公款元年	二	三
二十七	二十八	二十九	蔡莊公甲午元年
五	六	七	八
二十五	二十六	二十七	二十八
十	十一	十二	十三

八	九	十	十一	十二	十三
十六	十七	十八	十九滅梁梁好城不居民罷相驚故亡	二十	二十一
四十二王以戎寇告齊齊徵諸侯戍周	四十三	孝公昭元年	二	三	四
七重耳聞管仲死去翟之齊	八	九	十	十一	十二
十六為河東置官司	十七	十八	十九	二十	二十一
二十八	二十九	三十	三十一	三十二	三十三執宋襄公復歸之
七隕五石六鷁退飛過我都	八	九	十	十一	十二召楚盟
十六	十七	十八	十九	二十	二十一
四	五	六	七	八	九
二	三	四	五	六	七
九	十	十一	十二	十三	十四
二十九	三十	三十一	三十二	三十三	三十四
十四	十五	十六	十七	十八	十九

	甲申		
十四 叔帶復歸於周	十五	十六 王奔氾氾鄭地也	十七 晉納王
二十二	二十三	二十四	二十五
五 歸王弟帶	六 伐宋以其不同盟	七	八
十三 太子圉質秦亡歸	十四 圉立爲懷公	晉文公元年誅子圉魏武爲魏大夫趙衰爲原大夫告犯曰求伯莫如內王	二
二十二	二十三 迎重耳於楚厚禮之妻之女重耳願歸	二十四 以兵送重耳	二十五
三十四	三十五 重耳過厚禮之	三十六	三十七
十三 泓之戰楚敗之	十四 公疾死泓戰	宋成公王臣元年	二
二十二	二十三 重耳從齊過無禮	二十四	二十五
十	十一	十二	十二
八	九	十	十一
十五	十六 重耳過無禮僖負羈私善	十七	十八
三十五 君如楚宋伐我	三十六 重耳過無禮叔詹諫	三十七	三十八
二十	二十一	二十二	二十三

	十八	十九	二十王狩河陽	二十一
	二十六	二十七	二十八公如踐土會朝	二十九
	九	十孝公薨弟潘因衛公子開方殺孝公子立潘	齊昭公潘元年會晉敗楚朝周王	二
	三宋服	四救宋報曹衛恥	五侵曹伐衛取五鹿執曹伯諸侯敗楚而朝河陽周命賜公土地	六
欲內王軍河上	二十六	二十七	二十八會晉伐楚朝周	二十九
	三十八	三十九使子玉伐宋	四十晉敗子玉於城濮	四十一
	三倍楚親晉	四楚伐我我告急於晉	五晉救我楚兵去	六
	衛成公鄭元年	二	三晉伐我取五鹿公出奔立公子瑕會晉朝晉復歸晉	四晉以衛與宋
	十四	十五	十六會晉伐楚朝周王	陳共公朔元年
	十二	十三	十四會晉伐楚朝周王	十五
	十九	二十	二十一晉伐我執公復歸之	二十二
	三十九	四十	四十一	四十二
	二十四	二十五	二十六	二十

			甲午	
二十二	二十三	二十四	二十五	二十六
三十	三十一	三十二	三十三僖公薨	魯文公興元年
三	四	五	六狄侵我	七
七聽周歸衞成公與秦圍鄭	八	九文公薨	晉襄公驩元年破秦於殽	二伐衞衞伐我
三十圍鄭有奇言卽去	三十一	三十二將襲鄭蹇叔曰不可	三十三襲鄭晉敗我殽	三十四敗殽將三歸公復其官
四十二	四十三	四十四	四十五	四十六王欲殺太子立職太子恐與傅潘崇弑王
七	八	九	十	十一
五周入成公復衞	六	七	八	九晉伐我我伐晉
二	三	四	五	六
十六	十七	十八	十九	二十
二十三	二十四	二十五	二十六	二十七
四十三秦晉圍我以晉故	四十四	四十五文公薨	鄭穆公蘭元年秦襲我弦高詐之	二
二十八	二十九	三十	三十一	三十二

	二十七	二十八	二十九	三十
	二	三公如晉	四	五
	八	九	十	十一
	三秦報我殽敗於汪	四秦伐我取王官我不出	五伐秦圍邟新城	六趙成子欒
	三十五伐晉報殽敗我於汪	三十六以孟明等伐晉晉不敢出	三十七晉伐我圍邟新城	三十八
王欲食熊蹯死不聽自立爲王	楚穆王商臣元年以其太子宅賜崇爲相	二晉伐我	三滅江	四滅六蓼
	十二	十三	十四	十五
	十	十一	十二公如晉	十三
	七	八	九	十
	二十一	二十二	二十三	二十四
	二十八	二十九	三十	三十一
	三	四	五	六
	三十三	三十四	三十五	三十六

	三十一	三十二	三十三 襄王崩	頃王元年
	六	七	八 王使衞來求金以葬非禮	九
	十二	十三	十四	十五
貞子霍伯臼季皆卒	七 公卒趙盾爲太子少欲更立君恐誅遂立太子爲靈公	晉靈公夷皋元年趙盾專政	二 秦伐我取武城報令狐之戰	三
	三十九 繆公薨葬以殉人從死者百七十人君子識之故不言卒	秦康公罃元年	二	三
	五	六	七	八
	十六	十七 公孫固弑成公	宋昭公杵臼元年襄公之子	二
	十四	十五	十六	十七
	十一	十二	十三	十四
	二十五	二十六	二十七	二十八
	三十二	三十三	三十四	三十五
	七	八	九	十
	三十七	三十八	三十九	四十

	甲辰				
	二	三	四	五	六頃王崩
	十	十一敗長翟於鹹而歸得長翟	十二	十三	十四彗星
	十六	十七	十八	十九	二十昭公
率諸侯救鄭	四伐秦拔少梁秦取我北徵	五	六秦取我羈馬與秦戰河曲秦師遁	七得隨會	八趙盾
	四晉伐我取少梁我伐晉取北徵	五	六伐晉取羈馬怒與我大戰河曲	七晉詐得隨會	八
伐鄭以其服晉	九	十	十一	十二	楚莊王昭
	三	四敗長翟長丘	五	六	七
	十八	十九	二十	二十一	二十二
	十五	十六	十七	十八	陳靈公平
	二十九	三十	三十一	三十二	三十三
	曹文公壽元年	二	三	四	五
楚伐我	十一	十二	十三	十四	十五
	燕桓公元年	二	三	四	五

公卿爭政故不赴	匡王元年	二	三	四
入北斗周史口七年齊宋晉君死	十五六月辛丑日蝕齊伐我	十六	十七齊伐我	十八襄仲殺嫡
卒弟商人弑太子自立是為懿公	齊懿公商人元年	二不得民心	三伐魯	四公刖邴歜
以車八百乘納捷菑平王室	九我入蔡	十	十一率諸侯平宋	十二
	九	十	十一	十二
元年	二	三滅庸	四	五
	八	九襄夫人使衛伯殺昭公弟鮑立	宋文公鮑元年昭公弟晉率諸侯伐我	二
	二十三	二十四	二十五	二十六
國元年	二	三	四	五
	三十四晉伐我莊公薨	蔡文公申元年	二	三
	六齊入我郛	七	八	九
	十六	十七	十八	十九
	六	七	八	九

		甲寅
	五	六匡王崩
立庶子爲宣公	魯宣公倭元年魯立宣公不正公室卑	二
父而奪閻職妻二人共殺公立桓公子惠公	齊惠公元年取魯濟西之田	二王子成父敗長翟
	十三趙盾救陳宋伐鄭	十四趙穿弑靈公趙盾使穿迎公子黑臀于周立之趙氏賜公族
	秦共公和元年	二
	六伐宋陳以倍我服晉故	七
	三楚伐我以我倍楚故也	四華元以羊羹陷于鄭
	二十七	二十八
	六	七
	四	五
	十	十一
	二十與楚侵陳遂侵宋晉使趙盾伐我以倍晉故	二十一與宋師戰獲華元
	十	十一

定王元年	二	三	四	五
三	四	五	六	七
三	四	五	六	七
晉成公黑臀元年伐鄭	二	三中行桓子荀林父救鄭伐陳	四與衛侵陳	五
三	四	五	秦桓公元年	二
八伐陸渾至雒問鼎輕重	九若敖氏爲亂滅之伐鄭	十	十一	十二
五贖華元亡歸圍曹	六	七	八	九
二十九	三十	三十一楚伐鄭與我平晉中行桓子拒楚救鄭伐我	三十二與晉侵陳	三十三
八	九	十	十一晉衛侵我	十二
六	七	八	九	十
十二宋圍我	十三	十四	十五	十六
二十二華元亡歸	鄭靈公夷元年公子歸生以黿故殺靈公	鄭襄公堅元年靈公庶弟楚伐晉來救	二	三
十二	十三	十四	十五	十六

六	七	八	九
八七月日蝕	九	十四月日蝕	十一
八	九	十惠公卒崔杼有寵高國奔衛	齊頃公無野元年
六與晉伐秦獲秦諜殺之絳市六日而蘇	七使桓子伐楚以諸侯師伐陳救鄭成公薨	景公據元年與宋伐鄭	二
三晉伐我獲諜	四	五	六
十三伐陳滅舒蓼	十四伐鄭晉郤缺救鄭敗我	十五	十六率諸侯誅陳夏徵舒立陳靈公子午
十	十一	十二	十三
三十四	三十五	衛穆公遬元年齊高國來奔	二
十三楚伐我滅舒蓼	十四	十五夏徵舒以其母辱弒靈公	陳成公午元年靈公太子
十一	十二	十三	十四
十七	十八	十九	二十
四	五楚伐我晉來救敗楚師	六晉宋伐我	七
燕宣公元年	二	三	四

甲子					
十	十一	十二	十三	十四	十五
十二	十三	十四	十五初稅畝	十六	十七日蝕
二	三	四	五	六	七晉使郤克來齊婦人
三救鄭爲楚敗於河上	四	五伐鄭	六救宋執解揚有使節秦伐我	七隨會滅赤翟	八使郤克于齊婦人笑
七	八	九	十伐晉	十一	十二
十七圍鄭鄭伯肉袒謝釋之	十八	十九圍宋爲殺使者	二十圍宋五月華元告子反以誠楚罷	二十一	二十二
十四伐陳	十五	十六殺楚使者楚圍我	十七華元告楚楚去	十八	十九
三	四	五	六	七	八
二	三	四	五	六	七
十五	十六	十七	十八	十九	二十文公薨
二十一	二十二	二十三文公薨	曹宣公盧元年	二	三
八	九	十晉伐我	十一佐楚伐宋執解揚	十二	十三
五楚圍我我卑辭以解	六	七	八	九	十

	十六	十七	十八	十九
	十八宣公薨	魯成公黑肱元年春齊取我隆	二與晉伐齊齊歸我汶陽竊與楚盟	三會晉宋衛曹伐
笑之克怒歸去	八晉伐敗我	九	十晉郤克敗公于鞍虜逢丑父	十一頃公如晉欲王
之克怒歸	九伐齊執子彊兵罷	十	十一與晉敗齊	十二始置六卿率諸
	十三	十四	十五	十六
	二十三莊王薨	楚共王審元年	二秋申公巫臣竊徵舒母奔晉以為邢大夫冬伐衛魯救齊	三
	二十	二十一	二十二	宋共公瑕元年
	九	十	十一穆公薨與諸侯敗齊反侵地楚伐我	衛定公臧元年
	八	九	十	十一
	蔡景公固元年	二	三	四伐鄭
	四	五	六	七
	十四	十五	十六	十七晉率諸侯伐我
	十一	十二	十三	十四

	甲戌			
	二十	二十一定王崩	簡王元年	二
楚鄭	四公如晉晉不敬公欲倍晉合於楚	五	六	七
晉晉不敢受	十二	十三	十四	十五
伐伐鄭	十三晉公來不敬	十四梁山崩伯宗隱其人而用其言	十五使欒書救鄭遂侵蔡	十六以巫臣始通于吳而謀楚
	十七	十八	十九	二十
	四	五伐鄭倍我故也鄭悼公來訟	六	七伐鄭
	二	三	四	五
	二	三	四	五
	十二	十三	十四	十五
	五	六	七晉侵我	八
	八	九	十	十一
	十八晉欒書取我范襄公薨	鄭悼公費元年公如楚訟	二悼公薨楚伐我晉使欒書來救	鄭成公睔元年悼公弟也楚伐我
	十五	燕昭公元年	二	三
			吳壽夢元年	二巫臣來謀伐楚

三	四	五	六	七	八
八	九	十公如晉送葬	十一	十二	十三會晉伐秦
十六	十七頃公薨	齊靈公環元年	二	三	四伐秦
十七復趙武田邑侵蔡	十八執鄭成公伐鄭秦伐我	十九	晉厲公壽曼元年	二	三伐秦至涇敗之獲其將成差
二十一	二十二伐晉	二十三	二十四與晉侯夾河盟歸倍盟	二十五	二十六晉率諸侯伐我
八	九救陳冬與晉成	十	十一	十二	十三
六	七	八	九	十	十一晉率我伐秦
六	七	八	九	十	十
十六	十七	十八	十九	二十	二十一
九晉侯伐我	十	十一	十二	十三	十四
十二	十三	十四	十五	十六	十七晉率我伐秦
二	三與楚盟公如晉執公伐我	四晉率諸侯伐我	五	六	七伐秦
四	五	六	七	八	九
三	四	五	六	七	八

甲申				
九	十	十一	十二	十三
十四	十五始與吳通會鍾離	十六宣伯告晉欲殺季文子文子得以義脫	十七	十八成公薨
五	六	七	八	九
四	五三郤讒伯宗殺之伯宗好直諫	六敗楚鄢陵	七	八欒書中行偃弑厲公立襄公孫爲悼公
二十七	秦景公元年	二	三	四
十四	十五許畏鄭請徙葉	十六救鄭不利子反辟軍敗殺子反歸	十七	十八爲魚石伐宋彭城
十二	十三宋華元奔晉復還	宋平公成元年	二	三楚伐彭城封魚石
十二定公薨	衛獻公衎元年	二	三	四
二十二	二十三	二十四	二十五	二十六
十五	十六	十七	十八	十九
曹成公負芻元年	二晉執我公以歸	三	四	五
八	九	十倍晉盟楚晉伐我楚來救	十一	十二與楚伐宋
十	十一	十二	十三昭公薨	燕武公元年
九	十與晉會鍾離	十一	十二	十三

十四簡王崩	靈王元年生有髭	二	三	四
魯襄公午元年圍宋彭城	二會晉城虎牢	三	四公如晉	五季文
十我不救鄭晉伐我使太子光質於晉	十一	十二伐吳	十三	十四
晉悼公元年圍宋彭城	二率諸侯伐鄭城虎牢	三魏絳辱楊干	四魏絳說和戎狄狄朝晉	五
五	六	七	八	九
十九侵宋救鄭	二十	二十一使子重伐吳至衡山使何忌侵陳	二十二伐陳	二十三
四楚侵我取犬丘晉誅魚石歸我彭城	五	六	七	八
五圍宋彭城	六	七	八	九
二十七	二十八	二十九倍楚盟楚侵我	三十楚伐我	成公薨
二十	二十一	二十二	二十三	二十四
六	七	八	九	十
十三晉伐我兵次洧上楚來救	十四成公薨晉率諸侯伐我	鄭釐公惲元年	二	三
二	三	四	五	六
十四	十五	十六楚伐我	十七	十八

	甲午				
	五	六	七	八	九王叔奔晉
子卒	六	七	八公如晉	九與晉伐鄭會河上問公年十一可冠於衛	十楚鄭
	十五	十六	十七	十八與晉伐鄭	十九令太
	六	七	八	九率齊晉宋衛曹伐鄭秦伐我	十率諸
	十	十一	十二	十三伐晉楚爲我援	十四晉伐
伐陳	二十四	二十五闈陳	二十六伐鄭	二十七伐鄭師於武城爲秦	二十八
	九	十	十一	十二晉率我伐鄭師	十三鄭伐
	十	十一	十二	十三晉率我伐鄭師曹鞭公幸妾	十四救宋
陳哀公弱元年	二	三楚圍我爲公亡歸	四	五	六
	二十五	二十六	二十七鄭侵我	二十八晉率我伐鄭	二十九
	十一	十二	十三	十四	十五
	四	五子駟使賊夜弒釐公詐以瘧卒赴諸侯	鄭簡公嘉元年釐公子	二誅子駟晉率諸侯伐我我與盟楚怒伐我	三晉率
	七	八	九	十	十一
	十九	二十	二十一	二十二	二十三

	十	十一	十二	十三
侵我西鄙	十一三桓分爲三軍各將軍	十二公如晉	十三	十四
子光高厚會諸侯鍾離	二十	二十一	二十一	二十三
侯伐鄭荀罃伐秦	十一率諸侯伐鄭秦敗我櫟公曰吾用魏絳九合諸侯賜之樂	十二	十三	十四
我	十五我使庶長鮑伐晉救鄭敗之櫟	十六	十七	十八
使子囊救鄭	二十九鄭晉伐我	三十	三十一吳伐我敗之共王薨	楚康
我衞來救	十四楚鄭伐我	十五	十六	十七
	十三	十六	十七	十八
	七	八	九	十
	三十	三十一	三十二	三十三
	十六	十七	十八	十九
諸侯伐我楚來救子孔作亂子産攻之	四與楚伐宋晉率諸侯伐我秦來救	五	六	七
	十二	十三	十四	十五
	二十四	二十五壽夢卒	吳諸樊元年楚敗我	二

		甲辰		
	十四	十五	十六	十七
日蝕	十五日蝕齊伐我	十六齊伐我地震齊復伐我北鄙	十七齊伐我北鄙	十八與晉伐齊
衛獻公來奔	二十四伐晉	二十五伐晉	二十六伐晉	二十七晉圍臨淄晏嬰大破之
率諸侯大夫伐秦敗棫林	十五悼公薨	晉平公彪元年伐楚敗於湛坂	二	三率晉宋衛鄭圍齊大破之
晉諸侯大夫伐我敗棫林	十九	二十	二十一	二十二
王招元年共王太子出奔吳	二	三晉伐我敗湛坂	四	五伐鄭
	十八	十九	二十伐陳	二十一晉率我伐齊
孫文子攻公公奔齊立定公弟狄	衛殤公狄元年定公弟	二	三伐曹	四
	十一	十二	十三宋伐我	十四
	三十四	三十五	二十六	三十七
	二十	二十一	二十二伐衛	二十三成公薨
	八	九	十	十一晉率我圍齊楚伐我
	十六	十七	十八	十九武公薨
季子讓位楚伐我	三	四	五	六

十八	十九	二十	二十一	二十二
十九	二十日蝕	二十一公如晉日再蝕	二十二孔子生	二十三
二十八廢光立子牙爲太子光與崔杼弒牙自立晉衛伐我	齊莊公元年	二	三晉欒逞來奔晏嬰曰不如歸之	四欲遣欒逞入曲
四	五	六魯襄公來殺羊舌虎	七欒逞奔齊	八
二十三	二十四	二十五	二十六	二十七
六	七	八	九	十
二十二	二十三	二十四	二十五	二十六
五晉率我伐齊	六	七	八	九齊伐我
十五	十六	十七	十八	十九
三十八	三十九	四十	四十一	四十二
曹武公勝元年	二	三	四	五
十二子產爲卿	十三	十四	十五	十六
燕文公元年	二	三	四	五
七	八	九	十	十一

			甲寅	
	二十三	二十四	二十五	二十六
	二十四 侵晉 日再蝕	二十五 齊伐我北鄙以報孝伯之師	二十六	二十七
沃伐晉取朝歌	五 畏晉通楚 晏子謀	六 晉伐我報朝歌 崔杼以莊公通其妻弒之立其弟爲景公	齊景公杵臼元年 如晉請歸衛獻公	二 慶封
	九	十 伐齊至高唐報太行之役	十一 誅衛殤公復入獻公	十二
	二十八	二十九 公如晉盟不結	三十	三十一
	十一 與齊通率陳蔡伐鄭救齊	十二 吳伐我以報舟師之役射殺吳王	十三 率陳蔡伐鄭	十四
	二十七	二十八	二十九	三十
	十	十一	十二 齊晉殺殤公復內獻公	衛獻公衎
	二十 楚率我伐鄭	二十一 鄭伐我	二十一 楚率我伐鄭	二十三
	四十 楚率我伐鄭	四十四	四十五	四十六
	六	七	八	九
	十七 子產曰范宣子爲政我請伐陳	十八 伐陳入陳	十九 楚率陳蔡伐我	二十
	六	燕懿公元年	二	三
	十二	十三 諸樊伐楚迫巢門傷射以薨	吳餘祭元年	二

	二十七	景王元年	二
日蝕	二十八 公如楚葬康王	二十九 吳季子來觀周樂盡知樂所爲	三十
欲專誅崔氏杼自殺	三 冬鮑高欒氏謀慶封發兵攻慶封慶封奔吳	四 吳季札來使與晏嬰歡	五
	十三	十四 吳季札來曰晉政卒歸韓魏趙	十五
	三十二	三十三	三十四
	十五 康王薨	楚熊郟敖元年	二
	三十一	三十二	三十三
後元年	二	三	衛襄公惡元年
	二十四	二十五	二十六
	四十七	四十八	四十九 爲太子取楚女公通
	十	十一	十二
	二十一	二十二 吳季札來謂子產曰政將歸於子以禮幸脫於厄矣	二十三 諸公子爭寵欲殺子
	四 懿公薨	燕惠公元年 齊高止來奔	二
	三 齊慶封來奔	四 守門閽弒餘祭季札使諸侯	五

	三	四	五	六
	三十一襄公薨昭公年十九有童心	魯昭公稠元年	二公如晉至河謝還之	三
	六	七	八齊田無宇送女	九晏嬰使晉見叔向曰齊政
	十六	十七秦后子來奔	十八齊田無宇來送女	十九
	三十五	三十六公弟后子奔晉車千乘	三十七	三十八
	三王季父圍爲令尹	四令尹圍弒郟敖自立爲靈王	楚靈王圍元年共王子肘玉	二
	三十四	三十五	三十六	三十七
	二	三	四	五
	二十七	二十八	二十九	三十
爲太子弒公自立	蔡靈侯班元年	二	三	四
	十三	十四	十五	十六
產子皮止之	二十四	二十五	二十六	二十七夏如晉冬如楚
	三	四	五	六公欲殺公卿立幸臣公寵
	六	七	八	九

		甲子		
	七	八	九	十
	四稱病不會楚	五	六	七季武子卒
歸田氏叔向曰晉公室卑	十	十一	十二公如晉請伐燕入其君	十三入燕君
	二十	二十一秦后子歸秦	二十二齊景公來請伐燕入其君	二十三入燕
	三十九	四十公卒后子自晉歸	秦哀公元年	二
	三夏合諸侯宋地盟伐吳朱方誅慶封冬報我取五城	四率諸侯伐吳	五伐吳次乾谿	六執芈尹亡
	三十八	三十九	四十	四十一
	六稱病不會	七	八	九夫人姜氏
	三十一	三十二	三十三	三十四
	五	六	七	八
	十七稱病不會楚	十八	十九	二十
	二十八子產曰三國不會	二十九	三十	三十一
誅宰臣公恐出奔齊	七	八	九齊伐我	惠公歸至卒
	十楚誅慶封	十一楚率諸侯伐我	十二楚伐我次乾谿	十三

	十一	十二	十三	十四
日蝕	八公如楚楚召之賀章華臺	九	十四月日蝕	十一
	十四	十五	十六	十七
君	二十四	二十五	二十六春有星出婺女十月公薨	晉昭公夷元年
	三	四	五	六
人入章華	七就章華臺內亡人實之陳滅	八弟棄疾將兵定陳	九	十醉殺蔡侯使棄疾圍之棄疾居
	四十二	四十三	四十四平公薨	宋元公佐元年
無子	衛靈公元年	二	三	四
	三十五弟招作亂哀公自殺	陳惠公吳元年哀公孫也楚來定我	二	三
	九	十	十一	十二靈侯如楚楚殺之使棄疾居之
	二十一	二十二	二十三	二十四
	三十二	三十三	三十四	三十五
燕悼公元年	二	三	四	五
	十四	十五	十六	十七

				甲戌
	十五	十六	十七	十八后太子卒
	十二朝晉至河晉謝之歸	十三	十四	十五日蝕
	十八公如晉	十九	二十	二十一
	二		四	五
	七	八	九	十王爲太子取秦女好自取之
之爲蔡侯	十一王伐徐以恐吳次乾谿民罷於役怨王	十二棄疾作亂自立靈王自殺復陳蔡	楚平王居元年共王子抱玉	二
	二	三	四	五
	五公如晉朝嗣君	六	七	八
	四	五楚平王復陳立惠公	六	七
爲蔡侯	蔡侯廬元年晉侯子	二楚平王復我立景侯子廬	三	四
	二十五	二十六	二十七	曹平公須元年
	三十六公如晉	鄭定公寧元年	二	三
	六	七	燕共公元年	二
	吳餘昧元年	二	三	四

十九	二十	二十一	二十二	二十三	二十四
十六公如晉晉留之葬公恥之	十七正月朔日蝕彗星見辰	十八	十九地震	二十齊景公與晏子狩入魯問禮	二十一
二十二	二十三	二十四	二十五	二十六獵魯界因入魯	二十七
六公卒六卿彊公室卑矣	晉頃公棄疾元年	二	三	四	五
十一	十二	十三	十	十五	十六
三	四與吳戰	五	六	七誅伍奢尚太子建奔宋伍胥奔吳	八蔡侯
六	七	八火	九	十公毋信詐殺諸公子楚太子建來奔見亂之鄭	十一
九	十	十一火	十二	十三	十四
八	九	十火	十一	十二	十三
五	六	七	八	九平公蔡靈公孫東國弒平侯子而自立	蔡悼侯東
二	三	四平公薨	曹悼公午元年	二	三
四火欲禳之子產曰不如修德	五	六火	七	八楚太子建從宋來奔	九
三	四	五共公薨	燕平公元年	二	三
吳僚元年	二與楚戰	三	四	五伍員來奔	六

				甲申
	二十五	敬王元年	二	三
公如晉至河晉謝之歸日蝕	二十二日蝕	二十三地震	二十四鸜鵒來巢	二十五公欲誅季氏三桓氏攻公
	二十八	二十九	三十	三十一
	六周室亂公平亂立敬王	七	八	九
	十七	十八	十九	二十
來奔	九	十吳伐敗我	十一吳卑梁人爭桑伐取我鍾離	十二
	十二	十三	十四	十五
	十五	十六	十七	十八
	十四	十五吳敗我兵取胡沈	十六	十七
國元年奔楚	二	三	蔡昭侯申元年悼侯弟	二
	四	五	六	七
	十	十一楚建作亂殺之	十二	十三
	四	五	六公如晉請內王	七
	七	八公子光敗楚	九	十

	四	五	六	七
公出居鄆	二十六齊取我鄆以處公	二十七	二十八公如晉求入晉弗聽處之乾侯	二十九公自乾侯如鄆
	三十二彗星見晏子曰田氏有德于齊可畏	三十三	三十四	三十五
	十知躒趙鞅內王于王城	十一	十二六卿誅公族分其邑各使其子爲大夫	十三
	二十一	二十二	二十三	二十四
	十三欲立子西子西不肯秦女子爲昭王	楚昭王珍元年誅無忌以說衆	二	三
	宋景公頭曼元年	二	三	四
	十九	二十	二十一	二十二
	十八	十九	二十	二十一
	三	四	五	六
	八	九	曹襄公元年	二
	十四	十五	十六	鄭獻公蠆元年
	八	九	十	十一
	十一	十二公子光使專諸殺僚光立	吳闔閭元年	二

十一	十晉使諸侯爲我築城	九	八	
定公宋元年昭公喪自乾侯至	三十二公卒乾侯	三十一日蝕	三十	齊侯曰主君公恥之復之乾侯
三十九	三十八	三十七	三十六	
三	二率諸侯爲周築城	晉定公午元年	十四頃公襲	
二十八	二十七	二十六	二十五	
七囊瓦伐吳吳敗我豫章蔡侯來朝	六	五吳伐我六潛	四吳三公子來奔封以扞吳	
八	七	六	五	
二十六	二十五	二十四	二十三	
二十五	二十四	二十三	二十二	
十朝楚以喪故留	九	八	七	
曹隱公元年	五平公弟通弑襄公自立	四	三	
五	四	三	二	
十五	十四	十三	十二	
六楚伐我迎擊敗之取楚之居巢	五	四伐楚取六潛	三三公子奔楚	

	甲午			
十二	十三	十四 與晉率諸侯侵楚	十五	十六
二	三	四	五 陽虎執季桓子與盟釋之日蝕	六
四十	四十一	四十二	四十三	四十四
四	五	六 周與我率諸侯侵楚	七	八
二十九	三十	三十一 楚包胥請救	三十二	三十三
八	九 蔡昭侯留三歲得裘故歸	十 吳蔡伐我入郢昭王亡伍子胥鞭平王墓	十一 秦救至吳去昭王復入	十二 吳伐我番楚恐徙都都
九	十	十一	十二	十三
二十七	二十八	二十九 與蔡爭長	三十	三十一
二十六	二十七	二十八	陳懷公柳元年	二
十一	十二 與子常裘得歸如晉請伐楚	十三 與衛爭長衛侵我與吳伐楚郢	十四	十五
二	三	四	曹靖公路元年	二
六	七	八	九	十 晉侵我
十六	十七	十八	十九	燕簡公元年
七	八	九 與蔡伐楚入郢	十	十一 伐楚取番

十七劉子迎王晉入王	十八	十九	二十	二十一
七齊伐我	八陽虎欲伐三桓三桓攻陽虎虎奔陽關	九伐陽虎虎奔齊	十公會齊侯于夾谷孔子相齊歸我地	十一
四十五侵衛伐晉	四十六晉伐我我伐晉	四十七囚陽虎虎奔晉	四十八	四十九
九入周敬王	十伐衛	十一陽虎來奔	十二	十三
三十四	三十五	三十六哀公薨	秦惠公元年彗星見	二生躁公懷公簡公
十三	十四子西為民泣民亦泣蔡昭侯恐	十五	十六	十七
十四	十五	十六陽虎來奔	十七	十八
三十二齊侵我	三十三晉晉侵伐我	三十四	三十五	三十六
三	四公如吳吳留之因死吳	陳湣公越元年	二	三
十六	十七	十八	十九	二十
三	四靖公薨	曹伯陽元年	二	三國人有夢衆君子立
十一	十二	十三獻公薨	鄭聲公勝元年鄭益弱	二
二	三	四	五	六
十二	十三陳懷公來留之死于吳	十四	十五	十六

		甲辰	
	二十二	二十三	二十四
	十二齊來歸女樂季桓子受之孔子行	十三	十四
	五十歸魯女樂	五十一	五十二
	十四	十五趙鞅伐范中行	十六
	三	四	五
	十八	十九	二十
	十九	二十	二十一
	三十七伐魯	三十八孔子來祿之如魯	三十九太子蒯聵出奔
	四	五	六孔子來
	二十一	二十二	二十三
社宮謀亡曹振鐸請待公孫彊許之	四衛伐我	五	六公孫彊好射獻鴈君使爲司城夢者之子亡去
	三	四	五子產卒
	七	八	九
	十七	十八	十九伐越越敗我傷闔閭指以死

二十五	二十六	二十七	二十八	二十九
十五定公薨日蝕	魯哀公蔣元年	二	三地震	四
五十三	五十四伐晉	五十五輸范中行氏粟	五十六	五十七
十七	十八趙鞅圍范中行朝歌齊伐我	十九趙鞅圍范中行鄭來救我敗之	二十	二十一
六	七	八	九	十惠公
二十一滅胡以吳敗我倍之	二十二率諸侯圍蔡	二十三	二十四	二十五
二十二鄭伐我	二十三	二十四	二十五孔子過宋桓魋惡之	二十六
四十	四十一伐晉	四十二靈公薨蒯聵子輒立晉納太子蒯聵于戚	衛出公輒元年	二
七	八吳伐我	九	十	十一
二十四	二十五楚伐我以吳怨故	二十六畏楚私召吳人乞遷于州來州來近吳	二十七	二十八
七	八	九	十宋伐我	十一
六伐宋	七	八救范中行氏與趙鞅戰于鐵敗我師	九	十
十	十一	十二	燕獻公元年	二
吳王夫差元年	二伐越	三	四	五

	三十	三十一	三十二
	五	六	七公會吳王于繒吳徵百牢季康子使子貢謝之
田乞救范氏	五十八景公薨立嬰姬子爲太子	齊晏孺子元年田乞詐立陽生殺孺子	齊悼公陽生元年
趙鞅拔邯鄲栢人有之	二十二趙鞅敗范中行中行奔齊伐衛	二十三	二十四侵衛
薨	秦悼公元年	二	三
	二十六	二十七救陳王死城父	楚惠王章元年
	二十七	二十八伐曹	二十九侵鄭衛晉
	三晉伐我救范氏故	四	五晉侵我
	十二	十三吳伐我楚來救	十四
大夫共誅昭侯	蔡成公朔元年	二	三
	十二	十三宋伐我	十四宋圍我鄭救我
	十一	十二	十三
	三	四	五
	六	七伐陳	八晉會我繒

甲寅			
三十三	三十四	三十五	三十六
八吳為邾伐我至城下盟而去齊取我三邑	九	十與吳伐齊	十一齊伐我冉有言故迎孔子
二伐魯取三邑	三	四吳魯伐我齊鮑子弒悼公齊人立其子壬為簡公	齊簡公元年魯與吳敗我
二十五	二十六	二十七使趙鞅伐齊	二十八
四	五	六	七
二子西召建子勝於吳為白公	三伐陳陳與吳故	四伐鄭	五
三十曹倍我我滅之	三十一鄭圍我敗之于雍丘	三十二伐鄭	三十三
六	七	八孔子自陳來	九孔子歸魯
十五	十六倍楚與吳成	十七	十八
四	五	六	七
十五宋滅曹虜伯陽			
十四	十五圍宋宋敗我師雍丘伐我	十六	十七
六	七	八	九
九伐魯	十	十一與魯伐齊救陳誅伍員	十二與魯敗齊

	三十七	三十八	三十九	四十
孔子歸	十二與吳會橐皋用田賦	十三與吳會黃池	十四西狩獲麟衛出公來奔	十五子服景伯使齊子貢爲介
	二	三	四田常弒簡公立其弟爲平公常相之專國權	齊平公驁元年景公子也齊自
	二十九	三十與吳會黃池爭長	三十一	三十二
	八	九	十	十一
	六白公勝數請子西伐鄭以父怨故	七伐陳	八	九
	三十四	三十五鄭敗我師	三十六	三十七熒惑守心子韋曰善
	十公如晉與吳會橐皋	十一	十二父蒯聵入輒出亡	衛莊公蒯聵元年
	十九	二十	二十一	二十二
	八	九	十	十一
	十八宋伐我	十九	二十	二十一
	十	十一敗宋師	十二	十三
	十三與晉會橐皋	十四與晉會黃池	十五	十六

甲子			
四十三敬王崩	四十二	四十一	
十八二十七卒	十七	十六孔子卒	齊歸我侵地
四二十五卒	三	二	是稱田氏
三十五三十六卒	三十四	三十三	
十四卒子厲公立	十三	十二	
十二五十七卒	十一	十白公勝殺令尹子西攻惠王葉公攻白公白公自殺惠王復國	
四十六十四卒	三十九	三十八	
衛君起元年石傅逐起出輒復入	三莊公辱戎州人戎州人與趙簡子攻莊公出奔	二	
		二十三楚滅陳殺湣公	
十四十九卒	十三	十二	
二十四三十八卒	二十三	二十二	
十六二十八卒	十五	十四	
十九二十三卒	十八楚敗我	十七	

第十三節　晚周之列王

敬王徙居成周。（周都今河南洛陽縣東二十里）敬王崩。（四十二年）子元王仁立。（八年）元王崩。子定王介立。（一作貞定王。二十八年）王時。三晉滅智伯。分有其地。定王崩。長子去疾立。是爲哀王。哀王立三月。弟叔襲殺哀王而自立。是爲思王。思王立五月。少弟嵬攻殺思王而自立。是爲考王。考王崩。（十五年）子威烈王午立。考王封弟揭於河南。（即王城今河南洛陽縣西偏）是爲西周桓公。桓公卒。子惠公立。（名年皆無攷）惠公封少子於鞏。（周邑名今河南鞏縣）以奉王。號東周惠公。威烈王時。始命韓魏趙爲諸侯。威烈王崩。（二十四年）子安王驕立。王時。田和始立爲諸侯。安王崩。（二十四年）子烈王喜立。烈王崩。（十年）弟顯王扁立。王時。秦始強盛。僭稱王。其後。諸侯皆稱王。顯王崩。（四十八年）子慎靚王定立。慎靚王崩。（六年）子赧王延立。王時。東西周分治。王寄住而已。王復居王城。秦日益強。五十九年。秦昭王使將軍摎攻西周。周君奔秦。頓首受罪。盡獻其邑三十六。口三萬。秦受其獻。歸其君於周。周君赧王繼卒。周民遂東亡。秦取九鼎寶器。而遷西周公於𢠸狐。（周地名今河南伊闕縣）後七歲。秦莊襄王滅東西周。東西周地皆入於秦。周既不祀。凡三十七王。八百六十七年。

第十四節　韓魏趙

晉至春秋末。由六卿併爲四卿、范氏。中行氏亡。所存者智氏。（即荀氏）魏氏。趙氏。韓氏而已。時智氏最強。智伯（名瑤）嘗伐鄭。門於桔柣之門。智伯謂趙孟入焉。名無恤即襄子不從。智伯曰。惡而無勇。何以爲子。子卿也襄子由是甚智伯。智伯與韓康子名虎魏桓子。名駒宴於藍臺。智伯戲康子。而侮段規。康子之相智伯又求地於韓康子。康子致萬家之邑。又求地於魏。桓子亦致萬家之邑。智伯益驕。又求地於趙襄子。襄子弗與。智伯怒。帥魏韓之甲以攻趙氏。襄子走晉陽。趙邑名今山西太原府三家以國人圍而灌之。城不浸者三版。智伯行水。魏桓子御。韓康子驂乘。兵車尊者居左。執弓矢。御者居中。有力者居右。持矛以備傾側。三人同車。故曰驂乘。智伯曰。吾今乃知水可以亡人國也。二子懼。蓋晉水出晉陽西可以灌晉陽。則汾水出山西汾陽縣可以灌安邑。韓邑名今山西安邑縣絳水出山西絳州可以灌平陽也。魏邑名今山西臨汾縣乃潛與趙襄子立約。共圖智伯。襄子使人夜殺守隄之吏。決水灌智伯軍。智伯軍救水而亂。三家乘之。大敗智氏之衆。殺智伯。盡滅智氏之族。而分晉地。時周定王十六年也。然晉猶有君。三家尚爲大夫。至周威烈王二十三年。始命晉大夫魏斯韓虔趙籍爲諸侯。

第十五節　田齊

齊起太公姜氏也。至戰國時。爲大夫田氏所篡。田氏之先出於陳厲公他。厲公爲其弟莊公林所弒。故厲公子完不得立。久之。陳亂。奔齊時桓公十四年矣。遂仕齊爲大夫。以田爲氏。即陳氏之省歷田穉田湣田須無。皆不顯。須無子無宇。始有寵於齊莊公。名光無宇子乞。乞始以小斗收民。大收予民。以市齊民。齊景公病。命其相國子高子。

立子荼爲太子。公卒。二子立荼。乞乃嗾齊民攻殺國子高子。弑荼。立景公子陽生。而相之。乞子常。再弑君。遂專齊柄。常之子盤。見三家分晉。乃盡使其宗人爲齊都邑大夫。盤子白。白子和。和之季年。魏文侯（名斯）爲請於周。立和爲諸侯。姜氏不祀。

第十六節　七國並立

吳起泰伯。湮於南荒者數百年。至闔廬稱霸。闔廬季年伐越。戰於檇李。（越地名今浙江嘉興縣）闔廬傷指。且死。立太子夫差。謂曰。爾而忘句踐殺汝父乎。對曰。不敢。三年乃報越。二年伐越。大敗之夫椒。（山名見前）越王句踐。請爲臣。夫差許之。子胥諫不聽。句踐苦身焦思。臥薪嘗膽。以圖雪恥。又二十二年。復伐吳。夫差自殺。遂滅吳。句踐稱霸。時周敬王四十三年也。至周顯王三十五年。越王無彊伐齊。齊王使人說之以伐齊不如伐楚之利。越王遂伐楚。楚人大敗之。乘勝盡取吳地。越遂散。公族爭立。或爲王。或爲君。濱於海上。朝服於楚。其他宋分於齊魏楚三國。魯陳蔡杞滅於楚。鄭滅於韓。曹滅於宋。皆在戰國之中葉。惟衞最後亡。至秦始皇始滅。此十二諸侯所以變爲七國也。

第十七節　秦之自出

滅六國者秦也。秦於中國其關繫之大。列代無可比倫。秦以前爲古人之世界。秦以後爲今日之世界。皆秦爲之鈐鍵。不徒爲戰國之主動者而已。秦之先。帝顓頊之苗裔曰女脩。女脩織。玄鳥隕卵。女脩呑之。生子大業。大業生大費。大費佐禹平水土。舜賜以皁游。使調馴鳥獸。是爲柏翳。舜賜姓嬴。大費有二子。一曰大廉。二曰若木。若木玄孫曰費昌。當夏桀之時。去夏歸商。爲湯御。以敗桀於鳴條。大廉玄孫曰孟戲中衍。中衍爲帝太戊御。自是世有功。故嬴姓多顯。遂爲諸侯。其玄孫曰中潏。在西戎。保西垂。生蜚廉。蜚廉生惡來。惡來有力。蜚廉善走。父子俱以材力事紂。武王伐紂。殺惡來。時蜚廉爲紂治石槨於北方。不與亂。蜚廉復有子曰季勝。季勝生孟增。幸於周成王。孟增生衡父。衡父生造父。幸於周穆王。得八駿。以御王西狩。徐偃王作亂。造父御穆王歸周。一日千里。穆王以趙城封之。遂爲趙氏。（卽晉卿趙氏之祖）惡來子曰女防。女防生旁皋。旁皋生太几。太几生大駱。大駱生非子。以造父之寵。皆爲趙氏。非子好馬及畜。爲周孝王主馬於汧渭之間。（二水皆在今陝西東境）馬大蕃息。孝王乃分以土爲附庸。邑之秦。使復續嬴祀。非子生秦侯。（十年）秦侯生公伯。（三年）公伯生秦仲。時西戎漸盛。周宣王命秦仲誅西戎。爲戎所殺。（二十三年）有子五人。其長曰莊公。周宣王召莊公昆弟五人。與兵七千。使伐戎。破之。（四十四年）莊公生襄公。襄公時。西戎犬戎申侯伐周。殺幽王。襄公將兵救周。戰甚力。有功。周室東遷。襄公以兵送周平王。平王封襄公爲諸侯。賜之岐以西之地。命之曰。戎無道。侵奪我岐豐之地。秦能攻逐戎。卽有其地。襄公於是始國。與諸侯通使聘享之禮。（十二年）襄公生文公。文公伐戎。戎敗走。遂收周遺民有之。地至岐。岐以東獻之周。始有史以紀事。（五十年）文公生靖公。（文公前卒）靖公生寧公。寧公有子三人。長武公。次德公。次出子。寧公卒。（十二年）諸臣三父等立出子。六年又弒之。立武公。武公立三年。討三父等夷三族。（此爲族誅之始）武公卒。（二十年）弟德公立。德公卒。（二年）子宣公立。宣公卒。（十二年）弟成公立。成公卒。（四年）弟穆公立。（名任好秦君至此始有名）穆公始霸西戎。穆公卒。（三十九年）子康公罃立。康公卒。（十二年）子共公猳立。共公卒。（五年）子桓公立。（秦君自此又失名）桓公卒。（二十七年）子景公立。景公卒。（四十年）子哀公立。哀公卒。（三十六年）孫惠公立。惠公卒。（十年）子悼公立。悼公卒。（十四年）子厲共公立。厲共公卒。（三十四年）子躁公立。躁公卒。（十四年）弟懷公立。懷公立四年。大臣叛。懷公自殺。孫靈公立。靈公卒。（十三年）簡公立。懷公子也。簡公卒。（十六年）子惠公立。惠公卒。（十三年）子出子立。二年。大臣殺之。立獻公。靈公子也。（名師隰）

第十八節　秦之列王上

秦自獻公以前。國家內憂。未遑外事。獻公二十一年。（周顯王五年）與晉戰於石門。（晉地名今陝西高陵縣西北）斬首六萬。天子賀以黼黻。此爲秦用兵於諸侯之始。獻公卒。（二十四年）子孝公立。（名渠梁）年二十一矣。孝公元年。河山以東。彊國六。淮泗之間。小國十餘。（宋魯等國）楚魏與秦接界。魏築長城。自鄭濱洛。以北有上郡。楚自漢中。南有巴黔中。周室微。諸侯力政。爭相併。秦僻處雍州。不與中國諸侯之會盟。夷翟遇之。孝公於是布惠。振孤寡。明功賞。下令國中曰。賓客羣臣。有能出奇計强秦者。吾且尊官。與之分土。於是魏鞅聞是令下。西入秦。因景監求見孝公。鞅。衞之諸庶孽公子也。少好刑名之學。事魏相公叔痤。公叔痤知其賢。未及進。會痤病。魏惠王親往問病。曰。公叔病。如有不可諱。將奈社稷何。公叔曰。痤之中庶子。(官名掌公族)公孫鞅。年雖少。有奇才。願王舉國而聽之。王默然。且去。痤屏人言曰。王卽不聽用鞅。必殺之。無令出境。王許諾而去。公叔痤召鞅曰。今者王問可以爲相者。我言若。王色不許。我方先君後臣。因謂王。卽弗用鞅。當殺之。王許我。君可疾去矣。且見禽。鞅曰。彼王不能用君之言任臣。又安能用君之言殺臣乎。卒不去。惠王既去。謂左右曰。公叔病甚。悲乎。欲令寡人以國聽公孫鞅也。豈不悖哉。公叔既死。公孫鞅聞秦孝公下令國中求賢者。遂西入秦。因孝公寵臣景監以求見孝公。既見。語良久。孝公時時睡。罷。孝公怒景監曰。子之客。妄人耳。景監以讓鞅。鞅曰。吾說公以帝道。其志不開悟矣。後五日。復求見鞅。鞅復見。未中旨。罷。孝公復讓景監。景監亦讓鞅。鞅曰。吾說公以王道。未入也。請復見鞅。鞅復見孝公。孝公善之。未用也。孝公謂景監曰。汝客善。可與語矣。鞅曰。吾說公以霸道。其意欲用之矣。誠復見我。我知之矣。鞅復見孝公。公與語。不自知厀之前於席也。語數日不厭。景監曰。子何以中吾君。吾君之驩甚也。鞅曰。吾以强國之術說君。君大悅之耳。然亦難以比德於殷周矣。孝公平晝。(討論治國之法)公孫鞅。甘龍。杜摯。三大夫御於君。公曰。今吾欲變法以治。更禮以敎百姓。恐天下之議我也。公孫鞅曰。疑行無成。疑事無功。民不可與慮始。而可與樂成。是以聖人苟可以强國。不法其故。苟可以利民。不循其禮。孝公曰。善。甘龍曰。不然。因民而敎者。不勞而成功。據法而治者。吏習而民安之。今若變法。不循秦國之故。臣恐天下之議君。願熟察之。公孫鞅曰。夫常人安於故習。學者溺於所聞。此兩者。

所以居官而守法。非所與論於法之外也。三代不同禮而王。五霸不同法而霸。故智者作法。愚者制焉。賢者更禮。而不肖者拘焉。拘禮之人不足與言事。制法之人。不足與論變。吾無疑矣。杜摯曰。臣聞之。利不百。不變法。功不十。不易器。法古無過。循禮無邪。君其圖之。公孫鞅曰。湯武之王也。不修古而興。（言惟其不修古。故興。）殷夏之滅也。不易禮而亡。（言惟其不易禮。故亡。）然則反古者未必可非。循禮者未足多是也。君無疑也矣。孝公曰。善。卒定變法之令。令民為什伍。（五家為保。十家相連。）而相收司連坐。（收司。謂相糾發也。一家有罪。而九家連舉發。若不收舉。則十家連坐。）不告姦者腰斬。告姦者與斬敵首同賞。（告姦一人。則得爵一級。）匿姦者與降敵同罰。（降敵者誅其身。沒其家。匿姦者與同。）民有二男以上不分異者倍其賦。（民有二男。不別為治者。一人出兩課。）有軍功者。各以率受上爵。為私鬬者。各以輕重受刑。大小僇力本業。耕織致粟帛多者。復其身。事末利及怠而貧者。舉以為收孥。（末利。為工商也。不事事而貧者。糾舉而收錄其妻子為官奴婢。）宗室非有軍功論。不得為屬籍。（無功不及爵秩。）明尊卑。爵秩等級。各以差次。名田宅臣妾衣服以家次。（各隨其家爵秩之班次。不得僭踰。）有功者榮顯。無功者。雖富無所芬華。令既具。未布。恐民之不信也。乃立三丈之木於國都市南門。募民有能徙置北門者。予十金。民怪之。莫敢徙。復曰。能徙者予五十金。有一人徙之。輒予五十金。以明不欺。卒下令。令行於民。朞年。秦民之國都。言初令之不便者。以千數。於是太子犯法。衞鞅曰。法之不行。自上犯之。將法太子。太子。嗣君也。不可施刑。刑其傅公子虔。黥其師公孫賈。明日。秦人皆趨令。行之十年。秦民大悅。道不拾遺。山無盜賊。家給人足。民勇於公戰。怯於私鬬。鄉邑大治。秦民初言令不便者。有來言令便者。衞鞅曰。此皆亂化之民也。盡遷之於邊城。其後民莫敢議令。案商鞅軍國社會主義之發明家也。自變法以還。國勢勃興。征伐四克。十二年。作爲咸陽。（秦都今陝西咸陽縣）築冀闕。（宮庭之名）秦徙都之。（非子居犬丘。文公居郿。寧公徙平陽。獻公居櫟陽。皆今陝西西境。）幷諸小鄉聚。（猶言村落）集爲大縣。縣一令。四十一縣。爲田開阡陌。（南北曰阡東西曰陌）東地渡洛。十四年。初爲賦。（軍賦也）十九年。天子致伯。二十年。諸侯畢賀。二十二年。衛鞅擊魏。虜魏將公子卬。梁惠王歎曰。恨不用公叔痤之言也。衛鞅還。秦封以商於十五邑。（秦邑名今河南商州）號商君。二十四年。與晉戰岸門。（今河南許州）虜其將魏錯。孝公卒。子惠文君立。（名駟）時宗室多怨商鞅。鞅亡。因以爲反。車裂以殉秦國。七年。公子卬與魏戰。虜其將龍賈。斬首八萬。八年。魏納河西地。（今河南陝西二省相接處）九年。渡河取汾陰皮氏。（魏邑名汾陰今河南榮河縣皮氏今河南河津縣）十年。魏納上郡十五縣。（今陝西延安府鄜州葭州）十一年。縣義渠。（古戎國今甘肅蘭州與平涼府至西寧衛皆是）十四年。更爲元年。二年。韓趙魏燕齊帥匈奴共攻秦。秦使庶長疾與戰脩魚。（韓邑無考）虜其將申差。敗趙公子渴。韓太子奐。斬首八萬二千。九年。司馬錯伐蜀。（國名。今四川省。其君。昌意之後。至戰國稱王。）滅之。伐趙。取中都西陽。（今山西汾州）十年。伐取義渠二十五城。十一年。庶長疾攻趙。虜其將莊張。十三年。庶長章擊楚於丹陽。（此丹陽在漢中）虜其將屈匄。斬首八萬。又攻楚漢中。（今陝西漢中府）取地六百里。十四年。惠王卒。（二十八年案秦惠當此時稱王）子武王立。（名蕩）二年。初置丞相。四年。伐韓。拔宜陽。（韓邑名今河南宜陽縣）斬首六萬。八月。武王舉鼎絕臏死。無子。立異母弟昭襄王。（名稷）

第十九節　秦之列王下

昭襄王十年。楚懷王朝秦。秦留之。十一年。韓魏趙攻秦。秦與魏封陵（今陝西蒲州之東）與韓武遂（今陝西臨汾縣）以和。懷王死於秦。十四年。白起攻韓魏於伊闕（山名今河南伊闕縣）斬首二十四萬。十九年。王爲西帝。齊爲東帝。旋復去之。二十二年。蒙武伐齊取河東。爲九縣。（其地無攷）二十七年。司馬錯攻楚黔中。拔之。（楚地今四川東境湖北西境湖南西北境）二十九年。白起伐楚。取郢。（楚都今湖北荆州府）三十年。張若伐楚。取巫。（楚地今四川夔州府）及江南。三十二年。魏冉攻魏。至大梁。（魏都今河南開封府）斬首四萬。魏入三縣請和。三十一年。胡傷攻魏卷。（魏邑今河南鄭州西北）蔡陽。（魏邑今河南鄭州東北）長社。（魏邑今河南許州西）取之。擊芒卯。破之。斬首十五萬。魏入南陽（今河南修武縣）以和。四十七年。攻韓上黨。（韓地今山西潞安府澤州沁州）上黨降趙。秦因攻趙。趙使趙括擊秦。白起擊趙括。大破之長平。（趙地名今山西高平縣）殺人四十餘萬。北定太原。（今山西太原府）盡有上黨。五十一年。將軍摎攻韓。取陽城負黍。（韓邑名今河南登封縣）斬首四萬。攻趙。取二十餘縣。首虜九萬。是年。西周君與諸侯約縱攻秦。秦使將軍摎攻西周。西周盡獻其邑。秦取九鼎。周亡。五十六年。昭襄王卒。子孝文王立。（名柱）即位三日卒。子莊襄王立。（名子楚）元年滅東周。四年。蒙驁伐韓。韓獻成皋。（韓邑名今河南汜水縣）鞏。（韓邑名今河南鞏縣）秦界至大梁。二年。蒙驁攻趙。定太原。（再定之也）三年。蒙驁攻魏高都汲。（魏地今河南汲縣）拔之。攻趙榆次。（趙邑名今山西榆次縣）新城。（趙邑名今在未詳）狼孟。（趙邑名今山西陽曲縣）取三十七城。四年。王齕攻上黨。取之。（再定上黨也）是年。魏將無忌率五國兵擊秦。蒙驁敗走。五月。莊襄王卒。（四年）子政立。是爲秦始皇帝。初秦孝文王爲太子時。有子二十餘人。中子子楚。爲秦質子於趙。子楚。秦之庶孽孫。質於諸侯。居處困不得意。呂不韋者。大賈人也。家富累千金。會賈邯鄲。見子楚曰。此奇貨可居。乃往見子楚曰。吾能大子之門。子楚笑曰。且自大君之門。而乃大吾門也。呂不韋曰。子不知也。吾門待子門而大。子楚心知所謂。乃引與坐。深語。呂不韋曰。秦王老矣。（謂昭襄王）安國君得爲太子。（謂孝文王卽子楚父）安國君愛幸華陽夫人。華陽夫人無子。能立嫡嗣者。獨華陽夫人耳。今子兄弟二十餘人。子又居中。不甚見幸。久質諸侯。大王百歲後。安國君立爲王。子無幾得與諸子爭爲太子矣。不韋請以千金。爲子西遊。立子爲嫡嗣。子楚頓首曰。必如君策。請得分秦國。與子共之。呂不韋乃以五百金與子楚。爲進用結賓客。而復以五百金。買奇物玩好。自奉而西遊秦。因華陽夫人姊。以說夫人。夫人以爲然。承太子間。從容言子楚質於趙者絕賢。乃因涕泣曰。願得子楚。立以爲下嗣。以託妾身。安國君許之。乃立子楚爲嫡嗣。而以呂不韋爲傅。呂不韋取邯鄲姬。絕好。善舞者。與居。知有身。遂獻其姬於子楚。生子政。子楚遂立姬爲夫人。孝文王立時。子楚及政歸秦。至是。政卽位。（戰國策錄呂不韋事。與此不同。今從史記。又戰國策載春申君與李園事。與呂不韋事絕相類。蓋宗法專制之朝。至是而其流弊已極矣。）王初立。年十三矣。國事皆決於文信侯。（卽呂不韋）號稱仲父。秦連攻各國不已。六年。楚趙魏韓衞合從以伐秦。楚王爲從長。至函谷。（秦之東關今河南靈寶縣）秦師出。五國之師皆敗走。楚徙壽春。秦拔魏朝歌。（魏邑今河南淇縣）七年。伐魏取汲。九年。伐魏取垣。（魏邑名今山西垣曲縣）蒲。（魏邑名在垣曲東）既而取汲。（魏邑名今河南汲縣）夷嫪毐三族。嫪毐。太后嬖人也。相國文信侯所進。王以文信侯奉先王功大。不忍誅。明年。文信侯免相。出就國。於是宗室大臣議逐客。客卿楚人李斯。亦在逐中。上書諫王。王乃召李斯。復其官。除逐客之令。王卒用李斯之謀。陰遣辯士。齎金玉。遊說諸侯。名士可下以財者。厚遺結之。不肯者。利劍刺之。離其君臣之計。然後使良將隨其後。數年之間。卒兼天下。十一年。將軍王翦。桓齮。楊端和。伐趙。攻鄴。取九城。（趙地今河南臨漳縣）王翦攻閼（趙地今山西潞州）與轑陽。（趙地今山西遼州）桓齮取鄴安陽。（趙地今河南安陽縣）十二年。文信侯飲酖死。十四年。桓齮伐趙。取宜安。平陽。武城。（趙三城直隸正定府境）韓王納地効璽。爲藩。十五年。大興師伐趙。遇李牧而還。十七年。內史勝滅韓。虜韓王安。十八年。趙受秦間。殺李牧。十九年。王翦滅趙。虜趙王遷。二十一年。王賁引河溝以灌大梁。（魏都今河南開封府）三月城壞。魏王假降。遂滅魏。二十三年。王翦大破楚師於蘄南。（楚地今江南徐州之境）殺其將項燕。二十四年。王翦蒙武虜楚王負芻。遂滅楚。二十五年。王賁滅燕。虜燕王喜。王翦悉定江南地。（楚吳越之地今江蘇江西浙江）二十六年。王賁自燕南攻齊。猝入臨淄。（齊都今山東臨淄縣）民莫敢格者。秦使人誘齊王。約封以五百里之地。齊王遂降。秦人處之松柏之間。餓而死。於是天下皆并於秦。遂從上古時代而轉入中古時代。案如上所言。則秦人并天下之故。不難知也。大約內則殖實業。獎戰功。此策自衞鞅發之。此策與日今列强所謂軍國民主義相同。而鞅之大蔽。則在告訐連坐。而民德掃地矣。外則離間諸侯。沮其君臣之謀。而以良兵隨其後。此策自李斯發之。此策尤與今之外交政策合。今之强國所以兼并坐大者。不外此法。而斯之大蔽。則在外交用此法。內政亦用此法。君臣（觀其矯始皇命。立胡亥可知。事見後。）朋友（觀其殺韓非可知。事見後。）之間均有敵國之道焉。商君李相其術之薄劣若此。宜乎秦用之纔并天下而即亡。漢以下歷代用之。而我之民德民智。遂有今日。其詳入後當論之。若夫秦并天下之次第。則不外乎遠交近攻一語。最先滅韓魏。東面略定。而後北舉趙。趙滅。然後作兩軍。一北滅燕。一南滅楚。即以滅燕之軍。南面襲齊。而六王畢矣。此戰法當是兵家素定。非漫然而爲之也。

第二十節　六國對秦之政策

秦之待六國如此。而六國當時。初非一無預備也。列强並立。而外交之術出焉。縱橫（古書作從衡。義同。）家者。（九流之一。）外交專門之學也。縱橫家之初祖。爲鬼谷子。（姓名不傳。隱鬼谷山中。或作王詡。）蘇秦張儀。俱事鬼谷子。學縱橫之術。南北爲縱。其政策在六國聯盟以拒秦。東西爲橫。其政策在六國解散聯盟而與秦和。此爲當時之二大政策。故外交之術。即以此爲名。蘇秦先見秦惠文王。陳并諸侯之道。惠王不用。蘇秦歸而深思。乃北說燕文公。謂宜合六國以擯秦。文公從之。資之車馬。以使於諸侯。於是趙肅侯、韓宣惠王、魏襄王、齊宣王、楚威王。皆許之。約秦攻一國。則五國救之。不如約者。五國伐之。事在周顯王三十六年。約定以蘇秦爲約縱長。并相六國。秦兵爲之不出函谷者凡數年。其後秦使公孫衍欺齊魏以伐趙。縱約解。及蘇秦死。而張儀相秦。連橫之策大盛。秦卒并諸侯。二策之利害。亦可知矣。惟其時遊說之士。不止秦儀。蘇代蘇厲公孫衍陳軫之徒。紛紜擾攘。徧於天下。而其策則止於縱橫二端耳。

第二十一節　戎狄滅亡

當此之時。列强之相逼如此。則與中國雜處之戎狄。自無可自存。攷春秋時。（戎狄與中國雜居。自古已然。但至春秋始可攷。）冀州有山戎。赤狄。及衆狄。皆在今直隸山西之間雍州有白狄。今陝西鄜州以北及大荔。今陝西朝邑縣義渠。今甘肅西境豫州有伊洛之戎。晉有瓜州之戎。今甘肅北境來至中國。爲姜戎。陰戎。陸渾之戎。皆在河南西北境惟此諸戎。不盡與中國異種。以其風俗同戎。故謂之戎耳。故其後化合。遂絕無蹤蹟可攷。春秋中。戎狄漸衰。晉襄公敗白狄。獲其君。景公滅諸赤狄。悼公服山戎。昭公滅肥。今直隸藁城縣頃公滅鼓。今直隸晉州皆白狄別種也。陸渾之戎。亦爲頃公所滅。其別部蠻氏。今河南汝州楚昭王滅之。戰國初。秦厲公伐大荔。取其王城。伐義渠。虜其王。趙襄子北略狄土。韓魏滅伊洛陰戎。餘種西走。淮徐諸夷。及南蠻。皆幷於吳楚。至秦惠文幷巴蜀。昭襄王滅義渠。趙武靈王破林胡樓煩。今山西邊外蒙古燕將秦開卻東胡。今盛京至秦幷天下。中國已無夷狄。惟南嶺之南。巫黔之西南。隴蜀之西。尚存種落。不足復爲中國患。然匈奴則以此時大矣。

第二十二節　周秦之際之學派

周秦之際。至要之事。莫如諸家之學派。大約中國自古及今。至美之文章。至精之政論。至深之哲理。並在其中。百世之後。研窮終不能盡。亦猶歐洲之於希臘學派也。然諸子並興。羣言淆亂。欲討其源流。詩其得失。甚不易言。自古以來。即無定論。著錄百家之書。始於漢書藝文志。漢書漢班固撰。而藝文志。則劉向劉歆之成說也。後人皆遵用其說。然藝文志實與古人不合。案藝文志分古今自上古至漢初學術爲六大類。一曰六藝。即儒家所傳之經二曰諸子。即周秦諸子。三曰詩賦。

四曰兵。中分四派、一權謀、二形勢、三陰陽、四技巧、五曰術數。中分六派、一天文、二曆譜、三五行、四蓍龜、五雜占、六形法、六曰方技。中分四派、一醫經、二經方、三房中、四神仙、此六者。加以提要一類。名爲七略。而其精粹。則皆在六藝諸子二略之中。六藝前已言之。今但當言諸子。案向歆父子。分諸子爲十家。一儒家。五十三家、八百三十六篇、二道家。三十七家、九百九十三篇、三陰陽家。二十一家、三百六十九篇、四法家。十家、二百二十七篇、五名家。七家、三十六篇、六墨家。六家、八十六篇、七縱橫家。十二家、百七篇、八雜家。二十家、四百三篇、九農家。九家、百一十四篇、十小說家。十五家、千三百八十篇、其間除去小說家。儒。道。陰陽。法。名。墨。縱橫。雜。農。謂之九流。此周秦諸子之綱要也。向歆父子。又一一溯九流所自出。而謂其皆六藝之支流餘裔。儒家出於司徒之官。道家出於史官。陰陽家出於羲和之官。法家出於理官。名家出於禮官。墨家出於清廟之官。縱橫家出於行人之官。雜家出於議官。農家出於農稷之官。小說家出於稗官。其初皆王官也。王道既微。官失其職。散在四方。流爲諸子。此說自古通儒皆宗之。近人分諸子爲南北派、儒墨名法陰陽爲北、道農爲南、然此說求之古書、絕無可證、且又何以處縱橫家雜家乎、其說不足從也、然其中有一大蔽存焉。蓋六藝皆儒家所傳授。淵源明文具在。既爲一家之言。必不足以概九流之說。而向歆云爾者。因向歆之大蔽。在以經爲史。古人以六藝爲教書。故其排列之次。自淺及深。而爲詩書禮樂易象春秋。向歆以六藝爲史記。故其排列之次。自古及今。而爲易書詩禮樂春秋。此宗教之一大變也。既已視之爲史。自以爲九流之所共矣。然又何以自解於附論語孝經於其後乎。其不通如此。分別各家之說。見於周秦西漢間人者。言人人殊。莊子天下篇。名周、楚人、道家、所引凡六家。一墨翟。宋人、墨家之初祖、禽滑釐。墨翟弟子、二宋鈃。即孟子中之宋牼、尹文。齊宣王時人、今尹文子書尚在、三彭家。未詳、田駢。齊人、遊稷下、著書十五篇、愼到。又名廣、韓非稱之、四關尹。名喜、老子弟子、老聃。（卽老子）五莊周。（自表其家）六惠施。（名車，莊子之友）荀子非十二子篇。所引凡六家。一它囂。（疑是楚人）魏牟。（魏公子，有書四篇）二陳仲。（卽孟子書中陳仲子，或作田仲）史鰌。（衛大夫，字子魚）三墨翟。宋銒。（見前）四田駢。愼到。（見前）五惠施。（見前）鄧析。（鄭大夫，書一卷，今存）六子思。（名伋，孔子孫，有中庸二篇）孟軻。（字子輿，子思弟子，有書七篇）皆臚其學說。而不著其所自出。今案其學說。（文繁不錄，在莊子第十卷荀子第三卷中）則莊子所言。第一爲墨家。第二亦墨家。第三道而近於法家。第四道家。第五亦道家。第六名家。荀子所言。第一道家。第二墨家之一派。第三墨家。第四道家。第五名法家。第六儒家。總之不過道儒墨三家（名法出於道家儒家之間）而已。其他周秦間書。所引學者之名。其分合之間。亦粗有以類相從之例。大約亦與此相似。至司馬遷。則分爲六家。一陰陽。二儒。三墨。四法。五名。六道。則於莊荀所舉之外。增入一陰陽家。惟不舉其人。無從證其同異。觀此則可知諸子雖號十家。其眞能成宗教者。老孔墨三家而已。而皆爲師弟子。同導源於史官。亦可見圖書之府之可貴也。然周秦之際之學術。出於周之史者。又不僅此三家。儒道名法墨。固已證其同源矣。若陰陽家。老子未改教以前之舊派也。此卽周史之本質。縱橫家。出於時勢之不得不然。初無待於師說。然鬼谷子蘇秦張儀並周人。而鬼谷子書。義兼道德。雜家號爲調停。實皆以道家爲主。農家傳書最少。然據許行之遺說以推之。亦近道家也。小說家卽史之別體。是諸子十家之說。同出一源。其他詩賦略。固不能於六藝九流之外。別有所謂文章義理。兵略別爲一事。與諸學無與。術數方技。事等陰陽。皆老子以前之舊教。此七略之人概也。其後儒墨獨盛。皆有可爲國教之勢。周秦間人。以儒墨對舉之文。殆數百見。而其後卒以儒爲國教。而墨教遂亡。興亡之際。雖因緣繁複。然至大之因。

總不外吾民之與儒家相宜耳。然而自此以還。遂成今日之局。墨蹶儒興。其涿鹿之戰後之第一大事哉。

第二十三節　春秋制度之大概

中國五千年之歷史。以戰國爲古今之大界。故戰國時之制度。學者不可不知其梗概也。然欲明戰國之所以變古。必當先明古法爲如何。古法不可悉知。今錄其可信者如左。（左傳爲主。間引他書。）

一曰官制　周官有宰。（隱元年）卜正。（隱十一年）太史。（桓十七年）膳夫。（莊十九年）御士。（僖二十四年）虎賁。（僖二十八年）宗伯。（文二年）司寇。（文十八年）虞人。（襄四年）行人。（襄二十一年）尉氏。（襄二十一年）司徒。（襄二十一年）候。（襄二十一年）司馬。（昭四年）縣大夫。（昭九年）魯官有司空。（隱二年）太宰。（隱十一年）卜士。（桓六年）卜人。（桓六年）史。（桓六年）太史。（桓十七年）圉人。（莊三十二年）傅。（閔二年）巫。（僖二十一年）縣人。（僖二十五年）宗伯。（文二年）行人。（文四年）司寇。（文十八年）虞人。（襄四年）隧正。（襄七年）馬正。（襄二十三年）御騶。（襄二十三年）工。（襄二十八年）御。（昭四年）司徒。（昭四年）司馬。（昭四年）工正。（昭四年）御。右。（昭九年）祝史。（昭十七年）饔人。（昭二十五年）賈正。（昭二十五年）宰人。（哀三年）校人。（哀三年）巾車。（哀三年）宋官有司馬。（隱三年）太宰。（桓二年）司城。（桓六年）右師。（僖九年）左師。（僖九年）門尹。（僖二十八年）司徒。（文七年）司寇。（文七年）御。右。（文十一年）帥甸。（文十六年）司里。（襄九年）隧正。（襄九年）校正。（襄九年）工正。（襄九年）司宮。（襄九年）巷伯。（襄九年）鄉正。（襄九年）祝。（襄九年）宗。（襄九年）舞師。（襄十八年）褚師。（襄二十年）封人。（昭二十一年）行人。（定六年）迹人。（哀十四年）晉官有九宗五正。（隱六年）司徒。（桓二年）御戎。右。（桓三年）大司空。（莊二十六年）卜人。（閔元年）寺人。（僖五年）縣大夫。（僖二十五年）中軍將佐。上軍將佐。下軍將佐。（並僖二十七年）執秩。（僖二十七年）司馬。（僖二十八年）醫。（僖三十年）中軍大夫。上軍大夫。下軍大夫。（並僖三十三年）太傅。（文六年）太師。（文六年）宰夫。（宣二年）公族。（宣二年）餘子。（宣二年）公行。（宣二年）候正。（成二年）僕大夫。（成六年）巫。（成十年）宗。（成十七年）乘馬御。（成十八年）六騶。（成十八年）僕人。（襄三年）司寇。（襄三年）工。（襄四年）行人。（襄四年）理。（昭十四年）祭史。（昭十七年）齊官有太宰。（國語）工正。（莊二十二年）寺人。（僖二年）饔人。（僖十七年）御戎。右。（成二年）鋭司徒。（成二年）辟司徒。（成二年）士。（成十八年）司寇。（成十八年）傅。（襄十九年）史。（襄二十五年）祝。（襄二十五年）侍漁。（襄二十七年）左相。（襄二十五年）太史。（襄二十五年）廩人。（昭二十年）宰。（昭二十七年）僕。（哀二十二年）楚官有莫敖。（桓十一年）令尹。（莊四年）縣尹。（莊十八年）大閽。（莊十九年）師。（僖二十二年）大司馬。（僖二十六年）太師。（文元年）環列之尹。（文元年）巫。（文十年）司敗。（文十年）工尹。（文十年）左司馬。（文十年）右司馬。（文十年）箴尹。（宣四年）左尹。（宣十一年）司徒。（宣十一年）沈尹。（宣十二年）御戎。右。（宣十二年）連尹。（宣十二年）清尹。（成七年）泠人。（成九年）右尹。（成十六年）宮廄尹。（襄十五年）揚豚尹。（襄十八年）醫。（襄二十一年）御士。（襄二十二年）司宮。（昭五年）囂尹。（昭十二年）陵尹。（昭十二年）郊尹。（昭十三年）正僕。（昭十三年）芊尹。（昭十三年）卜尹。（昭十三年）蒍尹。（昭二十七年）王尹。（昭二十七年）王馬之屬。（昭二十七年）右領。（昭二十七年）中廄尹。（昭二十七年）監馬尹。（昭三十年）鍼尹。（定四年）藍尹。（定五年）樂尹。（定五年）尹門。（哀十六年）鄭官有封人。（隱元年）宗人。（莊十四年）執訊。（文十七年）宰夫。（宣四年）御。右。（成十年）司馬。（襄二年）司空。（襄十年）太宰。（襄十一年）行人。（襄十一年）師。（襄十一年）少正。（襄二十二年）令正。（襄二十六年）外僕。（襄二十八年）馬師。（襄三十年）太史。（襄三十年）冢宰。（昭元年）褚師。（昭二年）司寇。（昭二年）執政。（昭十六年杜預注掌班位之官）祝史。（昭十八年）衛官有右宰。（隱四年）御。右。（閔二年）太史。（閔二年）大士。（僖二十六年）宗。（襄十四年）少師。（襄二十七年）司寇。（昭二十年）褚師。（昭二十年）祝史。（定四年）寺人。（哀十五年）司徒。（哀十五年）占夢。（哀十六年）卜人。（哀十六年）秦官有右大夫。（成二年）不更。（成十三年）庶長。（襄十一年）吳官有閽。（襄二十八年）太宰。（定四年）司馬。（哀十一年）陳官司敗。（論語）司馬。（襄二十五年）司空。（襄二十五年）蔡官有司馬。（襄八年）封人。（昭十九年）是爲春秋職官之大概。

二曰賦稅。兵制並見於此。春秋以上。二事不可分也。魯制之可見者。稅畝之法。宣公十五年。初稅畝。杜預注。公田之法。十取其一。今又履其餘畝。復十收其一。故哀公曰。二吾猶不足。遂以為常。故曰初。丘甲之法。成公元年。作丘甲。杜預注。周禮。九夫為井。四井為邑。四邑為丘。丘十六井。出戎馬一匹。牛三頭。四丘為甸。甸六十四井。出長轂一乘。戎馬四匹。牛十二頭。甲士三人。步卒七十二人。此甸所賦。今魯使丘出之。三軍之法。襄公十一年。作三軍。傳云。三分公室。而各有其一。三子各毀其乘。季氏使其乘之人。以其役邑入者。無征。不入者。倍征。孟孫氏使半為臣。若子若弟。叔孫氏使盡為臣。杜預注。魯本無中軍。惟上下二軍。皆屬於公。有事。三卿更率以征伐。季氏欲專其民人。故假立中軍。因以改作。四軍之法。昭公五年。傳云。初作中軍。三分公室。而各有其一。季氏盡征之。叔孫氏臣其子弟。孟孫氏取其半焉。及其舍之也。四分公室。季氏擇二。二子各一。皆盡征之。而貢於公。田賦之法。哀公十二年。用田賦。杜預注。丘賦之法。因其田財通出馬一匹。牛三頭。今欲其田及家財各為一賦。故言田賦。孔穎達正義。引賈逵說。以為欲令一井之間。出一丘之稅。未知孰是。鄭制之可見者。偏伍之法。桓公五年。傳云。王以諸侯伐鄭。鄭伯禦之。曼伯為右拒。祭仲為左拒。原繁高渠彌以中軍奉公。為魚麗之陳。先偏後伍。伍承彌縫。杜預注。戰車二十五乘為偏。以車居前。以伍次之。承偏之隙。而彌縫闕漏也。五人為伍。此蓋魚麗陳法。丘賦之法。昭公四年。傳云。鄭子產作丘賦。杜預注。丘十六井。當出馬一匹。牛三頭。今子產列賦其田。如魯之田賦。晉制之可見者。州兵之法僖十五年。傳云。晉於是乎作州兵。杜預注。五黨為州。州二千五百家也。使州長各繕甲兵。毀車崇卒之法。昭公元年。傳云。晉魏舒請毀車以為行。杜預注。為步陳也。又云五乘為三伍。杜預注。乘車者。車三人。五乘十五人。今改去車。更以五人為伍。分為三伍也。又云為五陳以相離。兩於前。伍於後。專為右角。參為左角。偏為前拒。孔穎達正義。五陳者。卽兩。伍。專。參。偏。是也。相離者。布置使相遠也。其人數不可得知。案此卽廢車戰之漸矣。楚制之可見者。有乘廣之制。宣公十二年。傳云。廣有一卒。卒偏之兩。齊制之可見者。有軌里連鄉之法。國語。總諸事觀之。知其時田賦軍旅。互相關繫。而各以車為主。其戰術為極拙也。僖公十八年傳。鄭伯始朝於楚。楚子賜金。既而悔之。與之盟曰。無以鑄兵。遂鑄以為三鐘。是其時以銅為兵。而史記范睢傳云。鐵劍利而勇士倡。則知戰國已用鐵為兵矣。卽西人所謂銅刀期與鐵刀期也。是為春秋田賦軍政之大概。

三曰刑法。春秋之刑法。不甚可知。大抵仍西周呂刑之舊。蓋古人之立國。分全國之人爲二等。一爲貴族。一爲賤族。此二族者。所享權利。大不相同。所謂禮不下庶人。刑不上大夫也。呂刑述五刑之法。而推原於蚩尤。士禮十七篇。自天子以至大夫。皆概之於士。此其證矣。故其時劓刵椓黥之法。惟行之於民。而貴族無之。貴族有罪。止於殺而已。其次則爲執。爲放。春秋時之以殺見者。衞人殺州吁。隱四年 蔡人殺陳佗。桓六年 齊人殺無知。莊九年 陳人殺其公子禦寇。莊二十二年 曹殺其大夫。莊二十六年 晉殺其世子申生。僖五年 鄭殺其大夫申侯。僖七年 晉殺其大夫里克。僖十年 晉殺其大夫丕鄭父。僖十一年 宋殺其大夫。僖二十五年 楚殺其大夫得臣。僖二十八年 衞殺其大夫元咺及公子瑕。僖三十年 晉殺其大夫陽處父。文六年 宋人殺其大夫。文七年 宋人殺其大夫司馬。文八年 晉人殺其大夫先都。文九年 晉人殺其大夫士縠及箕鄭父。文九年 楚殺其大夫宜申。文十年 陳殺其大夫洩冶。宣九年 楚人殺陳夏徵舒。宣十一年 晉殺其大夫先縠。宣十三年 衞殺其大夫孔達。宣十四年 王札子殺召伯毛伯。宣十五年 晉殺其大夫趙同趙括。成八年 宋殺其大夫山。成十五年 楚殺其大夫公子側。成十六年 晉殺其大夫郤錡郤犨郤至。成十七年 晉殺其大夫。成十八年 齊殺其大夫國佐。成十八年 楚殺其大夫公子申。襄二年 楚殺其大夫壬夫。襄五年 齊殺其大夫高厚。襄十九年 鄭殺其大夫公子嘉。襄十九年 蔡殺其大夫公子燮。襄二十年 楚殺其大夫公子追舒。襄二十二年 陳殺其大夫慶虎慶寅。襄二十三年 晉人殺欒盈。襄二十三年 宋殺其世子痤。襄二十六年 衞殺其大夫寧喜。襄二十七年 天王殺其佞夫。襄三十年 鄭殺其大夫公孫黑。昭二年 諸侯執齊慶封殺之。昭四年 楚殺其大夫屈申。昭五年 陳侯之弟殺陳世子偃師。昭八年 楚子虔誘蔡侯般殺之。昭十一年 殺公子棄疾。殺公子比。昭十三年）莒殺其公子意恢。（昭十四年）春秋時以執見者。宋人執祭仲。（桓十一年）齊人執鄭詹。（莊十七年）齊人執陳轅濤塗。（僖四年）晉人執虞公。（僖五年）宋人執滕子嬰齊。（僖十九年）晉侯執曹伯。（僖二十八年）晉人執衛侯。（僖二十八年）齊人執單伯。（文十四年）晉人執鄭伯。（成九年）晉侯執曹伯。（成十五年）晉人執季孫行父。（成十六年）楚人執鄭行人良霄。（襄十一年）晉人執邾子。（襄十六年）晉人執衛行人石買。（襄十八年）晉人執邾子。（襄十九年）晉人執甯喜。（襄二十六年）楚人執徐子。（昭四年）楚人執陳行人干徵師。（昭八年）晉人執季孫意如。（昭十三年）晉人執我行人叔孫婼。（昭二十三年）晉人執仲幾。（定元年）晉人執宋行人樂祈犁。（定六年）齊人執衛行人北宮結。（定七年）晉人執戎蠻子赤。（哀四年）春秋時之以放見者。晉放其大夫胥甲父於衛。（宣元年）楚滅陳。執陳公子招。放之於越。（昭八年）蔡人放其大夫公孫獵於吳。（哀三年。以上所錄。屬辭彼此不同。此春秋褒貶之例。別有專科。非歷史科所詳。）其以奔見者極多。然奔非刑也。故不備列。其殺人之法。書雖不詳。然攷成十七年。晉殺其大夫郤錡郤犨郤至。胥童以甲刦欒書中行偃於朝。長魚矯曰。不殺二子。憂必及君。公曰。一朝而尸三卿。余不忍益也。則知卿亦尸諸市朝矣。襄二十八年。齊人遷莊公殯於大寢。以其棺尸崔杼於市。昭十四年。尸雍子與叔魚於市。此皆戮尸之法也。又有醢刑。莊十二年。南宮萬猛獲。弒宋閔公。宋人皆醢之。又有殺人以祭之刑。僖十九年。宋公使邾文公用鄫子於次睢之社。欲以屬東夷。（杜預注。此水有妖神。東夷皆社祠之。蓋殺人而用祭。）昭十一年。楚人滅蔡。用隱太子於岡山。（杜預注。此時楚人以牲畜用之。）則夷風矣。又考此時雖無滅族之刑。而有降族之法。昭三年。叔向曰。欒郤胥原狐續慶伯。降在皁隸。八氏爲晉世卿。皆有罪被殺。或出奔者。而其子孫。遂不得列於貴族。以昭十七年。申無宇曰。天有十日。（杜預注。甲至癸。）人有十等。故王臣公。臣大夫。

大夫臣士士臣皁皁臣輿輿臣隸隸臣僚僚臣僕僕臣臺證之卽可知其所降之等級至戰國以後世無貴族而此制　除而此時之刑書（昭六年）刑鼎（昭二十九年）僕區之法（昭七年杜預注刑書名）被廬之法（昭二十九年）皆已失傳或他年掘地得之可爲歷史要證也是爲春秋刑法之大概

第二十四節　戰國之變古

古今人羣進化之大例必學說先開而政治乃從其後春秋之季老子孔子墨子與新理大明天下始曉然於舊俗之未善至戰國時社會之一切情狀無不與古相離而進入於今日世局焉

一曰宗教之改革　此爲社會進化之起原卽老孔墨三大宗是也

二曰族制之改革　此爲改革中至大之實事此事既改則其他無不改者矣案春秋之世天下皆封建其君爲天子之同姓者十之六天子之勳戚者十之三前代之遺留者十之一國中之卿大夫皆公族也皆世官也無由布衣以躋卿相者故其時有姓有氏姓爲君主所獨有乃其出於天子之符號國之大臣皆與君同姓難於識別乃就其職業居處之異以爲之氏至戰國時競爭既急需材自殷不復能拘世及之制於是國君以外無世祿而姓氏遂無辨矣

三曰官制之改革　戰國官制與三代相去遠而與今日相去近其可攷者（已見前者不錄）秦官有相（國策秦一）丞相（史記秦本

紀相國。史記穰侯傳師。史記商君傳傅。史記商君傳客卿。史記秦本紀中大夫令。史記秦始皇本紀五大夫。史記秦本紀尉。史記秦本紀國尉。史記白起傳廷尉。史記李斯傳都尉。史記王翦傳衛尉。史記秦始皇本紀長史。史記李斯傳大良造。史記秦本紀庶長。史記秦本紀守。史記秦本紀縣官。史記范雎傳縣令。史記商君傳縣丞。史記商君傳郎。史記李斯傳郎中。史記荊軻傳中車府令。史記蒙恬傳主鐵官。漢書司馬遷傳舍人。史記李斯傳中庶子。史記荊軻傳。秦官凡見漢書百官表者。皆附見漢事後。此節不錄。齊官有相。國策齊一司馬。國策齊六師。史記田敬仲世案太傅。國策齊四御史。史記淳于髡傳右師。孟子祭酒。史記荀卿傳學士。史記田敬仲世家客卿。史記蘇秦傳駙駕。韓非子外儲說右主客。史記淳于髡傳謁者。國策齊四五官。國策齊一楚官有上柱國。史記楚世家又國策東周大將軍。史記楚世家。案將軍之稱。始見於左傳昭公二十九年。其來已久。蓋至此始於將軍之外。又加以識別焉。裨將軍。史記楚世家太子太傅。史記楚世家太子少傅。史記楚世家相國。國策楚四新造盩。國策楚一三閭大夫。史記屈原傳執珪。國策楚四左徒。史記屈原傳令。史記荀卿傳郎中。國策楚四謁者。國策楚三趙官有丞相。國策趙三相國。國策趙三左師。國策趙四國尉。史記趙奢傳尉文。史記趙世家。一說地名。非官名。官帥將。漢書馮奉世傳中候。史記趙奢傳御史。國策趙二博聞師。史記趙世家司過。史記趙世家黑衣。國策趙四田部吏。史記趙奢傳魏官有相。國策趙一師。史記魏世家傅。史記魏世家犀首。史記魏世家上將軍。史記魏世家御庶子。國策魏一博士。漢書賈山傳韓官有相國。國策韓三守。史記趙世家縣令。史記趙世家中庶子。國策韓二燕官有相國。韓非子外儲說左上太傅。史記荊軻傳御書。國策燕二總而觀之。其官名與今日同者大半矣。案故書中所引七國官名。似不盡為當時事實。疑有稱他國之官。而以己國相當之官名代之者。如今日日本稱歐美武官。謂之將佐尉之類。除秦官外。不能如春秋官名之可信也。此就其特異者錄之而已。

四曰財政之改革。井田之制。為古今所聚訟。據漢唐儒者所言。則似古人眞有此事。且為古人致治之根本。以近人天演學之理解之。則似不能有此。社會之變化。千因萬緣。互為牽制。安有天下財產可以一時勻分者。

井田不過儒家之理想。此二說者。迄今未定。茲據秦漢間非儒家之載籍證之。似古人實有井田之制。而為教化之大梗。其實情蓋以土地為貴人所專有。而農夫皆附田之奴。此即民與百姓之分也。至秦商君。乃克去之。此亦為社會進化之一端。昔秦孝公用商鞅制轅田。開阡陌。鞅以為三晉地狹人貧。秦地廣人寡。故草不盡墾。地利不盡出。於是誘三晉之人。利其田地。復三代。無知兵事。務本於內。而使秦人應敵於外。故廢井田。開阡陌。任其所耕。不限多少。數年之間。天下無敵。（通典食貨）案秦人此制。實仍即分人等級之法。然而民得蓄私產之法。即起於此。此亦從族制改革而來也。至於各國租賦之數。與民生日用之道。今皆無攷。惟李悝盡地力之教。尚有可徵。其言曰。今一夫挾五口。治田百畝。歲收畝一石半。為粟百五十石。除什一之稅十五石。餘百三十五石。食人月一石半。五人終歲為粟九十石。餘有四十五石。石三十。為錢千三百五十。除社閭嘗新春秋之祠。用錢三百。餘千五十。衣人率用錢三百。五人終歲用千五百。不足四百五十。不幸疾病死喪之費。及上賦斂。又未與此。此農所以困。有不勸耕之心。而令糴至於甚貴也。（後略）觀此則可得戰國時民生日用之大凡矣。（漢書食貨志）

五曰軍政之改革。　此事於家族社會與國家社會不同之界。較他事為尤甚。戰國之於春秋。軍政之異。當分三途言之。一軍額之異。二戰術之異。三徵發之異。軍額之異者。周制萬有二千五百人為軍。天子六軍。大國三軍。次國二軍。小國一軍。（周禮大司馬）其後五霸迭興。此制遂見破壞。齊桓公作內政以寄軍令。其法以五家為軌。故五人為伍。十軌為里。故五十人為小戎。四里為連。故二百人為卒。十連為鄉。故二千人為旅。五鄉一帥。故萬人爲一軍。國有三軍。（齊語）晉文公濮城之戰。有兵車七百乘。（左傳僖公二十八年。杜預注。五萬二千五百人。）楚莊王邲之戰。爲乘廣三十乘。分爲左右廣。有一卒。卒偏之兩。（左傳宣公十二年。杜預注。十五乘爲一廣。百人爲卒。二十五人爲兩。十五乘爲大偏。言一廣十五乘。有百二十五人從之。左傳成公七年楚申公巫臣。以兩之一卒適吳。舍偏兩之一焉。杜注引司馬法云。百人爲卒。二十五人爲兩。車九乘爲小偏。十五乘爲大偏。與此同。案以此計之。軍隊之數。未免太寡。不足以臨大敵。注或誤引司馬法。楚制未必如是也。觀左傳僖公二十八年。晉楚城濮之役。子玉以若敖之六卒將中軍。似楚人軍制。一卒之數。爲甚多矣。）統以上所引觀之。知春秋時霸國全軍。皆不及十萬人。至戰國之世。則燕帶甲數十萬。車六百乘。騎六千匹。趙帶甲數十萬。車千乘。騎萬匹。韓帶甲數十萬。魏武士（即荀子所稱武卒。見下文。）二十萬。蒼頭（謂以青巾裹頭。）二十萬。奮擊二十萬。廝徒（謂炊烹供養雜役。）十萬。車六百乘。騎五千匹。齊帶甲數十萬。楚帶甲百萬。車千乘。騎萬匹。是其數皆十倍於春秋也。（史記蘇秦列傳）戰術之異者。周制六尺爲步。步百爲畝。畝百爲夫。夫三爲屋。屋三爲井。四井爲邑。四邑爲丘。丘有戎馬一匹。牛三頭。是曰匹馬丘牛。四丘爲甸。甸六十四井。出長轂一乘。馬四匹。牛十二頭。甲士三人。步卒七十二人。戈楯具。謂之乘馬。（司馬法。）大約一車甲士步卒。總七十五人。而必以車爲主。要至戰國時。乃廢乘而騎。趙武靈王之胡服習騎射。（史記趙世家。）此爲古今戰術之一大轉關。其後魏之武卒。以度取之。（度。程也。下文所云是也。）衣三屬（上身一。髀褌一。脛繳一。謂之三屬。）之甲。操十二石之弩。負服矢五十个。置戈其上。冠冑帶劍。贏三日之糧。日中而趨百里。中試則復其戶。利其田宅。秦使天下之民。所以要利於上者。非鬬無由也。五甲首而隸五家。（獲得五甲首。則役隸鄉里之五家也。案秦法以客民任耕。而秦民任戰。此制即以秦民屬役客民。如希臘斯巴達之法。）戰術既異。故殺人之數亦多。每戰以斬首五六萬爲常。此春秋時所未聞也。徵發之異者。春秋以前爲徵兵。戰國以後爲召募。觀上二節。即可明矣。

六曰刑法之改革。刑出於苗民。禮制於黃帝。故禮不下庶人。刑不上大夫。五帝三王之制然也。春秋之世。尚守此例。至戰國時族制既改。刑遂爲貴賤普及之事。而殘酷又加甚焉。其見於戰國者。秦刑有三族。史記秦本紀 七族。漢書鄒陽傳 十族。韓詩外傳 先具五刑而後腰斬。史記李斯傳 連坐。史記商君傳 腰斬。史記商君傳 車裂。史記商君傳 棄市。史記秦本紀 梟首。史記秦始皇本紀 鑿顛。漢書刑法志 抽脅。漢書刑法志 黥。史記商君傳 劓。史記商君傳 士伍。史記白起傳 鬼薪。史記秦始皇本紀 遷。史記商君傳 齊刑有烹。史記田敬仲世家 楚刑有冥室櫝棺。古文苑詛楚文案此卽沉葬之法。 滅家。國策楚四 趙刑有夷。史記趙世家 魏刑有法經。桓譚新論引李悝法經。正律略曰。殺人者誅。籍其家。及其妻氏。殺二人。及其母氏。大盜。戍爲守卒。重則誅。窺宮者臏。拾遺者刖。曰。爲盜心焉。其雜律略曰。夫有一妻二妾。其刑賊。夫有二妻。則誅。妻有外夫。則宮。曰淫禁。盜符者誅。籍其家。盜璽者誅。議國法令者誅。籍其家。及其妻氏。曰狡禁。越城。一人則誅。十人以上。夷其鄉及族。曰城禁。博戲。罰金三市。太子博戲。則笞。不止。則特笞。不止。則更立。曰嬉禁。羣相居。一日以上則問。三日四日五日則誅。曰徒禁。丞相受金。左右伏誅。犀首以下受金則誅。金自鎰以下。罰。不誅也。曰金禁。大夫之家有侯物。自一以上者。族。其減律略曰。罪人年十五以下。罪高三減。罪卑一減。年六十以上。小罪情減。大罪理減。案此卽商君所從出也。 韓刑有刑符。論衡引申不害刑符。亦極刻深。案此韓非所從出也。燕刑之特別者。尚未得詳。民生之困。以此時爲至甚矣。蓋神洲自古以來。無平民革命之事。故其時之君相。以爲無所加而不可也。戰國之刑。不得謂之國律。皆獨夫民賊。逞臆爲之者耳。

第二十五節　自上古至秦中國幅員之大略

九州之制。創於黃帝。史記稱黃帝遷徙往來無常處。以師兵爲營衛。東至於海。登丸山。山名在今山東膠州 西至於空桐。山名在今甘肅平涼府 登鷄頭。山名在今甘肅平涼府 南至於江。登熊湘。二山名在今湖南長沙府 北逐葷粥。卽匈奴之轉音 此可見黃帝時之版圖也。

堯命禹治洪水。冀州。濟河惟兗州。（舉山川以定州界。下同。）海岱惟青州。海岱及淮惟徐州。淮海惟揚州。荊及衡陽惟荊州。荊河惟豫州。華陽黑水惟梁州。黑水西河惟雍州。總九州之地。爲五服之制。距王城五百里爲甸服。又五百里爲侯服。又五百里爲綏服。又五百里爲要服。又五百里爲荒服。東漸於海。西被於流沙。朔南暨聲教訖於四海。

此禹貢之版圖也。（山海經之幅員。大於禹貢。）

舜代堯踐帝位。肇十二州。（分冀州爲幽州幷州。分青州爲營州。）

禹卽天子位。又復九州。禹平水土。故中國有禹域之稱。

殷因夏制。無所變更。武丁伐鬼方。（楚地。竹書紀年稱高宗伐鬼方。下有次荊之文。則鬼方屬楚可知。）封箕子於朝鮮。（古朝鮮今遼東以東之地）

周人復建九州。東南曰揚州。其山鎭曰會稽。其澤藪曰具區。其川三江。其浸五湖。正南曰荊州。其山鎭曰衡山。其澤藪曰雲夢。其川江漢。其浸潁湛。河南曰豫州。其山鎭曰華山。其澤藪曰圃田。其川滎雒。其浸波溠。正東曰青州。其山鎭曰沂山。其澤藪曰望諸。其川淮泗。其浸沂沭。河東曰兗州。其山鎭曰岱山。其澤藪曰大野。其川河泲。其浸廬維。正西曰雍州。其山鎭曰嶽山。其澤藪曰弦蒲。其川涇汭。其浸渭洛。東北曰幽州。其山鎭曰醫無閭。其澤藪曰貕養。其川河泲。其浸菑時。河內曰冀州。其山鎭曰霍山。其澤藪曰楊紆。其川漳。其浸汾潞。正北曰幷州。其山鎭曰恆山。其澤藪曰昭餘祁。其川虖池嘔夷。其浸淶易。乃辨九服之邦國。方千里曰王畿。其外方五百里曰侯服。又其外方五百里。曰甸服。又其外方五百里。曰男服。又其外方五百里。曰采服。又其外方五百里。曰衞服。又其外方五百里。曰蠻服。又其外方五百里。曰夷服。又其外方五百里。曰鎮服。又其外方五百里。曰藩服。此周之制也。五服九服之說。過於整齊。與建都地形不合。古人多設想之詞。未可據以爲實也。

周末諸侯。分爲七國。始有疆界可定。趙。造父封趙城。今山西平陽府。趙夙邑耿。今山西蒲州府。成子居原。今河南懷慶府。簡子居晉陽。今山西太原府。獻侯都中牟。今河南湯陰縣西。後復居晉陽。肅公徙邯鄲。今直隸廣平府。魏。晉封畢萬於魏城。今山西芮城縣東北。悼子遷霍。今山西霍州。莊子遷安邑。今陝西安邑縣。惠王遷大梁。今河南開封府。因稱梁。韓。晉封韓武子於韓原。今陝西韓城縣。宣子還居州。今河南懷慶府東南。貞子遷平陽。今山西平陽府。景侯還陽翟。今河南禹州。哀侯遷新鄭。今河南新鄭縣。列爲諸侯。分晉地。安王十六年。田和亦爲諸侯。篡齊。都臨淄。今山東臨淄縣。於是秦。都見下。楚。周武王封熊繹於丹陽。今湖北枝江縣。文王都郢。今湖北江陵縣北。考烈王遷壽春。今安徽壽州。亦曰郢。燕。都薊。今直隸薊州。共爲彊國七。淮泗之間。小國十餘。宋。衞。鄭。滕。薛。郳等。周室惟有河南七城河南。洛陽。穀城。平陰。偃師。鞏。緱氏。皆在今河南河南府。而已。

齊威王擊趙。衞。破魏於濁澤。今山西解州境。魏獻觀今山東觀城縣以和。又救趙。敗魏於桂陵。今山東朝城縣稱王。令天下。子宣王。又破魏於馬陵。今直隸大名府東南。殺龐涓。伐燕。入其都。子湣王滅宋。分其地。南割楚之淮北。使三晉。泗上諸侯鄒魯等皆稱臣。

魏惠王。敗趙於懷。今河南武陟縣敗韓於澮。澮水在山西曲沃縣魯。衞。宋。鄭。皆來朝。築長城。自鄭。今陝西華州濱於洛。出懷慶府。東南流。入渭水。春秋時與涇渭並曰三川北有上郡。

韓文侯伐鄭。取陽城。今河南登封縣伐宋。到彭城。今江南徐州府執宋君。子哀侯遂滅鄭。因徙都鄭。昭侯用申不害。國治兵强。

諸侯不敢侵伐。韓魏稍攻伊洛諸戎。滅之。其遺脫者。皆西走。踰汧隴。自是中原無復戎寇。

趙襄子之時。北有代。南幷知氏。彊於韓魏。至肅侯。伐衞。取都鄙七十三。蘇秦說六國。侯爲從約長。子武靈王。胡服變俗。西取雲中。九原。東滅中山。北破林胡。樓煩。築長城。自代並陰山之下。至高闕在塞外黃河北距大磧口凡三百里爲塞。置代。雲中。雁門。三郡。

燕昭王卽位。承子噲之亂。卑身招賢。國內殷富。命樂毅伐齊。下諸城。入臨淄。東擊胡。卻之千餘里。亦築長城。自造陽今直隸宣化府南至襄平。今盛京遼陽州北置上谷。漁陽。右北平。遼東。諸郡。

楚滅江漢之國數十。鄧、英、夔、江、六、蓼、庸、唐、頓、胡、陳、蔡、莒等。有漢中。及巴。黔中之地。至威王。敗越。盡取故吳地。至浙江。破齊於徐州。又遣莊蹻伐滇池。今雲南後道不通。蹻留王滇。子懷王。與五國共伐秦。至函谷關。尋爲張儀所誑。與齊絕。又伐秦。大敗。失漢中。遂爲秦所虜。子頃襄王立。乘齊亂。復淮北。至考烈王。滅魯。春申君城吳故墟。今江蘇蘇州府以爲都邑。

秦惠公伐蜀。取南鄭。今陝西漢中府孝公擊獂秦。斬其王。衞鞅入秦。王用之。富國强兵。始築宮廷於咸陽。今陝西咸陽縣徙都之。幷諸小鄉聚。集爲大縣。有四十一縣。廢井田。開阡陌。惠文王立。魏納陰晉。今陝西華陰縣以請和。三晉之亡。實始於此。尋納河西地。及上郡。又伐蜀。滅之。益富强。遂取楚漢中。置漢中郡。昭襄王攻楚。取郢。爲南郡。取巫。及江南。爲黔中郡。又置南陽郡。義渠强盛。屢爲秦患。王滅之。置隴西。北地。二郡。戎本無君長。夏后氏末。及商周之際。或從侯伯征伐。有功。天子爵之。以爲藩服。春秋之時。陸渾。蠻氏。戎稱子。戰國之時。大荔。義渠。稱王。及其衰亡。餘種皆反舊爲酋豪。

蓋七國盛時。其幅員。秦楚最大。齊趙次之。魏燕又次之。韓最小。秦南有巴。蜀。漢中。北及上郡。北地。西跨隴右。東至崤函。楚西有巫。黔中。東包吳。越。至海。南至洞庭。蒼梧。北至陘。即陘山。在河南新鄭縣西南郇陽。今陝西洵陽縣齊南至宋。魯。北臨渤海。西接大河。東斗入海。趙北有代。常山。南跨河。漳。東擁清河。西越汾水。魏東及淮。潁。西踰河。至固陽。今陝西榆林府北北及太行。南至鴻溝。即汴河也。舊自滎陽東南至泗州入海。燕東鄰朝鮮。北接東胡。西鄰趙代。南及滹沱。易水。韓北自成皋。踰河。兼上黨。南至宛。今河南南陽府西距宜陽。今河南宜陽縣商版。即商洛山。在今陝西商州東南。東臨洧水。水名。出河南禹州。至陳州入潁水。各方數千里。合從連衡。相攻伐殆百八十年。周分為東西。西周居河南。東周居鞏。秦昭襄王降西周君。莊襄王併東周。周亡。秦莊襄王。既滅周。取韓成皋滎陽。置三川郡。定趙太原。韓上黨。置河東。太原。上黨。三郡。始皇立。用李斯謀。陰使辨士。游說諸侯。離其君臣。然後使良將隨其後伐之。五年。取魏地。置東郡。十七年。滅韓。置潁川郡。十九年。滅趙二十一年。破燕。燕王奔遼東。二十二年。滅魏。二十四年。滅楚。為楚郡。後蓋改長沙郡二十五年。攻遼東。滅燕。又滅代。趙亡公子嘉為代王定楚江南地。降百越君。置會稽郡。二十六年。滅齊。初并天下。於是稱皇帝。都咸陽。以京師為內史。廢封建之制。分天下以為三十六郡。三川。河東。太原。上黨。東郡。潁川。隴西。北地。上郡。黔中。南陽。南郡。會稽。漢中。長沙。蓋楚郡。以上見上雲中。雁門。代郡。因趙舊上谷。漁陽。右北平。遼西。遼東。因燕舊九江。鄣郡。滅楚置之邯鄲。鉅鹿。滅趙置之齊郡。琅邪。滅齊置之蜀郡。巴郡。滅蜀置之泗水。九原。碭郡。薛郡。蓋新置郯郡。分薛置之其後又廢閩越王。以其地為閩中。開嶺南為桂林。象郡。南海。三郡。於是有四十郡。始皇三十三年。蒙恬斥逐匈奴。收河南地。自榆中今甘肅蘭州府西並河以東。屬之陰山。

以爲三十四縣。築長城。起臨洮。今甘肅狄道州至遼東。凡萬餘里。十八省之規模具矣。

附錄史記六國表

周	秦	魏獻子	韓宣子	趙簡子	楚	燕	齊
元王元年	厲共公元年	衛出公輒後元年		四十二	楚惠王章十三年吳伐我	燕獻公十七年	齊平公驁五年
二	二蜀人來賂	晉定公卒		四十三	十四越圍吳吳怒	十八	六
三	三	晉出公錯元年		四十四	十五	十九	七越人始來
四	四			四十五	十六越滅吳	二十	八
五	五楚人來賂			四十六	十七蔡景侯卒	二十一	九晉知伯瑤來伐我
六	六義渠來賂緜諸乞援			四十七	十八蔡聲侯元年	二十二	十
七	七彗星見			四十八衛莊公飲大夫不解履公怒卽攻公公奔宋	十九王子英奔秦	二十三	十一

八	八			四十九	二十	二十四	十二
定王元年	九			五十	二十一	二十五	十三
二	十 庶長將兵拔魏城 彗星見			五十一	二十二 魯哀公卒	二十六	十四
三	十一			五十二	二十三 魯悼公元年 三桓勝魯如小侯	二十七	十五
四	十二			五十三	二十四	二十八	十六
五	十三		知伯伐鄭駟桓子如齊求救	五十四 知伯謂簡子欲廢太子襄子襄子怨知伯	二十五	燕孝公元年	十七 救鄭晉師去中行文子謂田常乃今知以亡
六	十四 晉人楚人來賂		鄭聲公卒	五十五	二十六	二	十八
七	十五		鄭哀公元年	五十六	二十七	三	十九
八	十六 塹阿旁伐大荔補龐戲城			五十七	二十八	四	二十
九	十七			五十八	二十九	五	二十一
十	十八			五十九	三十	六	二十二

十一	十九			六十	三十一	七	二十三
十二	二十公將師與綿諸戰			襄子元年未除服登夏屋誘代王以金斗殺代王封伯魯子周爲代成君	三十二蔡聲侯卒	八	二十四
十三	二十一	晉哀公忌元年		二	三十三蔡元侯元年	九	二十五
十四	二十二	衞悼公黔元年		三	三十四	十	齊宣公就匜元年
十五	二十三			四與知伯分范中行地	三十五	十一	二
十六	二十四	魏桓子敗知伯於晉陽	韓康子敗知伯於晉陽	五襄子敗知伯晉陽與魏韓三分其地	三十六	十二	三
十七	二十五晉大夫知開率其邑人來奔			六	三十七	十三	四
十八	二十六左庶長城南鄭			七	三十八	十四	五宋景公卒
十九	二十七	衞敬公元年		八	三十九蔡侯齊元年	十五	六宋昭公元年

二十	二十八 越人來迎女			九	四十	燕成公元年	七
二十一	二十九 晉大夫知伯寬率其邑人來奔			十	四十一	二	八
二十二	三十			十一	四十二 楚滅蔡	三	九
二十三	三十一			十二	四十三	四	十
二十四	三十二			十三	四十四 滅杞杞夏之後	五	十一
二十五	三十三 伐義渠虜其王			十四	四十五	六	十二
二十六	三十四 日蝕晝晦星見			十五	四十六	七	十三
二十七	秦躁公元年			十六	四十七	八	十四
二十八	二 南鄭反			十七	四十八	九	十五
考王元年	三			十八	四十九	十	十六
二	四			十九	五十	十一	十七
三	五			二十	五十一	十二	十八

四	六	晉幽公柳元年服韓魏		二十一	五十二	十三	十九
五	七			二十二	五十三	十四	二十
六	八 六月雨雪日蝕			二十三	五十四	十五	二十一
七	九			二十四	五十五	十六	二十二
八	十			二十五	五十六	燕湣公元年	二十三
九	十一			二十六	五十七	二	二十四
十	十二	衛昭公元年		二十七	楚簡王仲元年滅莒	三	二十五
十一	十三 義渠來伐侵至渭陽			二十八	二	四	二十六
十二	十四			二十九	三 魯悼公卒	五	二十七
十三	秦懷公元年 生靈公			三十	四 魯元公元年	六	二十八
十四	二			三十一	五	七	二十九
十五	三			三十二	六	八	三十
威烈王元年	四	衛悼公亹元		三十三	七	九	三十一

	庶長鼂殺懷公太子蚤死大臣立太子之子爲靈公	年		襄子卒			
二	秦靈公元年生獻公	魏文侯斯元年	韓武子元年	趙桓子元年	八	十	三十二
三	二	二	二鄭幽公元年韓殺之	趙獻侯元年	九	十一	三十三
四	三作上下時	三	三鄭立幽公子爲繻公元年	二	十	十二	三十四
五	四	四	四	三	十一	十三	三十五
六	五	五盜殺晉幽公立其子止	五	四	十二	十四	三十六
七	六	六晉烈公止元年魏城少梁	六	五	十三	十五	三十七
八	七與魏戰少梁	七	七	六	十四	十六	三十八
九	八城塹河瀕初以君主妻河	八復城少梁	八	七	十五	十七	三十九
十	九	九	九	八	十六	十八	四十

十一	十　補龐城城籍姑靈公卒立其季父悼子是爲簡公	十	十	九	十七	十九	四十一
十二	秦簡公元年	十一　衛愼公元年	十一	十　中山武公初立	十八	二十	四十二
十三	二　與晉戰敗鄭下	十二	十二	十一	十九	二十一	四十三　伐晉毀黃城圍陽狐
十四	三	十三　公子擊圍繁龐出其民人	十三	十二	二十	二十二	四十四　伐晉莒及安陽
十五	四	十四	十四	十三　城平邑	二十一	二十三	四十五　伐晉取都
十六	五　日蝕	十五	十五	十四	二十二	二十四	四十六
十七	六　初令吏帶劍	十六　伐秦築臨晉元里	十六	十五	二十三	二十五	四十七
十八	七　塹洛城重泉初租禾	十七　擊宋中山伐秦至鄭還築洛陽	韓景侯虔元年伐鄭取雍丘鄭城京	趙烈侯籍元年魏使太子伐中山	二十四　簡王卒	二十六	四十八　取魯郕
十九	八	十八　文侯受經子	二　鄭敗韓于負	二	楚聲王當元年魯穆公元年	二十七	四十九　與鄭會于西

	二十	二十一	二十二	二十三 九鼎震	二十四	安王元年	二	三 王子定奔晉	四
	九	十	十一	十二	十三	十四 伐魏至陽狐	十五	秦惠公元年	二
夏過段干木之閭常式	十九	二十 卜相李克翟璜爭	二十一	二十二 初爲侯	二十三	二十四 伐秦至陽狐	二十五 太子罃生	二十六 虢山崩壅河	二十七
黍	三	四	五	六 初爲侯	七	八	九 鄭圍陽翟	韓烈侯元年	二 鄭殺其相駟子陽
	三	四	五	六 初爲侯	七 烈侯好音欲賜歌者田徐越侍以仁義乃止	八	九	趙武公元年	二
年	二	三	四	五 魏韓趙始列爲諸侯	六 盜殺聲王	楚悼王類元年	二 三晉來伐我至桑丘	三 歸榆關于鄭	四 敗鄭師圍鄭鄭人殺子陽
	二十八	二十九	三十	三十一	燕釐公元年	二	三	四	五
城伐衛取毋丘	五十	五十一 田會以廩丘反	齊康公貸元年	二 宋悼公元年	三	四	五	六	七

五	六	七	八	九	十	十一	十二	十三
三日蝕	四	五伐諸繇	六	七	八	九伐韓宜陽取六邑	十與晉戰武城縣陝	十一太子生
二十八	二十九	三十	三十一	三十二伐鄭城酸棗	三十三晉孝公傾元年	三十四	三十五齊伐取襄陵	三十六秦侵晉
三鄭人殺君三月盜殺韓相俠累	四鄭相子陽之徒殺其君繻公	五鄭康公元年	六救魯鄭負黍反	七	八	九秦伐宜陽取六邑	十	十一
三	四	五	六	七	八	九	十	十一
五	六	七	八	九伐韓取負黍	十	十一	十二	十三
六	七	八	九	十	十一	十二	十三	十四
八	九	十宋休公元年	十一伐魯取最	十二	十三	十四	十五魯敗我平陸	十六與晉衛會濁澤

十四	十二	三十七	十二	十二	十四	十五	十七
十五	十三 蜀取我南鄭	三十八	十三	十三	十五	十六	十八
十六	秦出子元年	魏武侯元年 襲邯鄲敗焉	韓文侯元年	趙敬侯元年 武公子朝作亂奔魏	十六	十七	十九 田常曾孫田和始列爲諸侯遷康公海上食一城
十七	二 庶長改迎靈公太子立爲獻公殺出子	二 城安邑王垣	二 伐鄭取陽城伐宋到彭城執宋君	二	十七	十八	二十 伐魯破之田和卒
十八	秦獻公元年	三	三	三	十八	十九	二十一 田和子桓公午立
十九	二 城櫟陽	四	四	四 魏敗我兔臺	十九	二十	二十二
二十	三 日蝕晝晦	五	五	五	二十	二十一	二十三
二十一	四 孝公生	六	六	六	二十一	二十二	二十四
二十二	五	七 伐齊至桑丘	七 伐齊至桑丘鄭敗晉	七 伐齊至桑丘	楚肅王臧元年	二十三	二十五 伐燕取桑丘
二十三	六	八	八	八	二	二十四	二十六

	二十四	二十五	二十六	烈王元年	二	三	四
初縣蒲藍田善明氏	七	八	九	十日蝕	十一縣櫟陽	十二	十三
	九翟敗我澮伐齊至靈丘	十晉靜公俱酒元年	十一魏韓趙滅晉絕無後	十二	十三	十四	十五衛聲公元年敗趙北藺
	九伐齊至靈丘	十	十一韓哀侯元年分晉國	二滅鄭康公二十年滅無後	三	四	五
襲衛不克	九伐齊至靈丘	十	十一分晉國	十二	趙成侯元年	二	三伐衛取都鄙七十三魏敗我藺
	三	四蜀伐我茲方	五魯共公元年	六	七	八	九
	二十五	二十六	二十七	二十八	二十九	三十敗齊林營	燕桓公元年
康公卒田氏遂并齊而有之太公望之後絕祀	齊威王因齊元年自田常至威王威王始以齊彊天下	二	三三晉滅其君	四	五	六伐魯入陽關晉伐我至博陵	七宋辟公元年

五	六	七	顯王元年	二	三	四	五賀秦	六	七	八
十四	十五	十六民大疫日蝕	十七櫟陽雨金四月至八月	十八	十九敗韓魏洛陽	二十	二十一	二十二	二十三與魏戰少梁虜其太子	秦孝公元年
十六伐楚取魯陽	惠王元年	二敗韓馬陵	三齊伐我觀津	四	五與韓會宅陽城武都	六伐宋取儀臺	七	八	九與秦戰少梁虜我太子	十
六韓嚴殺其君	莊侯元年	二魏敗我馬陵	三	四	五	六	七	八	九魏敗我于澮大雨三月	十
四	五伐齊于甄魏敗我懷	六敗魏涿澤圍惠王	七侵齊至長城	八	九	十	十一	十二	十三魏敗我于澮	十四
十魏取我魯陽	十一	楚宣王良夫元年	二	三	四	五	六	七	八	九
二	三	四	五	六	七	八	九	十	十一	燕文公元年
八	九趙伐我甄	十宋剔成元年	十一伐魏取觀趙歸我長城	十二	十三	十四	十五	十六	十七	十八

	九致胙于秦	十	十一	十二	十三	十四	十五	十六
彗星見西方	二天子致胙	三	四	五	六	七與魏王會杜平	八與魏戰元里斬首七千取少梁	九
取趙皮牢衛成侯元年	十一	十二星晝墮有聲	十三	十四與趙會鄗	十五魯衛宋鄭侯來	十六與秦孝公會杜平侵宋黃池宋復取之	十七與秦戰元里秦取我少梁	十八邯鄲降齊敗桂陵
	十一	十二	韓昭侯元年秦敗我西方	二宋取我黃池魏取我朱	三	四	五	六伐東周取陵觀廩丘
	十五	十六	十七	十八趙孟如齊	十九與燕會阿與齊宋會平陸	二十	二十一魏圍我邯鄲	二十二魏拔邯鄲
	十	十一	十二	十三君尹黑迎女秦	十四	十五	十六	十七
	二	三	四	五	六	七	八	九
	十九	二十	二十一鄒忌以鼓琴見威王	二十二封鄒忌爲成侯	二十三與趙會平陸	二十四與魏會田于郊	二十五	二十六敗魏桂陵

十七	十八	十九	二十	二十一	二十二	二十三	二十四	二十五諸侯會
十衞公孫鞅爲大良造伐安邑降之	十一城商塞衞鞅圍固陽降之	十二初取小邑爲三十一縣令爲田開阡陌	十三初爲縣有秩吏	十四初爲賦	十五	十六	十七	十八
十九諸侯圍我襄陵築長城塞固陽	二十歸趙邯鄲	二十一與秦遇彤	二十二	二十三	二十四	二十五	二十六	二十七丹封名會丹魏大臣也
七	八申不害相	九	十韓姬弒其君悼公	十一昭侯如秦	十二	十三	十四	十五
二十三	二十四魏歸邯鄲與魏盟漳水上	二十五	趙肅侯元年	二	三公子范襲邯鄲不勝死	四	五	六
十八魯康公元年	十九	二十	二十一	二十二	二十三	二十四	二十五	二十六
十	十一	十二	十三	十四	十五	十六	十七	十八
二十七	二十八	二十九	三十	三十一	三十二	三十三殺其大夫牟辛	三十四	三十五田忌襲齊不勝

二十六致伯秦	十九城武城從東方壯丘來歸天子致伯	二十八	十六	七	二十七晉景公偃元年	十九	三十六
二十七	二十諸侯畢賀會諸侯於澤朝天子	二十九中山君爲相	十七	八	二十八	二十	齊桓王辟彊元年
二十八	二十一馬生人	三十齊虜我太子申殺將軍龐涓	十八	九	二十九	二十一	二敗魏馬陵田忌田嬰田盼將孫子爲師
二十九	二十二封大良造商鞅	三十一秦商君伐我虜我公子卬	十九	十	三十	二十二	三與趙會伐魏
三十	二十三與晉戰岸門	三十二公子赫爲太子	二十	十一	楚威王熊商元年	二十三	四
三十一	二十四秦大荔圍合陽孝公薨商君反死彤地	三十三衞鞅亡歸我怒弗內	二十一	十二	二	二十四	五
三十二	秦惠文王元年楚韓趙蜀人來	三十四	二十二申不害卒	十三	三	二十五	六
三十三賀秦	二天子賀行錢宋太丘社亡	三十五孟子來王問利國對曰君不可言利	二十三	十四	四	二十六	七與魏會平阿南

三十四	三　王冠拔韓宜陽	三十六	二十四　秦拔我宜陽	十五	五	二十七	八　與魏會於甄
三十五	四　天子致文武胙魏夫人來	魏襄王元年與諸侯會徐州以相王	二十五　旱作高門屈宜臼曰諸侯不出此門	十六	六	二十八　蘇秦說燕	九　與魏會徐州諸侯相王
三十六	五　陰晉人犀首爲大良造	二　秦敗我雕陰	二十六　高門成昭侯卒不出此門	十七	七　圍齊於徐州	二十九	十　楚圍我徐州
三十七	六　魏以陰晉爲和命曰寧秦	三　伐趙衞平侯元年	韓宣惠王元年	十八　齊魏伐我我決河水浸之	八	燕易王元年	十一　與魏伐趙
三十八	七　義渠內亂庶長操將兵定之	四	二	十九	九	二	十二
三十九	八　魏入少梁河西地于秦	五　與秦河西地少梁秦圍我焦曲沃	三	二十	十	三	十三
四十	九　度河取汾陰皮氏圍焦降之與魏會應	六　與秦會應秦取汾陰皮氏	四	二十一	十一　魏敗我陘山	四	十四
四十一	十　張儀相公子桑圍蒲陽降之魏納上郡	七　入上郡於秦	五	二十二	楚懷王槐元年	五	十五　宋君偃元年

四十二	十一 義渠君爲臣歸魏焦曲沃	八 秦歸我焦曲沃	六	二十三	二	六	十六
四十三	十二 初臘會龍門	九	七	二十四	三	七	十七
四十四	十三 四月戊午魏君爲王	十	八 魏敗我韓舉	趙武靈王元年 魏敗我趙護	四	八	十八
四十五	相張儀將兵取陝 初更元年	十一 衞嗣君元年	九	二 城鄗	五	九	十九
四十六	二 相張儀與齊楚會齧桑	十二	十 君爲王	三	六 敗魏襄陵	十 君爲王	齊湣王地元年
四十七	三 張儀免相相魏	十三 秦取曲沃平周女化爲丈夫	十一	四 與韓會區鼠	七	十一	二
四十八	四	十四	十二	五 取韓女爲夫人	八	十二	三 封田嬰於薛
慎靚王元年	五 王北遊戎地至河上	十五	十三	六	九	燕王噲元年	四 迎婦於秦
二	六	十六	十四 秦來擊我取鄢	七	十 城廣陵	二	五

三	七 五國共擊秦不勝而還	魏哀王元年 擊秦不勝	十五 擊秦不勝	八 擊秦不勝	十一 擊秦不勝	三 擊秦不勝	六 宋自立爲王
四	八 與韓趙戰斬首八萬張儀復相	二 齊敗我觀澤	十六 秦敗我修魚得韓將鰒申差	九 與韓魏擊秦齊敗我觀澤	十二	四	七 敗魏趙觀澤
五	九 擊蜀滅之取趙中都西陽安邑	三	十七	十 秦敗我中都西陽安邑	十三	五 君讓其臣子之國願爲臣	八
六	十	四	十八	十一 秦敗我將軍英	十四	六	九
周赧王元年	十一 侵義渠得二十五城	五 秦拔我曲沃歸其人走犀首岸門	十九	十二	十五 魯平公元年	七 君噲及相子之皆死	十
二	十二 樗里子擊藺陽虜趙將公子繇通封蜀	六 秦來立公子政爲太子與秦王會臨晉	二十	十三 秦拔我藺虜將趙莊	十六 張儀來相	八	十一
三	十三 庶長章擊楚斬首八萬	七 擊齊虜聲子於濮與秦擊燕	二十一 秦助我攻楚圍景痤	十四	十七 秦敗我將屈丐	九 燕人共立公子平	十二
四	十四 蜀相殺蜀侯	八 圍衛	韓襄王元年	十五	十八	燕昭王元年	十三

五	六	七	八	九	十	十一	十二
秦武王元年誅蜀相壯張儀魏章皆死於魏	二初置丞相樗里子甘茂爲丞相	三	四拔宜陽城斬首六萬涉河城武遂	秦昭王元年	二彗星見桑君爲亂誅	三	四彗星見
九與秦會臨晉	十張儀死	十一與秦會應	十二太子往朝秦	十三秦擊皮氏未拔而解	十四秦武王后來歸	十五	十六秦拔我蒲坂晉陽封陵
二	三	四與秦會臨晉秦擊我宜陽	五秦拔我宜陽斬首六萬	六秦復與我武遂	七	八	九秦取武遂
十六吳廣入女生子阿立爲惠王后	十七	十八	十九初胡服	二十	二十一	二十二	二十三
十九	二十	二十一	二十二	二十三	二十四秦來迎婦	二十五與秦王會黃棘秦復歸我上庸	二十六太子質秦
二	三	四	五	六	七	八	九
十四	十五	十六	十七	十八	十九	二十	二十一

十三	五魏王來朝	十七與秦會臨晉復我蒲坂	十太子嬰與秦王會臨晉因至咸陽而歸	二十四	二十七	十	二十二
十四	六蜀反司馬錯往誅蜀守煇定蜀日蝕晝晦伐楚	十八與秦擊楚	十一秦取我穰與秦擊楚	二十五趙攻中山惠后卒	二十八秦韓魏齊敗我將軍唐昧于重丘	十一	二十三與秦擊楚使公子將大有功
十五	七樗里疾卒擊楚斬首三萬魏冉爲相	十九	十二	二十六	二十九秦取我襄城殺景缺	十二	二十四秦使涇陽君來爲質
十六	八楚王來因留之	二十與齊王會于韓	十三齊魏王來立咎爲太子	二十七	三十王入秦秦取我八城	十三	二十五涇陽君復歸秦薛文入相秦
十七	九	二十一與齊韓共擊秦于函谷河渭絕一日	十四與齊魏共擊秦	趙惠文王元年以公子勝爲相封平原君	楚頃襄王元年秦取我十六城	十四	二十六與魏韓共擊秦孟嘗君歸相齊
十八	十楚懷王亡之趙趙弗內	二十二	十五	二楚懷王亡來弗納	二	十五	二十七
十九	十一彗星見復與魏封陵	二十三	十六與齊魏擊秦秦與我遂和	三	三懷王卒于秦來歸葬	十六	二十八
二十	十二樓緩免穰侯魏冉	魏昭王元年秦尉錯來擊	韓釐王咎元年	四圍殺主父與	四魯文侯元年	十七	二十九佐趙滅中山

	爲丞相	我襄城		齊燕共滅中山			
二十一	十三 任鄙爲漢中守	二 與秦戰解不利	二	五	五	十八	三十 田甲刦王相薛文走
二十二	十四 白起擊伊闕斬首二十四萬	三 佐韓擊秦秦敗我兵伊闕	二 秦敗我伊闕二十四萬虜將喜	六	六	十九	三十一
二十三	十五 魏冉免相	四	四	七 迎婦秦	七	二十	三十二
二十四	十六	五	五 秦拔我宛	八	八	二十一	三十三
二十五	十七 魏入河東四百里	六 芒卯以詐見重	六 與秦武遂地方二百里	九	九	二十二	三十四
二十六	十八 客卿錯擊魏至軹取城大小六十一	七 秦擊我取城大小六十一	七	十	十	二十三	三十五
二十七	十九 十月爲帝十二月復爲王任鄙卒	八	八	十一 秦拔我桂陽	十一	二十四	三十六 爲東帝二月復爲王
二十八	二十	九 秦拔我新垣曲陽之城	九	十二	十二	二十五	三十七

二十九	二十一 魏納安邑及河內	十 宋王死我溫	十 秦敗我兵夏山	十三	十三	二十六	三十八 齊滅宋
三十	二十二 蒙武擊齊	十一	十一	十四 與秦會中陽	十四 與秦會宛	二十七	三十九 秦拔我列城九
三十一	二十三 尉斯離與韓魏燕趙共擊齊破之	十二 與秦擊齊濟西與秦王會西周	十二 與秦擊齊濟西與秦王會西周	十五 取齊昔陽	十五 取齊淮北	二十八 與秦三晉擊齊燕獨入至臨淄取其寶器	四十 五國共擊湣王王走莒
三十二	二十四 與楚會穰	十三 秦拔我安城兵至大梁而還	十三	十六 與秦王會穰	十六	二十九	齊襄王法章元年
三十三	二十五	十四 大水衞懷君元年	十四 與秦會兩周間	十七 秦拔我兩城	十七	三十	二
三十四	二十六 魏冉復爲丞相	十五	十五	十八 秦拔我石城	十八	三十一	三
三十五	二十七 擊趙斬首二萬地動壞城	十六	十六	十九 秦敗我軍斬首三萬	十九 秦擊我與秦漢北及上庸地	三十二	四
三十六	二十八	十七	十七	二十 與秦會澠池藺相如從	二十 秦拔鄢西陵	三十三	五 殺燕騎刦

三十七	二十九 白起擊楚拔郢更東至竟陵以爲南郡	十八	十八	二十一	二十一 秦拔我郢燒夷陵王亡走陳	燕惠王元年	六
三十八	三十 白起封爲武安君	十九	十九	二十二	二十二 秦拔我巫黔中	二	七
三十九	三十一	魏安釐王元年 秦拔我兩城封弟公子無忌爲信陵君	二十	二十三	二十三 秦所拔我江旁反秦	三	八
四十	三十二	二 秦拔我兩城軍大梁下韓來救與秦溫以和	二十一 暴鳶救魏爲秦所敗走開封	二十四	二十四	四	九
四十一	三十三	三 秦拔我四城斬首四萬	二十二	二十五	二十五	五	十
四十二	三十四 白起擊魏華陽軍芒卯走得三晉將斬首十五萬	四 與秦南陽以和	二十三	二十六	二十六	六	十一
四十三	三十五	五 擊燕	韓桓惠王元年	二十七	二十七 擊燕 魯頃公元年	七	十二

四十四	四十五	四十六	四十七	四十八	四十九	五十	五十一	五十二
三十六	三十七	三十八	三十九	四十太子質於魏者死歸葬芷陽	四十一	四十二宣太后薨安國君爲太子	四十三	四十四
六	七	八	九秦拔我懷	十	十一秦拔我廩丘	十二	十三	十四
二	三	四	五	六	七	八	九秦拔我陘城汾旁	十
二十八藺相如攻齊至平邑	二十九秦拔我閼與趙奢將擊秦大敗之賜號馬服	三十秦擊我閼與城不拔	三十一	三十二	三十三	趙孝成王元年秦拔我三城平原君相	二	三
二十八	二十九	三十	三十一	三十二	三十三	三十四	三十五	三十六
燕武成王元年	二	三	四	五	六	七齊田單拔中陽	八	九
十三	十四秦擊我剛壽	十五	十六	十七	十八	十九	齊王建元年	二

	秦攻韓取南陽		秦擊我太行				
五十三	四十五 秦攻韓取十城	十五	十一	四	楚考烈王元年 秦取我州黃歇爲相	十	三
五十四	四十六 王之南鄭	十六	十二	五 使廉頗拒秦於長平	二	十一	四
五十五	四十七 白起破趙長平殺卒四十五萬	十七	十三	六 使趙括代廉頗將白起破括四十五萬	三	十二	五
五十六	四十八	十八	十四	七	四	十三	六
五十七	四十九	十九	十五	八	五	十四	七
五十八	五十 王齕鄭安平圍邯鄲及齕還軍拔新中	二十 公子無忌救邯鄲兵解去	十六	九 秦圍我邯鄲楚魏救我	六 春申君救趙	燕孝王元年	八
五十九	五十一	二十一 韓魏楚救趙新中秦兵罷	十七 秦擊我陽城救趙新中	十	七 救趙新中	二	九
	五十二 取西周王	二十二	十八	十一	八 取魯魯君封於莒	三	十
	五十三	二十三	十九	十二	九	燕王喜元年	十一

	五十四	二十四	二十	十三	十 徙於鉅陽	二	十二
	五十五	二十五 衛元君元年	二十一	十四	十一	三	十三
	五十六	二十六	二十二	十五 平原君卒	十二 柱國景伯死	四 伐趙趙破我軍殺栗腹	十四
	秦孝文王元年	二十七	二十三	十六	十三	五	十五
	秦莊襄王楚元年	二十八	二十四 秦拔我成皋滎陽	十七	十四 楚滅魯頃公遷卞邑爲家人絕祀	六	十六
	蒙驁擊趙榆次新城狼孟得三十七城日蝕	二十九	二十五	十八	十五 春申君徙封於吳	七	十七
	王齮擊上黨初置太原郡魏公子無忌率五國卻我軍河外蒙驁解去	三十 無忌率五國兵敗秦軍河外	二十六 秦拔我上黨	十九	十六	八	十八
	始皇帝元年	三十一	二十七	二十 秦拔我晉陽	十七	九	十九
	二	三十二	二十八	二十一	十八	十	二十
	三 蒙驁擊韓取十三城王齮死	三十三	二十九 秦拔我十二城	趙悼襄王偃元年	十九	十一	二十一

四 七月蝗蔽天下百姓納粟千石拜爵一級	三十四 信陵君死	三十	二 太子從質秦歸	二十	十二 趙拔我武遂方城	二十二
五 蒙驁取魏酸棗二十城初置東郡	魏景湣王元年秦拔我二十城	三十一	三 趙相魏相會柯盟	二十一	十三 劇辛死於趙	二十三
六 五國共擊秦	二 秦拔我朝歌衛從濮陽徙野王	三十二	四	二十二 王東徙壽春命曰郢	十四	二十四
七 彗星見北方西方夏太后薨蒙驁死	三 秦拔我汲	三十三	五	二十三	十五	二十五
八 嫪毐封長信侯	四	三十四	六	二十四	十六	二十六
九 彗星見竟天嫪毐爲亂遷其舍人于蜀彗星復見	五 秦拔我垣蒲陽衍	韓王安元年	七	二十五 李園殺春申君	十七	二十七
十 相國呂不韋免齊趙來置酒太后入咸陽大索	六	二	八 入秦置酒	楚幽王悼元年	十八	二十八 入秦置酒
十一 呂不韋之河南王翦擊鄴郡與取九城	七	三	九 秦拔我閼與鄴取九城	二	十九	二十九

十二 發四郡兵助魏擊楚呂不韋卒復嫪毒舍人遷蜀者	十三 桓齮擊平陽殺趙扈輒斬首十萬因東擊趙王之河南彗星見	十四 桓齮定平陽武城宜安韓使非來我殺非韓王請爲臣	十五 興軍至鄴軍至太原取狼孟	十六 置麗邑發卒受韓南陽地	十七 內史勝擊得韓王安盡取其地置潁川郡華陽太后薨	十八	十九 王翦拔趙虜王遷
八 秦助我擊楚	九	十	十一	十二 獻城秦	十三	十四 衛君角元年	十五
四	五	六	七	八 秦來受地	九 秦虜王安	秦滅韓	
趙王遷元年	二 秦拔我平陽敗扈輒斬首十萬	三 秦拔我宜安	四 秦拔我狼孟鄱吾軍鄴	五 地大動	六	七	八 秦王翦虜王
三 秦魏擊我	四	五	六	七	八	九	十 幽王卒弟郝
二十	二十一	二十二	二十三 太子丹質秦亡來歸	二十四	二十五	二十六	二十七
三十	三十一	三十二	三十三	三十四	三十五	三十六	三十七

之邯鄲帝太后薨			遷邯鄲公子嘉自立爲代王	立爲哀王三月負芻殺哀王		
二十 燕太子使荊軻刺王覺之王翦將擊燕	魏王假元年		代王嘉元年	楚王負芻元年負芻哀王庶兄	二十八 太子丹使荊軻刺秦王秦伐我	三十八
二十一 王賁擊楚	二		二	二 秦大破我取十城	二十九 秦拔我薊得太子丹王徙遼東	三十九
二十二 王賁擊魏得其王假盡取其地	三 秦虜王假		三	三	三十	四十
二十三 王翦蒙武擊破楚軍殺其將項燕			四	四 秦破我將項燕	三十一	四十一
二十四 王翦蒙武破楚虜其王負芻			五	五 秦虜王負芻	三十二	四十二
二十五 王賁擊燕虜王喜又擊代虜王嘉五月天下大酺			六 秦將王賁虜王嘉秦滅趙	秦滅楚	三十三 秦虜王喜拔遼東	四十三
二十六 王賁擊齊虜王建初并天下立爲皇帝					秦滅燕	四十四 秦虜王建

二十七	更命河爲德水爲金人十二命民曰黔首同天下書分爲三十六郡	秦滅齊
二十八	爲阿房宮之衡山治馳道帝之琅邪道南郡入爲太極廟賜戶三十爵一級	
二十九	郡縣大索十日帝之琅邪道上黨入	
三十		
三十一	更命臘曰嘉平賜黔首里六石米二羊以嘉平大索二十日	
三十二	帝之碣石道上郡入	
三十三	遣諸逋亡及賈人贅壻略取陸梁爲桂林南海象郡以適戍西北取戎爲三十四縣	

三十四適治獄吏不直者築長城及南方越地覆獄故失	三十五爲直道道九原通甘泉	三十六徙民於北河榆中耐徙三處	三十七十月帝之會稽琅邪還至沙丘崩子胡亥立爲二世皇帝殺蒙恬道九原入復行錢	二世元年十月戊寅大赦罪人十一月爲兔園十二月就阿房宮其九月郡縣皆反楚兵至戲章邯擊却之出衛君角爲庶人	二將軍章邯長史司馬欣都尉董翳追楚兵至河誅丞相斯去疾將軍馮刼	三

趙高反二世自殺高立二世兄子嬰子嬰立刺殺高夷三族諸侯入秦嬰降爲項羽所殺尋誅羽天下屬漢

第一篇第一章引用書目

第三節譯英文圖書集成巴比倫古事

第六節（一）春秋繁露三代改制質文篇貶極爲民（二）周禮春官外史三皇五帝（三）淮南原道訓泰古三皇（四）史記秦本紀泰皇最貴（五）應劭風俗通義一引禮含文嘉伏羲燧人神農爲三皇（六）文選班孟堅東都賦注引春秋元命苞伏羲女媧神農爲三皇（七）玉函山房輯佚書引禮稽命徵伏羲神農黃帝爲三皇（八）白虎通義伏羲神農祝融爲三皇（九）禮記月令篇五帝配五人神（十）周記春官大宗伯賈公彥疏引春秋文耀鉤五感生帝

第七節（一）御覽七十八引帝王世紀蛇身（二）御覽七十八引孝經鉤命訣華胥履跡（三）易繫辭下爲網罟（四）禮記月令孔穎達疏引世本儷皮（五）漢書律曆志木德（六）易繫辭下八卦（七）左昭十七年龍紀官（八）御覽七十八引帝王世紀在位年

第八節（一）御覽七十八引帝王世紀人首蛇身（二）御覽七十八引風俗通黃土作人（三）御覽七十八引帝王世紀共工氏（四）左昭十七年水紀官（五）楚辭天問王逸注康回（六）淮南子覽冥訓補天（七）御覽七十八引遁甲開山圖大庭無懷等

第九節（一）御覽七十八引帝王世紀任姒（二）御覽七十八引孝經鉤命訣帝魁（三）左昭十七年火紀官（四）易繫辭下爲耒耜（五）淮南子修務訓嘗水草（六）補史記三皇本紀聽訞（七）史記五帝本紀爲黃帝所滅

第十二節（一）史記五帝本紀姬姓氏（二）史記五帝本紀少典（三）御覽七十九引河圖握拒附寶（四）漢書律曆志土德（五）左昭十七年以雲紀官（六）史記五帝本紀阪泉（七）御覽七十八引帝王世紀炎帝（八）史記五帝本紀諸侯相侵伐（九）史記五帝本紀侵陵諸侯（十）御覽七十八引文子爲火災（十一）史記五帝本紀三戰

第十三節（一）書呂刑鄭注九黎之君（二）逸周書嘗麥解字少昊（三）越絕書計倪內經主金（四）管子五行當時（五）越絕書計倪內經佐少昊（六）史記五帝本紀神農衰（七）山海經又管子地數篇作兵（八）路史後紀四號炎帝（九）御覽七十九引歸藏黃神（十）史記五帝本紀分爲二（十一）路史後紀四逐炎帝（十二）史記五帝本紀索隱引皇甫謐說應龍（十三）山海經女魃（十四）黃帝本行紀玄女（十五）呂覽蕩兵篇剝木以戰（十六）御覽三百四十九引世本揮作弓（十七）書顧命倕（十八）玉篇倕（十九）書禹貢石砮（二十）史記五帝本紀正義引魚龍河圖銅頭（二十一）山海經風伯（二十二）黃帝本行紀木械（二十三）書呂刑鄭注民（二十四）國語百姓

（二十五）書呂刑鄭注冥也（二十六）說文天之所生（二十七）書堯典民百姓

第十四節（一）御覽七十九引河圖挺左輔河圖（二）史記曆書索隱容成（三）後漢書郡國志注分野（四）通典食貨井田（五）說文造字（六）易繫辭下垂衣（七）通典嘉禮引世本作冕（八）後漢書律曆志注甲子（九）呂覽古樂篇律呂（十）黃帝龍首經六壬（十一）史記封禪書神仙（十二）靈樞素問醫（十三）說文天之所生（十四）御覽七十八引孝經鉤命訣宋均注靈威仰（十五）禮記祭法篇鄭注大禘（十六）國語百姓（十七）書呂刑鄭注民（十八）說文羊蟲種（十九）禮記曲禮篇庶人大夫

第十五節（一）史記五帝本紀帝子（二）史記五帝本紀索隱十二姓（三）史記五帝本紀索隱引宋衷說青陽（四）史記五帝本紀高陽（五）御覽七十九引帝王世紀女節（六）御覽七十九引古史考嬴姓（七）漢書律曆志金德（八）左昭十七年烏紀官（九）史記五帝本紀昌僕（十）御覽七十九引河圖女樞（十一）御覽七十九引古史考妘姓（十二）漢書律曆志木德（十三）左昭十七年不能紀遠（十四）國語絕地天通（十五）史記曆書疇人分散

第十六節（一）史記五帝本紀玄囂（二）御覽八十引帝王世紀姬姓（三）漢書律曆志木德（四）史記五帝本紀陳鋒氏（五）禮記祭法篇孔疏引春秋歷命序以申鄭義黃帝傳十世

第十七節（一）御覽八十引春秋合誠圖慶都（二）御覽八十引帝王世紀平陽（三）漢書律曆志火德（四）御覽八十引尚書中候河圖（五）史記曆書重黎（六）書堯典共工（七）書堯典七十載（八）史記五帝本紀顓頊（九）御覽八十一引詩含神霧握登（十）御覽八十一引帝王世紀姚姓（十一）漢書律曆志土德（十二）御覽八十一引論語考比讖河圖（十三）書堯典二十二人

第十九節（一）史記夏本紀文命（二）御覽八十二引孝經鉤命訣脩己（三）史記夏本紀九州（四）左哀七年塗山（五）史記夏本紀在位年

第二十節（一）史記曆書曆數失序（二）呂覽召類篇丹浦（三）書堯典三危（四）書禹貢丕敘（五）史記五帝本紀正義洞庭（六）淮南子覽冥訓洪水（七）淮南子本經訓赴樹木（八）舊約創世記那亞（九）日本鳥居龍藏引西書倮倮

第二十一節（一）史記夏本紀塗山氏女（二）左襄四年羿浞（三）楚辭天問覆舟（四）左哀元年少康（五）史記夏本紀夏亡

第二十三節（一）呂覽音初篇二女（二）詩商頌玄鳥（三）史記殷本紀列王（四）呂覽本味篇伊尹（五）孟子五就（六）淮南子修務訓歷山（七）史記殷本紀踐位（八）史記殷本紀集解引皇甫謐說在位年

第二十八節（一）詩大雅文王疏赤雀（二）史記周本紀列王（三）史記周本紀管蔡（四）史記周本紀列王（五）尚書呂刑呂刑（六）列子周穆王篇崑崙（七）穆天子傳西王母（八）史記秦本紀造父（九）史記周本紀列王（十）禮記檀弓篇下堂（十一）史記周本紀厲王（十二）史記周本紀共和（十三）史記周本紀正義引魯連子共和（十四）莊子　篇共和（十五）史記周本紀列王漢書藝文志術數

第二十九節（一）書甘誓五（二）史記夏本紀孔甲（三）書微子紂（四）周禮春官鬼神（五）

第一篇第二章引用書目

第二節（一）山海經天穆（二）御覽八十二引帝王世紀歷山

第五節（一）史記老子列傳守藏（二）周禮春官史職（三）史記老子傳終

第七節（一）史記孔子世家宋人（二）史記孔子世家索隱先世（三）史記孔子世家索隱引王肅家語顏氏（四）史記孔子世家正義引王肅家語叔梁紇（五）御覽三百六十一引春秋演孔圖徵在（六）史記孔子世家圩首（七）史記孔子世家索隱中低旁高（八）史記孔子世家長人（九）玉函山房輯佚書引禮含文嘉反字（十）御覽三百七十一引春秋演孔圖胸文（十一）御覽三百七十

七引春秋演孔圖坐立（十二）御覽三百六十七引孝經援神契口文（十三）御覽三百六十七引孝經鉤命訣舌文（十四）御覽三百七十引孝經鉤命訣掌文（十五）御覽三百七十一引孝經鉤命訣胸文（十六）御覽三百七十一引孝經鉤命訣脊文（十七）御覽三百六十八引孝經鉤命訣喉文（十八）御覽三百六十八引孝經鉤命訣齒文（十九）荀子非相篇面文（二十）史記孔子世家似堯等

第九節（一）公羊哀十四年解詁引春秋演孔圖赤烏白書（二）御覽五百四十二引孝經右契天降黃玉（三）漢書律曆志木德王（四）禮記中庸正義引孝經援神契制法主（五）公羊隱元年解詁文王（六）北堂書鈔五十二引論語摘輔象素王（七）史記高祖本紀赤帝子

第十一節（一）淮南子要略孔子弟（二）呂覽當染篇史角弟子（三）淮南子要略厚葬

第二篇　中古史

第一章　極盛時代(秦漢)

第一節　讀本期歷史之要旨

自秦以前。神洲之境。分爲無數小國。其由來不可得知。歷千百萬年。而幷爲七國。其後六國又皆爲秦所滅。中原遂定於一。秦又北逐匈奴。南開桂林象郡。規模稍擴矣。天祐神洲。是生漢武。北破匈奴。西幷西域。以及西羌。西南開笻僰。南擴日南交阯。東南滅甌粵。東北平濊貊。五十年間。威加率土。於是漢族遂獨立於地球之上。而巍然稱大國。微此兩皇。中國非今之中國也。故中國之教。得孔子而後立。中國之政。得秦皇而後行。中國之境。得漢武而後定。三者皆中國之所以爲中國也。自秦以來。垂二千年。雖百王代興。時有改革。然觀其大義。不甚懸殊。譬如建屋。孔子奠其基。秦漢二君營其室。後之王者。不過隨事補苴。以求適一時之用耳。不能動其深根寧極之理也。至於今日。天下之人。環而相見。各挾持其固有之文化。以相爲上下。其爲勝爲負。豈盡今人之責哉。各食其古人之報而已矣。中國之文化。自當爲東洋之一大宗。今中國之前途。其禍福正不可測。古人之功罪。亦未可定也。而秦漢兩朝。尤爲中國文化之標準。以秦漢爲因。以求今日之果。中國之前途。當亦可一測識矣。此第二篇第一章之大義也。

第二節　秦始皇帝上

二十六年。王初并天下。自以爲德兼三皇。功過五帝。乃更號曰皇帝。命爲制。令爲詔。自稱曰朕。（古者君臣之間通稱曰朕）追尊莊襄王爲太上皇。制曰。死而以行爲謚。則是子議父。臣議君也。甚無謂。自今以來。除謚灋。朕爲始皇帝。二世三世。至於萬世。傳之無窮。（周人置謚。秦廢之。漢復置。遂沿襲至今日）初。齊威宣之時。鄒衍論著終始五德之運。及是。齊人奏之。始皇采用其說。以爲周得火德。從所不勝。爲水德。始改年。朝賀皆自十月朔。色尚黑。數以六爲紀。（案此足以知五德之說必起於周秦之際）王綰請分封諸子。李斯以爲不可。乃止。分天下爲三十六郡。秦每破諸侯。寫放其宮室。作之咸陽北阪上。（即九嵕諸山麓）南臨渭。自雍門以東至涇渭。（雍門今陝西岐山縣。涇渭謂二水相交處）殿屋復道。周閣相屬。所得諸侯美人鐘鼓。以充入之。二十七年。始皇巡隴西北地。至雞頭山。過回中焉。（雞頭山在今甘肅固原州。回中宮在今岐山縣西四十里）作信宮渭南。已更名曰極廟。自極廟道通驪山。作甘泉前殿。築甬道。自咸陽屬之。治馳道於天下。（甘泉山在咸陽北。因以作宮）二十八年。始皇東行郡縣。上鄒嶧山。（在今山東鄒縣南二十二里）立石頌功業。至泰山下。議封禪。諸儒議不合。絀之。而遂除車道。上自泰山陽至顛。立石頌德。從陰道下。禪於梁父。（泰山在今山東泰安州梁父山在其東南）其禮頗采太祝之祀雍上帝所用。（秦之舊禮）而封藏皆祕之。世不得而記也。於是始皇遂東游海上。南登琅邪（山名在今山東諸城縣東南四十里始皇築臺於此以望海）大樂之留三月。作琅邪臺。立石頌德明德意。諸方士齊人徐市等爭上書言僊人。於是遣徐市發童男女數千人。入海求神僊。始皇乃西南渡淮水。（水名從河南安徽至江蘇入海）之衡山南郡。（衡山在今湖南衡州）浮江至湘山。（山名今湖南湘陰縣北一百六十里）遂自南郡由武關歸。（秦南關今河南內鄉縣西）二十九年。始皇東游至陽武博浪沙中。（今河南陽武縣中）韓人張良。令力士操鐵椎狙擊始皇。誤中副車。始皇驚。求弗得。令天下大索十日。始皇遂登之罘。（山名今山東文登縣東北百八十里）刻石。旋之琅邪。道上黨入。三十二年。始皇之碣石。（山名今直隸永平府東海中）使燕人盧生。求羨門。（僊人名）始皇巡北邊。從上郡入。遣將軍蒙恬。發兵三十萬人。北伐匈奴。三十三年。發諸嘗逋亡人贅壻（秦人家貧子壯則出贅贅者猶言人身之有肬贅也）賈人爲兵。略取南越陸梁地。（謂南方之人性陸梁）置桂林南海象郡。（今廣東廣西）蒙恬斥逐匈奴。收河南地。爲四十四縣。築長城。因地形。用制險塞。起臨洮至遼東。延袤萬餘里。於是渡河據陽山。逶迤而北。暴師於外十餘年。蒙恬常居上郡統治之。威振匈奴。（臨洮今甘肅岷州衞遼東今盛京奉天陽山河北之山今山西邊外長城爲中國至大之功程觀圖自知之）

第三節　秦始皇帝下

三十四年。謫治獄吏不直及覆獄故失者。築長城及處南越地。李斯請史官非秦記皆燒之。非博士官所職。天下有藏詩書百家語者。皆詣守尉雜燒之。有敢偶語詩書。棄市。以古非今者。族。所不去者。醫藥卜筮種樹之書。若有欲學法令者。以吏爲師。制曰。可。三十五年。使蒙恬除直道。道九原。（今山西邊外蒙古地）抵雲陽。（今陝西西安府北）塹山堙谷。數年不就。作阿房宮。東西五百步。南北五十丈。上可以坐萬人。下可以建五丈之旗。周馳爲閣道。自殿下直抵南山。（關中有南山北山自甘泉連延巖嶭九嵕爲北山自終南太白連延至商嶺爲南山）表南山之顚以爲闕。爲複道。自阿房度渭。屬之咸陽。隱宮徒刑者七十萬人。乃分作阿房宮。或作驪山。發北山石槨。寫蜀荊地材。皆至關中。計宮三百。關外四百餘。盧生等相與譏議始皇。因亡去。始皇大怒。使御史悉案問諸生。諸生傳相告引。乃自除犯禁者四百六十餘人。皆阬之咸陽。使天下知之以懲後。益發謫徙邊。始皇長子扶蘇諫曰。諸生皆誦法孔子。今上皆重法繩之。臣恐天下不安。始皇怒。使扶蘇北監蒙恬軍於上郡。三十七年冬十月。始皇出游。丞相李斯少子胡亥從。十一月。行至雲夢。（今湖北境內）浮江過丹陽至錢唐。（秦縣今浙江錢塘縣）臨浙江。（水名自安徽至浙江入海）上會稽。（山名在今浙江會稽縣）立石頌德。還過吳江。（水名在今江蘇吳江縣）從江乘。（秦縣今江南句容縣北三十里）並海上北至琅邪之罘。遂並海而西至平原津而病。（今山東德州境內）始皇惡言死。羣臣莫敢言死事。病益甚。乃令中車府令趙高爲書賜扶蘇曰。與喪會咸陽而葬。書已封在趙高所。未付使者。秋七月丙寅。始皇崩於沙丘平臺。（秦宮名今直隸平鄉縣）丞相斯爲上崩在外。恐諸公子及天下有變。乃祕之。不發喪。棺載轀涼車中。（車有窗牖閉之則溫開之則涼故名後世遂以爲天子喪車之名）故幸宦者驂乘。所至。百官奏事如故。宦者輒從車中可其奏事。獨胡亥趙高及幸宦者五六人知之。趙高者生而隱宮。通於獄法。仕秦。爲中車府令，始皇使高敎胡亥決獄。胡亥幸之。趙高有罪。始皇使蒙毅治之。當死。始皇赦之。復其官。趙高既雅得幸於胡亥。又怨蒙氏。乃說胡亥。請詐以始皇命誅扶蘇而立胡亥爲太子。胡亥然其計。趙高曰。不與丞相謀。恐事不能成。乃見丞相斯曰。上賜長子書及符璽皆在胡亥所。定太子在君侯與高之口耳。事將何如。斯曰。安得亡國之言。此非人臣所當議也。高曰。君侯材能智慮功高無怨長子信之此五者皆孰與蒙恬。斯曰。不及也。高曰。然則長子卽位。必用蒙恬爲丞相。君侯終不懷通侯之印歸鄉里明矣。胡亥仁慈篤厚。可以爲嗣。願君審計而定之。丞相斯以爲然。乃相與謀詐爲受始皇詔。立胡亥爲太子。更爲書賜扶蘇。數以不能闢地立功。士卒多耗。數上書直言誹謗。日夜怨望不得罷歸爲太子。將軍蒙恬不矯正。知其謀。皆賜死。以兵屬裨將王離。扶蘇得書。卽自殺。蒙恬不肯死。繫諸陽周。（秦縣今山西眞寧縣）會蒙毅爲始皇出禱山川還至。繫諸代。遂從井陘。（秦縣今直隸井陘縣）抵九原至咸陽發喪。太子胡亥襲位。九月。葬始皇於驪山下。錮三泉。奇器珍怪徙藏滿之。令匠作機弩。有穿近者輒射之。以水銀爲百川江河大海。機相灌注。上具天文。下具地理。後宮無子者皆令從死。葬既下。或言工匠爲機藏皆知之。藏重卽泄大事。盡閉之墓中。殺將軍蒙毅及內史蒙恬。

第四節　秦二世皇帝

元年春。二世東行郡縣。李斯從。到碣石。並海南至會稽。而盡刻始皇所立刻石。旁著大臣從者名。以章先帝成功盛德而還。夏四月。二世至咸陽。謂趙高曰。夫人居世間也。譬猶騁六驥過決隙也。吾既已臨天下矣。欲悉耳目之所好。窮心志之所樂。以終吾年壽。可乎。高曰。此賢主之所能行。而昏亂主之所禁也。雖然有所未可。夫沙丘之謀。諸公子及大臣皆疑焉。而諸公子盡帝兄。大臣又先帝之所置也。今陛下初立。此其屬意怏怏皆不服。恐爲變。陛下安得爲此樂乎。二世曰。爲之柰何。高曰。陛下嚴法而刻刑。令有罪者相坐誅。滅大臣及宗室。盡除先帝之故臣。更置陛下之親信者。則害除而姦謀塞。陛下可高枕肆志寵樂矣。二世然之。乃更爲法律。務益刻深。大臣諸公子有罪。輒下高鞫之。於是公子十二人僇死咸陽市。十公主矺死於杜。（今西安府東南十五里）財物入於縣官。（猶言公家也）相連逮者不可勝數。二世以爲羣臣憂死不暇。不得爲變。復作阿房宮。盡徵材士五萬人爲屯衞咸陽。令敎射。狗馬禽獸。當食者多。（謂材士及狗馬）度不足。下調郡縣。轉輸菽粟芻藁。皆令自齎糧食。咸陽三百里內不得食其穀。用法益刻深。天下不安。七月。戍卒陳勝等反山東。少年苦秦吏。皆殺其守尉令丞。反以應陳涉。不可勝數也。謁者使東方來。以反者聞二世。二世怒。下吏。後使者至。上問。對曰。羣盜郡守尉方逐捕。今盡得。不足憂。上乃悅。二年冬。陳涉所遣周章等。西至戲。（水名今陝西臨潼縣東）二世大驚。乃赦驪山徒。使少府章邯將以擊之。時趙高專恣用事。以私怨誅殺人衆多。恐大臣入朝奏事言之。乃說二世曰。先帝臨制天下久。故羣臣不敢爲非。進邪說。今陛下初卽位。富於春秋。奈何與公卿廷決事。事有誤。示羣臣短也。天子稱朕。固不聞聲。於是二世常居禁中。事皆決於趙高。高聞李斯將以爲言。乃見丞相曰。關東羣盜多。今上急益發繇治阿房宮。聚狗馬無用之物。臣欲諫。爲位賤。此眞君侯之事。君何不諫。李斯曰。固也。吾欲言之久矣。今時上不坐朝廷。常居深宮。吾所言者。不可傳也。欲見無間。趙高曰。君誠能諫。請爲君候上間語君。於是趙高侍二世方燕樂。婦女居前。使人告丞相。上方閒。可奏事。丞相至宮門上謁。如此者三。二世怒曰。吾常多閒日。丞相不來。吾方燕私。丞相輒來請事。丞相豈少我哉。且固我哉。趙高因曰。夫沙丘之謀。丞相與焉。今陛下已爲帝。而丞相貴不益。此其意亦望裂地而王矣。且陛下不問臣。臣不敢言。丞相長男李由爲三川守。楚盜陳勝等。皆丞相傍縣之子。以故楚盜公行過三川。城守不肯擊。高聞其文書相往來。未得其審。故未敢以聞。二世以爲然。乃使人按驗三川守與盜通狀。李斯聞之。因上書言趙高之短。二世不聽。時盜賊益多。右丞相馮去疾。左丞相李斯。將軍馮刼請止阿房宮。減省四邊戍轉。二世大怒。下去疾斯刼吏。去疾刼自殺。獨李斯就獄。二世以屬趙高治之。責斯與子由謀反狀。皆收捕宗族賓客。趙高治斯。榜掠千餘。不勝痛。自誣服。奏當上。二世喜曰。微趙君。幾爲丞相所賣。及二世所使案三川守由者至。則楚兵已擊殺之。使者來。會丞相下吏。皆妄爲反辭。以相附會。遂具斯五刑。論腰斬咸陽市。夷三族。初。趙高前數言關東盜無能爲也。至是關以東大抵盡畔秦。沛公已居武關。使人私於高。高懼誅。乃陰與其壻閻樂。其弟趙成謀。詐爲有大賊。令樂召吏發卒。將千餘人。至望夷宮。二世請與妻子爲黔首。不許。二世自殺。趙高立公子嬰。復稱王。子嬰與二子謀。刺殺高於齋宮。三族高家。以徇咸陽。子嬰爲秦王四十六日。沛公軍至霸上。子嬰係頸以組。白馬素車。奉天子璽符。降軹道旁。亭名在長安東十三里 秦亡。秦凡二帝十五年。

第五節　秦於中國之關繫上

秦自始皇二十六年幷天下。至二世三年而亡。凡十五年。時亦促矣。而古人之遺法。無不革除。後世之治術。悉已創導。甚至專制政體之流弊。秦亦於此悤悤之十五年間。盡演出之。誠天下之大觀也。今試舉前節所引。一一復案之。卽可得其實證。幷天下。一也。三代之王僅易一王室耳前代之諸侯自若也號皇帝。二也。古人皆謂皇帝之稱始於秦始皇然書呂刑云皇帝哀矜庶戮之不辜皇帝清問下民是皇帝之稱唐堯已有之今疑古人天子對異族則稱皇帝對本族則稱帝稍有尊卑親疏之別至秦乃一切自號皇帝耳自稱曰朕。三也。命爲制。令爲詔。四也。尊父曰太上皇。五也。秦尊之於死後漢奉之於生前其制稍別天下皆爲郡縣。子弟無尺土之封。六也。幷天下爲盡取人之所有廢封建置郡縣爲不復共之於人故其事爲二非一事也夷三族之刑。七也。三族父母兄弟妻子也始於秦文公二十年至始皇以後乃爲大臣得罪所必有之事相國、丞相、太尉、御史大夫、奉常、卽太常郎中令、大夫、衛尉、太僕、廷尉、鴻臚、宗正、內史、少府、詹事、典屬國、監御史、僕射、侍中、尚書、博士、郎中、侍郎、郡守、郡尉、縣令、皆秦官。八也。後世雖仍秦官之名而其官之職則與秦法異大約漢人與秦同者十八九愈後愈不同如僕射侍中尚書侍郎皆秦之散秩而後世乃爲政府大臣之號惟外官無大異耳此係見漢書百官公卿表朝儀。九也。漢書叔孫通傳稱通雜采古禮與秦儀爲漢制禮今觀本傳所述廷中陳車騎戍卒衛官設兵張旗志殿下郎中俠陛陛數百人功臣列侯諸將軍軍吏以次陳西方東鄉文官丞相以下陳東方西鄉︵文武之分始此︶於是皇帝輦出房百官執戟傳警引諸侯王以下至吏六百石以次奉賀自諸侯王以下莫不震恐肅敬至禮畢盡伏︵君坐臣跪始此︶於是高帝曰吾迺今日知爲皇帝之貴也云云案此段所陳絕非古禮蓋叔孫通竊襲秦儀而僞稱雜採古禮耳然後世君臣之際則以此爲定制矣律。十也。漢書刑法志蕭何雜摭秦法作律九章

此十者。皆秦人革古創今之大端也。

第六節　秦於中國之關繫下

今案秦政之尤大者。則在宗教。始皇之相爲李斯。司馬遷稱斯學帝王之術於荀子。斯既知六藝之歸。則斯之爲儒家可知。世之疑斯者。因斯督責書。有曰。惟明主能滅仁義之塗。犖然獨行其恣睢之心。此非儒者所忍出口。斯而言此。似斯已背其師。李斯事均見史記本傳 不知荀子實嘗以持寵固位。終身不厭之術。爲臣事君之寶。荀子仲尼篇 則李斯之言。亦實行荀子持寵固位之術而已。何背師之有。始皇既以儒者爲相。則當有儒者之政。觀其大一統。尊天子。抑臣下。制禮樂。齊律度。同文字。秦李斯作小篆程邈作隸趙高作爰歷篇蒙恬作兔毫之筆蓋古籍繁矣 攘夷狄。信災祥。尊貞女。史記貨殖傳巴寡婦清能用財自衛不遭强暴始皇以爲貞婦而客之爲築女懷清臺 又秦刻石往往以禁止淫佚男女有別爲言 重博士。史記始皇本紀非博士官所職天下敢有藏詩書百家語者悉詣守尉雜燒之是所燒者民間之書而博士之誦詩書百家自若也故始皇時每有建設博士常與議漢初諸經師亦多故秦博士此足爲秦重博士之證三十五年阬儒之令乃因盧生之獄所致不然天下儒者其數豈止四百六十餘人哉惟始皇李斯之本意在誤以詩書爲帝王之術故己之外必不願他人習之此其所以爲愚耳 無不同於儒術。惟李斯之學出於荀子。始皇父子。雅信韓非。始皇讀韓非孤憤五蠹之書有得與之游死不恨矣之歎二世責李斯亦曰吾有聞於韓子云云 韓非之學。亦出於荀子。荀子出於仲弓。荀子書中稱爲子弓 其實乃孔門之別派也。觀荀子非十二子篇。子思。孟子。子夏。子游。子張。悉加醜詆。而己所獨揭之宗旨乃爲性惡一端。夫性既惡矣。則君臣父子夫婦兄弟朋友之間。其天性本無所謂忠孝慈愛者。而弑奪殺害。乃爲情理之常。於此而欲保全秩序。舍威刑劫制。末由矣。本孔子專制之法。行荀子性惡之旨。在上者以不肖待其下。

無復顧惜。在下者亦以不肖自待。而蒙蔽其上。自始皇以來。積二千餘年。國中社會之情狀。猶一日也。社會若此。望其乂安。自不可得。不惟此二千年間所受之禍。不可勝數而已。即以秦有天下十五年間言之。其變亦慘矣。荊軻之劍。漸離之筑。博浪之椎。一也。身死未寒。宰相宦官。遂廢遺詔。殺太子。立庶孼。誅重臣。亂臣賊子。相顧而笑。不知置君父於何地。二也。公子十二人。戮死咸陽市。十公主磔死於杜。仰天大呼。流涕拔劍。始皇之子盡矣。三也。望夷宮中。求生爲黔首而不可得。僅得以黔首禮葬於杜南。此固秦之二世皇帝也。四也。項羽入咸陽。殺子嬰及秦諸公子宗族。遂屠咸陽。燒其宮室。虜其子女。收其珍寶財貨。諸侯共分之。五也。事並見史記　夫專制者。所以爲富貴。而其極必幷貧賤而不可得。嬴氏可爲列朝皇室之鑒戒矣。至於李斯趙高輩。皆助成始皇二世之政治者。而李斯則具五刑。黃犬東門之哭。史記李斯傳斯臨刑顧謂其中子曰吾欲與若復牽黃犬出上蔡東門逐狡兔豈可得乎遂父子相哭而夷三族　千古爲之增悲。趙高亦夷三族。以徇咸陽。亦何益之有哉。凡此者。不能不歎秦人擇教之不善也。然秦之宗教。不專於儒。大約雜採其利己者用之。神僊之說。起於周末。言人可長生不死。形化上天。此爲言鬼神之進步。而始皇頗信其說。盧生徐市之徒。與博士諸生並用。並見史記封禪書秦始皇本紀　中國國家。無專一之國教。孔子神仙佛。以至各野蠻之鬼神。常並行於一時一事之間。殆亦秦人之遺習歟。

第七節　受命之新局

自漢以前。無起匹夫而爲天子者。凡一姓受命。其先必爲諸侯。積德累功數百餘年。而後有天下。其未有天下也。兆民之望。已集之久矣。且自黃帝至秦皇室。實皆一系也。黃帝爲少典之子。國語稱炎帝黃帝皆少典之子其母亦皆有蟜氏是炎帝黃帝亦爲同系未可知也惟未得確證耳少典爲有熊國君。史記五帝本紀解引集譙周說有熊國在今河南是其先已爲諸侯。自黃帝有天下。其後世相傳者。年代縣遠。少昊。黃帝之子也。顓頊。黃帝之孫也。帝嚳。黃帝之曾孫也。此據史記之文禮記祭法孔疏引春秋歷命序其黃帝少昊顓頊帝嚳之間相隔甚遠與史記不同然亦未言非一系也殆亦猶虞夏殷周之於黃帝耳帝堯。黃帝之玄孫也。帝舜。黃帝七世孫也。夏禹。黃帝之玄孫也。商出於契。契爲帝嚳子。契亦黃帝之玄孫也。周出於棄。棄亦帝嚳子。棄亦黃帝之玄孫也。秦出於柏翳。史記秦本紀索隱柏翳伯益是一人無疑爲顓頊之苗裔。是亦黃帝之後也。自黃帝至秦。亙數千年。王天下者。皆出於一家。遙想其時之風俗。必以爲惟此一族之人。可以受天命作天子。別族皆爲天所不眷。其習俗略與日本同焉。故讀秦以前之書。其言治民之道甚悉。而無有憂民之革命者。天子所憂者在諸侯。諸侯所憂者在大夫而已。夫天下之變。苟爲其前世之所無。則雖大禍起於目前。而聖賢豪傑。或狃於故事而不覺。此六藝九流。所以不能知有匹夫受命之事。而匹夫受命之事。乃猝見於秦之季世也。自此以後。爲天子者。不必古之貴族。百姓與民之界。至此盡泯。而成爲今日之世矣。然求其至此之由。則實由於政體。蓋秦以前。諸侯並列。天子之暴。有諸侯起而救之。遂爲商湯周武之局。至秦之後。天下無諸侯。天子之暴。必由兆民起而自救之。遂爲漢高明太之局。此中國古今革命之大界也。今詳秦漢之際之世變如下。

第八節　天下叛秦上

考始皇晚年之世局。政府雖不知大亂之將起。而民間實已萌傾覆皇室之心。始皇三十六年。有墜石下東郡。至地爲石。或刻其石曰。始皇帝死而地分。同時使者從關東夜過華陰平舒道。（今陝西華陰縣）有人持璧遮使者曰爲吾遺滈池君。（水神之號）因言曰。今年祖龍死。（謂始皇）使者問其故，因忽不見。此皆欲謀叛秦者。託爲神鬼恍惚之說，以搖動天下之耳目也。蓋秦自孝公以來。刻薄寡恩。天下之不樂爲秦民久矣。始皇二世。益之以興作。阿房驪山。徒數十百萬。離宮別館。徧於天下。北築長城。斯時之民。內困於賦稅。外脅於威刑。力竭於土木。命盡於甲兵。乃不得不爲萬一僥倖之計。其始苟爲羣盜而已。（周時已有羣盜如左傳萑蒲之盜列子狐父之盜孟子莊子之盜跖是也）其後亦咸知秦之必亡。蓋運會所開。人心感於不自知也。二世元年。楚人陳勝吳廣將戍漁陽。（秦郡今直隸東境）會天大雨。道不通。度已失期。失期法皆斬。乃率衆作亂於蘄。（今安徽宿州南）詐稱公子扶蘇楚將項燕。號大楚。取陳。（今河南陳州府）據之。魏名士張耳陳餘屬之。諸郡縣爭殺長吏以應勝。勝自立爲楚王。使吳廣監諸將以擊滎陽。（秦縣今河南滎澤縣）或以反者聞於秦。秦以爲羣盜不足憂。陳勝以所善陳人武臣爲將軍。張耳陳餘爲校尉。使徇趙地。又使周市徇魏地。使周文西擊秦。二世大驚。遣章邯拒之。走周文。武臣至趙。自立爲趙王。使韓廣略燕地。廣亦自立爲燕王。會稽守殷通，欲起兵應陳勝。以項燕之子梁爲將。梁使兄子籍斬通。（籍字羽史或稱項羽）佩其印綬。舉吳（今江蘇蘇州府）中兵。得八千人。梁自爲會稽守。籍爲裨將。徇下縣。

第九節　天下叛秦下

沛秦縣今江蘇沛縣人劉邦。豁達有大度。不事家人產業。沛中子弟。多欲附者。沛令欲以沛應陳勝。縣吏蕭何曹參。勸令召劉邦。邦已有衆數十百人。令悔。閉城。沛父老子弟殺令。迎邦立爲沛公。蕭曹等爲收衆得三千人。以應諸侯。後韓人張良來屬。數說邦以太公望兵法。沛公善之。常用其策。良與他人言。輒不省。良曰。沛公殆天授。遂從不去。齊人田儋。故齊王族也。與從弟榮。皆豪健。能得人。儋自立爲齊王。略定齊地。楚將周市定魏地。迎魏咎於陳。立爲魏王。二世二年。章邯連敗楚軍。周文走死。吳廣陳勝。皆爲其下所殺。趙將李良殺武臣以降秦。張耳陳餘。求故趙之後。得趙歇。立爲趙王。項梁渡江而西。六人秦縣今安徽六安州黥布及沛公。以其兵屬之。居巢秦縣今安徽巢縣人范增。年七十。好奇計。往說梁曰。陳勝首事。不立楚後而自立。其勢不長。今君起江東。謂大江東南之地楚蜂起之將。爭附君者。以君世世楚將。爲能復立楚之後也。梁然之。求得楚懷王孫心於民間。立爲楚王。取祖謚爲號。謂之懷王。都盱眙。秦縣今安徽盱眙縣張良勸梁立韓後。梁使良立韓公子成爲韓王。西略韓地。至此六國後皆立章邯伐魏。齊楚救之。齊王田儋魏王咎。周市皆敗死。田榮立儋子市爲齊王而相之。項梁再破秦軍。有驕色。宋義諫不聽。與章邯戰。敗死。懷王徙都彭城。秦縣今江蘇徐州府治立魏咎弟豹爲魏王。秦軍破趙。圍趙王於鉅鹿。秦縣今直隸平鄉縣懷王以宋義爲上將。項籍爲次將。以救趙。二世二年。義至安陽。（秦縣今山東曹縣東）項籍數宋義而殺之。領其衆渡河。沈船。破釜甑。燒廬舍。持三日糧。以示士卒必死。無一還心。於是至則圍王離。與秦軍遇。九戰。絕其甬道。大破之。殺蘇角。虜王離。涉間不降楚。自燒殺。當是時。楚兵冠諸侯。諸侯軍救鉅鹿者十餘壁。莫敢縱兵。及楚擊秦。諸將皆從壁上觀。楚戰士無不一以當十。楚兵呼聲動天。諸侯軍無不人人惴恐。於是已破秦軍。項籍召見諸侯將。諸侯將入轅門。無不膝行而前。莫敢仰視。項籍由是爲諸侯上將軍。諸侯皆屬焉。時章邯軍棘原。（秦縣在鉅鹿南）相持未戰。二世使人讓章邯。邯恐。使長史欣請事。至咸陽。留司馬門三日。趙高不見。有不信之心。欣恐。還走其軍。勸章邯叛秦。陳餘亦遺章邯書。勸邯以白起蒙恬爲戒。邯乃與項籍期洹水南殷虛上。（今河南安陽縣）已盟。章邯見項籍而流涕。爲言趙高。項籍乃立章邯爲雍王。初。楚懷王與諸將約。先入定關中者王之。時秦兵尚强。諸將莫利先入關。獨項籍怨秦殺項梁。奮願入關。諸老將皆曰。籍爲人慓悍猾賊。獨沛公寬大長者可遣。王乃遣沛公伐秦。張良以韓兵從沛公。沛公略南陽。（秦郡今湖北襄陽府北境）引兵而西。敗秦兵於嶢關。（今陝西藍田縣東南）明年。（秦王子嬰元年）至霸上。子嬰降。諸將或言誅子嬰。沛公曰。懷王遣我。固以能寬容。且人已降。殺之不祥。乃以屬吏。沛公西入咸陽。見秦宮室帷帳重寶婦女。欲留居之。樊噲諫曰。此皆秦之所以亡也。願急還霸上。無留宮中。沛公不聽。張良曰。爲天下除殘賊。宜縞素爲資。今始入秦。卽安其樂。此所謂助桀爲虐。願聽噲言。沛公乃還霸上。悉召諸縣父老豪傑謂曰。父老苦秦苛法久矣。吾與諸侯約。先入關中者王之。吾當王關中。與父老約法三章耳。殺人者死。傷人及盜抵罪。餘悉除去秦法。秦人大喜。

第十節　秦亡之後諸侯自相攻伐上

項籍既定河北。率諸侯欲西入關。或說沛公曰。秦富十倍天下。地形强。聞項籍號章邯爲雍王。王關中。今則來。沛公恐不得有此。可急使兵守函谷關。（秦之東關今河南靈寶縣南）無內諸侯軍。沛公從之。已而項籍至關。關門閉。聞沛公已定關中。大怒。使黥布等攻破函谷關。沛公左司馬曹無傷使人言項籍曰。沛公欲王關中。令子嬰爲相。珍寶盡有之。項籍大怒。饗士卒。期旦日擊沛公軍。當是時。項籍軍四十萬。在新豐鴻門。（今陝西臨潼縣）沛公兵十萬。在霸上。范增說項籍曰。沛公居山東時。貪財好色。今入關。財物無所取。婦女無所幸。此其志不在小。急擊弗失。楚左尹項伯。項籍季父也。素善張良。乃夜馳之沛公軍。私見張良。具告其事。欲呼與俱去。曰。毋俱死也。張良曰。臣爲韓王送沛公。沛公今有急。亡去不義。不可不語。良乃入具告沛公。沛公大驚。固要項伯入見。奉卮酒爲壽。曰。吾入關。秋毫不敢有所近。籍吏民。封府庫。而待將軍。所以遣將守關者。備他盜之出入與非常也。日夜望將軍來。豈敢反乎。願伯俱言臣之不敢倍德也。項伯許諾。謂沛公曰。旦日不可不蚤自來謝。於是項伯復夜去。至軍中。具以沛公言報項籍。因言曰。沛公不先破關中。公豈敢入乎。今人有大功而擊之。不義。不如因善遇之。項籍許諾。沛公旦日從百餘騎。來見項籍鴻門。謝曰。臣與將軍勠力而攻秦。將軍戰河北。臣戰河南。不自意能先入關破秦。得復見將軍於此。今者有小人之言。令將軍與臣有隙。項籍曰。此沛公左司馬曹無傷言之。不然。籍何以至此。項籍因留沛公與飲。范增數目項籍。舉所佩玉玦以示之者三。項籍默然不應。范增起。出召項莊。曰。君王爲人不忍。若入前爲壽。壽畢。請以劍舞。因擊沛公於坐。殺之。不者。若屬皆且爲所虜。莊則入爲壽。壽畢。曰。軍中無以爲樂。請以劍舞。項籍曰。諾。項莊拔劍起舞。項伯亦拔劍起舞。常以身翼蔽沛公。莊不得擊。於是張良至軍門。見樊噲。噲曰。今日之事何如。良曰。今項莊拔劍舞。其意常在沛公也。噲曰。此迫矣。臣請入與之同命。噲卽帶劍擁盾入軍門。衛士欲止不內。樊噲側其盾以撞。衛士仆地。遂入。披帷立。瞋目視項籍。項籍按劍而跽曰。客何爲者。張良曰。沛公之驂乘樊噲也。項籍曰。壯士。賜之卮酒。則與斗卮酒。噲拜謝。起而飲之。項籍曰。賜之彘肩。則與一生彘肩。樊噲覆其盾於地。加彘肩其上。拔劍切而啗之。項籍曰。壯士。復能飲乎。樊噲曰。臣死且不避。卮酒安足辭。夫懷王與諸將約曰。先破秦入咸陽者王之。今沛公先破秦入咸陽。毫毛不敢有所近。還軍霸上以待將軍。勞苦而功高如此。未有封爵之賞。而聽細人之說。欲誅有功之人。此亡秦之續耳。竊爲將軍不取也。項籍未有以應。曰。坐。樊噲從良坐。須臾沛公起如廁。因招樊噲出。於是遂去鴻門。脫身獨騎。樊噲夏侯嬰靳彊紀信等四人持劍盾徒步走。從驪山下道芷陽間行趣霸上。留張良使謝項籍。以白璧獻籍。玉斗與亞父。沛公謂良曰。從此道至吾軍。不過二十里耳。度吾至軍中。公乃入。沛公已去。張良入謝曰。沛公不勝桮杓。不能辭。謹使臣良奉白璧一雙。再拜獻將軍足下。玉斗一雙。再拜奉亞父足下。項籍曰。沛公安在，良曰。已至軍矣。項籍則受璧。置之坐上。亞父受玉斗。置之地。拔劍撞而破之曰。豎子不足與謀。奪將軍天下者。必沛公也。吾屬今爲之虜矣。沛公至軍。立誅曹無傷。居數日。項籍引兵西屠咸陽。燒秦宮室。殺秦降王子嬰。韓生說項籍曰。關中阻山帶河四塞之地。地肥饒。可都以霸。項籍見秦宮室皆已燒殘破。又心思東歸。曰。富貴不歸故鄉。如衣繡夜行。誰知之者。韓生退曰。人言楚人沐猴而冠耳。果然。項籍聞之。烹韓生。

第十一節　秦亡之後諸侯自相攻伐下

項籍使人致命懷王。懷王曰。如約。項籍怒曰。懷王吾家所立耳。非有功伐。何以得專主約。三年滅秦定天下者。皆將相諸君與籍之力也。春正月。項籍陽尊懷王爲義帝。徙江南。都郴。（秦縣今湖南郴州此時天下之勢在於項籍）項籍自立爲西楚霸王。（時人名郢爲南楚吳爲東楚彭城爲西楚籍都彭城故國號西楚）王梁楚地。（戰國末魏楚之地今江蘇省及山東西南境河南東境安徽北境）都彭城。立沛公爲漢王。王巴（秦郡今四川重慶順慶保寧綏定夔州五府）蜀（秦郡今四川成都潼川二府）漢中。（秦郡今陝西漢中興安二府及湖北鄖陽府）都南鄭。（秦縣今漢中府治）而三分關中。王秦降將三人。以距漢路。章邯爲雍王。王咸陽以西。長史欣爲塞王。王咸陽以東。董翳爲翟王。王上郡。徙趙魏燕齊故王。趙王歇爲代王。魏王咎爲西魏王。燕王韓廣爲遼東王。齊王田市爲膠東王。更立諸將九人爲王。楚將黥布爲九江王。番君吳芮爲衡山王。義帝柱國共敖爲臨江王。趙將司馬卬爲殷王。趙相張耳爲常山王。張耳嬖臣申陽爲河南王。燕將臧荼爲燕王。齊將田都爲齊王。故齊王建孫爲濟北王。（代今山西北境西魏今山西東境與河南西北境　遼東今奉天南境　膠東今山東東南境　九江今江西東北境　衡山今湖北東南境　臨江今湖北北境　殷今河南北境　常山今直隸西境　河南今河南省城　燕今直隸東境　齊今山東省城　濟北今山東西北境　漢王怒。欲攻項王。蕭何曰。今衆弗如。百戰百敗。臣願大王王漢中。養其民。以致賢人。收用巴蜀。還定三秦。天下可圖也。乃遂就國。以何爲丞相。夏四月。諸侯罷戲（即麾字）下。兵各就國。五月。田榮（田榮陳餘均以不肯從入關故皆不得封）聞項王徙齊王市爲膠東王。而以田都爲齊王。大怒。發兵拒擊田都。都亡走楚。榮留齊王市。不令之膠東。市畏項王。竊亡之國。六月。榮追擊殺市於卽墨。（秦縣今山東卽墨縣）自立爲齊王。是時彭越在鉅野。（秦縣今山東鉅野縣）有衆萬餘人。無所屬。榮與越將軍印。使擊濟北。秋七月。越擊殺濟北王安。榮遂王三齊。又使越擊楚。項王命蕭公角擊越。越大敗楚師。張耳之國。陳餘益怒。曰。張耳與餘功等也。今張耳獨王。餘獨侯。此項王不平。乃使人說田榮請兵擊張耳。田榮許之。遣兵從陳餘。項王以韓王成無功殺之。

第十二節　楚漢相爭上

項王之棄關中而歸也。非眞欲歸故鄉也。蓋以己新殘破關中。留都之民必不安。乃以三降將居之。而自居彭城。以遙制三秦。爲待時而動之計。其所以策漢王者周矣。詎四月諸侯兵罷麾下。五月而田榮反。乃不得不東擊齊。於是天下之形勢一變。而漢王乃可以還定三秦。蕭何言淮陰人韓信於漢王曰。諸將易得耳。至如信者。國士無雙。王欲長王漢中。無所事信。必欲爭天下。非信無可與計事者。顧王策安所決耳。王曰。吾亦欲東耳。安能鬱鬱久居此乎。於是擇良日齋戒。設壇場。具禮。拜韓信爲大將。禮畢。上坐。王曰。將軍何以敎寡人。信曰。項王喑噁叱咤。千人皆廢。然不能任屬賢將。此特匹夫之勇耳。項王與人言。恭敬慈愛。言語嘔嘔。人有疾病。涕泣分飲食。至人有功當封爵者。印刓敝。忍不能予。此所謂婦人之仁也。項王雖霸天下而臣諸侯。不居關中而都彭城。背義帝之約。而以親愛王。諸侯不平。逐其故主而王其將相。又遷逐義帝置江南。所過無不殘滅。百姓不親附。今大王誠能反其道。任天下武勇。何所不誅。（對不能任屬賢將）以天下城邑封功臣。何所不服。（對印刓敝不忍予）以義兵從思東歸之人。何所不散。（對百姓不親附）且三秦王爲秦將。將秦子弟數歲矣。所殺亡不可勝數。又欺其衆降諸侯。爲項王坑者二十餘萬。秦父兄怨此三人。痛入骨髓。（此卽項王王三人於關中之故。盖料其不能叛己也）大王之入武關。秋毫無所害。大王失職入漢中。秦民無不恨者。今大王舉而東。三秦可傳檄而定也。於是漢王自以爲得信晚。遂部署諸將所擊。留蕭何收巴蜀租。給軍糧。八月。漢王引兵襲雍。再敗章邯。圍之廢丘。（秦縣。雍廢丘皆在今西安府西。邯明年夏自殺）而遣諸將略地。塞王欣。翟王翳。皆降。項王以故吳令鄭昌爲韓王。以拒漢。張良遺項王書曰。漢王欲得關中。如約卽止。不敢東。又以齊梁反書示項王。項王以此故無西意。而北擊齊。（時張良在韓）二年。（漢王受封之第二年）十月。（此時尚以十月爲歲首）項王使人殺義帝於江中。陳餘襲常山。張耳敗走歸漢。陳餘迎趙王於代。復爲趙王。趙王德陳餘。立以爲代王。陳餘爲趙王弱。國初定。不之國。留傅趙王。而使夏說守代。張良自韓間行歸漢。爲漢謀臣。河南王申陽降漢。漢王以韓襄王孫信爲韓太尉。將兵擊韓王昌。昌降。因立信爲韓王。將韓兵從漢王。項王自擊齊。齊王榮走死。項王復立田假爲齊王。坑田榮降卒。虜其老弱婦女。燒夷城郭室屋。齊民相聚叛之。漢王既定三秦。渡河西魏王豹降。虜殷王司馬卬進至洛陽新城。（秦縣在河南府城南）三老董公遮說曰。順德者昌。逆德者亡。兵出無名。事故不成。項王無道。放殺其主。天下之賊也。大王宜率三軍之衆。爲之素服。以告諸侯而伐之。於是漢王爲義帝發喪。發使告諸侯。請與討項王。田榮弟橫。立榮子廣爲齊王。以拒楚。項王因留連戰未能下。漢王以故得率五諸侯（河南王申陽韓王鄭昌魏王豹殷王司馬卬代王陳餘）兵。五十六萬伐楚。拜彭越爲魏相國。略定梁地。漢王入彭城。收其貨寶美人。日置酒高會。項王聞之。自以精兵三萬還擊。大破漢軍。漢軍入穀泗睢水。死者二十餘萬人。水爲之不流。圍漢王三匝。會大風晝晦。漢王乃與數十騎遁去。漢王家室在沛。父母妻子。爲楚軍所獲。於是諸侯背漢。復與楚。漢王至滎陽。諸敗軍皆會。蕭何亦發關中卒詣滎陽。漢軍復振。何守關中。爲法令約束。立宗廟社稷。計關中戶口。轉漕調兵。未嘗乏絕。漢王屢敗而不困者。何之力也。是年秋。魏王豹反。韓信擊虜之。

第十三節　楚漢相爭下

三年冬十月。韓信張耳以兵數萬東擊趙。趙王歇及陳餘聞之。聚兵井陘口。（在今縣東南十八里）號二十萬。李左車說陳餘曰。韓信張耳乘勝遠鬬。今井陘之道。車不得方軌。騎不得成列。其勢糧食必在其後。臣請以奇兵三萬。從間道斷其輜重。足下深溝高壘。勿與戰。不至十日。而二將之頭。可致於麾下矣。陳餘不聽。韓信引兵未至井陘口三十里止舍。選二千騎。人持一赤幟。蔽山而望趙軍。誡曰。趙空壁逐我。若疾入趙壁。拔趙幟。立漢赤幟。乃使萬人先出。背水陣。趙軍望而大笑。平旦信建大將旗鼓。出井陘口。趙開壁擊之。大戰良久。信與耳佯棄旗鼓。走水上軍。復疾戰。趙果空壁爭漢旗鼓。逐信耳。水上軍皆殊死戰。不可敗。所出奇兵二千騎。則馳入趙壁。皆拔趙幟。立漢赤幟。趙軍既不能得信等。欲還壁。壁皆漢赤幟。見而大驚。以爲漢已得趙王矣。遂亂。趙將雖斬之。不能禁也。於是漢兵夾擊。大破趙軍。斬陳餘。禽趙王歇。十一月。隨何說九江王黥布。使反楚。項王使項聲龍且攻九江。九江軍敗。布與隨何俱歸漢。漢益布兵。與俱屯成皋。（秦縣今河南汜水縣）漢以陳平計。間范增於項王。項王果大疑范增。增勸項王急攻滎陽。項王不肯聽。增聞項王疑之。大怒曰。天下事大定矣。君王自爲之。願賜骸骨歸。未至彭城。疽發背而死。五月。將軍紀信言於漢王曰。事急矣。臣請誑楚。王可以間出。於是陳平夜出女子東門二千人。楚因四面擊之。紀信乃乘王車。曰。食盡。漢王降楚。皆呼萬歲。之城東觀。以故漢王得以數十騎出西門遁去。令韓王信與周苛魏豹樅公守滎陽。項王見紀信。問漢王安在。曰已出去矣。項王燒殺紀信。漢王出滎陽。至成皋。入關收兵。復出軍宛葉間。（秦二縣名今河南汝州）項王聞漢王在宛。果引兵南。漢王堅壁不與戰。時彭越渡睢（水名在今河南睢州）與項聲薛公戰。殺薛公。項王乃使終公守成皋。而自東擊彭越。漢王引兵北擊破終公。復軍成皋。六月。項王已破走彭越。乃引兵西拔滎陽。烹周苛。殺樅公。虜韓王信。（時魏豹已爲周苛樅公所殺）遂圍成皋。漢王逃。北渡河。馳入趙壁。奪韓信張耳軍。使張耳循行守備趙地。韓信擊齊。楚既拔成皋。九月。項王留曹咎守成皋。而東擊彭越。漢王既得韓信軍復大振。使酈食其說齊王廣下之。蒯徹說韓信曰。將軍爲將數歲。反不如一豎之功乎。四年冬十月。信襲齊至臨淄。齊王廣以酈生爲賣己。乃烹之。引兵走高密。（秦縣今山東高密縣）使使之楚。請救。楚大司馬曹咎守成皋。項王戒勿與漢戰。漢使人辱之。咎怒渡兵汜水。（水名在成皋東）半渡漢擊之。大破楚軍。咎及司馬欣皆自剄汜水上。漢王復取成皋。軍廣武。（山名在滎陽西二十里兩城各在一山頭）項王既定梁地。聞成皋破。引兵還。亦軍廣武。與漢相守數月。項王乃爲俎。置太公其上。告漢王曰。今不急下。吾烹太公。漢王曰。吾與羽約爲兄弟。吾翁卽若翁。必欲烹而翁。幸分我一桮羹。於是項王乃卽漢王。相與臨廣武間而語。漢王數項王之罪十。（沛公不王關中二殺宋義三擅刼諸侯入關四燒秦宮室掘始皇冢私收其財五殺子嬰六坑秦降卒七王諸將善地而徙逐故主八幷王梁楚自多與九弑義帝十不平無信）項王大怒。伏弩射中漢王。漢王傷胸。乃捫足曰。虜中吾指。韓信已定臨淄。遂東追齊王廣。項王使龍且將兵二十萬以救齊。十一月。齊楚與漢夾濰水而陳。（在今山東濰縣）韓信夜令人爲萬餘囊。滿盛沙。壅水上流。引軍半渡擊龍且。佯不勝還走。龍且遂追信。信使人決壅囊。水大至。卽急擊。殺龍且水東軍散走。齊王廣亡去。追虜之。田橫自立爲齊王。漢將灌嬰擊走之。盡定齊地。立張耳爲趙王。漢王疾愈。西入關。殺故塞王欣。留四日。復如廣武。韓信求爲假王。漢王大怒。欲不予。張良諫曰。漢能禁信之自王乎。不如因而立之。漢王亦悟。二月。遣張良操印立韓信爲齊王。項王聞龍且死大懼。使武涉說韓信三分天下王之。韓信不聽。武涉去。蒯徹復說韓信以分天下。信猶豫不忍倍漢。徹因去佯狂爲巫。七月。立黥布爲淮南王。項王自知少助食盡。乃與漢約。中分天下。割洪溝（滎陽東南二十里河之支流）以西爲漢。以東爲楚。九月。楚歸太公呂后。引兵解而東歸。漢王欲西歸。張良陳平說曰。楚兵疲食盡。此天亡之時也。今釋勿擊。此所謂養虎自遺患也。漢王從之。五年冬十月。漢王追項王至固陵。（秦縣今河南太康縣）齊王信。魏相國越。期不至。楚擊漢。大破之。張良勸益韓信以楚地。而以梁地王彭越。漢王從之。於是韓信彭越皆引兵來。十二月。項王至垓下。（安徽靈璧縣南山下）兵少食盡。戰敗入壁。漢圍之數重。項王夜聞漢軍皆楚歌。乃大驚曰。漢皆已得楚乎。是何楚人之多也。則夜起飲帳中。悲歌忼慨。泣數行下。左右皆泣。莫能仰視。於是項王乘其駿馬名騅。麾下壯士騎從者八百餘人。直夜潰圍南出馳走。平明。漢軍乃覺之。令灌嬰以五千騎追之。項王渡淮。騎能屬者纔百餘人。至陰陵。（安徽定遠縣西北六十里）迷失道。問一田父。田父紿曰左。左乃陷大澤中。以故漢追及之。項王乃復引兵而東。至東城。（今安徽定遠縣東南五十里）乃有二十八騎。漢騎追者數千。項王自度不得脫。謂其騎曰。吾起兵至今八歲矣。身七十餘戰。未嘗敗北。遂霸天下。然今卒困於此。此天亡我。非戰之罪也。乃分其騎為四隊。四嚮。漢軍圍之數重。項王令四面騎馳下。期山東為三處。於是項王大呼馳下。楊喜追之。項王瞋目而叱之。喜人馬俱驚。辟易數里。項王與其騎會為三處。漢軍不知項王所在。乃分軍為三。復圍之。項王潰圍出。欲東渡烏江。（大江津名在安徽和州東北）烏江亭長艤船待曰。江東雖小。亦足王也。項王笑曰。籍與江東子弟八千人渡江而西。今無一人還。獨不愧於心乎。（此項王鑒於三秦將之故）乃以騅賜亭長。顧見呂馬童曰。若非吾故人乎。馬童面之。指示王翳曰。此項王也。（不欲自殺故人諷翳殺之）項王曰。漢購我頭千金。邑萬戶。吾為若德。乃自刎而死。王翳取其頭。餘騎相蹂踐。爭項王相殺者數十人。最後楊喜呂馬童呂勝楊武各得其一體。五人皆為列侯。楚地悉定。以魯公禮。（懷王所封）葬項王於穀城。（秦縣今山東穀陽縣）漢王還至定陶。（秦縣今山東定陶縣）馳入韓信壁。奪其軍。以韓信為楚王。彭越為梁王。

第十四節　高祖之政上

五年二月甲午。王即皇帝位於氾水之陽。（水名在今山東定陶縣）更王后曰皇后。太子曰皇太子。追尊先媼曰昭靈夫人。帝置酒洛陽南宮。問羣臣曰。吾所以得天下者何。項氏所以失天下者何。高起王陵對曰。陛下使人攻城略地。因以予之。與天下同其利。項羽不然。有功者害之。賢者疑之。戰勝而不予人功。得地而不予人利。高祖曰。公知其一。未知其二。夫運籌帷幄之中。決勝千里之外。吾不如子房。鎮國家。撫百姓。給餽餉。不絕糧道。吾不如蕭何。連百萬之衆。戰必勝。攻必取。吾不如韓信。此三人者。皆人傑也。吾能用之。此吾所以取天下也。項羽有一范增而不能用。此其所以為我擒也。田橫與其五百人亡入海島。帝召之。曰。田橫來者。大者王。小者乃侯耳。不然。且舉兵加誅。橫乃與其客二人乘傳詣洛陽。未至三十里。橫自殺。帝為流涕。以王禮葬之。既葬。二客穿其冢旁孔。皆自剄。下從之。帝大驚。更使召五百人。海中至。則聞橫死。亦皆自殺。初。季布為項羽將。屢窘帝。羽滅。魯俠士朱家匿之。為言於夏侯嬰。嬰言之帝。乃赦布。召拜郎中。布母弟丁公。亦嘗窘帝。帝急顧曰。兩賢豈相厄哉。丁公乃還。至是謁帝。帝曰。丁公為臣不忠。使項王失天下。遂斬之。齊人婁敬說帝曰。洛陽天下之中。有德則易以興。

無德則易以亡。秦地被山帶河，四塞以爲固。卒然有急。百萬之衆可以立具。此扼天下之肮。而拊其背也。帝即日西徙關中。定都長安。（漢京今陝西西安府治）楚臨江（今湖北荊州府）王共驩。（即前之共敖）不降。漢遣劉賈盧綰擊走之。燕王臧荼反。帝自將擊虜之。以盧綰爲燕王。六年。有人上書告楚王信反。帝僞游雲夢。信來謁。使武士縛之。赦爲淮陰侯。尊父太公爲太上皇。高祖去秦苛儀。爲簡易。至是乃用叔孫通。（故秦博士）與魯諸生共定朝儀。七年。長樂宮成。諸侯羣臣朝賀。禮畢。帝曰。吾乃今日知爲皇帝之貴也。初。秦納六國禮儀。擇其尊君抑臣者存之。及通制禮。大抵襲秦故。由是後世朝儀。皆偏於尊主。非三代之舊矣。

第十五節　高祖之政下

十年冬。陳豨反。（時監趙代邊兵）帝自將擊之。豨軍敗。（後爲樊噲所殺）十一年。韓信舍人得罪於信。信囚欲殺之。舍人弟上變告信與陳豨通謀。欲發以襲呂后太子。部署已定。呂后乃與蕭相國謀。紿信入呂后。使武士縛信。斬之長樂鐘室。信方斬。曰。吾悔不用蒯徹之計。遂夷三族。將軍柴武斬韓王信於參合。（漢縣今山西蔚州東北）帝還洛陽。帝之擊陳豨也。徵兵於梁。梁王越稱病。帝怒。使人讓之。梁王越恐。欲自往謝。未行。梁太僕得罪。亡走漢。告梁王越謀反。於是帝使使掩梁王越。遂囚之。赦爲庶人。傳處蜀。西至鄭。逢呂后從長安來。彭越爲呂后涕泣。自言無罪。願處故昌邑。（漢縣今山東金鄉縣西四十里）呂后許諾。與俱東至洛陽。呂后白帝曰。彭王壯士。今徙之蜀。此自遺患。不如遂誅之。妾謹與俱來。於是呂后乃使其舍人告彭越謀反。三月。夷越三族。梟首洛陽。醢其肉以賜諸侯。初。淮南王黥布聞帝殺韓信。心已恐。及彭越誅。以其肉賜諸侯。使者至淮南。淮南王方獵。見醢大恐。遂發兵反。帝自將擊黥布。十二年冬十月。與布軍遇於蘄西。（漢縣今安徽懷遠縣）布兵精甚。帝望布軍置陣如項王軍。惡之。遂與布相見。遙謂布曰。何苦而反。布曰。欲為帝耳。遂大戰。布軍敗渡淮。帝令別將追之。布亡至番陽。為民所殺。帝還歸過沛。留置酒沛宮。悉召故人父老子弟。縱酒。發沛中兒得百二十人。教之歌。酒酣。帝擊筑。（筑古樂有絃擊之不鼓）自為歌詩曰。大風起兮雲飛揚。威加海內兮歸故鄉。安得猛士兮守四方。令兒皆和習之。帝乃起舞。慷慨傷懷。泣數行下。謂沛父兄曰。游子悲故鄉。吾雖都關中。萬歲後吾魂魄猶樂思沛。樂飲十餘日乃去。帝擊布時。為流矢所中。行道疾甚。夏四月甲辰。高祖崩於長樂宮。年五十三。燕王盧綰。初與陳豨通謀。高祖使樊噲擊之。綰與數千人居塞下候伺。幸上疾愈。自入謝。聞高祖崩。遂亡入匈奴。秦之亂也。齊楚三晉舊族復起。然皆不數年而敗亡。漢所立之王。惟韓王信出於王族。其外如趙王張耳。楚王韓信。梁王彭越。淮南王黥布。長沙王吳芮。燕王盧綰。與漢皆自庶姓起。周人貴族之遺澤。無復存矣。漢興。高祖懲秦以孤立而亡。大封子弟同姓為王。約曰。非劉氏不得王。其異姓王。或誅或廢。六七年間。皆滅盡。惟長沙王吳芮以國小而忠得久存。（至文帝末年以無後國除）而劉氏王者九國。齊王肥。楚王交。趙王如意。梁王恢。淮南王友。代王恆。淮南王長。吳王濞。燕王建是也。其間吳為高祖兄子。楚為高祖弟。餘皆高帝庶子。其地最大者齊代吳楚。漢當此時。惟患異姓。翦滅之惟恐不及。至景帝時。異姓已無足慮。而惟歷同姓。專務猜防。哀平以降。同姓不足有爲。而外戚移國矣。此前漢二百餘年之大勢也。

第十六節　漢之諸帝

漢之諸帝。太祖高皇帝。（應劭曰以其功最高而爲漢之太祖故特起名焉）年四十二。即皇帝位。在位十三年崩。壽五十三。子盈立。母呂皇后也。是爲孝惠皇帝。（柔質慈民曰惠）在位七年崩。壽二十四。母呂雉自立。是爲高后。（婦人從夫謚故稱高）在位八年崩。（壽無致）

太尉周勃誅諸呂。迎高祖子代王恆立之。母薄姬也。是爲太宗孝文皇帝。（慈惠愛民曰文景帝時號文帝廟曰太宗此爲帝王廟號之始然兩漢廟號不常置必有功德然後置也）在位二十三年崩。（前元十六年後元七年）壽四十六。子啓立。母竇皇后也。是爲孝景皇帝。（布義行剛曰景）在位十六年崩。（前元七年中元六年後元三年）壽四十八。文景二代。皆爲漢之令主也。景帝崩。子徹立。母王美人也。是爲世宗孝武皇帝。（威强叡德曰武）在位五十四年崩。（武帝始用年號合建元六年元光六年元朔六年元狩六年元鼎六年元封六年太初四年天漢四年太始四年征和四年後元二年）壽七十一。武帝時爲中國極强之世。故古今稱雄主者曰秦皇漢武。武帝崩。子勿陵立。母趙倢伃也。是爲孝昭皇帝。（聖聞周達曰昭）在位十三年崩。（合始元六年元鳳六年元平一年）年二十一。無嗣。大將軍霍光迎武帝孫昌邑王賀立之。王父昌邑哀王髆。武帝子。李夫人出也。即位二十七日。欲謀害光。光廢之。歸昌邑。改立武帝曾孫詢。詢字次卿。父史皇孫。祖戾太子。是爲中宗孝宣皇帝。（聖善周聞曰宣）宣帝時。霍氏謀反。族之。在位二十五年崩。（合本始四年地節四年元康四年神爵四年五鳳四年甘露四年黃龍一年）壽四十三。子奭立。母許皇后也。是爲孝元皇帝。（行義悅民曰元）在位十六年崩。（合初元五年永光五年建昭五年竟寧一年壽四十三。元帝時漢業始衰。子驁立。驁字太孫。母王皇后也。是爲孝成皇帝。安民立政曰成在位二十六年崩。合建始四年河平四年陽朔四年鴻嘉四年永始四年元延四年綏和二年壽四十六。成帝時王氏始盛。帝崩。所養子欣立。元帝孫也父定陶恭王康母丁姬祖母傅太后是爲孝哀皇帝。恭仁短折曰哀在位六年崩。合建平四年元壽二年壽二十六。無嗣。元后即成帝母王氏王莽姑也迎中山王衎。立之。元帝孫也。父中山孝王興。母衛姬、是爲孝平皇帝。布綱治紀曰平在位五年崩。元始凡五年壽十四。無嗣。王莽篡立。莽字巨君。元后弟王曼子也。改國號曰新。在位十三年。爲漢兵所殺。合居攝三年始初一年始建國五年天鳳六年地皇四年壽六十三。以上漢十二帝。二百二十九年。

第十七節　文帝黃老之治

中國歷史有一公例。大約太平之世。必在革命用兵之後。四五十年。從此以後。隆盛約可及百年。百年之後。又有亂象。又醞釀數十年。遂致大亂。復成革命之局。漢唐宋明。其例一也。而其間偶有參差者。皆具特別之原因。無無故者。總之除南北朝五代與元之外。此數代之所以獨異者以有外族闖入故也皆可以漢爲之代表。漢之盛世。實在文景。此時距秦楚漢三世遞續之相爭。已近三十年矣、大亂之後。民數減少。天然之產。養之有餘。而豪傑敢亂之徒。並已前死。餘者厭亂苟活之外。無所奢望。此皆太平之原理。與地產相消息。而與君相無涉也。若爲君相者。更能清靜不擾。則效益著矣。初太尉既誅諸呂。廢少帝。議所立。以代王高帝子最長。仁孝寬厚。太后家薄氏謹良。乃迎代王而立之。元年。有獻千里馬者。帝曰。鸞旗在前。屬車在後。朕乘千里馬。獨先安之。於是還其馬而下詔曰。朕不受獻也。其令四方毋求來獻。（此在後世成爲具文而漢文則爲七國以來之創舉）初。秦開南越。置郡縣。設官吏。及秦亂。秦將趙陀。乃據地自王。漢興。高祖使陸賈說陀。陀乃稱臣。至孝惠呂后時。皇室多故。漢兵不能踰嶺。陀因以兵威財物賂遺閩越。（蠻族名今福建省）西甌駱。（蠻族名今廣西越南之間）役屬焉。東西萬餘里。乘黃屋左纛。自稱武帝。與中國侔。帝乃爲陀親冢在眞定者。置守邑。歲時奉祀。召其昆弟。尊官厚賜寵之。復使陸賈使南越。賜陀書曰。前日聞王發兵於邊。爲寇災不止。長沙苦之。南郡尤甚。雖王之國。庸獨利乎。寡人之妻。孤人之子。獨人父母。得一亡十。朕不忍爲也。（此亦七國以來之創論）賈至南越。陀恐。頓首謝罪。稱藩臣。去帝號。十三年。齊太倉令淳于意有罪當刑。其少女緹縈上書曰。妾傷夫死者不可復生。刑者不可復屬。雖後欲改過自新。其道無由也。妾願沒入爲官婢。以贖父刑罪。使得自新。帝爲之除肉刑。此皆帝之大略也。文帝好黃老家言。其爲政也。以慈儉爲宗旨。二十餘年。兵革不興。天下富實。爲漢太宗。其專制君主之典型哉。帝時天下有兩大事肇端。一其果顯於景帝。一其果顯於武帝。帝待諸王至寬大。諸侯驕泰。淮南王長至稱帝大兄。而椎殺辟陽侯審食其於闕下。帝皆不問。洛陽賈誼上疏。請削諸侯。而改政朔。易服色。帝並不聽。（皆非黃老之旨文帝之學蓋優於賈誼遠矣）其後濟北王興居。（齊王襄之弟文帝二年封）發兵反。敗死。淮南王長謀反。廢徙蜀道死。吳王濞招致郡國亡命。採豫章（漢郡今江西省）之銅。以鑄錢。煑海水爲鹽。反跡日著。帝賜以几杖。不朝。（吳之反謀實因漢太子與吳太子爭博太子因引局提殺吳太子之故故其曲在帝）其後卒致七國之變。帝初年。宦者燕人中行說降匈奴。始敎匈奴猾夏。至武帝盡天下之力。僅乃克之。皆帝之所遺也。

第十八節　景帝名法之治

文帝旣崩。太子卽位。是爲景帝。帝亦治黃老學。而天資刻薄。不及文帝。然與文帝同爲漢之明主。則以其材適於全權君主之用也。帝承文帝之後。無所更張。其時要事。結文帝之果而已。初。文帝寬容同姓諸侯。賈誼鼂錯等皆言尾大不掉。宜加裁抑。帝陽不聽。而陰備之。臨崩。戒太子曰。脫有緩急。周亞夫（丞相絳侯周勃之子）眞可任將兵。蓋爲其實而不受其名。眞黃老之精義矣。及景帝卽位。錯用事。言之益急。帝聽之。稍侵奪諸侯。於是吳王濞。膠西王卬。楚王戊。趙王遂。濟南王辟光。菑川王賢。膠東王雄渠。皆舉兵反。（楚王戊者楚王交之孫趙王遂者趙王友之子膠西膠東菑川濟南之王皆齊王肥之國所分）帝歸罪於鼂錯而殺之。（此亦黃老刑名之術）而拜周亞夫爲太尉。將三十六將軍往伐吳楚。閱三月。亞夫大破七國兵。斬首十餘萬。斬吳王濞。餘六國王皆自殺。以周亞夫爲丞相。未幾下獄死。帝旣平七國。摧抑諸侯。不得自治民補吏。令內史治之。減黜其百官。又留列侯於京師。不使就國。於是宗室削弱。權歸外戚閹宦。兩漢皆以此亡。此又非賈誼等所及料矣。

第十九節　武帝儒術之治

有爲漢一朝之皇帝者。高祖是也。有爲中國二十四朝之皇帝者。秦皇漢武是也。案中國之政。始於漢武者極多。武帝即位。稱建元元年。帝王有年號始此。是年詔郡國舉賢良方正。直言極諫之士。上親策問。擢廣川（漢縣今直隸故城縣）董仲舒爲第一。科舉之法始此。仲舒請不在六藝之科孔子之術者。皆絕之。於是罷絀百家。用儒術。議立明堂。遣使安車蒲輪。束帛加璧。迎魯申公。專用儒家始此。元光元年。命李廣屯雲中。程不識屯雁門。征匈奴始此。二年。李少君以祠竈却老方見上。上尊信之。於是天子始親祠竈。遣方士入海求蓬萊安期生之屬。而事化丹沙諸藥齊爲黃金矣。方士求僊始此。五年。使司馬相如乘傳。因巴蜀吏幣物以賂西夷。邛筰冉駹之君皆請爲內臣。置一都尉。十餘縣。屬蜀。開西南夷始此。是年女巫楚服。教陳皇后祠祭厭勝。挾婦人媚道。事覺。誅楚服等三百餘人。廢皇后陳氏。巫蠱始此。廢后亦始此。元朔元年。東夷薉君南閭等二十八萬人降。置蒼海郡。開朝鮮始此。是年詔吏通一藝（六藝之一）以上者。皆選擇以補右職。以儒術爲利祿之途始此。六年。詔令民得買爵及贖禁錮免臧罪。置賞官。名曰武功爵。級十七。各有定價。賣官始此。南越相呂嘉殺其王（趙佗玄孫）及太后以叛。秋。將軍路博德等討南越。斬呂嘉。置南海、合浦、蒼梧、鬱林、珠崖、儋耳、交趾、九眞、日南等九郡。開南蠻始於秦。今再復之。元鼎六年。東越王餘善叛漢。自稱武帝。將軍楊僕擊東越。斬餘善。遂徙其民於江淮間。其地遂虛。開閩越始此。元封元年。春正月乙卯。封泰山。丙辰。禪泰山下阯東北肅然山。封禪始此。太初元年。夏五月。造漢太初曆。以正月爲歲首。色上黃。數用五。以爲典常。垂之後世。以正月爲歲首。色尙黃。皆始此。是中國之政始於漢武者。

凡一十二事。故自來論中國雄主者。曰秦皇漢武。因中國若無此二君。則今日中國之形勢。決不若此也。故此二君皆有造成中國之力。二千餘年以還。爲利爲害。均蒙其影響。綜兩君生平而論之。其行事皆可分爲三大端。一曰尊儒術。二曰信方士。三曰好用兵。此三者。就其表而觀之。則互相牴牾。理不可解。既尊儒術。何以又慕神僊。既慕神僊。何以又嗜殺戮。此後人所以有狂悖之疑也。（漢武亦以此自責）然若論其精微。則事乃一貫。蓋皆專制之一念所發現而已。其尊儒術者。非有契於仁義恭儉。實視儒術爲最便於專制之教耳。開邊之意。則不欲己之外。別有君長。必使天下歸於一人而後快意。非今日之國際競爭也。至於求僊。則因富貴已極。他無可希。惟望不死以長享此樂。此皆人心所動於不得不然。故能前後兩君異世同心如此。而其關繫於天下後世者。則功莫大於攘夷。而罪莫大於方士。攘夷之功。使中國幷東西南北各小族。而成爲大國。削弱匈奴。其績尤偉。不然。金元之禍。見於秦漢。而中國古人之文物。且不存矣。方士之罪。則使鬼神荒誕之說。漸漬於中國之社會。而不可去。至今中國之風俗。觸目無非方士之遺傳者。（後節論之）自漢末之黃巾。至庚子之義和團。皆由此起。其爲禍於中國。何其烈哉。若夫尊儒術。則功罪之間。尚難定論也。

第二十節　漢外戚之禍一

古者天子崩。太子卽位。諒陰（謂三年不言也）三年。政事決之冢宰。未有母后臨朝者也。母后臨朝之制。至漢大盛。其事。遂與中國相終始。然其事亦不起於漢。七國時已有之。案史記趙世家。趙惠文王卒。孝成王初立。太后用事。（即左師觸讋所說者）又范睢傳。范睢曰。臣聞秦有太后穰侯。（穰侯即魏冉太后弟）不知有王也。（謂秦昭襄王母宣太后）此皆為漢太后臨朝之先聲也。推其原理。大約均與專制政體相表裏。蓋上古貴族政體。君相皆有定族。不易篡竊。故主少國疑。不難委之宰相。至貴族之制去。則主勢孤危。在朝皆羈旅之臣。無可託信者。猝有大喪。不能不聽於母后。而母后又向來不接廷臣。不能不聽於己之兄弟。或舊所奔走使御之人。而外戚宦官之局起矣。漢起布衣。自危愈甚。故呂后當高祖在時。已一意以翦滅功臣為急務。而高祖亦聽之。其後遂成為故事。積漸至於王莽篡漢。其歷史有可言者。初。高祖微時。單父人呂公好相人。奇高祖貌。以女妻之。即高后也。后為人剛毅。佐高祖定天下。生孝惠。高祖以為不類己。所幸姬戚夫人。有子曰如意。封趙王。高祖愛之。常欲以易太子。孝惠賴叔孫通張良。故得毋易。以故呂后怨戚夫人。太子既即位。太后囚戚夫人。髡鉗衣赭衣。令舂。戚夫人舂且歌曰。子為王。母為虜。終日舂薄暮。與死為伍。相離三千里。當誰使告女。太后聞之。大怒曰。乃欲倚汝子耶。乃召趙王欲殺之。帝（謂孝惠）知太后欲殺趙王。召王入宮。自挾與起居飲食。太后不得間。元年冬十二月。帝晨出射。趙王年少。不能蚤起。太后酖殺之。帝還。趙王已死。太后遂斷戚夫人手足。去眼。煇耳。飲瘖藥。使居廁中。命曰人彘。居數日。乃召帝觀人彘。帝見問。知其戚夫人。乃大哭。因病歲餘不能起。七年秋。帝崩。初。太后命張后。（孝惠后魯元公主女也）取他人子養之。而殺其母。以為太子。帝崩。太子即位。年幼。太后遂臨朝稱制。欲王諸呂。追尊父呂公兄呂澤為王。封魯元公主子張偃爲魯王。兄子呂台爲呂王。女弟呂須爲臨光侯。以呂台弟呂產爲梁王。兄子呂祿爲趙王。又封諸呂六人爲侯。持天下凡八年。及疾甚。乃令呂祿爲上將軍居北軍。呂產居南軍。太后誡產祿曰。我崩。必據兵衛宮。愼毋送喪。爲人所制。辛巳。太后崩。諸呂欲爲亂。畏大臣絳灌等。未敢發。朱虛侯章。（齊王弟）以呂祿女爲婦。知其謀。以告齊王。齊王遂舉兵西攻濟南，（濟南本屬齊，元年割與呂台）遺諸侯書。數諸呂之罪。呂產等聞之。乃遣灌嬰將兵擊之。嬰至滎陽。謀曰。諸呂欲謀劉氏。今我破齊。此益呂氏之資也。乃留屯滎陽。使使諭齊王。及諸侯。與連和。以待呂氏變。是時中外相持。列侯羣臣。莫自堅其命。太尉周勃不得主兵。曲周侯酈商老病。其子寄。與呂祿善。太尉乃與丞相陳平謀。使人劫酈商。令其子寄往紿呂祿。說祿歸相國印而之國。齊兵必罷。呂祿信然其計。時與出遊獵，過其姑呂嬃。嬃大怒曰。若爲將而棄軍。呂氏今無處矣。九月庚申旦。平陽侯窋見呂產計事。適郎中令賈壽從齊來。具以灌嬰與齊楚合縱之謀告產。且趣產急入宮。平陽侯頗聞其語。馳告丞相太尉。太尉欲入北軍。不得入。襄平侯紀通尙符節。乃令持節矯內太尉北軍。太尉復使酈寄劉揭說呂祿。祿乃以印屬揭。而以兵授太尉。太尉入軍門。行令曰。爲呂氏右袒。爲劉氏左袒。軍中皆左袒。太尉遂將北軍。然尙有南軍。太尉令朱虛侯告衛尉。毋入呂產殿門。朱虛侯請卒。太尉予以千餘人。入未央宮門。見產廷中。日晡。遂擊產。殺之郎中府吏廁中。太尉遂遣人分捕諸呂男女。無少長皆斬之。辛酉。斬呂祿。而笞殺呂嬃。誅呂通。廢張偃。（魯元公主子）使朱虛侯以誅諸呂事告齊王。及灌嬰。使罷兵。迎孝文於代而立之。此兩漢外戚之禍之第一次也。

第二十一節　漢外戚之禍二

自此以後。文帝母薄太后。吳人（今蘇州）弟薄昭封軹侯（國在今河南濟源縣）景帝母竇太后。觀津人（今直隸武邑縣）弟竇國封章武侯（國在今直隸滄州東北七十里）兄子彭祖封南皮侯（國在今直隸南皮縣）從昆弟子嬰封魏其侯（漢屬瑯琊郡今未詳）嬰至丞相。兩家皆以退讓君子聞。然觀當時絳灌等曰。吾屬不死。命且懸此兩人。（謂竇后兄弟）則其氣燄亦可知矣。武帝母王太后。槐里人（今陝西南鄭縣）兄信封蓋侯（漢屬泰山郡今未詳）王氏外兄弟田蚡封武安侯（國在今直隸磁州）勝周陽侯（國未詳）蚡至丞相。以武帝之雄。外家無所表見。昭帝母鉤弋夫人。則武帝先殺之。姓趙氏河間人家無在位者。至昭宣之間。而有霍氏之事。初武帝時方士及神巫。多聚京師。變幻無不為。女巫往來宮中。教美人（宮中女官名）度厄。每屋埋木人祭祀之。轉相訐。以為呪詛上。上所殺後宮延及大臣數百人。上既以為疑。會有疾。江充因與太子有隙。因是為姦。言上疾。崇在巫蠱。於是上以充為使者。治巫蠱。充所治輒燒鐵鉗灼。強使服之。自京師三輔。連及郡國。坐而死者數萬人。充知上意。使胡巫言宮中有蠱氣。上乃使充入宮治之。掘地縱橫。皇后太子。無復施牀處。充云於太子宮得木人尤多。太子懼。乃矯詔斬江充。焚殺胡巫。發長樂宮衛卒。上在甘泉。聞變。使丞相劉屈氂討之。皇后自殺。太子敗。自經死。初鉤弋夫人（大人生而手拳帝自拔之應時而直故名）生子弗陵。數歲長大多知。武帝奇愛之。心欲立焉。度羣臣中惟奉車都尉霍光。（霍去病之弟）忠厚可任大事。乃畫周公負成王朝諸侯。以賜光。而賜鉤弋夫人死。左右問曰。人言且立其子。何去其母乎。帝曰。往古國家所以亂。由主少母壯也。女主獨居驕蹇，淫亂自恣，莫能禁也。故不得不先去之也。及帝病篤，乃立弗陵爲皇太子，時年八歲。以霍光爲大司馬大將軍，（大司馬大將軍始此，後遂爲篡竊者所必歷）金日磾（匈奴人仕漢）爲車騎將軍，上官桀爲左將軍，皆受遺詔輔政。又以桑弘羊爲御史大夫。武帝崩，弗陵卽位。元鳳元年，燕王旦、（武帝子）上官桀謀反。初帝立桀子安之女爲后，（亦霍光之外孫女）安日益驕，桀與安屢求官於光，不得，皆怨光。蓋（公主封邑見前）長公主爲其嬖人求封，光亦不與。燕王旦亦自以帝兄，怨不得立，桑弘羊又以言利功高，欲爲子弟益官，光不予。皆屢譖光於帝，帝不聽。於是燕王旦、上官桀、蓋主、桑弘羊同謀殺光，廢帝而立燕王旦。安又謀誘燕王旦至而殺之，因廢帝而立桀。事覺，桀、安、弘羊夷三族，蓋主、燕王自殺。皇后以光外孫，故得不廢。後帝崩，無嗣，羣臣乃以皇后命迎昌邑王賀。（武帝之孫）卽位，王既卽位，淫戲無度。光憂懣，田延年舉伊尹廢太甲告光，乃以太后命（卽昭帝后）廢王歸之昌邑，而迎戾太子（卽太子據）孫病已立之，卽宣帝也。案霍光之忠，爲古今所信，故言廢立者，必稱伊尹霍光。伊尹之事，已有竹書之疑，（竹書紀年稱太甲殺伊尹）而霍光之廢立，其意尤爲顯著。漢書霍光傳曰：悉誅昌邑羣臣二百餘人，出死，號呼市中曰：當斷不斷，反受其亂。然則必爲昌邑羣臣謀光，而光乃廢昌邑王可知也。漢人不著其罪者，殆宣帝以其援立而德之歟。然而班固之辭，則婉而彰矣。初宣帝爲皇曾孫，生數月，巫蠱事起，太子三男一女，及史良娣（太子婦良娣女官名）等皆遇害。獨皇曾孫存，收繫郡邸獄，廷尉丙吉哀曾孫無辜，視遇甚有恩惠。及長，依史氏。後有詔掖廷養視，掖廷令張賀，嘗事戾太子，思顧舊恩，哀曾孫，奉養甚謹，爲之娶暴室（宮中獄名）嗇夫（官名屬於掖庭令）許廣漢女。曾孫因依許氏及史氏。受詩於東海澓中翁。高材好學。亦喜游俠。具知閭里姦邪吏治得失。廣漢女適曾孫。歲餘。曾孫入承漢統。時霍光有小女。公卿議更立后。皆心擬光女。上乃詔求微時故劍。大臣知指。白立許氏爲皇后。霍氏弗善也。本始三年春。許后當娠病。霍光夫人顯賂女醫淳于衍。擣附子毒殺許后。人有上書言諸醫侍疾無狀者。上將治之。顯告光。光大驚。不忍舉發。乃奏衍勿論。而納其女爲后。地節二年春。光死。帝始親政。三年。立子奭爲皇太子。許后子也。霍顯聞立皇太子。大怒不食。嘔血曰。我女有子。反爲王耶。復敎皇后令毒太子。后數召太子賜食。保阿輒先嘗之。后挾毒不得行。時帝令吏民得奏封不關尚書。（時光兄孫山領尚書故事上書者爲二封以副先白尚書尚書先發副封所言不善屏去不奏）霍氏甚惡之。然驕侈轉盛。至霍氏奴入御史府。欲躢大夫門。御史叩頭謝。始去。帝亦頗聞霍氏毒殺許后而未察。乃悉徙霍氏黨於外。而以許史子弟代之。以霍禹（光子）爲大司馬。小冠。（故事大司馬大冠）無印綬。徒名與光同。霍氏憂懼。始有邪謀矣。四年。霍氏謀令太后置酒。召丞相魏相。許后父許廣漢以下。使范明友鄧廣漢承制斬之。因廢天子而立禹。事覺。秋七月。雲山明友自殺。顯禹廣漢等捕得。及諸女昆弟皆棄市。相連坐誅滅者數十家。廢霍后。（後十二年自殺）

第二十二節　漢外戚之禍三

漢自宣帝起微賤。履至尊。卽位之初。卽蒙霍氏之難。於外家許史之外。不敢輕任。於是外戚執政之習再盛。西漢之世。自元帝起。至於哀平。步步皆趨於宦官外戚之政矣。此讀史所宜注意也。初。元帝爲太子。柔仁好儒。嘗從容諫宣帝持刑太深。宜用儒生。宣帝歎曰。亂我家者必太子也。然以太子許后微時所生。而帝少依許氏。及卽位。許后以弒死。故弗忍廢之也。臨崩。以外戚史高（宣帝祖母史良娣之兄子）爲車騎將軍。太子太傅蕭望之爲前將軍。少傅周堪爲光祿大夫。並受遺詔輔政。領尚書事。宣帝崩。元帝卽位。初。蕭望之周堪皆以師傅舊恩。太子任之。數宴見。言治亂。陳王事。史高充位而已。由此與望之有隙。中書令弘恭。僕射石顯。（中書令僕射。漢時皆屬少府）自宣帝時。久典樞機。帝以顯中人。（謂宦者）無外黨。精專可信任。遂委以政。（此列代信宦者之原理）顯爲人巧慧習事。能深得人主微指。與史高相表裏。望之等患之。乃奏帝用宦者非古制也。由是大忤高恭顯等。羣小乃奏望之堪更生。（劉更生望之所薦名儒）朋黨相稱舉。（朋黨之名始此）帝下望之吏。望之自殺。堪更生爲庶人。帝驚泣。究不罪恭顯等。其後大臣事皆白顯。事決顯口矣。甘露三年。王政君。（元城人王禁女。元帝姬也）生成帝於甲館畫堂。爲世適皇孫。宣帝愛之。自名曰驁。字太孫。常置左右。及成帝卽位。建始元年。以元舅平陽侯（國在今山西平陽縣）王鳳爲大司馬大將軍。錄尚書。舅王崇爲安成侯。（國在今江西安福縣六里）舅譚、商、立、根、逢時、皆關內侯。河平二年。封諸舅。譚爲平阿侯。（國在漢屬沛郡故城無攷）商爲成都侯。（國在今四川成都縣）立爲紅陽侯。（國在今鄧州西南）根爲曲陽侯。（國在今直隸曲陽縣）逢時爲高平侯。（國在今山西高平縣）五人同日封。世謂之五侯。河平四年。大將軍王鳳。譖殺丞相王商。（此非五侯中之王商）商宣帝母王皇后（史皇孫之妾）之兄子也。商死而成帝外家益專。陽朔元年。或薦劉向子歆通達有異材。上召見悅之。欲以爲中常侍。左右固爭。以爲未白大將軍。上白鳳。鳳不可。乃止。鳳又使諸王（劉氏宗室）就國。京兆尹王章。因劾鳳不可使久典事。宜退使就第。上召見章。辟左右與語。時太后從弟子音。獨側聽具知章言。以告鳳。鳳因上疏乞骸骨。太后聞之。垂涕不食。上乃强起鳳。而下章吏。章死獄中。妻子徙合浦。（漢縣今廣東合浦縣）自是公卿以下。見鳳側目而視。二年。以竊聽功。以王音爲御史大夫。於是王氏愈盛。郡國守相。皆出其門下。五侯羣弟。爭爲奢侈。賂遺珍寶。四面而至。皆通敏人事。好士養賢。傾財施予。以相高尚。賓客滿門。競爲之聲譽。（案此王氏所以獨能篡漢與古今各外戚異也）劉向上書極諫。謂劉氏王氏。勢不並立。宜皆罷令就第。上不能用也。三年八月丁巳。鳳卒。九月甲子。以王音爲大司馬車騎將軍。而王譚位特進。（漢官加此則進班）領城門兵。鴻嘉三年。王氏五侯。奢侈益甚。王商從上借明光宮避暑。又穿長安城。引灃水注第中。王根第園中土山漸臺。象白虎殿。上大怒。使尚書責問音等。然實無意誅之也。時上悅歌者趙飛燕。及其女弟合德。皆召入宮。大幸之。益無意於政事。四年。王譚卒。以王商爲特進。領城門兵。永始元年。立趙飛燕爲皇后。其女弟爲倢伃。（宮中女官名）諫大夫劉輔上書諫。上大怒。輔論爲鬼薪。（漢刑名取薪給宗廟三歲）趙后公爲淫恣。無敢言者。劉向採取詩書所載賢妃貞婦。及嬖孽亂亡者。序次爲列女傳八篇奏之。上不能用。二年。王音卒。以王商爲大司馬衛將軍。而以王立位特進。領城門。綏和元年。冬十二月乙未。以王商爲大將軍。辛亥卒。庚申。以王根爲大司馬驃騎將軍。

第二十三節　漢外戚之禍四

綏和元年冬十月甲寅。王根病免。十一月丙寅。以王莽爲大司馬。時年三十八。初太后兄弟八人。獨弟曼早死。不侯。太后憐之。子莽幼孤。不及等比。其羣兄弟皆將軍五侯子。乘時侈靡。莽因折節爲恭儉。勤身博學。被服如儒生。事母及寡嫂。養孤兄子。行甚敕備。又外交英俊。內事諸父。曲有禮意。大將軍鳳病。莽侍疾。親嘗藥。亂首垢面。不解衣帶者連月。鳳且死。以託太后及帝。拜爲黃門郎。遷射聲校尉。久之。長樂少府戴崇。侍中金涉。中郎陳湯。皆當世名士。咸爲莽言。上由是賢莽。太后又數以爲言。永始元年。乃封莽新都侯。（漢新野縣之都鄉。屬南陽郡。今河南新野縣）遷侍中。爵位益高。節操愈堅。散輿馬衣裘。振施賓客。家無所餘。收贍名士。交結將士卿大夫甚衆。故在位者更推薦之。游者爲之談說。虛譽隆洽。傾其諸父矣。莽既拔出同列。繼四父而輔政。欲令名譽過前人。遂克己不倦。聘諸賢良以爲掾史。賞賜邑錢。悉以享士。二年三月丙戌。帝崩。民間讙譁。歸罪趙昭儀。昭儀自殺。哀帝卽位。祖母傅太后性剛。長於權謀。王氏忌之。不欲太后旦夕相近。於是孔光何武以爲傅太后可居北宮。帝從之。傅太后求欲稱尊號。貴其親屬。王莽以爲不可。上新立。謙讓納用莽言。傅太后大怒。要上必欲稱尊號。帝乃白太皇太后。（元后）尊傅太后爲恭皇（追尊定陶王康之稱）太后。丁姬曰恭皇后。而封諸舅爲列侯。於是太皇太后詔莽就第。避帝外家。帝慰留之。帝置酒未央宮。內者令（官屬少府）爲傅太后張幄。坐於皇太后坐旁。王莽責內者曰。定陶太后藩妾。何以得與至尊並。徹去更設座。傅太后大怒。不肯會。重怨莽。莽復乞骸骨。上賜以安車駟馬。罷就第。公卿大夫多稱之者。建平元年。以傅喜（傅太后從弟）爲大司馬。高武侯。（國今在未詳）二年春。傅太后欲稱尊號。傅喜以爲不可。傅太后大怒。帝乃詔喜就國，元壽元年。以傅晏爲大司馬衛將軍。明爲大司馬驃騎將軍。皆封爲列侯，是年。晏罷就第。而傅太后亦崩。傅太后稱尊號後。尤驕。與元后語。至呼之爲嫗。未幾。丁明亦罷。而以嬖人董賢爲大司馬。年二十二。初賢得幸於上。貴震朝右。與上共臥起。又詔賢妻得通籍殿中。又召賢女弟以爲昭儀。位次皇后。昭儀及賢與妻旦夕上下。並侍左右。以賢父恭爲少府。賜爵關內侯。爲賢起大第。窮極土木。上方珍寶選物上第。盡在董氏。及爲三公。領尙書事。百官因賢奏事。權與人主侔矣。上置酒麒麟閣。從容視賢笑曰。吾欲法堯舜。如何。二年六月。帝崩。當帝在位時。王莽之就國也。閉門自守。諸吏上書訟莽寃者以百數。賢良對策。亦均以爲言。哀帝乃召莽還京師。侍太皇太后。及帝崩。太皇太后卽日駕之未央宮。收取璽綬。遣使馳召莽。詔尙書。諸發兵符節。百官奏事。中黃門期門兵。皆屬莽。莽卽闕下收賢印綬。賢及妻卽日皆自殺。庚申。太皇太后自用莽爲大司馬。領尙書事。以莽從弟安陽侯（國在今河南安陽縣）舜爲車騎將軍。同議立嗣。時傅太后丁太后皆先薨。王氏無所憚。莽白使王舜迎中山王奉成帝後。是爲孝平皇帝。時年九歲。太后臨朝稱制。委政於莽。莽白太皇太后。以皇太后（卽成帝后趙飛燕）殘滅繼嗣。（趙后曾手殺成帝子）貶爲孝成皇后。又以定陶共王太后。（卽傅太后）及孔鄉侯（國今在未詳）傅晏背恩忘本。傅氏丁氏。皆免官爵。歸故郡。傅晏將妻子徙合浦。未幾。廢孝成皇后孝哀皇后（傅太后從弟女）爲庶人。卽日皆自殺。而拜帝母衞姬爲中山孝王后。賜帝舅衞寶衞玄爲關內侯。皆留中山。不得至京師。（後五年莽乃發傅太后丁姬冢取其璽綬臭聞數里）於是附順者拔擢。忤恨者誅滅。以王舜王邑爲腹心。甄豐甄邯主擊斷。平晏領機事。劉秀典文章，孫建為爪牙。孫棻崔發陳崇皆以材能幸於莽。莽色厲而言方。欲有所為。微見風采。黨與承其指意而顯奏之。莽稽首涕泣。固推讓。上以惑太后。下用示信於天下。平帝元始元年。春。莽風塞外蠻。自稱越裳氏。來獻白雉。於是羣臣盛陳莽功德。致周公白雉之瑞。太后乃以孔光王舜甄豐甄邯。為四輔。莽幹四輔之事。號曰安漢公。莽知太后年老。厭政。乃令太后下詔。自今以後。惟封爵以聞。他事安漢公平決。州牧及茂材吏。（初被舉之吏也）初除。輒引對安漢公。考問稱否。於是莽人人延問。密致恩意。厚加贈送。不合指。顯奏免之。權與人主侔矣。二年。莽賂黃支國。（蠻族國。當在今南洋羣島中）使獻犀牛。又風匈奴上書慕化。更一名。（匈奴單于本名囊知牙斯。今更名知）三年。莽盡滅衛氏之族。衛后僅免。莽又殺其叔父立。及立長子宇。郡國豪傑。及漢舊臣。凡不附己者。悉誅之。天下震懼。四年。莽納其女為皇后。號莽宰衡。位在諸侯王上。莽又誘西羌。使獻地。願內屬。並盛陳莽功德。莽於是置西海郡。增法五十條。犯者徙之西海。徙者以千萬數。民始怨矣。五年。加莽九錫。九錫者。綠韍袞冕衣裳。瑒琫瑒珌。勾履。㊀鸞輅乘馬。龍旂九旒。皮弁素積。戎路乘馬。㊁彤弓矢。盧弓矢。㊂左建朱鉞。右建金戚。㊃甲冑一具。秬鬯二卣。㊄圭瓚二。九命青玉珪二。㊅朱戶。㊆納陛。㊇署宗官祝官卜官史官。虎賁三百人。㊈（文選潘勗冊魏公九錫文注引韓詩外傳曰。諸侯之有德。天子錫之。一錫車馬。再錫衣服。三錫虎賁。四錫樂器。五錫納陛。六錫朱戶。七錫弓矢。八錫鈇鉞。九錫秬鬯。謂之九錫也。與漢書王莽傳小異。）初。莽之為宰衡也。益封以新野之田。（漢縣。今河南新野縣）莽辭不受。吏民為莽上書者。四十八萬七千五百七十二人。及諸侯王公列侯宗室見者。皆叩頭言。亟宜加賞。於是有九錫之議。莽既受九錫。自以為功德洽於天下。遣風俗使者八人。循行郡國。及還。皆言天下風俗齊同。詐為郡國造歌謠。頌功德。凡三萬言。泉陵侯劉慶上書。言周成王幼小。周公居攝。今皇帝富於春秋。宜令安漢公行天子事。如周公。羣臣皆曰。宜如慶言。始謀篡矣。時帝春秋益壯。以衛后故。怨不悅。冬十二月。莽因臘日上椒酒。置毒酒中。帝有疾。莽作策。請命於泰畤。（漢祠上帝之所）願以身代。藏策金縢。置於前殿。敕羣公勿敢言。丙午帝崩。時元帝世絕。而宣帝曾孫有王五人。列侯四十八人。莽惡其長大。曰兄弟不得相爲後。乃悉徵宣帝玄孫。選立之。是月。稱浚井得白石。有丹書著石。文曰。告安漢公莽爲皇帝。符命之興。自此始矣。莽使羣公白太皇太后。太后以爲誣罔天下。不可施行。王舜謂太后曰。莽非敢有他。但欲稱攝。以重其權。塡服天下耳。太后心不以爲可。然力不能制。乃聽許。舜等卽令太后下詔曰。其令安漢公居攝踐祚。如周公故事。居攝元年三月。立宣帝玄孫嬰爲皇太子。號曰孺子。年二歲。四月。漢宗室劉崇等相與謀曰。莽必危劉氏。天下非之。莫敢先舉。此劉氏之恥也。吾率宗族爲先。海內必和。於是率從者百餘人。進攻宛。（漢縣今河南南陽府）不得入。敗死。羣臣復白太后。劉崇謀逆。以莽權輕也。太后乃詔莽朝見太后稱假皇帝。（先是莽雖居攝而朝見太后猶復臣節至此始稱假皇帝爲）二年秋。東郡（漢郡今山東境）太守翟義等相與謀曰。王氏必代漢家。其漸可見。方今宗室衰弱。外無強藩。天下傾首服從。莫扞國難。吾欲舉兵西誅不當攝者。遂移檄郡國。數莽罪惡。比至山陽。（漢縣今河南修武縣）莽惶懼不能食。太后謂左右曰。人心不相遠也。莽遣其黨孫建王邑王駿王況等擊之。三輔聞翟義起。盜賊並發。男子趙朋霍鴻等。自稱將軍。攻燒官寺。衆至十餘萬。莽復發王級王惲等擊之。莽日夜抱孺子。禱郊廟。羣臣皆曰。不遭此變。不章聖德。冬十月。莽依周書作大誥。諭告天下。時諸將東至陳留。（漢縣今河南陳留縣）與翟義戰。大破之。義死。初始元年。王邑等還與王級等合擊趙朋翟鴻。二月悉平。還師。莽置酒白虎殿。依周爵五等封功臣爲侯伯子男凡三百九十五人。莽於是自謂威德日盛。遂謀卽眞之事矣。

第二十四節　漢外戚之禍五

時天下爭爲符命。荒誕無所不至。十一月。莽奏太后。謂冬至日天風起。塵冥。風止。於未央前殿得銅符帛圖。文曰。天告帝符。獻者封侯。自此奏言太皇太后孝平皇后稱假皇帝。其號令天下。天下奏言。毋言攝。以居攝三年。爲始初元年。以示卽眞之漸矣。梓潼（漢縣今四川梓潼縣）人哀章素無行。見莽居攝。卽作銅匱爲兩檢。（檢封題也）署其一曰。天帝行璽金匱圖。其一署曰。赤帝璽某傳予皇帝金策書。某者高祖名也。書言王莽爲眞天子。皆書莽大臣八人。又取令名王興王盛。（後莽求得同姓名者卽由布衣爲大官）因自竄姓名。凡十一人。昏時衣黃衣。持匱至高廟。以付僕射。（廟中官名）僕射以聞。戊辰。莽至高廟。拜受金匱神禪。謁太后。還坐未央前殿。卽眞天子位。定有天下之號。曰新。是時孺子未立。璽藏長樂宮。及莽卽位。請璽。太后不肯授莽。莽使王舜諭指。舜既見太后。太后知其爲莽求璽。怒罵之曰。而屬父子宗族。蒙漢力。富貴累世。既無以報。受人孤寄。乘便利時。奪取其國。不復顧義。人如此者。狗彘不食其餘。天下豈有而兄弟耶。（言將誅滅）我漢家老寡婦。旦暮且死。欲與此璽俱葬。終不可得。太后因涕泣而言。左右皆垂涕良久。舜謂太后曰。臣等已無可言者。莽必欲得璽。太后寧能終不與耶。太后聞舜語切。恐莽欲脅之。乃出璽投之地。以授舜曰。我老且死。知而兄弟今族滅也。舜既得傳國璽。奏之。莽大悅。始建國元年。莽更號太皇太后曰新室文母。孝平皇后曰黃皇室主。廢孺子爲定安公。又按哀章所獻金匱。封拜輔臣王舜等。凡十一公。王興王盛哀章皆與焉。自是更易制度。反覆紛紜。不可紀極。莽之號太后爲新室文母也。絕之於漢。乃墮壞孝元廟。獨留故殿爲文母篹食堂。以太后在。未謂之廟。名曰長壽宮。莽置酒長壽宮。請太后。既至。見孝元廟廢徹塗地。太后驚泣曰。此漢家宗廟。與何治而壞之。且使鬼神無知。有何用廟爲。如令有知。我乃人之妃妾。豈宜辱先帝之堂。以饋食哉。飲酒不樂而罷。莽更漢家黑貂。著黃貂。又改漢正朔伏臘日。太后令其官屬黑貂。至漢家正臘日。獨與左右相對飲食。五年春二月。太后崩。年八十四。莽意以爲制作定。則天下自平。故銳思於地理。制禮作樂。講合六經之說。公卿旦入暮出。議論連年不決。不暇省獄訟。縣宰缺者數年。守兼一切。貪殘日甚。中郎將繡衣執法在郡國者。並乘權勢。傳相舉奏。又十一公分布勸農桑。班時令。按諸章。冠蓋相望。交錯道路。召會吏民。逮捕證左。郡縣賦斂。遞相賕賂。黑白紛然。守闕告訴者多。莽自見前專權以得漢政。故務自攬衆事。有司受成苟免。諸寶物名帑藏錢穀官。皆宦者領之。吏民上封書。宦官左右開發。尚書不得知。其畏備臣下如此。又好變更制度。政令煩多。莽常御燈火至明。猶不能勝。尚書因是爲姦。上書待報者。連年不得去。拘繫郡縣者。逢赦而後出。衞卒不交代者三歲。邊兵二十餘萬人。仰衣食於縣官。莽尤好紛更錢法。居攝時。爲錯刀。契刀。大錢五十。與五銖錢 漢舊錢 並行。始建國元年。以卯金刀爲劉氏讖。乃罷錯刀契刀五銖。更鑄小錢直一。與大錢五十。二品並行。二年。更鑄金銀龜貝錢布之品。錢貨六品。金貨一品。錢貨二品。龜貨四品。貝貨五品。布貨十品。凡二十八品。百姓潰亂。其貨不行。皆私以五銖錢市買。訛言大錢當廢。莫肯挾。莽乃詔諸挾五銖錢。言大錢當罷者。比非井田 言其罪與非井田者同 投諸四裔。又禁賣買田宅奴婢。自諸卿大夫至於庶民抵罪者不可勝數。於是農商失業。食貨俱廢。民人至涕泣於市。天鳳四年。復申明六筦之制。始建國二年制。至此復申明之。一鹽二酒三鐵四山澤五賒貸六鐵布銅冶 法令煩苛。民搖手觸禁。不得耕桑。而枯旱蝗蟲相因。富者不能自別。貧者無以自存。於是並起爲盜賊。依阻山澤。吏不能禁。因而覆蔽之。浸淫日廣。

第二十五節　漢外戚之禍六

新市 漢縣今湖北武昌府境內 王匡王鳳。有衆數百人。諸亡命者。南陽 漢郡今河南南陽府 馬武。潁川 漢郡今河南汝州之間 王常。成丹。皆往從之。聚藏於綠林山中。山名今湖北當陽縣東北 數月皆七八千人。又有南郡 漢郡今湖北荆州府 張霸。江夏 漢郡今湖北武昌府 羊牧等。衆皆萬人。有上言民窮愁起爲盜賊者。莽輒大怒。言時運適然。不久卽滅。莽大悅。然匡等亦實以饑寒窮愁起爲盜賊。稍羣聚。常思歲熟。得歸鄉里。雖萬衆。不敢略有城邑。而莽終不諭其故。地皇二年。荆州牧大發兵擊之。與綠林賊戰於雲杜。漢縣今湖北沔陽州 大敗。死數千人。始不制矣。而琅邪 漢郡今山東沂州府東 樊崇之衆。號赤眉。爲尤盛。三年。

南陽劉縯劉秀起兵。明年大破莽兵於昆陽。秀漢長沙定王發之後也。時道士西門君惠謂莽衛將軍王涉曰。讖文劉氏當復興。國師公姓名是也。涉遂與國師公秀及大司馬董賢司中大贅（莽官名）孫伋。謀刼莽降漢。伋以其謀告莽。秀等自殺。莽以軍師外破。大臣內畔。憂懣不能食。但飲酒啗鰒魚。讀軍書困。馮几寐。不復就枕矣。時新市（王匡王鳳等）平林（漢縣與新市接近今湖北隨州陳牧廖湛等）諸將。共立劉玄為帝。玄本在平林兵中。號更始將軍。更始既立。遣其將王匡攻洛陽。申屠建李松攻武關。三輔震動。析（漢縣屬南陽郡）人鄧曄于匡亦各起兵南鄉（析之南）以應漢。遂入武關。至湖（漢縣今陝西閿鄉縣）。莽憂懼。不知所出。乃率羣臣哭於南郊以厭之。鄧曄開武關。迎漢兵李松將三千餘人至湖。鄧曄遣校尉王憲北渡渭。諸縣大姓。各起兵稱漢將軍。率衆隨憲。皆爭欲入城。貪鹵掠之利。莽赦城中囚徒。皆授以兵。與誓曰。有不與新室者。社鬼記之。以史諶將之。度渭橋皆散走。衆兵發王氏冢。燒其棺。焚九廟明堂辟雍。火照城中。九月戊申入城。日暮官府邸第盡奔亡。己酉城中少年朱弟等。斧敬法闥（宮中門名）。呼曰。反虜王莽何不出降。火及掖庭承明（殿名）。黃皇室主所居。黃皇室主曰。何面目以見漢家。自投火中死。莽避火宣室。紺袀服。持虞帝匕首。天文郎案栻（儀器之稱）。於前。莽旋席隨斗柄（北斗之柄也）而坐。曰。天生德於予。漢兵其如予何。莽時不食少氣困矣。庚戌旦明。羣臣扶掖莽。自前殿之漸臺（宮中臺名沮水）。公卿從官尚千餘人。王邑等晝夜戰。罷極。士卒死傷略盡。馳入宮。間關至漸臺。時亂軍聞莽在漸臺。圍數百重。王邑等皆戰死。莽入室。下晡時。衆兵上臺。莽黨並死臺上。商人杜吳殺莽。校尉公賓就識莽。斬莽首。軍人爭莽相殺者數十人。公賓就持莽首詣王憲。憲自稱大將軍。妻莽後宮。乘其車服。癸丑。李松鄧曄入長安。申屠建亦至。收王憲斬之。傳莽首詣更始。懸宛市。百姓共提擊之。或切食其舌。莽死。長安惟未央宮焚。餘皆如故。明年赤眉入長安。焚宮室市里。發掘園陵。長安始墟矣。

第二十六節　光武中興一

世祖光武皇帝。性勤於稼穡。而兄伯升好俠養士。常非笑光武事田業。比之高祖兄仲。王莽天鳳中。乃之長安。受尚書。略通大義。莽末。天下連歲災蝗。寇盜蜂起。地皇三年。南陽荒饑。諸家賓客。多爲小盜。光武避吏新野。（漢縣今河南新野縣）因賣穀於宛。宛人李通。以圖讖說光武云。劉氏復起。李氏爲輔。光武初不敢當。然獨念兄伯升素結客。必舉大事。且王莽敗亡已兆。天下方亂。遂與定謀。於是乃市兵弩。十月。與李通從弟軼等起於宛。時年二十八。十一月。還舂陵。時伯升已會衆起兵。初諸家子弟皆逃亡自匿。曰伯升殺我。及見光武絳衣大冠。皆驚曰。謹厚者亦復爲之。乃稍自安。伯升於是招新市平林兵。與其帥王鳳陳牧。西擊長聚。殺新野尉。光武初騎牛。殺尉乃得馬。又殺湖陽（漢縣今河南唐縣）尉。進拔棘陽（漢縣在湖陽北）與王莽前隊大夫甄阜梁邱賜戰於小長安。（聚名在今河南鄧州）漢軍大敗。還保棘陽。更始元年。（即王莽地皇四年）正月。漢軍復與阜賜戰。大破之。斬阜賜。伯升又破莽將軍嚴尤陳茂於淯陽。（漢縣今河南南陽府東）進圍宛城。二月。立劉玄爲天子。三月。光武與諸將徇昆陽。（漢縣今河南葉縣北六十里）定陵。（漢縣今河南舞陽縣北六十里）郾。（漢縣今河南郾城縣）皆下之。莽聞阜賜死。漢帝立。大懼。謀大舉以討漢兵。遣司徒王尋司空王邑將兵百萬。其甲士四十三萬人。五月到潁川。與嚴尤陳茂合。諸將見尋邑兵盛。皆惶怖。憂念妻孥。欲散歸。光武曰。今兵穀少而外寇强大。并力禦之。功庶可立。如欲分散。一日之間。諸部皆滅矣。諸將初不以爲然。會尋邑兵且至。諸將見事急。乃相謂曰。更請劉將軍計之。光武復爲圖畫成敗。諸將皆曰諾。時城中惟八九千人。光武使王鳳王常守昆陽。而自與李軼等十三騎至城外收兵。尋邑兵至。圍昆陽數十重。積弩亂發。矢下如雨。城中負戶而汲。王鳳等請降。不許。光武至郾定陵。悉發諸營兵。六月己卯朔。光武與諸營俱進。自將步騎千餘爲前鋒。去大軍四五里而陳。尋邑亦遣兵數千合戰。光武奔之。斬數十級。諸將共乘之。斬首數百千級。連勝遂前。無不一以當百。光武乃與死士三千人。從城西水上衝其中堅。尋邑易之。自將萬餘人行陳。敕諸營皆按部毋得動。獨迎與漢兵戰。不利。大軍不敢相救。尋邑陳亂。漢兵乘銳崩之。遂殺王尋。城中亦鼓譟而出。中外合勢。震呼動天地。莽兵大潰。走者相騰踐。奔殪百餘里間。會大雷風。屋瓦皆飛。雨下如注。滍川盛溢。士卒爭赴溺死者以萬數。水爲不流。王邑嚴尤陳茂輕騎乘死人度水逃去。盡獲其軍實輜重。舉之連月不盡。光武因復徇下潁陽。漢縣今河南許州境時伯升已拔宛。更始入都之。及莽兵敗於昆陽。新市平林諸將以縯兄弟威名日盛。陰勸更始除之。李軼初與縯兄弟善。後更諂事新貴。光武戒伯升曰。此人不可復信。伯升不從。會更始將殺縯部將劉稷。縯固爭之。李軼朱鮪勸更始并執縯。即日殺之。光武聞之。馳詣宛謝。司徒官屬迎弔秀。不與交私語。惟深引過而已。未嘗自伐昆陽之功。又不爲縯喪服。飲食言笑如平常。更始以是信之。拜秀爲破虜大將軍。封武信侯。是年九月。三輔豪傑殺王莽。時更始將都洛陽。以光武行司隸校尉。使前整修宮室。光武乃置僚屬。作文移。一如舊章。時三輔吏士東迎更始。見諸將過。皆冠幘而服婦人衣。莫不笑之。及見司隸僚屬。皆歡喜不自勝。老吏或垂涕曰。不圖今日復見漢官威儀。由是識者皆心屬焉。更始自宛北都洛陽。分遣使者徇郡國。乃以光武行大司馬事。持節北渡河。鎮慰州郡。光武至河北。南陽鄧禹。杖策追光武於鄴。（漢縣今河南臨漳縣）進說曰。歷觀往古聖人之興。二科而已。天時與人事是也。今以天時觀之。更始既立而災變方興。以人事觀之。帝王大業。非凡夫所任。分崩離析。形勢可見。明公素有盛德大功。為天下所嚮服。莫如延攬英雄。務悅民心。立高祖之業。救萬民之命。以公而慮。天下不足定也。光武大悅。留禹計事。自是始貳於更始矣。進至邯鄲。（漢縣今直隸邯鄲縣）故趙繆王（景帝七世孫名元）子林。說光武曰。赤眉今在河東。但決水灌之。百萬之衆。可使為魚。光武不答。去之眞定。（漢縣今直隸眞定縣）林於是詐以卜者王郎為成帝子子輿。十二月。立郎為天子。都邯鄲。移檄郡國。皆望風響應。王郎購光武十萬戶。光武至薊。（漢縣今順天大興宛平二縣）而故廣陽王（武帝五代孫名嘉）接起兵薊中。以應王郎。城內擾亂。轉相驚恐。言邯鄲使者方到。於是光武趣駕南轅。晨夜兼行。蒙犯霜雪。天時寒。面皆破裂。至滹沱河。（水名在今直隸饒陽縣）無船。適冰合得過。至南宮。（漢縣今直隸南宮縣）遇大風雨。光武僅得麥飯以自給。進至下博城西。（漢縣今直隸深州）惶惑不知所之。有白衣老父在旁指曰。努力信都（漢國今直隸冀州）為長安城守。（言未降王郎也）去此八十里。光武即馳赴之。信都太守任光開城降。光武因發縣旁。得四千人。擊堂陽。（漢縣今直隸廣宗縣東）貰。（漢縣今直隸廣宗縣）皆降之。王莽和戎卒正（莽分鉅鹿置和戎郡卒正猶太守）邳彤。舉郡降。又昌城（漢縣今直隸冀州西北）人劉植。宋子（漢縣今直隸趙州人耿純。各率宗親子弟。據其縣邑。以奉光武。於是衆稍樂附。至數萬人。北擊中山。（漢國今直隸保定府西境）拔盧奴。（漢縣今直隸定州）移檄邊郡。共擊邯鄲。郡縣還復響應。擊新市。（漢縣今直隸新樂縣）眞定。元氏。（漢縣今直隸元氏縣）房子。（漢縣今直隸臨城縣）皆下之。因入趙界。王郎大將李育。屯柏人。（漢縣今直隸唐山縣）與戰於郭門。大破之。育還保城。攻之未下。會上谷（漢郡今直隸宣化府）太守耿況。漁陽（漢郡今直隸順天府）太守彭寵。各遣其將吳漢寇恂等。來助擊王郎。更始亦遣尚書僕射謝躬。討王郎。光武因大饗士卒。遂東圍鉅鹿。（漢郡今直隸順德府）月餘不下。耿純說光武。久守鉅鹿。不如急攻邯鄲。光武從之。夏四月。進軍邯鄲。二十餘日。拔邯鄲。斬王郎。光武收郎文書。得諸吏民與郎交關謗毁者數千章。光武不省。會諸將燒之。曰。令反側子自安。

第二十七節　光武中興二

更始自洛陽。西都長安。悉封宗族。及諸將爲王。遣使立光武爲蕭王。（漢縣今江蘇蕭縣）悉令罷兵。與諸將有功者。並詣行在所。以苗曾爲幽州牧。韋順爲上谷太守。蔡充爲漁陽太守。光武辭以河北未定。不就徵。苗曾等至。悉收斬之。於是始與更始敵矣。時更始政亂。日夜飲讌後庭。羣臣欲言者。輒醉不能見。以至羣小膳夫。皆濫授官爵。長安爲語曰。竈下養。中郎將。爛羊胃。騎都尉。爛羊頭。關內侯。元元（民人之稱）叩心。更思莽朝。而四方割據蜂起。梁王劉永（更始所封）擅命於睢陽。（漢縣今河南商丘縣）公孫述稱王於巴蜀。（漢二郡今四川成都順慶重慶諸府）李憲自立爲淮南王。（漢郡今安徽壽州）秦豐自號楚黎王。黎丘楚地在今湖北襄陽府境內張步起琅邪。董憲起東海。漢郡今山東沂州府延岑起漢中。漢郡今陝西漢中府田戎起夷陵。漢縣在今湖北荊州府內並置將帥。侵略郡縣。又別號諸賊。銅馬大彤高湖重連鐵脛大搶尤來上江青犢五校檀鄉五幡五樓富平獲索等。諸賊或以山川土地爲名或以軍容彊盛爲名銅馬賊帥東山荒禿上淮況等大彤渠帥樊重尤來渠帥樊崇五校賊帥高扈檀鄉賊帥董次仲堅樓賊帥張文富平賊帥徐少獲索賊帥古師郎等並見東觀記各領部曲。衆合數百萬人。所在寇掠。光武將擊之。更始二年秋。光武擊銅馬於鄡。漢縣今直隸東鹿縣大破之。受降未盡。而高湖重連從東南來。與銅馬餘衆合。光武復與戰於蒲陽。山名在今直隸定州悉降之。封其渠帥爲列侯。幷其衆數十萬。故關西號光武爲銅馬帝。赤眉別帥與大彤青犢十餘萬衆在射犬。聚名隸漢野王縣今河南河內縣光武進擊。大破之。衆皆散走。初光武與謝躬更始所遣討王郎之將共滅王郎。而不相能。躬屯於鄴。至是光武使吳漢岑彭襲殺之。河北遂無更始之人矣。更始三年。是年爲光武建武元年春光武北擊尤來大搶五幡於元氏。漢縣今直隸元氏縣追至右北平。漢縣今直隸完縣漢兵敗。又戰於安次。漢縣今直隸東安縣破之。及平谷。漢縣今直隸平谷縣大破滅之。更始之都長安也。以大司馬朱鮪。舞陰王漢縣今河南唐縣李軼。以重兵守洛陽。以備河北。鮪軼。皆光武之仇也。即殺劉伯升與沮光武使河北者光武亦以寇恂爲河內漢郡今河南衞輝府境太守。馮異爲孟津津名在今河南孟縣將軍。統魏郡漢郡今直隸大名府與河南衞輝府北境河內兵於河上以拒洛陽。朱鮪時李軼爲朱鮪所刺殺聞光武北討羣賊。而河內孤。乃遣蘇茂賈彊攻溫。漢縣今河南溫縣鮪自將數萬人攻平陰。漢縣今河南孟津縣以綴異。寇恂急擊蘇茂等。大破之。異亦渡河擊走鮪。追至洛陽。環城一匝而歸。自是洛陽震恐。城門晝閉。光武北還至薊。諸將入賀。因上尊號。光武未許。會諸生彊華光武遊學長安時同舍生自關中奉赤伏符。來詣光武。文曰。

劉秀發兵捕不道。四夷雲集龍鬬野。四七之際火爲主。四七二十八也自高祖至光武初起合二百二十八年即四七之際也火漢德也 由是定議。六月己未。即皇帝位於鄗南。其地在今直隸趙州 赤眉樊崇等入潁川。其衆思欲東歸。崇等計慮衆東向必散。不如西攻長安。於是從武關陸渾關。在今河南開封府東兩道 俱入。光武方北徇燕趙。度赤眉必破長安。欲乘釁并關中。乃拜鄧禹爲前將軍西入關。禹至安邑。漢縣今山西安邑縣 與更始大將王匡等戰。大破之。匡等奔還長安。更始諸將議掠長安東歸南陽。入湖池中爲羣盜。謀以立秋日刦更始成前計。更始知之。將誅諸將。張卬廖湛胡殷勒兵燒門入戰宮中。更始大敗。走依趙萌於新豐。漢縣今陝西臨潼縣 赤眉進至華陰。漢縣今陝西華陰縣 立劉盆子爲天子。高帝九世孫父武侯萌 盆子年十五。向牧牛。被髮徒跣。敝衣赭汗。見衆拜。恐畏欲啼。赤眉進至高陵。漢縣今陝西高陵縣 王匡張卬等迎降之。遂共連兵進攻。九月。赤眉入長安。更始降於赤眉。赤眉封更始爲長沙王。更始敗。朱鮪乃以洛陽降於光武。冬十月。光武入洛陽。遂定都焉。十二月。張卬殺更始。建武二年春。吳漢擊檀鄉賊於鄴東。鄴縣之東 降之。長安食盡。赤眉乃焚西京宮室。發掘園陵。大掠而西。遂入安定北地。漢二郡今甘肅慶陽平涼二府 鄧禹入長安。謁祠高廟。收十一帝神主。送詣洛陽。秋。帝自將討五校賊。降之。蓋延討劉永。拔睢陽。劉永遁走。三年春。馮異與赤眉戰於崤底。崤谷之底也在今秦晉之間 大破之。餘衆向宜陽。漢縣今河南宜陽縣 帝自將征之。赤眉君臣面縛。奉高皇帝璽綬。降。劉永立董憲爲海西王。晉縣今山東日照縣 張步爲齊王。秋。蓋延獲劉永。五年。耿弇擊富平獲索賊。降之。六月。朱祐拔黎丘。獲秦豐。十月。耿弇與張步戰於臨菑。大破之。張步殺蘇茂以降。六年春。馬成拔舒。漢縣今安徽舒城縣 獲李憲。吳漢拔朐。漢縣今江蘇海州 獲董憲龐萌。

第二十八節　光武中興三

時羣雄已滅。惟竇融據河西金城武威張掖酒泉燉煌五郡。（今甘肅）隗囂據天水安定北地隴西四郡。（今陝甘西南境）公孫述據蜀。（今四川省）帝積苦兵間。以隗囂遣子內侍。公孫遠據邊陲。乃謂諸將曰。且當置此兩子於度外耳。因休諸將於洛陽。騰書隴蜀。告示禍福。而公孫述屢移書中國。自陳符命。冀以惑衆。荊邯說述及天下之望未絕。豪傑尚可招誘。急以此時。發內國精兵。令田戎據江陵。（漢縣今湖北江陵縣）臨江南之會。倚巫山（山名在今四川巫山縣）之固。傳檄吳楚。令延岑出漢中定三輔。如此海內震搖。冀有大利。述猶豫未決。三月。述使田戎出江關。（在今四川奉節縣）招其故衆。欲以取荊州。（今湖南湖北二省）不克。光武乃詔隗囂。欲從天水（漢郡今甘肅鞏昌府）伐蜀。囂上言白水險阻。（關名在鞏昌府）棧道敗絕。未可攻。光武知囂終不爲用。乃謀討之。夏四月。遣耿弇蓋延等七將軍。從隴道伐蜀。先使中郎將來歙奉璽書賜囂諭旨。囂復多設疑故。事久不決。歙發憤責之。囂遂歸歙。發兵反。使王元據隴坻。（隴坂之底隴山名在今陝西隴州）伐木塞道。諸將因與囂戰。大敗。各引兵下隴。僅得引還。囂乘勝使王元行巡將二萬餘人下隴。分遣巡至栒邑。（漢縣今陝西三水縣西二十五里）馮異大破之。祭遵亦破王元於汧。（水名在今陝西汧陽縣）於是北地（漢郡今甘肅慶陽府）上郡（漢郡今陝西榆林府）諸豪長悉叛囂降漢。囂之黨竇融馬援。皆與囂絕。囂遂遣使稱臣於公孫述。（先是述夢有人語之曰八厶子系十二爲期覺謂其妻曰雖貴而祚短奈何婦對曰朝聞道夕死尚可況十二乎述乃以建武四年自立爲天子號成家）七年春。公孫述立隗囂爲朔寧王。遣兵往來。爲之援勢。八年。諸將大舉深入。圍隗囂於西城。

漢縣今甘肅清水縣 隗囂窮困。其大將王捷別在戎丘。在西城西北戎溪上 登城呼漢軍曰。爲隗王城守者。皆必死無二心。願諸軍亟罷。請自殺以明之。遂自刎死。時漢軍糧食少。逃亡者多。岑彭壅谷水灌西城。城未沒丈餘。會王元行巡周宗。以蜀救兵五千人。乘高猝至。鼓譟大呼曰。百萬之衆方至。漢軍大驚。未及成陳。元等決圍殊死戰。遂得入城歸冀。漢縣今甘肅伏羌縣 諸將悉東還。囂得不死。九年。囂恚憤而死。十年。來歙耿弇討其餘黨。降之。分置諸隗於京師以東。於是幷力攻蜀。十一年春三月。岑彭大破田戎於荊門。漢縣今湖北荊門州 進至墊江。漢縣今四川墊江縣 六月。來歙與蓋延拔河池。漢縣今陝西寧羌州 乘勝遂進。蜀人大懼。遣人刺殺歙。公孫述使其將延岑呂鮪王元公孫恢悉兵拒廣漢。漢縣今四川順慶府 及資中。漢縣今四川資陽縣 又遣侯丹率二萬餘人拒黃石。灘名在今四川羅江縣 岑彭使臧宮拒延岑。而自襲侯丹。大破之。倍道兼行二千餘里。拔武陽。漢縣今四川彭山縣 使精騎馳襲廣都。漢縣今四川雙流縣 去成都 漢縣今四川成都府治 數十里。勢若風雨。繞出延岑軍後。述大驚。以杖擊地曰。是何神也。未幾。延岑亦爲臧宮所敗。奔還成都。光武乃與述書。示以丹青之信。述省書太息曰。廢興命也。豈有降天子哉。冬十月。述使人刺殺彭。十二年。吳漢進至廣都。燒成都市橋。在成都西 述衆恐懼。日夜離叛。述雖誅滅其家。猶不能禁。光武必欲述降。述終無降意。十一月。述與漢戰於城下。漢兵刺殺述。延岑降。吳漢遂族公孫氏及延岑。放火大掠。焚述宮室。帝切責之。時四方既定。十三年。吳漢等歸。於是大饗將士。功臣增邑更封。凡三百六十五人。其外戚恩澤封者四十五人。帝在兵間久。厭武事。且知天下疲耗。思樂息肩。自隴蜀平後。非警急未嘗復言軍旅。皇太子嘗問攻戰之事。帝曰。此非爾所及。鄧禹賈復知帝偃干戈。修文德。不欲功臣擁衆京師。乃去甲兵。敦儒學。帝亦思念欲完功臣爵土。不令以吏職爲過。遂罷左右將軍官。諸將皆以列侯就第。加位特進。奉朝請。帝以吏事責三公。功臣並不用。故皆保其福祿。無誅譴者。案帝初無大志。微時適新野。聞陰氏女美。（名麗華是爲陰皇后）心悅之。後至長安見執金吾。（漢官名掌徼循京師秩中二千石）車騎甚盛。因歎曰。仕宦當作執金吾。娶妻當得陰麗華。其鄙如此。以較項羽少時。觀秦始皇渡浙江。曰。彼可取而代也。高祖繇咸陽。觀秦皇帝。喟然太息曰。大丈夫當如此也。其大小甚不侔矣。徒以王莽失道。天下復思劉氏。而更始盆子劉永劉林等俱不材。因緣際會。遂得天下。觀於前代之覆轍。一無所改。符命者。王莽所僞託以愚天下也。光武以赤伏符即位。而信之殆過於莽。窮折方士黃白之術。而信河雒讖記之文。桓譚上言。菲薄讖記。光武大怒。以譚爲非聖無法。將斬之。譚叩頭流血。僅乃得解。其後支流餘裔。乃爲張角之徒。女主者。前漢之所以失天下也。帝因循不改。以陰興爲大司徒。終東漢之世。外立者四帝。（安質桓靈）臨朝者六后。（竇太安鄧太后閻太后梁太后竇太后何太后）莫不定策帷帟。委事父兄。貪孩童以久其政。抑明賢以專其威。任重道遠。利深禍速。終於亡國而後已。凡此二者。皆兆端於古人。而敗極於前漢。至光武之世。禍害已著。宜可鑑戒。而皆不省。其害遂與中國相終始。惟崇尙氣節。爲歷代雄主之所不及。會稽嚴光。少有高名。與光武同遊學。及光武即位。乃變名姓隱去。帝令以物色訪之。後齊國上言。有一男子。披羊裘。釣澤中。帝疑其光。乃備安車玄纁聘之。三反而後至。舍於北軍。給牀褥。太官（漢官名主膳食者秩千石）朝夕進膳。車駕即日幸其館。光臥不起。帝升輿歎息而去。復引光入。論道故舊。光武從容問光曰。朕何如昔時。對曰。陛下差增於往。後歸耕於富春山以終。此爲專制政體中所絕無之事。惟光武能行之。其後東漢之士大夫。氣節矯然。爲古今所不及。光武之功大矣。

第二十九節　後漢之諸帝

世祖光武皇帝。後漢書李賢注祖有功而宗有德光武中葉興故廟稱世祖諡法能紹前業曰光克定禍亂曰武 年二十八起兵。年三十一卽皇帝位。在位三十三年崩。建武三十一年中元二年 壽六十二。帝崩。子莊卽位。母陰皇后也。是爲顯宗孝明皇帝。照臨四方曰明 在位十八年崩。永平十八年 壽四十八。子炟卽位。母賈貴人也。是謂肅宗孝章皇帝。溫克令儀曰章 在位十三年。建初八年元和三年章和二年 壽三十三。明章二代。皆後漢之令主。比於前漢之文景焉。帝崩。子肇卽位。母梁貴人也。爲竇皇后所譖。憂卒。竇后以爲己子。是爲孝和皇帝。不剛不柔曰和 在位十七年崩。永元十六年元興一年 壽二十七。子隆卽位。史不詳其母。是爲孝殤皇帝。短折不成曰殤 卽位時。誕育百餘日。在位一年崩。延平一年 年二歲。鄧太后與大將軍鄧騭等定策禁中。立長安侯祜。自是外戚宦官遂盛。祜章帝孫也。父淸河孝王慶。母左姬。是爲恭宗孝安皇帝。寬容和平曰安 在位十九年崩。永初七年元初六年永寧一年建光一年延光四年 壽三十二。帝令自房帷。威不逮遠。後漢之業衰矣。安帝崩。閻皇后與大將軍閻顯等定策禁中。立章帝孫濟北惠王壽子北鄉侯國在今山東樂安縣西 懿。立數月崩。漢人不以爲帝 安帝子保卽位。母李氏。帝本安帝太子。爲閻后所譖而廢。至是中黃門孫程等十九人廢閻后。殺閻顯等而立之。是爲孝順皇帝。慈和徧服曰順 在位十八年崩。永建六年陽嘉三年永和六年漢安二年建康一年壽三十。子炳即位。母虞貴人也。是爲孝沖皇帝。幼少在位曰沖在位一年崩。永嘉一年年三歲。梁太后與大將軍梁冀等定策禁中。立建平侯國在今河南永城縣西南纘。章帝玄孫也。曾祖父千乘貞王伉。祖父樂安夷王寵。父勃海孝王鴻。母陳夫人也。是爲孝質皇帝。忠正無邪曰質在位一年。爲梁冀所弒。本初一年年九歲。梁太后復與大將軍梁冀。定策禁中。立蠡吾國在今直隸蠡縣侯志。章帝曾孫也。祖父河間孝王開。父蠡吾侯翼。母匽氏。是爲孝桓皇帝。克敵服遠曰桓在位十八年。建和三年和平一年元嘉二年永興二年永壽三年延熹九年永康一年壽三十六。桓帝寵信宦官。殺戮名士。黨禍之興自此始。漢至此必亡矣。帝崩。無嗣。竇太后與大將軍竇武。定策禁中。立解瀆亭侯國在今直隸定州漢王國皆郡侯國皆縣至後漢乃有鄉侯亭侯皆次於縣侯者也宏。章帝玄孫也。曾祖父河間孝王開。祖淑。父萇。世封解瀆亭侯。母董夫人。是爲孝靈皇帝。亂而不損曰靈在位二十一年。建寧四年熹平五年光和六年中平六年年三十四。子辯即位。母何皇后也。即位六月。爲董卓所廢。凡兩改元一稱光熹一稱昭寧不逾年而改元古未有也獻帝既立又稱永漢旋並廢仍稱中平六年而立靈帝子協。母王美人也。是爲孝獻皇帝。聰明睿智曰獻帝時政在曹氏。在位三十一年。初平四年興平二年建安二十五年禪位於魏。魏封帝爲山陽公。又十四年崩。年五十四。兩漢諸帝無年及五十者惟高祖光武獻帝三人爲過焉後漢凡十二帝。一百九十五年。獻帝以下詳本書第二篇第二章

第三十節　宦官外戚之衝突一

外戚之禍。爲前漢之所以亡。然則後漢諸帝。亦可以有所鑒戒矣。及覩後漢歷史。其外戚之禍。並不末減於前

漢。且於外戚之外。又增一國家之大患焉。宦者是矣。夫外戚宦官二害。實皆從政體而生。而宦官之害。則較外戚爲古。周禮天官所掌。盡宮內之事也。中有內小臣奄上士四人。史二人。徒八人。寺人王之正內五人。此爲周制宦官之明文。其事跡見於春秋之世。證據非一。如齊寺人貂（左僖二年）晉寺人披（左僖五年）之類。雖齊桓晉文之明。亦爲其所玩視。至秦始皇任用趙高。遂大肆其毒。致秦於亡。高祖受命。循而不改。宏恭石顯。爲患於宣元之間。跡其所自。仍與外戚同科。蓋有呂后之任諸呂。忌大臣。而後有張卿之爲大謁者。（事在漢書高后紀）有宣帝之任許史。忌諸霍。而後有恭顯之典中書。二者之必相爲表裏者。勢也。其不同者。前漢之世。外戚與宦官常相結。而後漢之世。外戚與宦官常相誅。相結之極。而王氏盜漢。相誅之極。而天下土崩。二千載以還。遂與中國相終始。讀史者每歎古人之愚。然平心論之。殆非愚也。此蓋出於家天下之極端。人主一家之安危。與天下之利害相連。而每遇皇家變動之時。外廷尚不及知。倉猝之間。其權必歸外戚宦官之手。而其影響遂及於天下焉。而家天下者。亦動於不得不然矣。後漢二百年之史。即外戚宦官衝突之史也。錄其大者於下。案後漢外戚宦官衝突之禍。起於和帝之世。章帝以前。伏而未著。然而外戚之權。則已極盛矣。光武起寒微。外家無可攷。明帝母陰皇后。（帝本郭氏所生後郭廢故以陰后爲母）諱麗華。南陽新野人也。兄識。封原鹿侯。（國今在無考約在河南確山縣相近）官執金吾。典禁兵。弟子慶。封鮦陽侯。（國在今河南沈丘縣西南三十五里）弟就。封新陽侯。（國今在無考亦與河南確山縣相近）章帝母馬皇后。伏波將軍馬援之小女。扶風茂陵（漢縣今陝西興平縣東北十九里）人也。父援。封新息侯。（國在今河南息縣）兄廖。封順陽侯。（國未詳）兄防。封潁陽侯。（國在今河南葉縣西）官車騎將軍。兄光。封許陽侯。（國在今河南許州）馬皇后為後漢之賢后。常事減損外家。然史稱防兄弟貴盛。奴婢各千人已上。資產巨億。皆買京師膏腴美田。又大起第觀。連閣臨道。彌亙街路。多聚聲樂。賓客奔湊。四方畢至。京兆杜篤之徒數百人。常為食客居門下。刺史守令多出其家。則后所謂減損者何事也。然較諸竇后以下。則自勝矣。

第三十一節　宦官外戚之衝突二

後漢外戚之權。自竇后始。后竇融之曾孫女也。為章帝皇后。寵幸殊特。宮闈為之慴息。章帝崩。和帝即位。（和帝梁貴人為竇后所譖以憂死竇后養帝以為己子）太后臨朝。兄憲以侍中內幹機密。出宣誥命。弟篤為虎賁中郎將。弟景弟瓌並為中常侍。外家並居清要之地。自王主及陰馬諸家。莫不畏憚。及竇憲既立大功。（謂擊匈奴也）封武陽侯。（漢武陽有三一在東郡一在泰山郡一在東海郡憲封不知何屬）拜大將軍。尋封冠軍侯。（國在今河南鄧州西北五十里）篤郾侯。（見前）景汝陽侯。（國在今河南汝陽縣）瓌夏陽侯。（國在今山西韓城縣）威名益盛。以耿夔任尚等為爪牙。鄧疊郭璜為心腹。班固傅毅之徒典文章。刺史守令。多出其門。賦斂吏民。共為賂遺。景尤甚。奴客強奪人財貨。篡取罪人妻略婦女。商賈閉塞。如避寇仇。父子兄弟並為卿校。充滿朝廷。鄧疊疊弟磊及磊母元。憲女壻郭舉。舉父璜。共相交結。元舉並出入禁中。舉得幸於太后。遂共圖為弒逆。帝陰知其謀。是時憲兄弟專權。帝與內外臣僚。莫由親接。所與居者閹官而已。帝以朝臣上下。莫不附憲。獨中常侍鉤盾令（鉤盾令秩六百石宦者為之典諸近池苑囿游觀之處屬少府）鄭眾。謹敏有心機。不事豪黨。遂與眾定議誅憲。以憲在外。（時憲屯涼州）慮其爲亂。忍而未發。永元四年。竇憲還京師。六月。帝幸北宮。詔執金吾五校尉勒兵屯衛南北屯。案史文如此然事實可疑因北軍五校皆竇氏黨何以能助誅竇氏也閉城門。收捕郭璜郭舉鄧疊鄧磊。皆下獄死。收憲大將軍印綬。與篤景瓌皆就國。到國皆迫令自殺。凡與竇氏交通皆免。以鄭衆爲大長秋。宦者用權。自此始矣。後六年。太后崩。和帝后鄧氏。鄧禹之孫也。

和帝崩。太子未立。鄧后立少子隆。生始百餘日。是爲殤帝。太后臨朝。數月。帝崩。太后與兄車騎將軍騭虎賁中郎將悝等。定策禁中。謂不與廷臣議也其事始此後遂爲常迎清河王子祜。漢郡今山東臨清州即位。太后猶臨朝。封騭爲上蔡侯。國在今河南上蔡縣騭弟悝爲葉侯。見前悝弟弘爲西平侯。國在今河南西平縣閶爲西華侯。國在今河南西華縣食邑各萬戶。騭以定策功增三千戶。官大將軍。是時大長秋鄭衆中常侍蔡倫皆秉勢預政。與諸鄧等。及安帝建光元年三月。太后崩。上始親政事。徵杜根爲侍御史。成翊世爲尙書郎。初根爲郎中。與同時郎上書言帝長宜親政事。太后大怒。皆令盛以縑囊。於殿上撲殺之。既而載出城外。根得蘇。太后使人檢視。根遂詐死三日。目中生蛆。因得逃竄。爲酒家保積十五年。成翊世亦以郡吏坐諫太后不歸政。抵罪。至是皆以尙書陳忠薦得用。四月。廢諸鄧皆爲庶人。鄧騭免特進。遣就國。宗族免官歸故郡。沒入騭等資財田宅。徙鄧訪及家屬於遠郡。郡縣迫逼。牟皆自殺。又徙封騭爲羅侯。今湖南湘陰縣五月。騭與子鳳並不食而死。騭從弟河南尹豹度遼將軍遵將作大匠暢皆自殺。惟廣德兄弟。以母與閻后同產。得留京師。徵鄧康爲太僕。以康曾請太后歸政。除絕屬籍故也。時衆庶以太后多行小惠。多爲鄧氏稱枉者。帝亦頗悟。乃譴讓州郡。還葬騭等於北芒。山名在洛陽城北諸從兄弟皆得歸京師。

第三十二節　宦官外戚之衝突三

帝以耿貴人（帝之嫡母）兄寶監羽林左軍車騎。封宋楊（帝祖母弟）四子。皆爲列侯。宋氏爲卿校侍中大夫謁者郎吏十餘人。閻后兄弟顯景曜。並爲卿校。典禁兵。以江京李閏爲中常侍。皆封侯。京兼大長秋。與中常侍樊豐黃門令劉安。鉤盾令陳達。（五人皆宦者也）及帝乳母王聖。聖女伯榮。扇動內外。競爲侈虐。伯榮出入宮掖。傳通姦賂。司徒楊震。尙書翟酺。皆上書諫。帝不省。時帝數遣黃門常侍。及中使伯榮。往來輦轂。使者所過。威權顯赫。發民修道。繕理亭傳。多設儲偫。徵役無度。賂遺僕從。人數百匹。（此可見辦差之制在漢已有）郡縣王侯及二千石。皆爲伯榮獨拜車下。王聖江京樊豐等。譖太子乳母王男。廚監邴吉等。殺之。懼有後害。乃共譖太子。帝怒。九月。廢太子保爲濟陰王。於是太僕來歷。太常桓焉。廷尉張皓。光祿勳祋諷。宗正劉瑋。將作大匠薛皓。侍中閭丘弘。陳光。趙代。施延。大中大夫朱倀等十餘人。俱詣鴻都門。證太子無過。帝與左右患之。乃使中常侍切責之。乃各稍自引起。及帝道崩於葉。皇后與閻顯兄弟江京樊豐等謀曰。今晏駕道次。濟陰王（謂太子保）在內。若公卿立之。還爲大害。乃僞云帝疾甚。徙御臥車。所在上食問起居如故。驅馳行四日。還宮。明夕發喪。尊皇后曰皇太后。后名姬。河南滎陽人也。太后臨朝。以顯爲車騎將軍。儀同三司。長社侯。（國在今河南許州）太后欲久專國政。貪立幼年。與顯定策禁中。迎濟北惠王子北鄉侯懿爲嗣。乙酉。卽皇帝位。閻顯乃諷有司奏大將軍耿寶中常侍樊豐虎賁中郎將謝惲侍中周廣野王君王聖。聖女永等更相阿黨。互作威福。皆大不道。辛卯。豐惲廣皆下獄死。貶寶及子承皆爲亭侯。遣就國。寶於道自殺。王聖母子徙鴈門。於是以閻景爲衛尉。耀爲城門校尉。晏爲執金吾。威福自由矣。而北鄉侯懿壽有疾。中常侍孫程國濟陰王謁者長興渠曰。若北鄉不起。相與共斷江京閻顯以立王。事無不成者。渠然之。十月。北鄉侯薨。顯白太后祕不發喪。更徵諸王子。閉宮門屯兵自守。十一月乙卯。孫程王康（中黃門先爲太子府史）王國（長樂太官丞掌太后尚食）與中黃門黃龍。彭愷。孟叔。李建。王成。張賢。史汎。馬國。王道。李元。楊佗。陳予。趙封。李剛。魏猛。苗光等。聚謀於西鍾下。（濟陰王所居）丁巳。夜。程等共會崇德殿上。（在南宮）因入章臺門。時江京。劉安。李閏。陳達。俱坐省門下。（即禁門）程與康就斬京安達。以李閏爲省內所服。欲引爲主。因舉刀脅閏曰。今當立濟北王。毋得搖動。閏曰。諾。於是扶閏起。俱於西鍾下迎濟陰王。卽皇帝位。時年十一。召尙書令僕以下。從輦南宮。程等留守省門。帝登雲臺。召公卿百僚。使虎賁羽林士屯南北宮諸門。閻顯時在北宮。憂迫不知所爲。太后詔越騎校尉馮詩。授之印。曰。能得濟陰王者封萬戶侯。得李閏者五千戶侯。詩佯諾而出。歸營屯守。顯弟衛尉閻景遽從省中還外府。（衛尉府）收兵至盛德門。孫程召尙書郭鎭收之。景不受。鎭格殺之。戊午。遣使者入省。奪得璽綬。帝乃幸嘉德殿。遣侍御史持節收閻顯。及其弟城門校尉耀。執金吾晏。並下獄誅。家屬皆徙比景。（在今廣東瓊州）遷太后於離宮。己未。開城門。罷屯兵。壬戌。封孫程等十九人爲列侯。擢來歷朱倀施延陳光趙代等。後至公卿。祋諷閭丘弘皆先卒。拜其子爲郞。徵王男邴吉家屬還。（前徙比景）東宮宦者籍建。高梵。趙熹。良賀。夏珍。皆爲中常侍。未幾。太后以憂死。帝之立也。乳母宋娥與其謀。帝立。封娥爲山陽君。既立皇后。以后父梁商爲執金吾。尋進大將軍。與諸宦者皆貴用事。

第三十三節　宦官外戚之衝突四

順帝之崩也。沖帝卽位。年二歲。尊梁后爲太后。后諱妠。和帝母梁貴人之弟孫也。太后臨朝。明年。春正月戊戌。沖帝崩。太后徵清河王蒜及渤海孝王鴻之子纘。皆至京師。蒜爲人嚴重。動止有法。公卿皆歸心焉。太后與兄大將軍襄邑侯（國在今河南睢州）冀利纘幼弱。定策禁中。丁巳。立纘爲皇帝。時年八歲。是爲質帝。帝少而聰慧。嘗因朝會。目梁冀曰。此跋扈將軍也。（猶强梁也）冀聞而深惡之。閏月甲申。冀使左右置毒於煮餅而進之。帝苦煩盛。促召太尉李固。固問病所由。帝尙能言。曰。食煮餅。今腹中悶。得水尙可活。時冀在側。禁不與帝。遂崩。固伏尸號哭。推舉侍醫。冀慮其謀洩。大惡之。時公卿皆意在清河王蒜。而中常侍曹騰。嘗謁蒜。蒜不爲禮。宦者由此惡之。平原王翼子志。太后欲以女弟妻之。徵到都亭。故梁冀欲立志。及大會公卿。衆論既異。憤憤不得意。而未有所奪。曹騰等聞之。夜往說冀。以蒜嚴明。立必見禍。不如立志。富貴可常保。冀然其言。重會公卿。冀意氣凶凶。言辭激切。百官莫不震懾。皆曰。惟大將軍令。獨李固杜喬堅守本議。（謂立蒜）冀厲聲曰。罷會。卽以太后詔先策免固。庚寅。志入南宮。卽位。卽桓帝也。時年十五。太后猶臨朝。清河王蒜與杜喬李固皆死。和平元年正月。太后崩。梁冀之執政也。冀弟不疑爲潁陽侯。弟蒙爲西平侯。子胤爲襄邑侯。（並見前）食邑三萬戶。冀妻孫壽封襄城君。（國在今河南襄城縣）歲入五千萬。加賜赤紱。比長公主。壽善爲妖態。爲愁眉妝。齲齒笑。墮馬髻。冀甚寵憚之。冀監奴秦宮。與壽私通。威權大震。刺史二千石皆謁辭之。冀與壽。對街爲宅。殫極土木。互相誇競。金玉珍怪。充滿藏室。深林絕澗。有若自然。奇禽珍獸。飛走其間。冀與壽游觀第內。連日繼夜。以逞娛恣。客到門不得通。皆請謝門者。門者累千金。又起兔苑數十里。移檄郡縣。調發生兔。人有犯者。罪至死。或略良人。使爲奴婢。至數千口。冀又用壽言。多斥逐諸梁在位者。以示謙退。而實崇孫氏。孫氏宗親。冒名侍中卿校郡守長吏者十餘人。皆貪饕凶淫。所在怨毒。其淫暴無所不至。梁后（桓帝后）恃姊兄蔭勢。恣極奢靡。兼倍前世。后既無子。宮人孕育。鮮得全者。帝迫於太后與冀。積怨不得發。梁冀一門。前後七侯。三皇后。六貴人。二大將軍。夫人女食邑稱君者七人。尙公主者三人。其餘卿將尹校五十七人。冀秉政凡二十餘年。天子拱手。不得有所親與。及太后崩。帝不平愈甚。一日如廁。獨呼小黃門唐衡問左右（謂宦者）與外舍（謂外家）不相得者誰乎。衡對曰。中常侍單超。小黃門史左悺。中常侍徐璜。黃門令具瑗。皆與梁氏有隙。帝乃召五人共定其議。時冀心疑超等。八月丁丑。使中黃門張惲入省防變。具瑗敕吏收斬惲。帝出御前殿。召諸尙書入。發其事。使具瑗將左右騶廐虎賁羽林都候劍戟士合千餘人。共圍冀第。收冀大將軍印綬。冀及妻壽。卽日皆自殺。悉收梁氏孫氏中外宗親送詔獄。無少長皆棄市。他所連及公卿列校刺史二千石。死者數十人。故吏賓客免黜者三百餘人。朝廷爲空。收冀財貨。縣官斥賣。合三十餘萬萬。遂減天下租稅之半。賞誅梁冀之功。封單超。徐璜。具瑗。左悺。唐衡。皆爲縣侯。世謂之五侯。仍以左悺爲中常侍。又封尹勳等七人皆爲亭侯。未幾單超卒。其後四侯轉橫。天下爲之語曰。左回天。具獨坐。徐臥虎。唐雨墮。（雨墮者言其如雨之墮流毒皆遍）皆競起第宅。以華侈相尙。其僕從皆乘牛車。（自漢迄唐車皆以牛駕）而從列騎。兄弟姻親。徧滿州郡。荼毒百姓。與盜無異。虐徧天下。民不堪命。多爲盜賊焉。四年。占賣關內侯虎賁羽林緹騎營士五大夫。錢各有差。自永平以來。臣民雖有習浮屠術者。而天子未之好。至帝。始篤好之。於宮中立黃老浮屠之祠。常躬自祈禱。由是其法浸盛。時朝政日非。而風俗日美。太學諸生三萬人。郭泰。賈彪。爲其冠。與李膺。陳蕃。王暢。更相褒重。會南陽太守成瑨。族誅張汎。太原太守劉瓆。使郡吏王允。殺小黃門趙津。山陽太守翟超。使督郵張儉。破侯覽家冢。東海相黃浮。殺徐璜兄宣。於是中官訴之於帝。帝大怒。瑨瓆皆死獄中。超浮並坐髡鉗。輸作左校。未幾。以司隸校尉李膺。殺張成。宦官教成弟牢脩。上書告膺等養太學游士。交結諸郡生徒。更相驅馳。共爲部黨。誹訕朝廷。疑亂風俗。於是天子震怒。延熹九年。捕黨人。布告天下。使同忿疾。遂下膺等於黃門北寺獄。（爲宦官所特置）其辭所連及。太僕杜密。御史中丞陳翔。及陳實。范滂之徒。二百餘人。或死獄中。或逃遁不獲。皆懸金購募。使者四出。明年。以后父城門校尉竇武之故。六月。赦天下黨人二百餘人。皆歸田里。書名三府。禁錮終身。

第三十四節　宦官外戚之衝突五

桓帝崩。無嗣。皇后竇氏。定策禁中。立解瀆亭侯宏。宏既即位。是爲靈帝。尊皇后爲太皇太后。后章帝竇皇后從祖弟之孫也。諱妙章。以太后父城門校尉竇武（本傳稱武少小經行著稱常教授於大澤中不交時事名顯關西及在位多辟名士清身疾惡禮賂不通妻子衣食裁足而已此與王甫責武語正相反讀史者所宜注意也）爲大將軍。封聞喜侯。（國在今陝西聞喜縣）子機渭陽侯。（國在今陝西渭陽縣）兄子紹鄠侯。（國在今陝西鄠縣）初。竇太后之立也。陳蕃有力焉。及臨朝。政無大小。皆委於蕃。蕃於竇武同心戮力。以獎王室。天下之士。莫不延頸想望太平。而帝乳母趙嬈及諸女尙書旦夕在太后側。中常侍曹節王甫等共相朋結。諂事太后。太后信之。蕃武疾焉。會有日食之變。蕃謂武曰。昔蕭望之困一石顯。況今石顯數十輩乎。蕃以八十之年。欲爲將軍除害。今可因日食。斥罷宦官。以塞天變。武乃白太后。先收中常侍管霸蘇康等。皆殺之。武復數白誅曹節等。太后猶豫未忍。故事久不發。侍中劉瑜與武書。勸以速斷大計。武乃收長樂尙書（中官掌文書者）鄭颯。送北寺獄。武使黃門令山冰（武之黨）等雜考。辭連曹節王甫。冰卽奏收節等。使劉瑜納奏。建寧元年九月辛亥。武出宿歸府。典中書者以告長樂五官史朱瑀。瑀盜發武奏。罵曰。我曹何罪。而見族滅。因大呼曰。陳蕃竇武奏白太后廢帝。爲大逆。乃夜召長樂從官史共普張亮綦等十七人。歃血共盟。謀誅武等。曹節挾帝御德陽前殿。令帝拔劍踊躍。使乳母趙嬈等擁衞左右。取棨信。閉諸禁門。召尙書官屬。脅以白刃。使作詔板。拜王甫爲黃門令。持節至北寺獄。殺尹勳山冰。出鄭颯。還兵劫太后。奪璽綬。令中謁者守南宮。閉門絕複道。使鄭颯等持節捕收武等。武不受詔。馳入步兵營。與其兄子步兵校尉紹共射殺使者。召會北軍五校士數千人。屯都亭。（洛陽都亭也）下令軍士曰。黃門常侍反。盡力者封侯重賞。陳蕃聞難。將官屬諸生八十餘人。竝拔刃突入承明門。王甫出。與蕃遇。讓蕃曰。武有何功。兄弟父子並封三侯。又設樂飲讌。多取掖庭宮人。旬日之間。貲財巨萬。公爲宰輔。苟相阿黨。大臣當若是耶。使劍士收蕃。送北寺獄。卽日殺之。時護匈奴中郎將張奐徵還京師。曹節等以奐新至。不知本謀。矯制以少府周靖行車騎將軍。與奐率五營士討武。夜漏盡。王甫將虎賁羽林等合千餘人。出屯朱雀掖門。與奐等合。已而悉軍闕下。與武對陳。甫使其士大呼曰。竇武反。汝皆禁兵。當宿衞宮省。何故隨反者乎。先降有賞。營府兵素畏服中官。於是武軍稍稍歸甫。自旦至食時。兵降略盡。武紹走。諸軍追圍之。皆自殺。遂捕宗親賓客姻屬。悉誅之。遷太后於南宮。未幾以憂死。封曹節等爲列侯。侯者十七人。於是羣小得志。士大夫皆喪氣。張奐以功當封侯。奐深病爲曹節等所賣。固辭不受。諸常侍漸惡之。熹平元年。有人書朱雀闕。言天下大亂。曹節王甫幽殺太后。公卿皆尸祿。無忠言者。詔司隸校尉段熲捕逐。十日一會。四出逐捕。太學游生。繫者千餘人。光和元年。帝與宦官謀。初開西邸賣官。二千石二千萬。四百石四百萬。富者則先入錢。貧者到官。然後倍輸。又私令左右賣公卿。公千萬。卿五百萬。初帝爲侯時。常苦貧。及卽位。每歎桓帝不能作家居。曾無私錢。故賣官聚錢。以爲私藏。（案漢賣官之例外官貴而內官賤是當時外官優於內官可知矣）是時王甫曹節等姦虐弄權。扇動內外。太尉段熲阿附之。節甫兄弟父子。爲卿校牧守令長者。布滿天下。所在貪橫。光和二年。帝以司隸校尉陽球言。收甫熲。送雒陽獄。皆死。未幾。徙陽球爲衞尉。宦官復橫。六年。黃巾作。初鉅鹿張角奉事黃老。以妖術教授。號太平道。呪符水以療病。令病者跪拜首過。或時病愈。衆共神而信之。角分遣弟子周行四方。轉相誑誘。十餘年間。徒衆數十萬。自青徐幽冀荊揚兗豫八州之人。莫不畢應。或棄賣財產。流徙犇赴。填塞道路。未至病死者。亦以萬數。郡縣不解其意。言角以善道化民。爲民所歸。帝亦殊不爲意。角遂置三十六方。方猶將軍也。大方萬餘人。小方六七千人。各立渠帥。訛言蒼天已死。黃天當立。（案漢人崇信五行。故妖言卽起於此）歲在甲子。天下大吉。以白土書京城寺門及州郡官府。皆作甲子字。大方馬元義等。先收荊揚數萬人。期會發於鄴。元義數往來京師。以中常侍封諝徐奉等爲內應。約以三月五日內外俱起。中平元年春。角弟子濟南唐周上書告之。於是收馬元義。車裂於洛陽。誅殺千餘人。下冀州逐捕角等。角等知事洩。晨夜馳勑諸方。一時俱起。皆著黃巾以爲標幟。故時人謂之黃巾賊。二月。角自稱天公將軍。角弟寶稱地公將軍。寶弟梁稱人公將軍。所在燔燒官府。刼略聚邑。州郡失據。長吏多逃亡。旬日之間。天下響應。京師震動。三月。以皇后何氏兄河南尹何進爲大將軍。封愼侯。（國在今安徽潁上縣）率左右羽林五營營士屯都亭。修理器械。以鎭京師。赦天下黨人。還諸徙者。發天下精兵。遣北中郎將盧植討張角。左中郎將皇甫嵩。右中郎將朱儁。討潁川黃巾。是時中常侍趙忠。張讓。夏惲。郭勝。段珪。宋典。孫璋。畢嵐。栗嵩。高望。韓悝。張恭。皆貴寵。惟中常侍呂强忠於漢室。共譖而殺之。帝常言張常侍是我公。趙常侍是我母。由是宦官無所忌憚。並起第宅。擬效宮禁。帝嘗欲登永安侯臺。（永安宮在北宮東北）宦官恐望見其居處。乃使中大人（宮中耆宿之稱）尙但諫曰。天子不當登高。登高則百姓虛散。帝自是不敢復升臺榭。及封諝徐奉事覺。帝詰責諸常侍曰。汝曹常言黨人欲爲不軌。皆令禁錮。或有伏誅者。今黨人更爲國用。汝曹反與張角通。爲可斬未。然仍信用之。會郎中張鈞上書言張角所以能興兵作亂。萬民所以樂附之者。其源皆由十常侍。（即上十二人言十者舉成數）多放父兄子弟婚親賓客典據州郡。百姓之寃無所告訴。故謀議不軌。聚爲盜賊。宜斬十常侍以謝百姓。遣使者布告天下。可不須師旅而大寇自消。帝大怒曰。十常侍豈無一人善者。御史承旨遂誣鈞學黃巾道。收掠死獄中。是年七月。諸將擊黃巾大破之。十一月。皇甫嵩與張梁戰於廣宗。（張角所居今直隸廣宗縣）破斬之。時張角已病死。嵩復攻張寶於下曲陽。（漢縣今直隸晉州）斬之。黃巾餘黨張曼成。趙弘。韓忠。孫夏等。迭據宛城。朱儁討平之。張牛角。常山。（常山郡人）褚飛燕。（輕便者爲飛燕）及黃龍。左校。于氐根。（多鬚之意）張白騎。（騎白馬者）左髭丈八。（未曉其義）平漢。大計。司隸。緣城。雷公。浮雲。白雀。楊鳳。于毒。五鹿。李大目。白繞。眭固。苦蝤之徒。不可勝數。終漢之世。不能定也。（漢末外戚宦官迭操政柄。其親戚私人徧滿郡縣。皆以侵奪百姓爲事。故民多流爲盜賊）案張角之前。業已數起。明章以後。安帝永初三年。海賊張伯路寇濱海九郡。至五年。始平。順帝建康元年。九江（漢郡今安徽東境）范容。周生等。寇歷陽。（漢縣今安徽和州）是年冬。九江賊徐鳳稱無上將軍。馬勉稱皇帝。沖帝永嘉元年。廣陵（今江蘇揚州府）賊張嬰。據廣陵。旋平。是年。巴郡人服直。聚黨自稱天王。桓帝永興二年。泰山琅邪賊公孫舉。東郭竇等起。次年平。延熹三年。泰山賊孫無忌起。旋平。五年。艾縣（漢縣今江西武寧縣）賊攻長沙郡縣。七年平。靈帝熹平元年。會稽賊許生起勾章。（漢縣今浙江鄞縣）自稱陽明皇帝。光和三年。桂陽蒼梧賊。攻郡縣。皆積久不平。中平元年。巴郡張魯作亂。遂延至今日。稱張天師者。幾二千年焉。張角之後。中平三年。江夏兵趙慈反。四年。西涼人韓遂。與隴西太守李相。涼州司馬馬騰等叛。寇掠三輔。是年。故泰山太守張舉。與故中山相張純叛。略薊中。舉稱天子。純稱彌天將軍。五年。益州賊馬相趙祗等。起兵緜竹。蓋皆宦官外戚致之也。帝貪鄙轉甚。刺史二千石。及孝廉茂才遷除者。皆責修宮錢。大郡至二三千萬。餘各有差。當之官者。皆先至西園諧價。然後得去。其廉隅者。乞不之官。皆迫遣之。段熲張溫素有功勳名譽。然皆先輸貨財。乃登公位。司徒崔烈因傅母入錢五百萬。遂爲司徒。及拜日天子臨軒。百僚畢會。帝顧親幸曰。悔不少靳。可至千萬。程夫人於傍應曰。崔公冀州名士。豈肯買官。賴我得是。反不知好耶。其貪猥如此。尋起萬金堂於西園。引司農金錢繒帛。充牣其中。復藏寄小黃門常侍家錢各數千萬。又於河間買田宅。起第觀。靈帝因數失皇子。何皇后生子辯。養於道人史子眇家。號曰史侯。王美人生子協。董太后帝母自養之。號曰董侯。羣臣請立太子。帝以辯輕佻無威儀。欲立協。猶豫未決。會疾篤。屬協於蹇碩。

第三十五節　宦官外戚之衝突六

靈帝崩。碩時在內。欲先誅何進。而立協。使人迎進。欲與計事。進即駕往。碩司馬潘隱與進故舊。迎而目之。進驚。馳從疾道歸營。引兵入屯百郡邸。因稱疾不入朝。帝之未崩也蹇碩忌何進與諸常侍共說帝遣進西擊韓遂帝從之進陰知其謀奏遣袁紹（時爲虎賁中郎將）收徐兗二州兵須紹還而西以稽行期蓋皆爲定策計也四月。皇子辯即皇帝位。年十四。尊何后爲太后。后宛人屠家女也。太后臨朝。改元光熹。以大將軍何進錄尚書事。進既秉朝政。忿蹇碩圖己。陰謀誅之。袁紹因進客張津勸進悉誅諸宦官。進以袁氏累世貴寵。而紹與從弟術皆爲豪傑所歸。信而用之。復博徵智謀之士何顒荀攸及鄭泰等二十餘人。與同腹心。蹇碩疑不自安。與中常侍趙忠宋典等書曰。大將軍秉國專朝。今與天下黨人謀誅先帝左右。掃滅我曹。但以碩典禁兵。故且沈吟。今宜共閉上閤。急捕誅之。中常侍郭勝。進同郡人也。太后及進之貴幸。勝有力焉。故親信何氏。與趙忠等議。不從碩計。而以其書示進。庚午。進使中黃門收碩誅之。因悉領其屯兵。驃騎將軍董重（董太后兄子）與進權勢相害。中官挾重以爲黨助。董太后每欲參干政事。何太后輒相禁塞。董后忿恚曰。汝今輈張。（猶彊梁也）怙汝兄耶。吾敕驃騎斷何進頭如反手耳。何太后聞之。以告進。五月。進與三公共奏。故事蕃后不得留京師。請遷宮本國。奏可。辛巳。進舉兵圍驃騎府。收董重。卽自殺。六月辛亥。董太后憂怖暴崩。民間由是不和何氏。袁紹復說何進曰。前竇武欲誅內寵。而反爲所害者。但坐言語漏洩。五營兵士皆畏服中官。而竇氏反用之。自取禍滅。今將軍兄弟（謂進及弟苗）並領勁兵。部曲將吏皆英俊名士。樂盡力命。事在掌握。此天贊之時也。將軍宜一爲天下除患。以垂名後世。不可失也。進乃白太后。請盡罷中常侍以下。以三署郎（卽三府）補其處。太后不聽。曰。中官統領禁省。自古及今。漢家故事。不可廢也。且先帝新棄天下。我奈何楚楚與士人共對事乎。進難違太后意。且欲誅其放縱者。紹以爲中官親近至尊。出納號令。今不悉廢。後必爲患。而太后母舞陽君及何苗數受諸宦官賂遺。知進欲誅之。數白太后。爲之障蔽。又言大將軍專殺左右。擅權以弱社稷。太后疑以爲然。進新貴。素敬憚中官。雖外慕大名。而內不能斷。故事久不決。紹等又爲畫策。多召四方猛將豪傑。使並引兵向京城。以脅太后。進然之。主簿陳琳諫曰。諺稱掩目捕雀。夫微物尚不可欺以得志。況國之大事。其可以詐立乎。今將軍總皇威。握兵要。龍驤虎步。高下在心。此猶鼓洪爐燎毛髮耳。但當速發雷霆。行權立斷。則天人順之。而反委釋利器。更徵外助。大兵既集。強者爲雄。所謂倒持干戈。授人以柄。功必不成。祇爲亂階耳。進不聽。典軍校尉曹操聞而笑曰。宦者之官。古今宜有。但世主不當假之權寵。使至於此。既治其罪。當誅元惡。一獄吏足矣。何至紛紛召外兵乎。欲盡誅之。事必宣露。吾見其敗也。初。靈帝徵董卓爲少府。卓上書言爲羌胡所留。不得行。朝廷不能制。及帝寢疾。璽書拜卓幷州牧。令以兵屬皇甫嵩。卓不奉詔。及何進召卓使將兵詣京師。侍御史鄭泰。尚書盧植皆諫。進不聽。泰退謂荀攸曰。何公未易輔也。遂棄官去。董卓聞召。卽時就道。且上書宣露其事。太后猶不從。何苗謂進曰。始從南陽來。俱以貧賤依省內以致富貴。國家之事。亦何容易。覆水不收。宜深思之。且與中官和也。卓至澠池。（漢縣今河南澠池縣）而進更狐疑。使諫議大夫种邵宣詔止之。卓不受詔。遂前至河南。袁紹懼進變計。因脅之曰。交構已成。形勢已露。將軍復欲何待。而不早決之乎。事久變生。復爲竇氏矣。進於是以紹爲司隸校尉。假節專命擊斷。從事中郎王允爲河南尹。紹使雒陽方略武吏司察宦者。而促董卓等使馳驛上奏。欲進兵平樂觀。太后乃恐。悉罷中常侍小黃門。使還里舍。惟留進所私人以守省中。諸常侍小黃門皆詣進謝罪。惟所措置。袁紹勸進便於此決之。至於再三。進不許。紹又爲書告諸州郡。詐宣進意。使捕案中官親屬。進謀積日。頗泄。中官懼而思變。張讓子婦。太后之妹也。讓向子婦叩頭曰。老臣得罪。當與新婦俱歸私門。惟受恩累世。今當遠離宮殿。情懷戀戀。願復一入直。得暫奉太后陛下顏色。然後退就溝壑。死不恨矣。子婦言於舞陽君。入白太后。乃詔諸常侍。

皆復入直。八月戊辰。進入長樂宮白太后請盡誅諸常侍中常侍張讓段珪相謂曰。大將軍稱疾不臨喪。不送葬。今忽入省。此意何爲。竇氏事竟復起耶。使潛聽。具聞其語。乃率其黨數十人持兵竊自側闥入伏省戶下。進出因詐以太后詔召進。入坐省閤。讓等詰進曰。天下憒憒。亦非獨我曹罪也。先帝嘗與太后不快。幾至成敗。我曹涕泣救解。各出家財千萬爲禮。和悅上意。但欲託卿門戶耳。今乃欲滅我曹種族。不亦太甚乎。於是拔劍斬進於嘉德殿前。讓等爲詔。以其黨樊陵爲司隸校尉。（代袁紹）許相爲河南尹。（代王允）尚書得詔板。疑之。曰。請大將軍出共議。中黃門以進頭擲與尚書曰。何進謀反。已伏誅矣。進部曲將吳匡張璋在外。聞進被害。欲引兵入宮。宮門閉。虎賁中郎將袁術與匡共斫攻之。中黃門持兵守閤。會日暮。術因燒青瑣門。欲以脅出讓等。讓等入白太后。言大將軍兵反。燒宮。攻尚書闥。（郎尚書門）因將太后少帝。及陳留王協。刦省內官屬。從複道走北宮。尚書盧植執戈於閤道窗下。仰數段珪。珪懼。乃釋太后。太后投閤。乃免。袁紹矯詔召樊陵許相斬之。復捕得趙忠等斬之。吳匡素怨苗不與進同心。而又疑其與宦官通謀。遂引兵攻殺苗。紹遂閉北宮門。勒兵捕諸宦者。無少長皆殺之。凡二千餘人。或有無須而誤殺者。（宦官此次之敗以何進先殺蹇碩典禁兵故也）紹因進兵排宮門。或上端門屋。以攻省內。庚午。張讓段珪等困迫。遂將帝與陳留王數十人步出穀門。（雒陽北門）夜至小平津。（津名今在河南鞏縣西北）六璽不自隨。公卿無得從者。惟尚書盧植河南中部掾閔貢。夜至河上。貢厲聲責讓等曰。今不速死。吾將殺汝。因手劍斬數人。讓等惶怖。叉手再拜叩頭向帝曰。臣等死。陛下自愛。遂投河而死。貢扶帝與陳留王夜步逐螢光南行。欲還宮。至雒舍止。（地名）

（在北芒山北）　辛未。帝始得馬乘之。公卿稍有至者。董卓至顯陽苑。（苑名在雒城西）遠見火光。知有變。引兵急進。未明到城西。聞帝在北。因與公卿迎帝於北芒阪下。帝猝見卓。恐怖涕泣。卓與帝語。語不可了。乃更與陳留王語。王答自初至終。無所遺失。卓以爲賢。且爲董太后所養。卓自以與太后同族。遂有廢立之意。是日帝還宮。改光熹爲昭寧。失傳國璽。騎都尉鮑信說袁紹曰。董卓擁强兵。將有異志。今不早圖。必爲所制。及其新至疲勞。襲之可擒也。紹畏卓。不敢發。董卓之入也。步騎不滿三千。及進與弟苗部曲皆歸於卓。卓兵於是大盛。遂萌異圖。謂袁紹曰。天下之主。宜得賢明。每念靈帝。令人憤毒。董侯似可。今欲立之。爲能勝史侯否。人有小智大癡。亦知復何如。爲當且爾。劉氏種不足復遺。紹曰。今上富於春秋。未有不善。公欲廢嫡立庶。竊恐天下不從公議也。卓按劍叱曰。豎子敢然。天下之事。豈不在我。我欲爲之。誰敢不從。爾謂董卓刀不利乎。紹曰。天下健者。豈惟董公。引佩刀橫揖徑出。卓畏紹世家。未敢加害。紹懸節於上東門。逃奔冀州。九月癸酉。卓大會百僚。言當廢帝。立陳留王。百官無復抗議者。甲戌。卓復會百僚於崇德前殿。遂脅太后策廢少帝。爲弘農王。立陳留王爲帝。太后鯁涕。羣臣含悲。無敢言者。改元永漢。丙子。卓酖殺何太后。殺后母舞陽君。十二月。復除光熹昭寧永漢三號。仍稱中平六年。自此以後。漢名號僅存。威福已失。天下崩潰。歷數百年。至唐而始定。所謂中衰之世也。此後漢外戚與宦官衝突之大略也。漢四百年之政治。大約宦官。外戚。方士。經生。四類人相起仆而已矣。

第三十六節　匈奴之政治上

匈奴。其先夏后氏之苗裔。曰淳維。史記匈奴列傳以殷時始奔北邊。史記匈奴列傳索隱引張晏說蓋夏桀無道。湯放之鳴條。三年而死。其子獯粥。妻桀之衆妾。避居北野。中國謂之匈奴。史記匈奴列傳索隱引樂彥括地譜殷時曰獯粥。改曰匈奴。史記匈奴列傳索隱引應劭風俗通一曰堯時曰葷粥。周曰獫狁。秦曰匈奴。史記匈奴列傳索隱引晉灼說則淳維是匈奴始祖。蓋與獯粥是一也。史記匈奴列傳索隱引韋昭說案以上皆唐以前人成說。其言未必可據。或彼族附會之以求親於中國。或中國鄙夷之以不齒於人類。均不可知。蓋桀爲湯敗。奔于歷山。放于南巢。乃漸趨於南。非趨北也。其族居於北蠻。隨畜牧而轉。其畜之所多。則馬牛羊。其奇畜則橐駞。今之駱駝驢鸁。今之騾爲驢牡馬牝所生駃騠。說文曰馬父驘子也騊駼。字林曰野馬也驒騱。說文曰野馬也逐水草遷徙。無城郭常處耕田之業。然亦各有分地。無文書。以言語爲約束。兒能騎羊。引弓射鳥鼠。少長則射狐兔。用爲食。士能彎弓。盡爲甲騎。其俗寬則隨畜。因射獵禽獸爲生業。急則人習戰攻。以侵伐。其天性然也。其長兵則弓矢。短兵則刀鋋。利則進。不利則退。不羞遁走。苟利所在。不知禮義。自君王以下。咸食畜肉。衣其皮革。被旃裘。壯者食肥美。老者食其餘。貴壯健。賤老弱。父死。妻其後母。兄弟死。皆取其妻妻之。其俗有名不諱而無姓字。案漢書稱單于姓攣鞮氏。後漢書稱單于姓虛連題氏。然則非無姓也。惟無字耳。以上皆史記說。漢書與之同。今日內外蒙古之俗。尙與漢時匈奴無異春秋戰國之間。戎狄竝興。往往與中國相雜。其後稍夷滅。詳前書二十一節其爲匈奴支族之闌入內地者歟。不可知也。其中惟獫狁與匈奴音最近。當卽一族。詩言及獫狁者甚多。小雅采薇曰。靡室靡家。獫狁之故。又曰。豈不日戒。獫狁孔棘。小雅六月曰。薄伐獫狁。至於太原。出車彭彭。城彼朔方。此周時已通匈奴之證也。然其時匈奴尚未强大。故無傳記之可考。匈奴可考之事。自冒頓單于始。當秦時。匈奴單于曰頭曼。頭曼不勝秦。北徙十有餘年。會秦亡。中國大亂。秦所置戍邊者皆去。於是匈奴得寬。復稍渡河南。與中國界。

第三十七節　匈奴之政治下

頭曼有子曰冒頓。後有愛閼氏。（匈奴皇后號）生少子。頭曼欲廢冒頓而立少子。迺使冒頓質於月氏（胡國名此未徙以前之月氏在今甘肅西安州）冒頓既質。而頭曼急擊月氏。月氏欲殺冒頓。冒頓盜其善馬亡歸。頭曼以爲壯。令將萬騎。冒頓乃作鳴鏑。習勒其騎射。令曰。鳴鏑所射而不悉射者。斬。行獵鳥獸。有不射鳴鏑所射。輒斬之。已而冒頓以鳴鏑自射善馬。左右莫敢射。冒頓立斬之。居頃之。復以鳴鏑自射其愛妻。左右或頗恐。不敢射。復斬之。頃之。冒頓出獵。以鳴鏑射單于善馬。左右皆射之。冒頓知其衆可用。從其父單于頭曼獵。以鳴鏑射頭曼。其左右皆隨鳴鏑而射。殺頭曼。盡誅其後母與弟及大臣不聽從者。於是冒頓自立爲單于。冒頓既立。東滅東胡（今盛京西北）西擊走月氏。南并樓煩白羊河南王。（樓煩之二王也皆居黃河南今山西北邊）悉復收秦蒙恬所奪匈奴地。是時漢方與項羽相距。中國罷於兵革。故冒頓得自强。控弦之士三十萬。自淳維以至頭曼千有餘歲。時大時小。別散分離久矣。至冒頓而匈奴最强。盡服從北夷。而南與諸夏爲敵國。其世姓官號。乃可得而記云。單于姓攣鞮氏（虛連題卽攣鞮之轉音）其國稱之曰撐犂孤塗單于。匈奴謂天爲撑犂。子爲孤塗。單于者廣大之號也。言其象天單于然也。置左右賢王。左右谷蠡王。（漢書無王字）左右大將。左右大都尉。左右大當戶。左右骨都侯。匈奴謂賢曰屠耆。故常以太子爲左屠耆王。自左右賢王以下至當戶。大者萬餘騎。小者數千。凡二十四長。立號曰萬騎。其大臣皆世官。衍氏。蘭氏。其後有須卜氏。此三姓其貴種也。（後漢書作四姓增一邱林氏）諸左王將居東方。直上谷以東。接穢貉朝鮮。右王將居西方。直上郡以西。接氐羌。而單于庭直代雲中。各有分地。逐水草移徙。而左右賢王。左右谷蠡王。國最大。左右骨都侯輔政。諸二十四長。亦各自置千長百長什長。裨小王相當戶且渠之屬。歲正月。諸長少會單于庭。祠。五月。大會龍城。（案史記匈奴列傳索隱引崔浩云西方胡皆事龍神故名大會處爲龍城）祭其先天地鬼神。秋馬肥。大會蹛林。（史記匈奴列傳正義引顏師古說蹛者遶林而祭也鮮卑之俗自古相傳秋祭無林木者尙豎柳枝衆騎馳遶三周乃止此其遺法也）課校人畜計。其法。拔刃尺者死。坐盜者沒入其家。有罪。小者軋。（杖也）大者死。獄久者不滿十日。一國之囚。不過數人。而單于朝出營。拜日之始生。夕拜月。其坐長左而北向。其送死。有棺椁金銀衣裳。而無封樹喪服。近倖臣妾從死者。多至數十百人。舉事常隨月。盛壯以攻戰。月虧則退兵。其攻戰斬首虜賜一卮酒。而所得鹵獲。因以予之。得人以爲奴婢。故其戰人人自爲趨利。善爲誘兵以句敵。故其逐利。如鳥之集。其困瓦解雲散矣。戰而扶轝死者。盡得死者家財。此匈奴政俗之大略也。

第三十八節　匈奴之世系上

冒頓并二十六國。（即西域諸國）諸引弓之民合爲一家。乃與漢約爲兄弟。妻漢翁主。（翁主諸王之女。冒頓方強。爲書遺呂太后。辭極褻嫚。太后深自謙遜以謝之。并遺以車二乘馬二駟。遂和親。以宗室女爲公主嫁之）孝文時。冒頓死。（在位二十七年）子稽粥立。號曰老上單于。老上亦妻漢翁主。老上欲變胡俗爲漢俗。以中行說。說。（漢宦者降匈奴）不果。孝文後四年。老上死。（在位十五年）子軍臣單于立。復尚翁主。自冒頓至軍臣三世。皆與漢時戰時和親。不常。漢歲奉匈奴絮繒酒食各有數。而關市於邊。是爲匈奴最盛之時。軍臣中葉後。孝武崛興。大伐匈奴。和親遂絕。而匈奴衰矣。孝武元朔二年冬。軍臣死。（在位二十四年）其弟左谷蠡王伊稚斜自立爲單于。攻敗軍臣太子於單。於單亡降漢。漢封於單爲陟安侯。數月死。伊稚斜時。匈奴遠遁。不敢至漠南。（漢屢伐匈奴凡十餘次。其最深者在元狩四年。凡十萬騎。私負從馬又十餘萬匹。大將軍衛青出定襄千餘里。渡幕（沙漠本名漢入漠北始此）圍單于。單于遁走。追二百里。不能得。斬首萬九千級而還。驃騎將軍霍去病出代二千餘里。絕大幕。封狼居胥山（今外蒙古地）禪於姑衍。登臨翰海（今拜開爾湖）捕虜七萬四百四十三級。是後匈奴遠遁。而幕南無王庭。漢渡河自朔方至金城。通渠置田官。稍蠶食匈奴。然亦以馬少不復大出擊匈奴矣。皆伊稚斜時事也）元鼎三年。伊稚斜單于死。（在位十三年）子烏維立爲單于。是時孝武已南平越。東并朝鮮。西通西域。欲遂臣匈奴。烏維大恐。許入中國見天子。并質子。然卒不果。元封六年。烏維死。（在位十年）子詹師廬立。年少。號爲兒單于。太初三年。兒單于死。（在位三年）子少。匈奴乃立其季父烏維單于弟右賢王勾黎湖爲單于。太初四年。勾黎湖死。（在位一年）其弟左大都尉且鞮侯立爲單于。太始五年。且鞮侯死。（在位五年）長子左賢王立。爲狐鹿姑單于。自伊稚斜以後。漢兵深入窮追數十年。匈奴孕重墮殰。罷極苦之。自單于以下。常有和親計。始元二年。狐鹿姑死。（在位十二年）命立其弟右谷蠡王。衞律（漢將降匈奴者）等。矯單于令。更立子左谷蠡王。爲壺衍鞮單于。是時匈奴兵數困。國益貧。常欲求和親。而不肯先言。惟侵盜益希。遇漢使愈厚。至乃盡歸漢使者蘇武等。欲以諷漢。漢終不許。遂大舉入寇。漢兵又大破之。得脫者裁數百人。是時漢邊郡烽火候望精明。匈奴罕得爲寇。本始三年。漢約西域擊匈奴。匈奴人畜死傷不可勝數。由是衰耗。於是丁令（今西比利亞中部）攻其北。烏桓（今盛京）入其東。烏孫（今新疆北境）擊其西。匈奴大虛弱。諸國羈屬者皆瓦散。地節二年。壺衍鞮死。（在位十七年）弟左賢王立。爲虛閭權渠單于。神爵二年。虛閭權渠死。（在位九年）顓渠閼氏與其弟左大且渠都隆奇謀。立右賢王屠耆堂。爲握衍朐鞮單于。烏維單于耳孫也。握衍朐鞮立二年。凶惡不道。姑夕王與烏禪幕及左地貴人皆怨。乃共立虛閭權渠子稽侯狦。爲呼韓邪單于。發左地兵共擊握衍朐鞮。握衍朐鞮敗。自殺。握衍朐鞮立三年而敗。時神爵四年也。其冬。都隆奇與右賢王。共立日逐王薄胥堂。爲屠耆單于。發兵數萬人。東襲呼韓邪。呼韓邪兵敗走。屠耆單于遂留居單于庭。是時匈奴呼揭王。自立爲呼揭單于。右奧鞬王。自立爲車犂單于。烏藉都尉。自立爲烏藉單于。凡五單于。其後烏藉呼揭皆敗。各去單于號。并力共尊車犂單于。屠耆自將擊之。車犂敗。西北走。其明年。屠耆復自將擊呼韓邪。兵敗自殺。呼韓邪遂居單于庭。然衆裁數萬人。其後屠耆從弟休旬王。自立爲閏振單于。在西邊。呼韓邪兄左賢王呼屠吾斯。亦自立爲郅支骨都侯單于。在東邊。後二年。閏振東擊郅支。郅支與戰。殺之。并其兵。遂進攻呼韓邪。呼韓邪敗走。郅支都單于庭。呼韓邪之敗也。左伊秩訾王爲呼韓邪計。勸令稱臣入朝。事漢。從漢求助。如此匈奴乃定。呼韓邪議問諸大臣。皆曰。不可。匈奴之俗。本上氣力而下服役。以馬上戰鬭爲國。故有威名於百蠻。戰死。壯士所有也。今兄弟爭國。不在兄。則在弟。雖死。猶有威名。子孫常長諸國。漢雖强。猶不能兼幷匈奴。奈何亂古先之制。臣事於漢。卑辱先單于。爲諸國所笑。雖如是而安。何以復長百蠻。左伊秩訾曰。不然。强弱有時。今漢方盛。烏孫城郭諸國。皆爲臣妾。自且鞮單于以來。匈奴日削。不能取復。雖屈彊於此。未能一日安也。今事漢則安存。不事則危亡。計何以過此。諸大人相難久之。呼韓邪卒從左伊秩訾計。引衆南近塞。遣子右賢王銖婁渠堂入侍。郅支聞之。亦遣子右大將駒于利受入侍。時甘露元年也。郅支單于。以爲呼韓邪降漢。兵弱。不能復自還。卽自引其衆西。欲攻定右地。乃益西近烏孫。欲與幷力。遣使烏孫。烏孫欲媚漢。殺其使。送都護在所。郅支擊烏孫。破之。因北擊烏揭。烏揭降。發其兵西破堅昆。北降丁令。（堅昆丁令皆在今西比利亞南與蒙古新疆接界處）幷三國。遂留都堅昆。而南與烏孫爲敵。會康居王。亦怨烏孫。乃迎郅支至康居。與幷力攻烏孫。旣至。漢都護甘延壽陳湯所襲殺。而呼韓邪大懼。入朝。自此匈奴全境。爲漢屬國。中國四鄰。皆臣服矣。

第三十九節　匈奴之世系下

呼韓邪既事漢。數年之間。人衆轉盛。乃北歸庭。人衆稍稍歸之。國中遂定。會漢已誅郅支。呼韓邪大懼。自言願壻漢氏。以自親。元帝以後宮良家子王嬙賜之。匈奴號之曰寧胡閼氏。（言胡得之國以安寧也史稱王昭君以良家子選入掖庭時呼韓邪來朝帝勅以宮女賜之昭君入宮數歲不得見御積悲怨乃請掖庭令求行呼韓邪臨辭大會帝召宮女示之昭君豐容靚飾光照漢宮顧影裴回竦動左右帝見大驚意欲留之而難於失信遂與匈奴呼韓邪歡喜上書願世世保塞自是匈奴臣服於漢建始二年。呼韓邪死。在位二十八年子雕陶莫皋立。為復株累若鞮單于。鴻嘉元年。復株累死。在位十年弟且麋胥立。為搜諧若鞮單于。元延元年。搜諧死。在位八年弟且莫車立。為車牙若鞮單于。綏和元年。車牙死。在位四年弟囊知牙斯立。為烏珠留若鞮單于。四單于皆呼韓邪之子預約次及者烏珠留時。王莽秉政。諷烏珠留為一名。謂以一字為名此公羊太平義也莽好經術故效之烏珠留乃更名知。莽又易單于印。故印文曰匈奴單于璽。莽更曰新匈奴單于章。烏珠留滋不悅。會西域諸國多叛漢。通匈奴。烏珠留乃謀叛漢。莽於是分匈奴地為十五國。呼韓邪有十五子欲招誘單于諸子立之。立數人。一為孝單于。一為順單于。烏珠留聞之大怒曰。先單于受漢宣帝恩。不可負也。今天子非宣帝子孫。何以得立。建國三年。乃大入為寇。於是北邊復為墟矣。建國五年。烏珠留死。在位二十一年王昭君女須卜居次云。居次匈奴公主之稱云其名也立呼韓邪子咸。為烏累若鞮單于。咸即莽所拜為孝單于者也。於是復與漢和親。而寇盜如故。莽乃改匈奴曰恭奴。單于曰善于。烏累貪莽金幣。曲聽之。而寇盜仍如故。天鳳五年。烏累死。在位五年弟輿立。為呼都而尸道皋若鞮單于。呼都而尸立。與莽有隙。北邊由是敗壞。更始二年。漢遣使授單于漢舊制璽綬。單于曰。匈奴本與漢兄弟。匈奴中亂。孝宣皇帝輔立呼韓邪單于。故稱臣以尊漢。今漢亦大亂。為王莽所篡。匈奴亦出兵擊莽。空其邊境。令天下騷動思漢。莽卒以敗。而漢復興。亦我功也。當復尊我。終持不決。建武中入寇尤深。建武二十二年。呼都而尸死。在位二十八年子烏達鞮侯立。為蒲奴單于。蒲奴立二年。八部大人共議立呼韓邪孫比。為呼韓邪單于。款五原塞。願永為藩蔽。捍禦北虜。光武許之。於是匈奴分為南北。南匈奴事漢。北匈奴時叛時服。然皆微矣。

第四十節　南匈奴之世系

呼韓邪單于。又爲醢落尸逐鞮單于。既降漢。徙居於西河美稷。（今山西汾陽縣西北）漢爲設中郎將副校尉擁護之。設有府從事幷騎兵二千。弛刑徒五百人。衛護單于。歲給費一億九十餘萬。自後以爲常。單于亦遣韓氏骨都侯屯北地。右賢王屯朔方。單于骨都侯屯萬原。呼衍骨都侯屯雲中。郎氏骨都侯屯定襄。左南將軍屯雁門。栗耤骨都侯屯代郡。皆領部衆。爲郡縣偵羅耳目。於是匈奴之衆。遂與漢族雜居。建武三十二年。呼韓邪死。（在位九年）弟莫立。爲邱浮尤鞮單于。中元二年。莫死。（在位一年）弟汗立。爲伊伐於慮鞮單于。明帝永平二年。汗死。（在位二年）單于比之子適立。爲僮醢尸逐侯鞮單于。永平六年。適死。（在位四年）單于莫子蘇立。爲邱除車林鞮單于。數月死。單于適之弟長立。爲胡邪尸逐侯鞮單于。章帝元和二年。單于長死。（在位二十三年）單于汗之子宣立。爲伊屠於閭鞮單于。章和二年。單于宣死。（在位三年）單于長之弟屯屠何立。爲休蘭尸逐侯鞮單于。時北庭衰亂。南部將幷北庭。竇太后許之。和帝永元元年。以竇憲爲大將軍。耿秉爲副。北伐匈奴。夏六千。憲等與北單于戰於稽落山。大破之。追單于至私渠北鞮海。斬名王以下萬三千級。生口甚衆。雜畜百餘萬頭。諸裨小王降者八十一部。二十餘萬人。出塞三千餘里。登燕然山。（今杭愛山）刻石頌功德。班固爲銘焉。永元五年。單于屯屠何死。（在位六年）單于宣弟安國立。以右谷蠡王師子爲左賢王。國人不附。而愛師子。安國患之。與新降胡同謀殺師子。事覺。漢將問之。安國夜聞漢軍至。大驚。棄其帳而去。因舉兵欲誅師子。師子閉曼柏城。不得入。安國舅骨都侯喜等懼幷誅。共格殺安國。而立師子爲單于。時永元六年也。至是新降胡不自安。十五部二十餘萬人皆反。脅立前單于屯屠何子逢侯爲單于。重向朔方。欲度幕北。九月。以光祿勳鄧鴻。越騎校尉馮柱。度遼將軍朱徽。烏桓校尉任尙。合四萬人討之。時南單于及中郎將杜崇屯牧師城。逢侯將萬騎攻圍之。冬十一月。鄧鴻等至美稷。逢侯乃解圍去。向滿夷谷。南單于杜崇與鄧鴻合追之。斬首四千餘級。任尙要擊逢侯於漢夷谷。復大破之。前後凡斬萬七千餘級。逢侯遂率衆出塞。漢兵不能追而還。（後元初中逢侯窮蹙降漢漢處之潁川）單于師子立。爲亭獨尸逐侯鞮單于。永元十年。單于師子死。（在位四年）單于長之子檀立。爲萬氏尸逐鞮單于。永初三年。漢人韓琮隨匈奴南單于入朝。既還。說南單于云。關東水潦。人民飢餓盡死。可擊也。單于信其言。遂反。九月。南匈奴合烏桓鮮卑入寇五原。與太守戰于高渠谷。（未詳）漢兵大敗。南單于圍中郎將耿种於美稷。冬十一月。以大司農何熙行車騎將軍事。中郎將龐雄爲副。將五營及邊郡兵及遼東太守耿夔。率鮮卑及諸郡兵共擊之。雄夔擊南匈奴薁鞬日逐王。破之。四年。南單于圍耿种數月。不克。梁慬耿夔擊斬其別將於屬國故城。（在美稷內屬國都尉治之）單于自將迎戰。慬等復破之。單于遂引還虎澤。三月。何熙軍到五原。遣龐雄梁慬耿种將步騎萬六千人攻虎澤。連營稍前。單于見諸軍並進。大怖。顧讓韓琮曰。汝言漢人死盡。今是何等人也。乃遣使乞降。許之。單于脫帽徒跣。對龐雄等拜。陳道死罪。乃還抄漢人男女及羌所略轉賣入匈奴者合萬餘人。延光三年。單于檀死。弟拔立。爲烏稽侯尸逐鞮單于。永建三年。單于拔死。（在位四年）弟休利立。爲去特若尸逐就單于。永和五年。休利以不能制下。爲漢所責。自殺。（在位十三年）秋。匈奴立句龍王車紐爲單于。東引烏桓西收羌戎及諸胡大人爲寇。漢兵出擊。破之。斬句龍呼蘭若尸逐就單于兜樓儲單于先在京師。漢安二年。天子臨軒。自册立之。遣中郎將持節護送單于歸南庭。建和元年。單于兜樓儲死。（在位五年）居車兒立。爲伊陵尸逐就單于。熹平元年。居車兒死。（在位二十五年）子某立。（史失其名）熹平六年。某死。（在位六年）子呼徵立。光和二年。中郎將張修與單于不相能。擅斬之。詔以修抵罪。而立右賢王羌渠爲單于。中平五年。各部反。攻殺羌渠。（在位十年）子於扶羅立。爲持至尸逐侯單于。國人畔之。共立須卜骨都侯爲單于。於扶羅將詣闕自訟。會靈帝崩。天下大亂。單于將數千騎。與白波賊合。寇河內諸郡。失利。欲歸國。人不受。乃止河東。興平二年。於扶羅死。（在位七年）弟呼廚泉立爲單于。呼廚泉自以其先祖與漢約爲兄弟。遂冒姓劉氏。至孫淵。遂爲五胡之一。

第四十一節　北匈奴之世系

蒲奴立單于。既失南方之衆。仍居單于庭。然自顧衰弱。不自安。建武二十七年。遣使求和親。光武不許。二十八年。復求率西域諸國朝見。光武仍不許。而賜之甚厚。永平八年。再求和親。顯宗許之。而南匈奴不自安。欲畔。密令北匈奴以兵迎之。漢乃始置度遼營。以中郎將爲度遼將軍。屯五原曼柏。（今蒙古鄂爾多斯黃河西岸）以防二虜交通。北匈奴由是復爲寇鈔。永平十六年。大發兵討之。至涿邪山。（在今土謝圖汗地）是時北匈奴衰耗。南部攻其前。丁零寇其後。鮮卑擊其左。西域侵其右。不復自立。乃遠引而去。章和元年。鮮卑入左地。（卽匈奴東方之地）擊北匈奴。大破之。斬優留單于。取其皮而還。優留既死。國人立單于異母兄右賢王爲單于。永元初。爲耿夔所破。逃亡不知所在。其弟右谷蠡王於除鞬。自立爲單于。止蒲類海。（今羅布淖爾）遣使款塞。漢立爲北單于。卽授璽綬玉劍。使中郎將衛護。如南單于。永元五年。畔還北。自是遂不可知。案西書言晉時匈奴西徙。其酋渴底拉Atilat稱霸於歐洲。其卽北匈奴之苗裔歟。

第四十二節　西域之大略

西域以孝武時始通。（西域二字始於史記其義凡起玉門陽關直抵歐洲統謂之西域非僅指今新疆之地也）爲漢校尉所屬者。（漢所置統領西域官名宣帝時改曰都護元帝時又置戊己二校尉都護掌兵駐烏壘城其始獨護南道至神爵三年乃兼護北道始曰都護校尉掌屯田）三十六國。一婼羌國。二樓蘭國。三且末國。四小宛國。五精絕國。六戎盧國。七扜彌國。八渠勒國。九于闐國。十皮山國。十一烏秅國。十二西夜國。十三子合國。十四蒲犂國。十五依耐國。十六無雷國。十七難兜國。十八大宛國。十九桃槐國。二十休循國。二十一捐毒國。二十二莎車國。二十三疏勒國。二十四尉頭國。二十五姑墨國。二十六溫宿國。二十七龜茲國。二十八尉犂國。二十九危須國。三十焉耆國。三十一姑師國。三十二墨山國。三十三刦國。三十四狐胡國。三十五渠犂國。三十六烏壘國。十三六國衆說頗異此據徐松漢書西域傳補註下同其後稍分至五十餘。姑師分爲車師及山北六國。車師分爲前後國。後國又分爲烏貪訾離國。且彌國分爲東西。蒲類分爲蒲類後國。卑陸分爲卑陸後國之類。至後漢又相兼併存者廿餘國其地在匈奴之西。烏孫之南。今伊犂之地西羌之北。今西藏青海即今所謂新疆南路也。南北有大山。北爲天山南爲新疆西藏間之諸山中央有河。今塔里木河東西六千餘里。其人或城郭。或遊牧。不一種。孝武以前。蓋屬役於匈奴。匈奴呼衍王領其地。置僮僕校尉。其種族素弱。從古不能獨立。不及胡與羌之强悍。孝武欲伐匈奴。乃先開西域。以斷匈奴與西羌相通之道。於是西域諸國。終漢之世。皆服屬於中國。兩漢書述三十六國。并三十六國以外之諸大國。形勢頗詳。今特舉其大略。而以今地證之如下。葱嶺以西用洪鈞元史逸文證補爲主葱嶺以東用徐松漢書西域傳補註爲主

第四十三節　南道諸國

出陽關。在今甘肅敦煌縣治西南關已久廢自近者始。漢書敘述之法先自葱嶺東南漸至葱嶺西南循葱嶺西轉北而東自西北以至東北而終焉曰婼羌國。其地今已淪爲戈壁戶四百五十。口千七百五十。勝兵五百。隨畜逐水草。不田作。地僻不當孔道。西北曰樓蘭國。地今已淪爲戈壁戶千五百七十。口萬四千一百。勝兵二千九百十二人。地沙鹵少田。寄田仰穀旁國。民隨畜牧。逐水草。與婼羌同。地當漢人達西方大道。西行七百里至末且國。地今已淪爲戈壁戶二百三十。口千六百一十。勝兵三百二十。南行三日至小宛。自末且以往。皆城郭之國。西南曰小宛國。地今已淪爲戈壁戶百五十。口千五十。勝兵二百人。地僻不當孔道。再西

曰精絕國。（今已淪爲戈壁地）戶四百八十。口三千三百六十。勝兵五百人。南行四日至戎盧國。（今已淪爲戈壁地）戶二百四十。口千六百一十。勝兵三百人。地僻不當孔道。再西曰扜彌國。（今已淪爲戈壁地）戶三千三百四十。口二萬四千。勝兵三千五百四十人。西北三百九十里至于闐。扜彌國曰渠勒國。（今已淪爲戈壁地）戶三百一十。口二千一百七十。勝兵三百人。于闐國。（今新疆和闐）戶三千三百。口萬九千。勝兵二千四百人。西行三百八十里至皮山國。（今葉爾羌之東南和闐之西）戶五百。口三千五百。勝兵五百人。西南經烏秅國。（今英屬巴達克山地）戶四百九十。口二千七百三十三。勝兵七百四十人。山居田石壁間。以手接飲。累石爲室。有懸度處。谿谷不通。以繩索相引而度。烏秅北爲西夜國。王號子合王。（此即雙立君也地在今噶勒察回之博洛爾部南境）戶三百五十。口四千。勝兵千人。西夜種與西域各國異類。羌氏行國。隨畜逐水草往來。西與蒲犂接。蒲犂國。（在今英吉沙爾葉爾羌之間）戶六百五十。口五千。勝兵二千人。西曰依耐國。（今英吉沙爾界中）戶一百二十五。口六百七十。勝兵三百五十人。西曰無雷國。（今俄屬西布魯特部落中）戶千。口七十。勝兵三千人。凡蒲犂依耐無雷三國。皆與西夜同種。行國也。北曰難兜國。（今英屬拔達克山西境）戶五千。口三萬一千。勝兵八千人。此爲漢屬之至西境。其西大月氏矣。

第四十四節　北道諸國

大宛國。（今俄屬敖罕）戶六萬。口三十萬。兵六萬人。與安息同俗。以蒲桃爲酒。富人藏酒至萬餘石。室數十年不敗。漢人因宛始得蒲桃。貴女子。女子所言。丈夫乃決正。其人皆深目多須髯。桃槐國。（地無考）戶七百。口五千。勝兵千人。休循國。（地無考。此與桃槐當是葱嶺麓之小國）戶三百五十八。口千三十。勝兵四百八十人。民因畜隨水草。故塞種也。（塞種即佛書之剎帝利種。今謂閃彌斯種）其東曰捐毒國。（今俄屬西布魯特地）戶三百八十。口千一百。勝兵五百人。其俗就水草。故塞種也。其東南曰莎車國。（今莎車）戶二千三百三十九。口萬六千三百七十三。勝兵三千四十九人。西至疏勒五百六十里。莎車西少北曰疏勒國。（今喀什噶爾）戶千五百一十。口萬八千六百四十七。勝兵二千人。西當大月氏大宛康居大道。再東曰尉頭國。（今烏什）戶三百。口二千三百。勝兵八百人。其俗隨水草。再東曰姑墨國。（今阿克蘇）戶三千五百。口二萬四千五百。勝兵四千五百人。再東曰溫宿國。（今溫宿）戶二千二百。口八千四百。勝兵五百人。再東曰龜茲國。（今庫車）戶六千九百七十。口八萬一千三百一十七。勝兵二萬一千七十六人。再東曰烏壘城。（今庫車東南）戶百一十。口千二百。勝兵三百人。都護所治也。東曰渠犂城。（今庫車與喀剌沙爾間）戶百三十。口千四百八十。勝兵百五十人。其東曰尉犂國。（今喀剌沙爾）戶千二百。口九千六百。勝兵二千十人。其北曰危須國。（今喀剌沙爾之南）戶七百。口四千九百。勝兵二千人。再北曰焉耆國。（今喀剌沙爾之東）戶四千。口三萬二千一百。勝兵六千人。焉耆西北曰烏貪訾離國。（此車師後國所分）戶四十一。口二百三十一。勝兵五十七人。其東曰卑陸國。（姑師所分）戶二百二十七。口千三百八十七。勝兵四百二十二人。其東曰卑陸後國。（姑師所分）戶四百六十二。口千一百三十七。勝兵三百五十人。郁立師國。（今烏魯木齊）戶百九十。口千四百四十五。勝兵三百三十二人。單桓國。（在今烏魯木齊）戶二十七。口百九十。勝兵四十五人。再西南曰蒲類國。（今吐魯番之北姑師蒲類所分戶三百二十五。口二千三十二。勝兵七百九十九人。更西曰蒲類後國。蒲類所分戶四百。口千七百。勝兵三百三十四人。西且彌國。今呼圖壁河至馬納斯河一帶姑師所分戶三百三十二。口千九百二十六。勝兵七百三十八人。東且彌國。姑師所分戶百九十一。口千九百四十八。勝兵五百七十二人。蒲類北曰刧國。在今戈壁戶九十九。口五百。勝兵百一十五人。又北曰狐胡國。今闢展西百二十里戶五十五。口二百六十四。勝兵四十五人。其東南曰墨山國。今羅布淖爾之北戶四百五十。口五千。勝兵千人。其東曰車師前國。今吐魯番廣安城西二十里姑師所分戶七百。口六千五十。勝兵千八百六十五人。其西北曰車師後王國。車師所分戶五百九十五。口四千七百七十四。勝兵千八百九十。車師都尉國。廣安城東七十里車師所分戶四十。口三百三十三。勝兵八十四人。車師後城長國。今奇台縣之北車師所分戶百五十四。口九百六十。勝兵二百六十人。以上皆爲漢之屬國。漢西域都護駐烏壘城。各國皆徧置吏焉。

第四十五節　葱嶺外諸國

漢所屬之國。界雖盡此。而漢時風教所通。則其跡甚遠。孝武時張騫自烏孫今伊犂境古游牧國大宛至康居國。今新疆北境俄屬領土由康居至大月氏。月氏本在陽關外游牧族也爲匈奴冒頓單于所逐西徙至大夏境擊大夏而臣之大夏希臘種也國於今阿富汗之北鹽海之南自是月氏爲大國號大月氏至後漢南領印度在大夏見邛竹杖及蜀布。問安得此。曰吾賈人往市之身毒國。今之印度身毒在大夏東南。知其去蜀不遠矣。乃謀出蜀求身毒。不得通。然漢因是開西南夷。騫又聞大夏之西南曰罽賓。曰烏弋山離。皆今波斯東境地皆溫和。出珠璣。珊瑚。虎魄。璧流離。以金銀爲錢。烏弋山離西與犂靬（舊說以爲古羅馬殆非也）條支接。（今波斯西南臨波斯灣處）行可百餘日。可至條支。北轉而爲安息。（古波斯之附薩朝今波斯東北境）再北曰奄蔡。（今俄屬高加索斯部）謂之酒國。然則西漢人之跡。蓋窮極亞洲。而未至歐洲也。後漢永元九年。都護班超遣甘英使大秦。（今歐洲古羅馬國）抵條支。臨大海。（今阿勒富海又名波斯灣）欲度海。而安息人謂英曰。海水廣大。往來者逢善風。三日乃得度。若還遲。亦有二歲者。故入海人皆齎三歲糧。（當時條支瀕道由波斯繞阿剌伯三面入紅海過蘇彝士原有之小港入地中海至羅馬故云云）英聞之。乃止。至桓帝延熹九年。大秦王安敦。遣使自日南（今越南）徼外。獻象牙犀角瑇瑁。於是歐亞乃通。而其道當卽今日所通行之航路也。（印度亦於後漢始通見他節）

第四十六節　漢第一次通西域

漢開西域。其謀發於張騫。元朔三年。張騫使西域歸。初。上欲擊匈奴。募能使大月氏者。漢中張騫。以郎應募。出塞。爲匈奴所得。留十餘歲。騫得間亡。鄉月氏西走。數十日至大宛。歷大宛。康居。大月氏。大夏。留大月氏歲餘。欲從羌中歸。復爲匈奴所得。留歲餘。匈奴內亂。乃得逃歸。騫初行。百餘人。去十三歲。惟二人得還。騫還。言其所見聞。天子欣然以爲然。元鼎元年。漢兵逐匈奴於幕北。自鹽澤以東無匈奴。置武威張掖酒泉敦煌四郡。西域道可通。於是張騫建言。招烏孫東徙。實渾邪王故地。以斷匈奴右臂。既連烏孫。自其西大夏之屬。皆可招來而爲外臣。天子然其言。拜騫爲中郎將。將三百人。馬各二疋。牛羊以萬數。齎金幣帛直數千巨萬。多持節副使。沿道有便可遣之旁國。騫至烏孫。因分遣副使使大宛。康居。大月氏。大夏。身毒。于闐。安息。及諸旁國。是歲騫還。後歲餘。騫所遣使通大夏之屬者。皆頗與其人來。於是西域始通於漢矣。是時內屬者三十六國。而匈奴與羌通之道絕。六年以公主嫁烏孫。斯共滅胡。是時漢兵威遠及。單于益西北徙。漢使西踰葱嶺。抵安息。安息以大鳥卵即今駝鳥之卵及黎軒善眩人。即幻術文選張衡西京賦頗列之有魚龍曼衍唐棣追人之屬大約如今日之外國幻戲獻於漢。而其他各小國。爭隨漢使獻見天子。大宛多葡萄可以爲酒。此可見中國漢時已有葡萄酒天馬。即花條馬因漢書天馬歌言虎脊兩被龍文故知之天子種之於離宮別觀傍極望。太初三年。漢求天馬於大宛。大宛不予。又攻殺漢使。三年。貳師將軍李廣利擊大宛。斬其王毋寡。於是漢兵度葱嶺而西。四年將軍李廣利還。所過小國。聞宛破。皆使其子弟從入貢獻。見天子。因爲質焉。初匈奴聞漢兵征大宛。欲遮之。畏漢兵。不敢當。即遣騎因樓蘭。候漢使後過者。欲絕不通。漢軍正任文知之。即引兵捕得樓蘭王。王請徙國內屬。上赦之。是時匈奴與漢爭樓蘭。元鳳四年。將軍傅介子擊樓蘭王安。斬之。安匈奴所立也。而更立漢質子尉屠耆爲王。以兵戍之。西域之通始定。神爵三年。匈奴內亂。日逐王降漢。乃以安遠侯鄭吉爲都護。開幕府於烏壘城。漢之號令行於西域矣。

第四十七節　漢第二次通西域

前漢時。孝武奪西域於匈奴。王莽之衰。四夷背畔。西域復屬匈奴。光武中興。西域諸國。頗有願服事漢者。屢請都護。帝謝未能也。後漢之開西域。自班超始。初明帝永平十六年。使奉車都尉竇固伐匈奴。固使假司馬班超。與從事郭恂俱使西域。超行到鄯善。(即樓蘭)鄯善王廣奉超禮甚備。後忽更疏。超謂其官屬曰。寧覺廣禮意薄乎。官屬曰。胡人不能常久。無它故也。超曰。此必有北虜使來。狐疑未知所從故也。乃召侍胡詐之曰。匈奴使來數日。今安在乎。侍胡惶恐曰。到已三日。去此三十里。超乃閉侍胡。悉會其吏人三十六人。與共飲酒。酣。超曰。不入虎穴。不得虎子。當今之計。獨有因夜以火攻虜。使彼不知我多少。必大震怖。可殄盡也。滅此虜。則鄯善破膽。功成事立矣。衆曰。當與從事議之。超曰。從事文俗吏。聞此必恐而謀泄。死無所名。非壯士也。衆曰。善。初夜。超遂將吏士往奔虜營。會天大風。超順風縱火。前後鼓譟。虜衆驚亂。遂斬其使及從士三十餘級。餘衆百許人。悉燒死。明日乃還。告郭恂。恂大驚。既而色動。(欲分超功)超知其意。曰。掾(謂恂)雖不行。超獨何心擅之乎。恂乃悅。超於是召鄯善王。以虜使首示之。一國震怖。王叩頭願屬漢。無二心。超還白固。固大喜。上超功。帝乃以超為軍司馬。令遂前功。使超使于闐。於是超復與三十六人往。時于闐王廣德雄張南道。而匈奴遣使監護其國。超既至。王禮意甚疏。且其俗信巫。巫言神怒何故向漢。漢使有騧馬。急求取以祠我。王乃遣其相私來比就超請馬。超已密知其狀。佯許之。而令巫自來取馬。有頃。巫至。超即斬其首。收私來比。鞭笞數百。王大驚。乃殺匈奴使者而降。於是諸國皆遣子入侍。西域與漢絕六十五年。至是乃復通焉。初。龜茲王建。為匈奴所立。倚恃虜勢。據有北道。攻殺疏勒王。立其臣兜題為疏勒王。班超從間道至疏勒。去兜題所居槃橐城九十里。逆遣吏田慮先往降之。敕慮曰。兜題本非疏勒種國人。必不用命。若不卽降。便可執之。慮既到。兜題見慮殊無降意。慮因其無備。遂前擊縛兜題。左右出其不意。皆驚懼奔走。慮馳走報超。超卽赴之。悉召疏勒將吏。說以龜茲無道之狀。因立其故王兄子忠爲王。國人大悅。衆請殺兜題。超曰。殺之無益於事。當令龜茲知漢威德。遂解遣之。永平十七年十一月。竇固耿秉劉張出敦煌昆侖塞。擊西域。破白山（卽雪山）虜於蒲類海。（卽羅布淖爾）遂進擊車師。車師前王。卽後王之子也。其廷相去五百餘里。漢兵先攻後王。斬首數千級。後王安得震怖。走出門迎漢兵。脫帽抱馬足降。於是前王亦歸命。遂定車師而還。於是復置西域都護。及戊己校尉。以陳睦爲都護。耿恭爲戊校尉。屯後王部金蒲城。（今迪化州）謁者關寵爲己校尉。屯前王部柳中城。（今哈密）

第四十八節　漢第三次通西域

永平十八年春。北單于遣二萬騎擊車師。耿恭遣司馬將兵三百人救之。皆爲所沒。匈奴遂破車師。殺後王安得。而攻金蒲城。恭堅守不下。至笮馬糞而飲之。十一月。焉耆龜茲攻沒都護陳睦。北匈奴圍關寵於柳中城。會中國方有大喪。（明帝崩也）救兵不至。車師復叛。與匈奴共攻耿恭。恭率厲士衆禦之。數月。食盡窮困。恭與士卒推誠同生死。故皆無二心。而稍稍死亡。餘數十人。單于知恭已困。欲必降之。遣使招恭曰。若降者。當封爲白屋王。妻以女子。恭誘其上城。殺之。炙諸城上。單于大怒。更益兵圍之。不能下。關寵上書求救。帝遣征西將軍耿秉屯酒泉。行太守事。遣酒泉太守段彭。與謁者王蒙皇甫援發張掖酒泉敦煌三郡郡兵合七千餘人以救之。建初元年。酒泉太守段彭等兵會柳中。擊車師。攻交河城。（今吐魯番東南）斬首三千八百級。獲生口三千餘人。北匈奴驚走。車師復降。會關寵已歿。王蒙欲引兵還。耿恭軍史范羌時在軍中。固請迎恭。諸將不敢前。乃分二千人與羌從山北迎恭。遇大雪丈餘。軍僅能至。城中夜聞兵馬聲。以爲虜來。大驚。羌遙呼曰。我范羌也。漢遣兵迎校尉耳。城中皆稱萬歲。開門共相持涕泣。明日遂相隨俱歸。虜兵追之。且戰且行。吏士素飢困。發時尚有二十六人。其後隨路死沒。三月至玉門。惟餘十三人。衣屨穿決。形容枯槁。恭至洛陽。拜騎都尉。於是悉罷戊己校尉及都護官。徵還班超。於是西域再絕。超將發疏勒。舉國憂恐。曰。漢使棄我。我復爲龜茲所滅耳。超還至于闐。王侯以下皆號泣。會疏勒兩城已降龜茲。與尉頭連兵。超更還疏勒。捕斬反者。擊破尉頭。遂不復歸。建初五年。班超欲平西域。上疏請兵曰。前世議者。皆曰。取三十六國。號爲斷匈奴右臂。今西域諸國。莫不向化。惟焉耆龜茲獨未服從。今宜拜龜茲侍子白霸爲其國王。以步騎數百送之。與諸國連兵。歲月之間。龜茲可禽。若得龜茲。則西域未服者百分之一耳。臣竊冀未便僵仆。（謂未死）目見西域平定。陛下舉萬年之觴。薦勳祖廟。布大喜於天下。書奏。帝知其功可成。以徐幹爲假司馬。將弛刑（刑徒）及義從（自願行者）千人就超。先是莎車以爲漢兵不出。遂降於龜茲。而疏勒都尉番辰亦叛。會徐幹適至。遂與超擊番辰。大破之。斬首千餘級。欲進攻龜茲。以烏孫兵彊。宜因其力。乃上言烏孫大國。控弦十萬。故武帝妻以公主。至孝宣帝卒得其用。今宜遣使招撫。與共合力。帝從之。八年。帝拜班超爲將兵長史。以徐幹爲軍司馬。別遣衛侯李邑護送烏孫使者。邑到于闐。値龜茲攻疏勒。恐懼不敢前。因上書陳西域之功不可成。又盛毁超。帝知超忠。切責邑。令邑詣超受節度。超卽遣邑將烏孫侍子還京師。元和元年。帝復遣假司馬和等將兵八百人詣班超。超因發疏勒于闐兵擊莎車。莎車以賂誘疏勒王忠。忠遂反從之西保烏卽城。超乃更立其府丞成大爲疏勒王。悉發其不反者。以攻忠。使人說康居王。執忠以歸國。烏卽城遂降。疏勒王忠從康居王借兵還據損中。（或作頓中又作楨中其地無考）遣使詐降於班超。超知其姦。而僞許之。忠從輕騎詣超。超斬之。因擊破其衆。南道遂通。章和元年。班超發于闐諸國兵共二萬五千人。擊莎車。龜茲王發溫宿姑墨尉頭兵合五萬人救之。超聲言兵少不敵。莫若散歸。于闐從是而東。長史（超時爲將兵長史）亦於此西歸。（西歸疏勒也）須夜鼓聲而發。陰緩所得生口。使歸散言。龜茲王聞之大喜。自以萬騎於西界遮超。溫宿王將八千騎於東界徼于闐。超知二虜已出。密召諸部勒兵。馳赴莎車營。胡大驚亂。奔走。追斬五千餘級。莎車遂降。龜茲等因各退散。自是威震西域。永元二年。副校尉閻槃復襲北匈奴之守伊吾者。（今哈密）復取其地。車師震慴。前後王各遣子入侍。月氏求尙公主。班超拒還其使。由是怨恨。遣其副王謝將兵七萬攻超。超衆少。乃收穀堅守。謝前攻超不下。又鈔掠無所得。超度其糧盡。必從龜茲求食。乃遣兵數百於東界要之。謝果遣騎齎金玉以賂龜茲。超伏兵遮擊。盡殺之。持其首以示謝。謝大驚。卽遣使請罪。願得生歸。超縱遣之。月氏由是降漢。明年。龜茲姑墨溫宿諸國皆降。是年冬。復置西域都護。騎都尉。戊己校尉官。（章帝建初元年罷今復置）以班超爲都護。徐幹爲長史。拜龜茲侍子白霸爲龜茲王。遣司馬姚光送之。超與姚光共脅龜茲。廢其王尤利多而立白霸。使光將尤利多還詣京師。超居龜茲它乾城。徐幹屯疏勒。惟焉耆危須尉犂以前沒都護。猶懷二心。其餘悉定。永元六年。西域都護班超。發龜茲鄯善等八國兵。合七萬餘人。討焉耆。到其城下。誘焉耆王廣。尉犂王汎等。斬之。傳首京師。因縱兵鈔掠。斬首五千餘級。獲生口萬五千人。更立焉耆左侯元孟爲焉耆王。超留焉耆半歲。慰撫之。於是西域五十餘國。悉納質內屬。至於海濱。（黑海也）四萬里外。皆重譯貢獻。永元九年。西域都護班超。遣甘英使大秦。抵條支。臨大海欲度。而安息西界船人謂英曰。海水大。往來者逢善風。三月乃得度。若遇遲風。亦有二歲者。入海人皆齎三歲糧。海中善使人思土戀慕。數有死亡者。英聞之。乃止。

第四十九節　漢第四次通西域

永元十四年。西域都護定遠侯班超。久在絕域。年老思土。上書乞歸。朝廷久之未報。超妹曹大家。（名昭嫁曹壽帝數召入宮令皇后諸貴人師事之號曰大家宮中相尊之稱也昭高材博學爲中國女學之宗壽妹曹豐生獨作書難之此殆女學之別派惜其書不傳）上書言之。帝感其言。乃徵超還。八月。超至雒陽。拜爲射聲校尉。九月。卒。超之被徵。以戊己校尉任尚代爲都護。班超既死。西域諸國。復絕於漢。北匈奴復以兵威役屬之。與共爲邊患。敦煌太守曹宗患之。乃遣長史索班將千餘人屯伊吾以招撫之。於是車師前王及鄯善王復來降。永寧元年春。北匈奴率車師後王軍就。共殺後部司馬及敦煌長史索班等。遂擊走其前王。略有北道。鄯善逼急。求救於曹宗。宗因此請出兵五千人擊匈奴以報索班之恥。因復取西域。太后乃以軍司馬班勇議。復敦煌郡營兵三百人。置西域副校尉。居敦煌。以爲羈縻。勇超之子也。延光二年。匈奴連與車師入寇河西。議者欲復閉玉門陽關。以絕其患。班勇議不可。於是復以班勇爲西域長史。將五百人出屯柳中。三年春。班勇至樓蘭。以鄯善歸附。而龜茲王白英猶自疑未下。勇開以恩信。白英乃率姑墨溫宿自縛詣勇。因發其步兵萬餘人。到車師前王庭。擊匈奴伊蠡王於伊和谷。收得前部五千餘人。於是前部始復開通。還屯田柳中。永建元年。班勇更立車師後部故王子加特奴爲王。勇又使別將誅斬東且彌王。亦更立其種人爲王。於是車師六國悉平。勇遂發諸國擊匈奴。降其衆二萬餘人。生得單于從兄。北單于自將萬餘騎入後部。勇救之。單于引去。追斬其貴人骨都侯。是後無復虜跡。二年。時西域諸國皆服於漢。惟焉耆王元孟未降。班勇請攻之。於是遣敦煌太守張朗將河西四郡兵三千人配勇。因發諸國兵四萬餘人。分爲兩道擊之。勇從南道。朗從北道。約俱會焉耆。而朗先有罪。欲徼功自贖。遂先期至爵離關。（在龜茲國北四十里山上）前戰獲首虜二千餘人。元孟遂降。朗受降而還。朗得免誅。勇以後期徵下獄免罰。自建武至此。三絕三通。陽嘉以後。復絕。遂不復通。越數百年皆滅於突厥。

第五十節　西羌之概略

西羌之本出自三苗。姜姓之別也。（案是說如匈奴之稱淳維後耳）其國近南岳。及舜流四凶。徙之三危。河關之西南羌地是也。濱乎賜支。至乎河首。緜地千里。賜支者禹貢所謂析支者也。（即今青海番地）南接蜀漢徼外蠻夷。西北樓蘭車師諸國。所居無常。依隨水草。地少五穀。以畜牧爲業。其俗氏族無定。或以父名母姓爲種號。十二世後。相與婚姻。父沒。則妻後母。兄亡。則納釐嫂。故國無鰥寡。種類繁熾。不立君臣。無相長一。强則分種爲酋豪。弱則爲人附落。更相鈔暴。以力爲雄。殺人償死。無他禁令。其兵長在山谷。短於平地。不能持久。而果於觸突。堪耐苦寒。同之禽獸。其種蓋界於匈奴與南蠻之間。上古即與中國通。而臣服中國。商頌稱自彼氐羌。莫敢不來王是也。春秋之世。周遂陵遲。戎逼諸夏。自隴山以東。及乎伊洛。往往有戎。於是渭首有狄獂邽冀之戎。（狄道獂道上邽冀皆在今陝甘二省之間）涇北有義渠之戎。渭洛川有大荔之戎。渭南有驪戎。伊洛間有楊拒泉皋之戎。（皆戎邑名）潁首以西。有蠻氏之戎。當春秋時。在中國。與諸夏會盟。至戰國時。諸侯力征。諸戎悉爲所滅。其遺脫者。皆逃走西踰汧隴。（汧山隴山之外今之甘肅地）自是中國無戎寇。至東漢之季。乃再爲患於中國。至晉時。遂爲五胡之一。

第五十一節　前漢之西羌

羌無弋爰劍者。秦厲公時。爲秦所拘執。以爲奴隸。不知爰劍何戎之別也。後得亡歸。而秦人追之急。藏於巖穴中。得免。羌人云爰劍藏穴中。秦人焚之。有景象如虎。爲其蔽火。得以不死。既出。又與劓女遇於野。（劓截鼻也）遂成夫婦。女恥其狀。被髮覆面。羌人因以爲俗。（案此羌人自述其開國之神話今之西藏人自述其始祖乃一猴與一巖穴中之鬼女相爲夫婦遂生藏人與此略相似）遂俱亡入三河間。（三河卽黃河賜支河湟河也在今青海稍東之地）諸羌見爰劍被焚不死。怪其神。共畏事之。推以爲豪。河湟間少五穀。多禽獸。以射獵爲事。爰劍敎之田畜。遂見敬信。廬落種人。依之者日益衆。羌人謂奴爲無弋。以爰劍嘗爲奴隸。故因名之。其後世世爲豪。至爰劍曾孫忍時。秦穆公霸西戎。忍季父卬畏秦之威。將其種人附落。而南出賜支河曲西（案此西字疑有誤）數千里。自此與衆羌絕遠。不復交通。其後子孫。分別各自爲種。任隨所之。或爲犛牛種。越巂羌是也。（今雲南寧遠州）或爲白馬種。廣漢羌是也。（今四川順慶府）或爲參狼種。武都羌是也。（今甘肅鞏昌府）忍及弟舞獨留湟中。忍生九子。爲九種。舞生十七子。爲十七種。羌之興盛。從此始矣。（案羌凡百五十種其見於史者曰犛牛種白馬種參狼種先零種彡姐種封養種燒何種當煎種滇南種當滇種勒姐種累姐種發種罕種滇當種沈氏種牢種五同種鍾種虔人種全無種且凍傳難種鞏唐種二十三種而已）忍子研。至豪健。故羌中號其後曰研種。及匈奴冒頓强。威服百蠻。羌衆臣服匈奴。武帝征伐四夷。北逐匈奴。初開河西四郡。（四郡者一武威今甘肅涼州府二張掖今甘肅甘州府三酒泉今甘肅肅州府四敦煌今甘肅安西州四郡本匈奴右地所恃以與西羌交通者漢逐匈奴據其地以置四郡而匈奴與西羌交通之路始絕）通玉門。隔絕羌胡。障塞亭燧。出長城外數千里。羌人震懼。乃解仇詛盟。（羌人多互相仇欲舉事則解其仇而相詛盟也）攻金城。（今甘肅蘭州府）漢將軍李息大敗之。漢始置護羌校尉。駐臨羌。（今甘肅西寧縣）持節統領焉。自是臣服於漢。宣帝時復叛。將軍趙充國平之。研十三世孫燒當立。元帝時與彡姐等七種寇隴西。將軍馮奉世平之。從爰劍五世至研。（研）最豪健。自後以研爲種號。十三世至燒當。復豪健。其子孫更以燒當爲種號。燒當羌常爲諸羌之冠。羌酋之世系。惟燒當稍可述。其他則無聞焉。

第五十二節　後漢之西羌上

方王莽之篡也。諷諸羌獻西海地。（今青海）因築西海郡。及燒當玄孫滇吾立。會王莽敗。四夷內侵。滇吾亦率衆還據西海爲寇。建武中屢寇中國。皆討平之。自燒當至滇良世居河北大允谷。種小人貧。而先零卑湳並皆富强。數侵犯之。滇良父子積見陵易。憤怒。而素有恩信於種中。於是卽會附落。及諸雜種。乃從入大榆（在青海東）掩擊先零卑湳大破之。殺三千人。掠取財畜。奪居其地大榆中。由是始强。滇良死。子滇吾立。附落轉盛。常雄諸羌。每欲侵邊者。滇吾敎以方略。爲其渠帥。滇吾屢寇中國。爲漢所破。滇吾及弟滇岸皆降漢。而滇吾子東吾復立。爲酋豪。乃入居塞內。謹愿自守。而諸弟迷吾等數爲寇盜。建初二年。迷吾大敗金城太守郝崇兵。死者二千餘人。於是諸種悉與相應。未幾。爲車騎將軍馬防所敗。迷吾等悉降。元和三年。迷吾及弟號吾反畔。而爲隴西太守張紆所敗。皆退居河北歸義城。章和元年。武威太守傅育追之。爲其所殺。迷吾既殺傅育。狃於邊利。明年。復與諸種七千人入爲寇。隴西太守張紆擊迷吾。斬之。迷吾子迷唐向塞號哭。與當煎當滇等解仇交質。以五千人入寇隴西。不利。引還。附落熾盛。會張掖太守鄧訓以計離間之。諸種少解。而東吾子東號立。是時號吾將其種人降。校尉鄧訓遣兵擊迷唐。迷唐去大小榆谷。徙居頗巖谷。及聶尚爲校尉。願以文德服之。遣譯招迷唐。迷唐還居榆谷。遣祖母卑缺詣尙。尙自送至塞下。爲設祖道。令譯田汜等五人護至廬落。迷唐因遂反叛。屠裂汜等。以血盟詛。永元五年。校尉貫友擊迷唐。獲首虜八百餘人。收麥萬斛。遂夾逢留大河。築城塢。作大航。造河橋。欲渡師擊迷唐。迷唐乃率部落遠依賜支河曲。八年。大擧入寇。漢諸道兵追之。不能得。明年。謁者耿譚設購賞。擕貳諸羌。迷唐恐。乃降。人不滿二千。飢窘不立。入居金城。和帝令迷唐還大小榆谷。迷唐以漢作河橋。兵來無常。故地不可居。不肯還。校尉吳祉促令出塞。種人更懷猜驚。十二年。遂復畔歸賜支河曲。明年。入爲寇。大敗。諸種互解。迷唐遂遠踰賜支河曲。依發羌。是時西海及大小榆谷左右無復羌寇。漢擬夾河立三十四部屯田其地。功已垂立。永初中諸羌叛。乃罷。本節諸地名約皆在今甘肅青海之間每地未及詳考

第五十三節　後漢之西羌中

初。燒當羌豪東號之子麻奴。隨父來降。居於安定。時諸羌布在郡縣。皆爲豪右吏民所徭役。積以愁怨。安帝永初元年。遣騎都尉王弘。發金城隴右漢陽羌數百千騎與俱。郡縣促迫發遣。羣羌懼遠屯不還。行到酒泉。頗有散叛。諸郡各發兵遮邀。或覆其廬落。於是勒姐當煎大豪東岸等愈驚。遂同時奔潰。麻奴兄弟因此與種人俱西出塞。先零別種滇零與鍾羌諸種大爲寇鈔。斷隴道。羌衆歸附既久。無復器甲。或持竹竿木枝。以代戈矛。或負板案以爲楯。或執銅鏡以象兵。郡縣畏懦不能制。不得已皆赦之。漢始衰矣。是歲詔車騎將軍鄧騭征西校尉任尙將五營及諸郡兵五萬人。屯漢陽以備羌。二年春。鄧騭至漢陽。鍾羌數千人擊敗騭軍於冀西。漢冀縣之西今

伏羌縣殺千餘人。梁慬自西域還至敦煌。詔慬留援諸軍。慬至張掖。破諸羌萬餘人。其能脫者十二三。進至姑臧。今甘肅武威縣羌大豪三百餘人詣慬降。冬。鄧騭使任尚率諸郡兵與滇零羌數萬人戰于平襄。今甘肅通渭縣尚大敗。死者八千餘人。羌衆遂大盛。朝廷不能制。湟中諸縣粟石萬錢。百姓死亡不可勝數。太后不得已詔鄧騭還師。留任尚屯漢陽。於是滇零乃自稱天子於北地。招集武都參狼上郡西河諸雜羌。斷隴道。寇鈔三輔。南入益州。殺漢中太守董炳。梁慬受詔當屯金城。聞羌寇三輔。卽引兵赴擊。連破走之。羌稍退散。參狼羌遂降。永初四年。先零羌復寇褒中。鄭勤與戰。大敗。死者三千人。勤等皆死。時羌旣轉盛。而緣邊二千石令長多內郡人。並無戰意。皆爭上徙郡縣。以避寇難。於是悉徙邊郡於內地。百姓不樂徙者。則刈其禾稼。發徹屋室。夷營壁。破積聚。時連旱蝗饑荒。而驅蹙刼掠。流離分散。隨道死亡。或棄捐老弱。或爲人僕妾。喪其大半。其秋。漢陽人杜琦及弟杜季貢。同郡王信等與羌通謀。聚衆入上邽郡，未幾。杜習刺殺琦。而季貢亡從滇零。滇零死。子零昌立。七年。秋。護羌校尉侯霸騎都尉馬賢擊先零別部牢羌於安定。獲首虜千人。元初元年。秋。羌豪號多與諸種鈔掠武都漢中巴郡。漢中五官掾程信率郡兵與板楯蠻救之。號多走還。侯霸馬賢與戰於枹罕。今甘肅河州治破之。冬。涼州刺史皮楊。擊羌於狄道。大敗。死者人百餘人。二年。春。護羌校尉龐參以恩信招撫諸羌。號多等率衆降。賜以侯印。還治令居。玉門邊外時詔屯騎校尉班雄屯三輔。雄。超之子也。以左馮翊司馬鈞行征西將軍。督關中諸郡兵八千餘人。龐參將羌胡兵七千餘人。分道並擊零昌。參兵至勇士東。今甘肅金縣爲杜季貢所敗。引退。鈞等獨進。杜季貢僞逃。鈞令右扶風仲光收羌禾稼。光遂深入。爲羌所圍。鈞不救。十月。光等敗沒。死者三千餘人。鈞遁還。龐參亦稱疾引還。皆徵下獄。鈞自殺。時梁慬亦坐事抵罪。詔皆赦之。復以任尙爲中郎將。代班雄。虞詡說尙曰。虜皆騎馬。日行數百里。漢兵以步追之。勢不相及。所以屯兵二十餘萬。而無功也。今莫如罷諸郡兵。各令出錢數千。二十人共市一馬。以萬騎之衆。追數千之虜。何爲不可。尙卽上言。用其計。太后遂以詡爲武都太守。詡到郡。兵不滿三千。而羌衆甚盛。詡以奇策擊諸羌。大破之。賊衆由是解散。詡乃築營壁。招流亡。賑貧民。開水運。一郡遂安。元初三年。征西校尉任尙破先零羌零昌於北地。斬首七百餘級。殺其妻子。得僭號文書。及所沒諸將印綬。四年。任尙遣人刺殺杜季貢。九月。任尙復遣人刺殺零昌。十二月。任尙與馬賢共擊先零羌狼莫。追至北地。相持六十餘日。戰於富平河上。大破之。斬首五千級。狼莫逃去。於是西河虔人種羌萬人詣鄧遵降。隴右平。鄧遵募上郡全無種羌刺殺狼莫。自羌叛十餘年間。軍旅之費。凡用二百四十餘億。府帑空竭。邊民及內郡。死者不可勝數。并涼二州遂至虛耗。及零昌狼莫死。諸羌瓦解。三輔益州無復寇警。時羌患暫已。而麻奴等自以燒當世嫡。馬賢等撫卹未至。頗怨望。建光元年八月。燒當羌麻奴號多復叛。馬賢將先零種擊之。不利。燒當因脅將先零沈氐諸種寇武威。賢招引之。諸種降者數千人。其豪麻奴南還湟中。延光元年。馬賢追擊麻奴。至湟中。破之。種衆散遁。未幾。麻奴將種衆詣漢陽太守耿种降。麻奴弟犀苦立。永建元年。馬賢擊種羌於臨洮。斬首千餘級。羌衆皆降。由是涼州復安。以上爲永初中羌變永和五年。且凍傅難羌復反。大寇三輔。殺害長吏。於是拜馬賢爲征西將軍。以騎都尉耿叔爲副。將左右羽林五校士及諸郡兵十萬。屯漢陽。賢野次垂幕。珍肴雜遝。兒子侍妾。處處留滯。六年春。賢與且凍羌戰於射姑山。（在今甘肅寧夏）賢軍敗。賢及二子皆沒。東西羌遂大合。寇鈔遂及三輔。燒園陵。殺吏民。時縣師之費。且百億計。出於平民。回入姦吏。江湖之民。羣爲盜賊。青徐飢荒。襁負流散。軍士勞怨。困於猾吏。進不得快戰以徼功。退不得溫飽以全命。餓死溝渠。暴骨中原。酋豪泣血。驚怖生變。是以安不能久。叛則經年。而黃巾之亂作矣。（以上爲永和之末羌變）

第五十四節　後漢之西羌下

西羌之患。亘安帝順帝兩朝。至桓帝時。竟爲段熲所滅。然羌滅未幾。而漢亦大亂。則羌禍深於匈奴西域也。桓帝延熹二年。燒當燒何當煎勒姐八種羌寇隴西金城。護羌校尉段熲擊破之。斬其豪酋以下二千級。獲生口萬餘人。三年。西羌餘衆復與燒河大豪寇張掖。段熲追之。四十餘日。遂至積石山。（在甘肅河州西）出塞二千餘里。斬燒何大帥。降其衆而還。延熹八年。段熲擊西羌。進兵窮追。展轉山谷間。自春及秋。無日不戰。虜遂敗散。凡斬首二萬三千級。獲生口數萬人。降者萬餘落。永康元年。春正月。東羌先零入寇。當煎諸種復反。段熲大破之。西羌遂定。段熲既定西羌。而東羌先零等種。猶未服。度遼將軍皇甫規中郎將張奐招之。連年既降又叛。桓帝問其策於段熲。熲上言曰。若以騎五千。步萬人。車三千輛。三冬二夏。足以破定。都凡用錢五十四億。如此則可令羣羌破盡。匈奴永服。內徙郡縣。得返本土。計永初中。諸羌反叛。十有四年。用錢二百四十億。永和之末。復經七年。用錢八十餘億。耗費若此。猶不盡誅。餘孽復起。於茲作害。今不暫疲民。則永無寧日。帝從其言。建寧元年。熲將兵萬餘。齎十五日糧。從彭陽（今甘肅原東縣）至高平（今甘肅固原州治）與先零羌戰於逢義山。（未詳當在高平境）虜兵盛。熲令軍中張鏃利刃。長矛三重。挾以強弩。列輕騎為左右翼。謂將士曰。今去家數千里。進則事成。走必盡死。努力共功名。因大呼。衆皆應聲騰赴。馳騎於傍。突擊之。虜衆大潰。斬首八千餘級。熲再將輕兵追羌出橋門。（谷名）晨夜兼行。與戰於奢延澤落川令鮮水上。（或謂青海未詳）連破之。又戰於靈武谷。（在今甘肅寧翔縣）羌遂大敗。秋七月。熲至涇陽。（在今甘肅平涼縣西四十里）餘寇四千。悉散入漢陽山谷。張奐忌其功。上言熲性輕果。負敗難常。即盡誅之。必致災異。以招降為便。熲復上言。昔先零作寇。趙充國徙令居內。煎當亂邊。馬援遷之三輔。始服終叛。至今為鯁。是猶種枳棘於良田。養蛇虺於室內也。臣欲絕其本根。不使能殖。願卒斯言。一以任臣。（段熲所言即所謂民族主義也如用其策必無五胡之亂）明年。段熲擊諸羌於凡亭山。（在今平涼府）破之。羌衆東奔。復聚射虎谷。（在平涼府）分兵守谷上下門。熲欲一舉滅之。不欲復令散走。路於西縣。（今甘肅秦州西南百二十里）結本為柵。廣二十步。長四十里。遮之。遣司馬田晏夏育等將七千人。銜枚夜上西山。結營穿塹。去虜一里許。又遣司馬張愷等將三千人上東山。虜乃覺之。熲因與愷等挾東西兩山。縱兵奮擊。破之。追至谷上下門。窮山深谷之中。處處破之。斬其渠帥以下萬九千級。謁者馮禪又招降四千人。分置安定漢陽隴西三郡。時靈帝建寧二年也。於是諸羌悉平。熲前後凡百八十戰。斬三萬八千餘級。獲雜畜四十二萬七千餘頭。費用四十四億。軍士死者四百餘人。

第五十五節　西南夷

南夷君長以十數。夜郎最大。昔有女子浣於遯水。有三節大竹流入足間。聞其中有號聲。剖竹視之。得一男兒。歸而養之。及長有武才。自立爲夜郎侯。以竹爲姓。其西靡莫之屬。以十數。滇最大。莊蹻者楚莊王之後也。楚威王時使將兵循江上略巴黔中以西。蹻至滇池。以兵威定屬楚。欲歸報。會秦奪楚巴黔中郡。道不通。因其以衆王滇中。自滇以北。君長以十數。邛都最大。此皆椎髻耕田。有邑聚。其外自桐師以東北至葉榆。今雲南楚雄府名爲巂昆明。皆編髮隨畜移徙。亡常處。亡君長。地方數千里。自巂以東北。君長以十數。冉駹最大。其俗或土著。或移徙。在蜀之西。自駹以東北。君長以十數。白馬最大。皆氐類也。此皆巴蜀西南外蠻夷也。古時不通中國。自莊蹻王滇池。秦嘗通其道。頗置吏。漢興棄此國。惟巴蜀民常竊出行賈。南粵頗屬役之。至孝武事南粵。建元六年。番陽令唐蒙上言。請開夜郎以制粵。乃拜蒙中郎將。使夜郎。夜郎聽約。乃置犍爲郡。今四川叙州嘉定二府及貴州西邊尋拜司馬相如中郎將。通邛筰冉駹。置一都尉。十餘縣。數歲。道不通。蠻夷數反。士卒多死。乃廢之。及元狩元年。張騫言可從西南夷通身毒大夏。乃至滇。而使者閉於昆明。不得通。會漢已平南越。使中郎將郭昌衞廣誅且蘭。遂平南夷。置牂柯郡。今貴州貴陽遵義二府夜郎侯遂入朝。時漢誅且蘭卭君。并殺筰侯。冉駹皆震恐。請臣置吏。遂以卭都爲粵巂郡。今雲南寧遠府筰都爲沈黎郡。在今四川嘉定雅州之東南冉駹爲文山郡。今四川成都府西北白馬爲武都郡。今陝西漢中府西北於是滇王舉國降。以其地爲益州郡。今雲

南雲南府至光武開哀牢夷。乃置永昌郡。今雲南永昌府

第五十六節　南粵

秦并天下。略定揚粵。置桂林今廣西省南海。今廣東省象郡。今法屬越南國以謫徙民與越雜居十三歲。至二世時。南海尉任囂病且死。召龍川令趙佗。屬以後事。囂死。佗爲尉。擊并桂林象郡。自立爲南粵武王。高祖已定天下。中國罷勞。未遑問也。十一年。遣陸賈立佗爲南粵王。與剖符通使。高后時。以漢禁粵關市鐵器。佗乃自尊爲南武帝。以兵威財物賂遺閩粵西甌。役屬焉。東西萬餘里。迺乘黃屋左纛。稱制。與中國侔。文帝使陸賈諭之。佗乃奉詔稱臣。至孝武建元四年。佗孫胡爲南越王。立十餘年死。子嬰齊嗣立。嬰齊死。子興立。元鼎四年。漢使人促興入朝。王及太后將行。相呂嘉年長矣。相三王。其居國中甚重。粵人信之。得衆心愈於王。有畔心。王及太后亦欲倚漢者使誅嘉。相持數月。天子聞之。遣韓千秋以二千人往。嘉遂反。令國中曰。王年少。太后中國人。太后爲邯鄲樛氏又與使者亂。漢使安國少季專欲降漢。亡顧趙氏社稷。乃與人攻殺太后王。及漢使者。更立建德爲王。以兵擊滅韓千秋。元鼎五年。漢遣路博德楊僕等五將軍伐粵。斬建德。及呂嘉。以其地爲儋耳今儋州珠崖今瓊州南海今廣州蒼梧今梧州鬱林今潯州合浦今雷州交趾今越南北寧道九眞今越南淸華道日南今越南河靖道九郡。

第五十七節　閩粵

閩粵王無諸。及粵東海王搖。其先皆越王句踐之後也。姓騶氏。秦并天下。廢爲君長。以其地爲閩中郡。（今福建東境）及諸侯畔秦。無諸搖率粵歸番陽令吳芮。漢五年。復立無諸爲閩粵王。王閩中。孝惠三年。更立搖爲東海王。都東甌。（今浙西南境）一號曰東甌王。後數世。建元三年。閩粵發兵圍東甌。東甌使人告急天子。天子許之。漢兵未至。閩粵引兵去。東甌請舉國內徙。乃處之江淮間。六年。閩粵擊南粵。南粵以上聞。上遣王恢等伐閩粵。閩人恐。殺其王郢以說漢。乃立無諸孫丑爲王。而王郢弟餘善以殺王郢有功。漢立之爲東粵王。與丑並處。孝武元鼎五年。漢遣擊南粵。餘善不行。持兩端。陰使南粵。明年。乃發兵距漢。餘善自立爲武帝。漢遣楊僕韓說等四將軍伐之。斬餘善。乃徙其民於江淮之間。粵地遂墟。不復置郡。

第五十八節　朝鮮

朝鮮（今朝鮮北境及盛京東南境）自箕子受封。傳世四十有一。至箕準。自稱王。漢初大亂。燕齊趙人往避地者數萬口。而燕人衛滿擊準而自王。爲朝鮮王。役屬番眞（今滿洲興京之地）臨屯（今朝鮮江陵府）傳至孫右渠。漢諭以入朝。不從。武帝元封元年。使揚僕荀彘等擊之。朝鮮殺右渠以降。漢以其地爲番眞臨屯樂浪玄菟四郡。後北方扶餘種族漸南進。建國號高句麗。南方有馬韓弁韓辰韓。三國號新羅。高句麗一族。亦南略地。號百濟。其他樂浪帶方馬韓任那。並殲滅。遂爲高句麗百濟新羅三國焉。

第五十九節　日本

倭在三韓大海中。（此山海經文）秦漢時中國已知之。至後漢乃通使命。有三十餘國。後漢書稱樂浪郡。（今高麗平安道）去其國萬二千里。其地大較在會稽之東。與珠崖儋耳相近。此實甚誤。惟稱其土宜禾稻麻苧蠶桑。氣候溫暖。冬夏生菜茹。則頗相合。又云。建武中元二年。倭奴國奉貢朝賀。使人自稱大夫。永初元年。倭國王帥升等獻生口百六十人。願請見。此皆日本當時之部落。至稱桓靈間。倭國大亂。更相攻伐。歷年無主。有一女子名曰卑彌呼。於是共立爲王。則彼之神功王后也。案日本自稱古有天神七代。地神五代。而後爲神武天皇。又九世。徐福率童男女來居熊野浦。又五代。乃及神功王后。（名氣長足姬）則正中國建安時矣。與前漢書合。至於日本國事。近人皆知之。本編不復述。但述其事之始見於我古書者如此。

第六十節　儒家與方士之糅合

鬼神術數。自古分流。至春秋之季。而有老孔墨三家。同時各有所發明。其賢於古說明矣。然於古說未能盡去也至秦乃皆折而入於上古鬼神術數之說。非諸家弟子之不克負荷也。蓋其初祖創敎之初。卽不能絕古說之根株。譬如草子。藏於泥中。一遇春日。便卽發生。更無疑義。故三家數傳之後。諸弟子不欲保存其敎則已。欲保存焉非兼采鬼神術數之說不可也。一既采之。則會不逾時。已反客而爲主。所存者。老孔墨之名稱而已。觀秦漢時之學派。其質幹有三。一儒家。二方士。三黃老。一切學術。均以此三者離合而成之。述其概略如下。方士之說。內丹始見於屈原。外丹始見於鄒衍。而後皆併入孔敎。屈原遠游。聞赤松之淸塵兮。願承風乎遺則。貴眞人之休德兮。美往世之登僊。與化去而不見兮。名聲著而日延。奇傅說之託星辰兮。羨韓衆之得一。（中略）飡六氣而飮沆瀣兮。漱正陽而含朝霞。保神明之淸澄兮。精氣入而麤穢除。（中略）道可受兮不可傳。其小無內兮其大無垠。無滑而魂兮。彼將自然。壹氣孔神兮。於中夜存。虛以待之兮。無爲之先。其說與丹經無異。而不涉於儒。屈原賦二十五篇。無言孔子者。至魏伯陽則言火記不虛作。演易以明之。是方士內丹與儒稍雜矣。而外丹之說。則其始卽與儒不分。史記以鄒子與孟荀同傳。殆儒家者流也。而封禪書曰。鄒子之徒。論著始終五德之運。及秦帝而齊人奏之。故始皇采用之。而宋毋忌正伯僑充尙羨門高最後皆燕人。爲方僊道。形解銷化。依於鬼神之事。鄒衍以陰陽主運。顯於諸侯。而燕齊海上之方士傳其術不能通。然則怪迂阿諛苟合之徒。自此興。不可勝數也。是方士外丹與儒相雜也。秦本紀。三十二年。始皇使燕人盧生求羨門高誓。三十五年。盧生說始皇曰。臣等求芝奇藥。常勿遇。類物以害之者。方中人主時爲微行。以辟惡鬼。惡鬼辟。眞人至。上所居毋令人知。然後不死之藥。殆可得也。（中略）盧生相與謀曰。始皇爲人天性剛戾自用。（中略）未可爲求僊藥。於是乃亡去。始皇聞亡乃大怒曰。吾前收天下書。不中用者盡去之。悉召文學方術士甚衆。欲以興太平。方士欲鍊以求奇藥。今聞韓衆去不報。徐市等費以鉅萬計。終不得。徒姦利相告日聞。盧生等吾尊賜之甚厚。今乃誹謗我。以重吾不德也。諸生在咸陽者。吾使人廉問。或爲妖言以亂黔首。於是使御史悉案問諸生。諸生傳相告引。乃自除犯禁者四百六十餘人。皆阬之咸陽。使天下知之以懲後。益發謫徙邊。始皇長子扶蘇諫曰。天下初定。遠方黔首未集。諸生皆誦法孔子。今上皆以重法繩之。臣恐天下不安。此諸生與方士合一也。三十六年。使博士爲僊眞人詩。及行所游。天下傳令樂人絃歌之。此諸生與方士合二也。三十七年。博士曰。水神不可見。以大魚蛟龍爲候。此諸生與方士合三也。雖然。此猶得曰偶然耳。再以西漢各經師之說證之。說文。魃鬼服也。韓詩傳曰。鄭交甫逢二女魃服。文選江賦注。引韓詩內傳。鄭交甫漢臯臺下。遇二女。請其佩。二女與佩。交甫懷之。循探之。卽亡矣。南都賦注。引韓詩外傳。鄭交甫遇二女。佩兩珠大如荊雞之卵。七發注。韓詩序曰。漢廣。悅人也。漢有游女不可求思。薛君曰。謂漢神也。韓詩外傳。又載子夏之言曰。黃帝學乎大墳。顓頊學乎綠圖。帝嚳學乎赤松子。堯學乎務成子附。舜學乎尹壽。禹學乎西王國。湯學乎貸乎相。文王學乎錫疇子。此治詩者合方士之說也。漢書李尋傳。治尙書。獨好洪範災異。齊人甘忠可。詐造天官歷包元太平經十二卷。以言漢家逢天地之大終。當更受命於天。天帝使眞人赤精子下敎我此道。以敎重平夏賀良容丘丁廣世。（中略）而李尋亦好之。（中略）陳說漢歷中衰。當更受命。（中略）

哀帝爲改建平二年爲太初元年號曰陳聖劉太平皇帝是治書者合方士之說也劉向傳淮南有枕中鴻寶苑祕書書言神僊使鬼物爲金之術及鄒衍重道延命方世人莫見而更生父德武帝時治淮南獄得其書更生讀之以爲奇獻之言黃金可成是治穀梁春秋者合方士之說也晉葛洪抱朴子論僊篇引董仲舒所撰李少君家錄云（李少君漢武時方士事見漢書李夫人傳）少君有不死之方而家貧無以市藥物故出於漢以假塗求其財道成而去云云其事甚怪然以證春秋繁露所列求雨止雨之法暴巫聚蛇埋蝦蟇燒雄雞老豬取死人骨燔之等法則仲舒之學實合巫蠱厭勝神仙方士而一之是治公羊春秋者合方士之說也至於易道陰陽更與方士爲近而道人之名即起於京房之自號（漢書京房傳）禮家封禪申公公玉帶之倫莫能定其爲儒生爲方士更無論焉（史記封禪書漢書郊祀志）蓋漢儒之與方士不可分矣其所以然之故因儒家尊君君者王者之所喜也方士長生生者亦王者之所喜也二者既同爲王者之所喜則其勢必相妬於是各盜敵之長技以謀獨擅而二家之糅合成焉然諸儒皆出荀子漢書申公傳事齊人浮丘伯受詩鹽鐵論包丘子與李斯俱事荀卿是魯詩荀子之傳也韓詩僅存外傳源流不可考然引荀子以說詩者四十四是韓詩荀子之別子也書出於伏生伏生故秦博士李斯既焚詩書禁異說（李斯之焚書如今敎皇之禁讀新舊約以吏爲師即書必經總會解定始頒行耳）必不容有非荀派者厠其間是亦可臆度其爲荀子之傳也儒林傳瑕丘江公受穀梁春秋傳及詩於魯申公是穀梁春秋荀子之傳也既同爲荀子之傳荀子法後王拒五行（非十二子）而諸人法黃帝和方士何相反若是不知此非相反也實承荀子之意者也荀子仲尼

篇。持寵處位。終身不厭之術。（中略）求善處大重。理任大事。擅寵於萬乘之國。必無後患之術。莫若好同之。援賢博施。除怨而無妨害人。耐任之。則愼行此道也。如不耐任。且恐失寵。則莫若早同之。推賢讓能。而隨其後。如是。有寵則必榮。失寵則必無罪。是事君之寶而必無後患之術也。（荀子文從王念孫讀書雜志改定）又臣道篇。事暴亂君。有補削。無撟拂。迫脅於亂時。窮居於暴國。而無所避之。則崇其美。揚其善。違其惡。隱其敗。言其所長。不言其所短。夫爲經師者。以守死善道敎後生。尚恐其不聽矣。既以固寵無患。崇美諱敗。爲六經之微旨。則流弊胡所不至。荀子死於秦前。幸耳。荀子而生秦皇漢武之世。有不爲文成五利者乎。雖然。此亦孔子尊君重生之極致。有以致之也。於漢儒何尤。於荀子何尤。（五行災異之說。是孔子本有。不得謂變相。）

第六十一節　黃老之疑義

漢時與儒術爲敵者。莫如黃老。案黃老之名。始見史記。申不害傳。韓非傳。曹相國世家。陳丞相世家。並言治黃老術。史記以前。未聞此名。今曹陳無書。申不害書僅存。韓非書則完然俱在。中有解老喻老。其學誠深於老者。然絕無所謂黃。（揚權黃帝有言上下一日百戰。餘引黃帝數條。不足爲師承之證。惟韓非不信時日卜筮長生不死藥。是謂老子正傳）然則黃老之名。何從而起。吾意此名必起於文景之際。其時必有以黃帝老子之書。合而成一學說者。學既盛行。謂之黃老。日久習慣。成爲名辭。乃於古人之單治老子術者。亦舉謂之黃老。史記孝武紀。竇太后治黃老言。不好儒術。封禪書同。儒林傳序。

竇太后好黃老之術。申公傳竇太后好老子言。不說儒術。轅固生傳竇太后好老子書。漢書郊祀志竇太后不好儒學。轅固傳竇太后好老子書。外戚傳竇太后好黃帝老子言景帝及諸竇不得不讀老子書尊其術。竇太后者。其黃老學之開祖耶孝文本治老子術代王之獨幸竇姬非以色進也學術同也惟其學說不傳僅於史記漢書之儒林傳。載轅固生與黃生爭湯武受命之事。夫以兩教之大師。爭其宗致於帝者之前。則所爭宜必爲其宗之宏綱鉅旨今觀黃生所言。冠雖敝必加於首履雖新必貫於足二語。直以湯武受命爲不然。而黃帝固親滅炎帝者黃生之言。已與黃帝不合。而天地不仁。萬物芻狗。何冠履之足云。黃生之言。又豈與老子有合也。且又何以謂之家人言也。攷史記自序。太史公學道論於黃子。是司馬談者黃生之弟子也。今觀談所述六家指要。歸本道家。此老學也。而其將死則執遷手而泣曰。其命也夫其命也夫。此黃學也。黃生者貴無而又信命者也。故曰黃老也。漢時民間盛行壬禽占驗之術。皆謂之黃帝書。今所傳黃帝龍首經。黃帝金匱玉衡經。黃帝玄女經。名見於抱朴子書在道藏備列占歲利、月利、嫁娶、祠祀、天倉、天府、日遊、婦人產、吏遷否盜賊、亡命、六畜、囚繫、遠行、架屋、宅舍、田蠶、市買、馬牛、豬犬、奴婢、製新衣、子弟事師、怪祟、惡夢、死人魂魄出否、葬、風雨、入水渡江、往來信、諸家庭瑣屑事。而其書有功曹、廷掾、外部吏、五曹、對簿、王者、諸侯、將軍、卿相、二千石、令長等。皆漢時名物。是必漢時民間日用之書也。黃老學者。卽以此等書而合之老子書。別爲一種因循詭隨之言。其與轅固所爭湯武事。直以此阿諛君主以求其勝耳。及遭轅固之詰而詞窮。則口辯亦非所擅。故固曰此家人言耳。師古注。家人言僮隸屬。猶今之常語云此奴隸之語耳。太后怒曰。安得司空城旦書乎。猶今之常語云安得新學僞經考戊戌變政記之說乎。惟使轅固入圈擊豕。窘人之法未免太奇。或古書云此日不宜擊豕。故太后有此命及豕應手而倒。而太后乃默然耶。總之黃老之學。決非純乎老派。今日存疑可也。

第六十二節　儒家與方士分離卽道教之原始

西漢之世。言詩。於魯則申培公。於齊則轅固生。於燕則韓太傅。言尙書。自濟南伏生。言禮。自魯高堂生。言易。自菑川田生。言春秋。於齊魯自胡母生。於趙自董仲舒。（史記儒林傳）此所謂今文之學也。今文者。古者經術。口耳相傳。不載竹帛。至漢乃以文字寫之。其所用卽當時之文字。故謂之今文。西漢經師所誦習者。如此而已。西漢之季。新室之時。乃有費直之易。孔安國之書。毛公之詩。河間獻王所獻之周官左氏春秋。（漢書儒林傳）此所謂古文之學。古文者謂得山巖屋壁之藏。古人所手定。非今人之本也。於是儒術中有今文古文之爭。自東漢至清初皆用古文學。當世幾無知今文爲何物者。至嘉慶以後。乃稍稍有人分別今古文之所以然。而好學深思之士。大都皆信今文學。本編亦尊今文學者。惟其命意與淸朝諸經師稍異。凡經義之變遷。皆以歷史因果之理解之。不專在講經也。今文經之傳授。雖甚分明。而其師說則不免有所附會。此其故上文已言之。古文經之傳授。其僞顯然。今以歷史因果之理推之。卽可得其僞經之故。案王莽居攝時。天下爭爲符命封侯。其不爲者。相戲曰。獨無天帝除書乎。司命陳崇白莽。莽曰。此開姦臣作福之路。而亂天命。宜絕其原。乃詔非五威將所言者。悉禁之。（漢書王莽傳）蓋讖緯盛於哀平之際。王莽藉之以移漢祚。己既爲之。則必防人之效己。此人之常情也。故有宜絕其原之命。然此時符命之大原。則實由於六藝。（見前節）六藝爲漢人之國教。無禁絕之理。則其爲計。惟有入他說以亂之耳。劉歆爲莽腹心。親典中書。必與聞莽謀。且助成莽事。故爲莽雜糅古書。以作諸古文經。其中至要之義。即六經皆史一語。（凡古學經說皆不言神怪。至鄭玄乃糅合今文古文以注經。此又非古學之舊矣。）蓋經既爲史。則不過記已往之事。不能如西漢之演圖比讖。預解無窮矣。而其結果。即以孔子之宗教。改爲周公之政法。一以便篡竊之漸。一以塞符命之源。計無便於此者。然以當時六藝甚備。師法甚明。必不能容不根之說。忽然入乎其間。於是不能不創言六經經秦火已脫壞。河間獻王魯恭王等。得山巖屋壁之藏。獻之王朝。藏之祕府。外人不見。至此始見之云云。故秦焚書一案。又爲古文經之根據也。所以秦焚書之案定。而古文經之眞僞亦明。案漢書儒林傳敍云。始皇兼天下。焚詩書。坑術士。六藝從此缺矣。（漢書中如此者甚夥。今引一條。）今攷史記稱李斯學帝王之術於荀子。知六藝之歸。（李斯傳）是斯固爲儒家之大宗。始皇果絕儒生。何以用斯爲丞相。又博士之官。數見於秦代。秦令曰。非博士所職。天下敢有藏詩書百家語者。悉詣守尉雜燒之。（史記秦始皇本紀）此爲博士之書不燒之證。蕭何入關。收秦丞相御史府圖書。（史記蕭相國世家）即此也。然則始皇所坑者。乃轉相傳引之四百餘人。所焚者。民間私藏之別本耳。其餘固無恙也。況始皇焚書坑儒。在三十四年。下距秦亡。凡五年。距至漢興求遺書。不過二十餘年。經生老壽。豈無存者。孔甲可以抱其禮器而奔陳涉。（史記儒林傳）司馬遷可以觀孔子之車服禮器。（史記孔子世家）則古人文物。彬彬具在。斷無六藝遂缺之事。何必二百年後。待之山巖屋壁哉。所以當歆之時。士大夫頗非其說。師丹謂歆非毀先帝所立。（漢書儒林傳）公孫祿謂國師公顛倒五經。（漢書王莽傳案此即指詩書禮樂易象春秋改爲易書詩禮樂春秋也）范升謂費氏易左氏傳。無本師。而多違反。（後漢書范升傳）亦皆集矢於劉歆也。然歆等挾帝王之力。以行儒術。其勢甚順。且由神怪以入於簡易。尤順乎人心之理。其勢遂不得不行。惟其時學說初開。高材之士則聞之。而里巷中人。尚墨守其禨祥之舊說。光武中興。尚斤斤以赤伏符爲天命。（後漢書光武紀）而桓譚之流。曾從劉歆揚雄游者。遂毅然不信之。（後漢書桓譚傳）自此以來。上下分爲二派。國家官書。則仍守讖緯。東京大事。無不援五行災異之說以解決之。然視爲具文。不甚篤信。災異策免三公。不過外戚宦官。排擠士夫之一捷法耳。太學清流。皆棄去讖緯之說。而別有所尚。桓靈之際。黨錮諸公。致命遂志。固無一毫讖緯之餘習也。雖然。鬼神術數之事。雖暫爲儒者所不道。而此歡迎鬼神術數之社會。則初無所變更。故一切神怪之譚。西漢由方士幷入儒林。東漢再由儒林分爲方術。於是天文風角河洛五星之說。乃特立於六藝之外。而自成一家。後世所相傳之奇事靈跡。全由東漢人開之。今舉創見於後漢而爲後世小說家所祖述者數條於此。以舉一而例萬。郭憲在雒陽。從駕南郊。知齊國失火。（郭憲傳）此小說所謂知千里外事也。王喬爲葉令。朔望日常自縣詣臺朝。帝怪其來數。而不見車騎。密令太史伺候之。言其臨至。輒有雙鳧從東南飛來。於是候鳧至。舉羅張之。但得一隻舄焉。乃詔上方診視。則四年中所賜尚書官屬履也。（王喬傳）此小說所謂騰雲駕霧也。費長房曾爲市掾。市中有老翁賣藥。懸一壺於肆頭。及市罷。輒跳入壺。旦日。翁乃與長房俱入壺中。惟見玉堂嚴麗。旨酒甘肴盈衍其中。共飲畢而出。此小說所謂幻境也。長房遂求道。而顧家人爲憂。翁乃斷一青竹竿。度與長房身齊。使懸之舍後。家人見之。卽長房形也。以爲縊死。此小說所謂以物代人死也。翁與長房入深山。踐荊棘於羣虎之中。留使獨處。長房不恐。又臥於空室。以朽索懸萬斤石於心上。衆蛇競來齧索且斷。長房亦不移。翁來撫之曰。子可敎也。後使食糞。糞中有三蟲。穢特甚。長房惡之。翁曰。子幾得道。恨於此不成。如何。此小說所謂試人心也。長房歸來。自謂去家經旬日。而已十餘年矣。此小說所謂仙人一日。世上千年也。汝南有魅。僞作太守章服。長房呵之。卽成老鼈。長房與人共行。見一書生。黄巾被裘。無鞍騎馬。下而叩頭。長房曰。還他馬。赦汝死罪。人問其故。長房曰。此狸也。盜社公馬耳。此小說所謂精怪也。或一日之間。人見其在千里外數處焉。此小說所謂分身法也。（費長房傳）潁川太守史祈。以劉根爲妖妄。謂之曰。促召鬼。使太守目覩。根於是左顧而嘯。有頃。見祈亡父祖近親數十人。皆反縛在前。向根叩頭曰。小兒無狀。分當萬坐。顧而叱祈曰。汝爲人子孫。不能有益先人。而反累辱亡靈。可叩頭爲吾陳謝。（劉根傳）此小說所謂召亡靈也。解奴辜張貂。皆能隱淪。出入不由門戶。（解奴辜傳）此小說所謂隱身法也。及張道陵起。衆說乃悉集於張氏。遂爲今張天師之鼻祖。然而與儒術無與矣。

第六十三節　佛之事略

後漢書西域傳。天竺國在月氏之東南數千里。脩浮圖道。世傳明帝夢見金人長大。頂有光明。以問羣臣。或曰。西方有神。名曰佛。其形長丈六尺。而黃金色。帝於是遣使天竺問佛道法。遂於中國圖畫形像焉。楚王英始信其術。中國因此頗有奉其道者。案此爲中國通天竺信佛教之始。梁慧皎高僧傳云。明帝夢金人飛行於庭。以占所夢。傅毅以佛對。帝遣郎中蔡愔博士弟子秦景等往天竺。愔等於彼遇見攝摩騰、竺法蘭二梵僧。乃要還漢地。騰譯四十二章經。騰所住處。今雒陽雍門白馬寺也。與范曄之說相似。其餘諸家大率相類。至於佛之事實。經論所述。異同千百。今以慈恩宗之說爲主。而以近得西人之說補之。取慈恩宗者。爲其爲中國最後最精之譯本也。案佛生於印度刧比羅伐窣堵國。（其時印度分數百小國。刧比羅伐窣堵國中印度小國也。）其生卒年月。頗不可詳。或曰去今（此引唐釋玄奘西域記說。今指唐貞觀言。唐貞觀至清光緒朝。計一千三百餘年。）千二百餘年。或言千三百餘年。或曰千五百餘年。或曰已過九百年。未滿千年。晚近西人則謂佛約先耶穌六百年生。案耶穌生於漢哀帝元壽二年。上距孔子生凡五百五十一年。然則佛當與孔子並世而早於耶穌。兩皆五六百年。五百年必有名世者。其信然耶。佛爲刧比羅伐窣堵國國主淨飯王之長子。爲刹帝利種。（卽漢書所云塞種）母基摩訶摩耶夫人。以三月八日。或云三月十五日。生佛於臘伐尼園之無憂華樹。命名曰喬答摩。至年十九。或曰二十九。見人有生老病死之苦。乃於三月八日。或曰三月十五日踰城出家。住森林中。薙除鬚髮。去寶衣纓絡。著鹿皮衣。祇其親戚五人隨之。依阿羅藍迦藍婆羅門修生無所有處定。又依鬱頭藍婆羅門修非想定。苦行六年。乃至尼連禪河畔菩提樹下。以三月八日。或曰三月十五日。成等正覺。時年三十五歲矣。於是佛乃周流印度諸國。坐道場轉法輪者。四十餘年。最後至拘尸耶揭羅國。阿特多伐底河畔。沙羅樹林中。以三月十五日入無餘涅槃。時年八十歲。此佛一生之歷史也。佛入涅槃後。其弟子阿難。集素呾纜藏。優波釐集毗奈耶藏。迦葉波集阿毗達磨藏。是爲上座部。皆佛大弟子所集也。其餘凡聖。復集五藏。除前三藏外。有雜集藏。禁咒藏。是爲大衆部。

第六十四節　佛以前印度之宗教

佛教精深。當別爲一科學。本書所不及言。然此教既與中國社會成最大之關係。則亦不得不略言之。但欲言佛所立之宗教。必先明佛以前印度之宗教。亦猶欲言孔子之宗教。必先明孔子以前中國之宗教也。案印度居中國之東南。東南西三面距海。北背雪山。印度之名。譯言月也。其種人分爲四類。

一。婆羅門種。淨行也。守道居貧。潔白其操。（與今歐人同種）

二。刹帝利。王種也。奕世君臨。仁恕爲志。（即漢書之塞種）

三。吠奢種。商賈也。貿遷有無。逐利遠近。（此亦外來之種）

四。戍陀羅種。農人也。肆力疇隴。勤身稼穡。此印度土人與馬來人同種

據阿含部經。謂此四種人。皆從梵天生。謂大梵天王能生一切者印度舊教所祀也第一種從梵口生。第二種從梵肩生。第三種從梵臍生。第四種從梵足生。故此四種人。貴賤不同。執業亦異。不相婚姻。不相往還。此婆羅門人自尊卑人之詞。猶中國自命爲上帝所生。而以別族爲犬羊所生也。印度梵文。婆羅門人自以爲梵天所傳。其後有四吠陀之書。婆羅門人亦自以爲梵天所製也。

一。黎俱吠陀。華言曰壽。謂養生繕性。

二。夜珠吠陀。華言曰祠。謂享祭祈禱。

三。娑摩吠陀。華言曰平。謂禮儀占卜兵法軍陣。

四。阿闥婆吠陀。華言曰術。謂異能技數梵咒醫方。

此四吠陀。婆羅門人守爲經典。謂卽梵天現四面所說。其時婆羅門人之思想。大約以爲萬有皆梵天所造。人之靈魂不死。身死之後。仍與梵天相合。其說與基督略同。至佛前一千年左右。婆羅門人之智識乃大進。其學說蠭起。散見於佛經者。派別不同。隨文而異。並無一定。今統彙羣言。大約在佛出世前。爲各派之原者三家。

一。僧佉派。

二。吠世史迦派。

三、尼犍陀弗呾囉派。日本井上哲次郎印度宗教史及史攷引西人書分爲六派一尼夜耶學派即因明學也二吠世史迦派與此同三僧佉派與此同四瑜伽學派神祕學也五彌曼娑學派聲論也六吠檀多學派即專誦四吠陀者此大約西人舉今印度現存之派言之

僧佉派者。成刧之初。此亦神話蓋此人生年亦無可考有外道。名刧比羅。此云赤黃鬢髮面色並黃赤。故時號黃赤色仙人。其後弟子之中上首。如十八部中部首者。名伐里沙。此翻爲雨。雨時生故。即以爲名。其雨徒黨。名雨衆外道。梵云僧佉。此翻爲數。即智慧數。數度諸法根本立從數起論。名爲數論。論能生數。亦名論數。此師所造。金七十論。其學說分二十五諦。其學說與佛最近。

數論二十五諦

- 自性(一)
- 大(二)
- 我慢(三)
- 五大 — 地(四)水(五)火(六)風(七)空(八)
- 五唯 — 色(九)聲(十)香(十一)味(十二)觸(十三)
- 五知根 — 眼根(十四)耳根(十五)鼻根(十六)舌根(十七)皮根(十八)
- 五作根 — 舌根(十九)手根(二十)足根(二十一)男女根(二十二)大遺根(二十三)
- 心平等根(二十四)
- 神我(二十五)

吠世史迦派者。成刧之初。人壽無量。外道出世。名嗢露迦。此云鵂鶹。晝避聲色。匿跡山藪。夜絕視聽。方行乞食。

時人謂似鵂鶹。因以名也。又名羯拏僕。羯拏云米。僕云食。先爲夜遊。驚他婦稚。遂收場碓糠粃之中米齊食之。故以名也。時人號曰食米齊仙人。亦云吠世史迦。此翻爲勝。造六句論。諸論罕近。故云勝也。或勝人所造。故名勝論。舊云衛世師。略也。師將入滅。但嗟所悟未有傳人。後住多劫。得婆羅門。名摩納縛迦。此云孺童。其孺童子。名般遮尸棄。此言五頂。頂髮五旋。頭有五角。故經無量歲。俟其根熟。後三千年。仙人往化之。五頂不從。又三千年。化之又不得。更三千年。仰念空仙。仙人應時迎往山中。說所悟六句義。後其苗裔名爲惠月。更立十句。其學說名勝宗十句義。其學說去佛稍遠。

勝宗十句義
- 一實九種
  - (一)地(二)水(三)火(四)風(五)空
  - (六)時(七)方(八)我(九)想
- 二德二十四種
  - (一)色(二)味(三)香(四)觸(五)數(六)量(七)別體(八)合
  - (九)離(十)彼體(十一)此體(十二)覺(十三)樂(十四)苦
  - (十五)欲(十六)瞋(十七)勤勇(十八)重體(十九)液體(二十)潤(二十一)行(二十二)法(二十三)非法(二十四)聲
- 三業五種(一)取業(二)捨業(三)屈業(四)伸業(五)行業
- 四同
- 五異
- 六和合
- 七有能
- 八無能
- 九俱分
- 十無說五種(一)未生無(二)已滅無(三)更互無(四)不會無(五)畢竟無

尼犍陀弗呾囉派者。謂有外道。名尼犍陀弗呾囉。翻爲離繫子。苦行修勝因名爲離繫。露形少羞恥。亦名無慙。本師稱離繫。是彼門徒。名之爲子。其學說爲十六諦。其說主苦行生天。爲婆羅門之舊說。而耶穌實近之。去佛最遠。

尼犍子十六諦
- 開慧八
  - 天文地理（一）
  - 算數（二）
  - 醫方（三）
  - 呪術（四）
  - 四吠陀（五至八）
- 修慧八
  - 修六天行（一至六）
  - 事星宿天（七）
  - 修長仙行（八）

其後分爲六種苦行外道。皆尼犍陀弗呾囉派也。

一自餓外道。謂外道修行。不羨飲食。長忍飢虛。執此苦行。以爲得果之因。

二投淵外道。謂外道修行。寒入深淵。忍受凍苦。執此苦行。以爲得果之因。

三赴火外道。謂外道修行。常熱炙身。及熏鼻等。甘受熱惱。執此苦行。以爲得果之因。

四自坐外道。謂外道修行。常自倮形。不拘寒暑。露地而坐。執此苦行。以爲得果之因。

五寂默外道。謂外道修行。於屍林塚間。以爲住處。寂然不語。執此苦行。以爲得果之因。

六。牛狗外道。謂外道修行。自記前世從牛狗中來。即持牛狗戒。齕草啗汚。唯望生天。執此苦行。以爲得果之因。

此三種外道。爲一切外道之大宗。其他各宗皆此三宗之一義也。釋典中可考見者。凡二十餘派。皆瑣屑不足道。（所謂九十六種者乃六師各有十五弟子以六乘十五得九十加六爲九十六非眞有九十六種也）此三宗之說盛行於印度。其學理亦層遞而進。漸近於佛。佛初出家。亦修其說。後乃彙通其說而修改之。案四吠陀宗旨言人當事天耳。尼犍陀弗呾囉則明生天之道。可以我力成之。吠世史迦。則又知一切皆以我之業力與外境離合而成。僧佉則更明除我之外。別無境界。其學說相引而上。如曲線然。至佛乃幷我見破之。遂達宗教之至高點矣。故非有佛以前印度之宗教。不能有佛教也。佛教與婆羅門別異之處。說至精深。不易明晰。今以淺語蔽之。則諸家皆有我。佛教言無我而已。（我字之界說亦甚繁欲知其詳當觀唐釋規基唯識論述記）至於佛教學說入中國後。分爲三大支。一曰顯教。攝摩騰始傳之。二曰密教。金剛智始傳之。三曰心教。菩提達摩始傳之。三支又分爲數十家。入中國。盛於唐代時。此舉佛以前之教而已。

第六十五節　文學源流

人亦動物之一耳。而度量相越。至於如此者。則以人有語言也。有語言之後。又不知幾何年。乃有文字。及有文字。而智識乃不可量矣。中國立國之基。尤以文辭爲重要。故中國文字辭章之源委曲折。學者不可不略知之。

惟其事太繁。古人各有專書以論其術。當世識者亦多。學者若欲深明此事。當爲專門之學。本書所述。祇舉文辭與社會相連之大概而已。可分四端論之。一文字之原。二作書之具。三文章之體。四文辭之用。

一文字之原者。案古書皆言黃帝史倉頡始作文。如犬馬草木等文 其後形聲相益。卽謂之字。如一切有偏旁之字（說文叙） 然包犧作十言之敎。鄭康成文藝論 八卦卽爲古文。易緯乾鑿度 是黃帝以前。中國已有文字。而包犧所畫八卦。絕類巴比倫之尖筆文。倉頡所造諸文。又絕類古埃及之象形書。二種文字。截然各異。而相隔數千年。其一種所轉變耶。其起原各不相蒙耶。今日地學未興。金石未出。不能知也。中國文字之可攷者。自周始。周禮保氏敎國子。先以六書。一曰指事。指事者視而可識。察而見意。上下是也。二曰象形。象形者畫成其物。隨體詰詘。日月是也。三曰形聲。形聲者以事爲名。取譬相成。江河是也。四曰會意。會意者比類合誼。以見指撝。武信是也。五曰轉注。轉注者建類一首。同意相受。考老是也。六曰假借。假借者本無其字。依聲託事。令長是也。及宣王大史籀著大篆 篆字本義爲引筆而箸於竹帛因李斯所作謂爲篆書而謂史籀所作曰大篆其後篆書曰小篆 十五篇。與古文或異。其後諸侯力政。不統於王。言語異聲。文字異形。許叔重所言如是然以自然之理揆之竊恐周之盛時實未嘗一天下之語言文字也 秦始皇帝初兼天下。丞相李斯乃奏同之。罷其不與秦文合者。斯作倉頡篇。中車府令趙高作爰歷篇。太史令胡毋敬作博學篇。統謂之三倉 皆取史籀大篆。或頗省改。所謂小篆也。是時天下事繁。嫌篆書不便。始皇又使下杜程邈作隸書。以趣約易。隸書者謂苟趨省易施之於徒隸也 自此秦書有八體。一曰大篆。二曰小篆。三曰刻符。刻於符上 四曰蟲書。以書旛信 五曰摹印。六曰署書。以題封檢 七曰殳書。以題兵器 八曰隸書。漢興元帝時史游作急就篇。解散隸體。創作艸書。各字相連者謂之艸。不連者謂之章。（今人楷書卽兼章與隸以爲之者）王莽頗改古文。時有六書。一曰古文。（謂孔子壁中書）二曰奇字。（古文之別體）三曰篆書。（卽小篆）四曰左書。（卽秦隸書）五曰繆篆。（卽秦摹印）六曰鳥蟲書。（卽秦蟲書）綜三倉與武帝時司馬相如凡將篇。元帝時黃門令史游急就篇。成帝時將作大匠李長元尙篇。平帝時黃門侍郎揚雄訓纂篇。凡五千三百四十字。後漢安帝時大尉南閣祭酒許愼作說文解字。分五百四十部。九千三百五十三字。於是天地鬼神山川草木。鳥獸蛇蟲雜物奇怪。王制禮儀。世間人事。莫不畢載。後人所以能知古人製文字之原者。賴有此也。今觀說文。不僅可想見古人之社會如何。幷可攷見漢以後中國學問之日退。蓋學問愈密。則所用之名愈繁。說文所載名物。多至九千。而今日所通行者。不過二千餘名。已足供人事之用。則今不若古可知矣。（此段皆據說文敍）

二作書之具者。　古人作書之具。大半皆取資於竹。故知古時北方爲產竹極多之地。篆（見前）籒（讀書也）篇（箸也）籍（簿也）簡（牒也）笵（法也竹簡書也）籤（表識書也）符（信也）策。（馬箠段作箸書之策）其字無不從竹。蓋古人箸書。皆削竹爲策。以皮或繩聯之。而箸書其上。晉太康二年。汲縣民不準。盜發古冢。得竹簡書。皆素絲編。簡長二尺四寸。以墨書。一簡四十字。（晉書荀勗傳）此猶可見古書之製也。（孔子世家稱韋編三絕則以熟皮編之）以此等竹簡而書以大篆。其弊有五。爲之不易。多費時日。一也。所費不貲。貧者莫辦。二也。遷徙極難。易遭兵火。三也。竹質脆溼。易於朽蠹。四也。書既名貴。學者遂稀。五也。積此五因。遂爲中國學問之大障。至漢時乃始爲紙。黃門蔡倫所作也。（東觀漢記）或謂倫前已有紙。古以縑帛。依書長短。隨事截絹。數番重沓。紙字從糸。此形聲也。御覽六百六引王隱晉書 有紙之後。書乃名卷。卷義同捲 其猶名篇者。仍古號耳。筆始於蒙恬。以柘木為管。以鹿毛為柱。羊毛為被。崔豹古今注 此秦筆也。秦以前早有為書之具。楚謂之聿。吳謂之不律。燕謂之弗。秦謂之筆。說文三 除秦筆外。其餘不可攷。然聿弗皆有從毛之意。則古筆當與今筆不甚異也。墨之由來不可攷。漢人書中數見其名。惟始於何人。古書未載。汲冢書以墨書則用墨在戰國以前矣 硯於文事所係最微。秦漢人未言之、至晉書始見其物。晉書劉聰載記 此中國古人作書之具之大略也。

三文體之別者。中國文體之別雖繁。然大概祇有二種。一有韻之文。一無韻之文而已。而有韻之文。當起於無韻之文之前。蓋人類既有語言。必有社會間流傳之事。其後有人病其難於記憶。乃作為韻語以便記誦。再後則有文字。文字之初。不過繪畫其事以備忘。久之。其畫乃有通行之公式。事之原委曲折。無不可以曲到。而人亦一見而知。於是乃以其物箸書。所謂書者。即記述其社會間流傳之事者也。故各種人於其種族所傳之第一部書。必神與人不分。其言甚怪。就其理言。則可謂之經。就其事言。則可謂之史。萬國一也。此等之書。必尚用有韻之文。中國六經。詩固全為韻語。而其餘各經。以及周秦間諸子所箸書。其間皆時有韻。至秦漢間。有韻之文。與無韻之文。界畫始清。有韻之文。由詩一變而為賦。周禮詩有六義。其一曰賦。後人目賦為古人之流。此說未可為據 屈原荀況。實始為之。至漢枚乘蘇武等。又變四言詩為五言詩。詩與樂章。遂分為二物。其後五言古又變七言古。再變為五七言之律詩。絕句即古體也 樂章又變為詞、為曲。為一切七言句之小說。而有韻之文之變遂極。無韻之文。至後漢漸用儷句。積至唐人。遂成專用排偶之一體。至中唐韓愈李翺等。並起而矯之。廢去排偶之法。而效法秦漢之文。自號其文曰古文。而號前之事排偶者爲駢文。於是駢散之名始立。宋人作經義。及明乃成爲八股文。八股文之外家。雖爲無韻之文。而其源實出於唐律賦。蓋亦有韻亦無韻亦駢亦散之類也。中國文章之變。大約盡於是矣。四文辭之用者。

中國風俗之重文辭。此習當由政體所致。春秋以前。爲世官政體。其卿大夫士下至皁隸皆有世業。其得之也有定分。其守之也有專科。雖國君不能有所左右於其間也。（有世及之官必有家傳之學此義近人章學誠文史通義發明最多其源蓋出於漢書藝文志）此等社會。其斷不能立談而致卿相。亦甚明矣。及至戰國。人事一變。兼幷之風既亟。非有超倫軼羣之人。不足以當將相。由是人材不復能以門地限。而國君及大臣爭以得士之多寡爲盛衰。其取之之道。在苟濟吾事而已。於其人之平素。不暇問也。於其人之門閥。更不暇問也。其倉猝之間。所藉以通彼我之郵者。則惟言語是賴。故其時之士。以言語爲專科。片刻之言語。可以得終身之富貴。此一變也。然游說之士。各以其言語炫惑國君。而國君則以一身而接天下之士。以聽其言語。則其勢常不給。士既不能面對國君。以盡其言語。將謀有以代其口舌之具。易口說爲上書。而文辭起矣。此又一變也。其文辭工者。可以動人。其文辭不工者。不可以動人。於是相競日密。而文章亦愈進。國君之取士。乃駸駸乎不以言語而以文辭。此蓋三變矣。觀楚懷王使屈原造爲憲令。屈原屬草稾未定。上官大夫見而欲奪之。屈原不與。因讒之。（史記屈原傳）秦始皇見韓非孤憤五蠹之書。曰。嗟乎。寡人得見此人與之游。死不恨矣。（史記韓非傳）其文辭之重。爲何如耶。至漢孝武策問賢良方正。

而上之以文辭取士。士之以文辭通籍。遂爲定法。與中國相終始。推其原意。皆立談之變相耳。此專制政體之不得不然也。夫至於以科目取人。而其流弊乃不勝言矣。此又豈戰國諸君之所及料哉。

第六十六節　兩漢官制

三代之時。國國皆自成風尚。雖有天子。王朝之政。不能逮於諸侯。故古時官制。其見於左傳國語戰國策者。各國不同。而秦楚兩國。尤其特異者也。自秦人幷六國。夷諸侯爲郡縣。天下法制。乃定於一。於是天下之官。皆秦制矣。（秦官亦皆沿其國之舊非始皇所創）漢興。高祖起亭長。蕭曹皆刀筆吏。無學術。不能深考古今。定至良之法。而惟知襲亡秦舊制。喟然而歎皇帝之貴。此神州所以不復振也。（中國以民力覆政府者惟有秦漢之際使以亞利安種人處之必於此時立憲矣而中國不然者則民智爲之也）

考兩漢官制。亦稍有不同。前漢皆襲秦舊。後漢則襲王莽。高祖光武。能取嬴氏新室之天下。而不能革其制度。其皆學問不及故歟。今依前後漢書。分列兩漢官制之大概。取足以證本篇所言之事跡而已。其詳不及紀也。

漢官以所食俸之多寡。名其秩之尊卑。故稱官恆曰若干石。案漢制。三公號稱萬石。其俸月各三百五十斛穀。其稱中二千石者。月各百八十斛。二千石者百二十斛。比二千石者百斛。千石者九十斛。比千石者八十斛。六百石者七十斛。比六百石者六十斛。四百石者五十斛。比四百石者四十五斛。三百石者三十七斛。二百石者三十斛。比二百石者二十七斛。一百石者十六斛。

相國丞相。皆秦官。丞（丞者承也）天子。助理萬機。秦置左右丞相。高帝卽位。置丞相一人。後更名相國。高后時。置二丞相。孝文時。復置一丞相。哀帝元壽二年。更名大司徒。有兩長史。秩千石。後漢仍。（漢時丞相入朝。天子爲起。立丞相道謁。天子爲下車。是秦制猶愈於後世也）

太尉。秦官。掌武事。（自上安下曰尉。武官悉以尉稱。此爲武官之長）後漢仍。

御史大夫。秦官。掌副丞相。其屬有中丞。侍御史。繡衣直指等。哀帝元壽二年。改大司空。與丞相太尉爲漢三公。後漢仍。

大司馬。周官。主武事。爲將軍兼官。祿比丞相。第一大將軍。次車騎將軍。次衞將軍。又有前後左右將軍。其大司馬大將軍。爲外戚執政者之世官。大將軍營有五部。部校尉一人。秩比二千石。又令史三十一人。後漢仍。明帝初置度遼將軍。

太師太傅太保。皆周官。（案漢書所記周官。卽據周禮而言。後人多有疑之者。總之爲六國時舊有者而已）不常置。位三公上。後漢每帝初卽位。輒置太傅。錄尚書事。薨輒省。

奉常。秦官。掌宗廟禮儀。秩中二千石。景帝中六年。更名太常。其屬有六令丞。兩長丞。凡禮官皆屬焉。太史博士。亦屬奉常。太史古官。博士秦官。掌通古今。秩比六百石。員多至數十人。後漢仍。

郞中令。秦官。掌宮殿掖門戶。秩中二千石。武帝太初元年。更名光祿勳。其屬有大夫郞謁者。皆秦官。期門。羽林。大夫掌論議。有太中大夫。中大夫。諫大夫。皆無員。多至數十。大夫秩自比二千石。至比八百石。郞掌守門戶。出充車騎。有議郎。中郎。侍郎。郎中。皆無員。多至千人。中郎有五官左右三將。郎中有車戶騎三將。郎秩自比二千石至三百石。謁者掌賓讚受事。員七十人。秩比六百石。有僕射。（僕射猶言領袖各官皆有之）秩比千石。期門掌執兵送從。無員數。多至千人。有僕射。秩比千石。羽林掌送從。有中郎將。騎都尉。秩比二千石。後漢仍。

衞尉。秦官。掌宮門衞屯兵。秩中二千石。有丞。景帝初更爲中大夫令。後元年。復爲衞尉。屬官有公車司馬衞士旅賁三令丞。又諸屯衞候司馬二十二官。後漢仍。

太僕。秦官。掌輿馬。秩中二千石。凡輿馬之官皆屬焉。後漢仍。

廷尉。秦官。掌刑辟。秩中二千石。有正左右監。秩皆千石。景帝中六年。更名大理。武帝建元四年。復爲廷尉。哀帝元壽二年。復爲大理。後漢仍。

典客。秦官。掌諸歸義蠻夷。秩中二千石。景帝中六年。更名大行令。武帝太初元年。更名大鴻臚。屬官有令丞。及郡邸長史。後漢仍。

宗正。秦官。掌親屬。秩中二千石。有丞。屬官有都司空令丞。內官長史。諸公主家令門尉。皆屬焉。後漢仍。

治粟內史。秦官。掌穀貨。秩中二千石。景帝後元年。更名大農令。武帝太初元年。更名大司農。屬官有令丞五人。長丞二人。郡國諸倉農監都水六十五人。後漢仍。

少府。秦官。掌山澤之稅。秩中二千石。有六丞。屬官有尚書符節等令丞十六人。都水等長丞三人。上林池監等十人。黃門鈎盾等宦者八人。其後稍多至員吏百九人。後漢仍。

中尉。秦官。掌徼循京師。秩中二千石。有兩丞。武帝太初元年更名執金吾。屬官有令丞三人。後漢仍。

太子太傅少傅。周官。秩二千石。其屬有太子門大夫五人。庶子五人。先馬（謂前驅也後訛爲洗）十六人。後漢仍。

將作少府。秦官。掌治宮室。秩二千石。有兩丞。景帝中六年更名將作大匠。屬官有令丞七人。長丞一人。後漢仍。

詹事。秦官。掌皇后太子家。秩二千石。有丞。屬官有令丞五人。長丞五人。成帝鴻嘉三年。省詹事官。幷入大長秋。

長信詹事。掌皇太后宮。秩二千石。景帝更名長信少府。平帝更名長樂少府。後漢仍。

將行。秦官。皇后卿也。秩二千石。景帝中六年更名大長秋。後漢仍。

典屬國。秦官。掌蠻夷降者。秩二千石。後幷入大鴻臚。

水衡都尉。掌上林苑。有五丞。屬官有九令丞。七長丞。八丞。十二尉。後漢省。

內史。秦官。掌治京師。秩二千石。景帝二年。分置左內史。武帝太初元年更名內史爲京兆尹。屬官有令丞二人。長丞二人。左內史爲左馮翊。屬官有令丞一人。長丞四人。

主爵中尉。秦官。掌列侯。秩比二千石。景帝中六年更名都尉。武帝太初元年更名右扶風。治內史右地。屬官有令丞一人。長丞四人。與左馮翊。京兆尹。是爲三輔。皆有兩丞。後漢改河南尹。三輔官仍。而降其秩。

司隸校尉。周官。持節。從中都官徒千二百人。捕巫蠱。督大姦。後罷其兵。去節。秩二千石。後漢仍。

城門校尉。掌京師城門屯兵。有八司馬。十二城候。秩二千石。後漢仍。

中壘校尉。掌北軍壘門。外掌西域。秩二千石。後漢省。

屯騎校尉。掌騎士。秩二千石。後漢仍。

步兵校尉。掌上林苑門屯兵。秩二千石。後漢仍。

越騎校尉。掌越騎。秩二千石。越義如超越之越猶飛騎也後漢仍。

長水校尉。掌長水宣曲胡騎。秩二千石。後漢仍。

胡騎校尉。掌胡騎。秩二千石。不常置。

射聲校尉。掌待詔射聲士。秩二千石。後漢仍。

虎賁校尉。掌輕車。秩二千石。後漢省。自中壘以下八校尉。皆武帝初置。各有丞司馬。

西域都護。比八校尉。秩二千石。副校尉。秩比二千石。戊己校尉。秩六百石。

護羌校尉。主西羌。秩比二千石。

使匈奴中郎將。秩比二千石。

奉車都尉。掌御乘輿車。駙馬都尉。掌駙馬。駙副馬也皆武帝初置。秩比二千石。侍中。左右曹。諸吏。散騎。中常侍。皆加官。所加或列侯。將軍。卿大夫。將。都尉。尚書。太醫。太官令。至郎中。無員。多至數十人。侍中常侍得入禁中。諸曹受尚書事。諸吏得舉法。散騎。騎兼乘輿車。給事中亦加官。所加或大夫。博士。議郎。掌顧問應對。位次中常侍。中黃門有給事黃門。位從將大夫。皆秦制。

爵一曰公士。（言有爵命異於士卒）二上造。（言有成命於上）三簪裊。（可飾馬也）四不更。（言不預更卒之士也）五大夫。（列位從大夫）六官大夫。七公大夫。（示稍尊）八公乘。（言其得乘公家之車也）九五大夫。（大夫之尊也）十左庶長。十一右庶長。（衆列之長也）十二左更。十三中更。十四右更，（言主領更卒部其役使也）十五少上造。十六大上造。（皆主上之士也）十七駟車庶長。（得乘駟馬也）十八大庶長。（更尊也）十九關內侯。（有侯號無國邑）二十徹侯。（言其爵上通於天子）皆秦制。以賞功。後漢仍而侯以下未見。

諸侯王。高帝初置。掌治其國。後漢仍。

監御史。秦官。掌監郡，漢省。丞相遣史分刺州。不常置。武帝元封元年。初置部刺史。掌奉詔察州。秩六百石。員十三人。成帝綏和元年。更名牧。秩二千石。後漢建武初。復爲刺史。屬司隸校尉。靈帝中平五年。復爲州牧。

郡守。秦官。掌治其郡。秩二千石。景帝中二年。更名太守。有丞。

縣令長。皆秦官。掌治其縣。其縣萬戶以上爲令。秩千石至六百石。減萬戶爲長。秩五百石至三百石。皆有丞尉。秩四百石至二百石。百石以下。有斗食佐史之職。大率十里一亭。亭有長。十亭一鄉。鄉有三老。嗇夫。游徼。三老掌教化。嗇夫職聽訟。收賦稅。游徼循禁盜賊。皆秦制也。

第六十七節 漢地理（節錄日本重野安繹支那疆域沿革略說）

漢高帝元年。定三秦。（雍塞翟）以其地爲渭南。河上。中地三郡。尋幷曰內史。隴西。北地。上郡。復舊。明年。降中陽。置河南郡。（故秦三川郡）以韓襄王孫信爲韓王。（潁川郡都陽翟）虜司馬卬。更殷爲河內郡。悉定魏地。復河東。上黨。太原三郡。三年。克趙。爲常山郡。定燕齊。四年。立張耳爲趙王。（故秦邯鄲郡都襄國）以韓信爲齊王。（都臨淄）更九江爲淮南。（王英布如故）五年。滅項羽。平臨江、（共敖子尉）卽帝位。定都長安。（今西安府）六年。築城縣邑。封建王侯。

異姓王者七國。

趙。（見上）

淮南。（見上）

楚。（淮北地）齊王韓信徙爲楚王。都下邳。（今淮安府邳州）

梁。（魏故地秦碭郡）立彭越爲梁王。都定陶。（今曹州府）

韓。徙王信於太原。仍稱韓。都晉陽。（今太原府）徙馬邑。（復潁川郡）

燕。臧荼反。滅之。立盧綰爲燕王。都薊。

長沙。（長沙豫章地）吳芮王之。都臨湘。（今長沙府）

尋皆翦除。更封同姓。

楚。以韓信爲淮陰侯。（今淮安府）以薛。東海。（故郯郡）彭城地。立弟交爲王。都彭城。（今徐州府○宣帝分置彭城郡尋復故後漢章帝復爲彭城國）

荆。（後吳）分東陽。（後屬臨淮郡）鄣。（武帝時改丹陽郡）吳（後入會稽郡）地。立從兄賈爲荆王。都吳。（今蘇州府）賈薨。更爲吳。封兄仲之子濞。都廣陵。（今揚州府）

代。以雲中鴈門代郡。立兄喜爲代王。都代。韓王信滅。更封子恆。并太原。（除雲中）都晉陽。

齊。以膠東膠西臨淄濟北博陽城陽地。封子肥爲齊王。都臨淄。

趙。廢張耳子敖爲宣平侯。封子如意爲趙王。都邯鄲。

梁。彭越誅。封子恢爲梁王。都睢陽。（今歸德府）

淮陽。分彭城地。封子友爲淮陽王。都陳。（文帝爲郡後漢章帝爲陳國）

淮南。英布反。立子長爲淮南王。都壽春。（武帝復九江郡）

燕。盧綰反。立子建爲燕王。（昭帝改廣陽郡宣帝爲國）

漢初概因秦制。以郡國統縣邑。高帝增置郡國凡二十六。

河內。河南。汝南。（景帝爲國）江夏。豫章。常山。中山。（景帝爲國）清河。（同上）魏郡。涿郡。勃海。平原。千乘。（後漢和帝改樂安）泰山。（和帝分置濟北）

東萊，東海。（故秦郯郡）廣漢。定襄。城陽。（文帝爲國）濟南。（同上）桂陽。武陵。沛郡。（故秦泗水郡）淮陽國。梁國。（故秦碭郡）并內史。（漢志曰高祖增）

二十六蓋謂此也

呂后以薛郡爲魯國。割齊濟南郡。置呂國。文帝除之

文帝卽位。分齊爲七國。

齊。都臨淄。城陽。都莒。今屬青州府 濟北。卽泰山郡 都盧。今濟南府長青縣 菑川。都劇。今青州府壽光縣 膠東。都卽墨。 膠西。宣帝改高密 都高苑。今屬青州府 濟南。景帝復郡 都東平陵。今濟南府

分趙爲二國。

趙。都邯鄲。 河間。都樂成。今河間府獻縣

分淮南爲三國。

淮南。都壽春。 衡山。武帝改六安 都六。 廬江。景帝爲郡 都江南。景帝以邊越徙賜於衡山王江北。漢志曰文帝增六其建國九城陽濟南因舊郡濟北卽泰山郡故皆不數

景帝平吳楚亂。分吳爲二國。 魯。都曲阜。 江都。武帝改廣陵 都江都。

分梁爲四國。

濟川。武帝爲陳留郡 都濟陽。今開封府蘭陽縣 濟東。武帝爲大河郡宣帝改東平國後漢章帝分置任成國 都無鹽。今兗州府東平州 山陽。武帝改昌邑國宣帝復山陽郡 都昌邑。今兗州府金鄉縣 濟陰。宣帝改定陶國哀帝復故 都定陶。

分趙爲四國。中山。都盧奴。（今眞定府定州）淸河。（後爲郡後漢桓帝改甘陵）都淸陽。（今廣平府淸河縣）常山。（武帝爲郡）都眞定。（今眞定府）廣川。（宣帝改信都後漢明帝改樂成安帝改安平）都信都。（今眞定府冀州）

分齊置北海郡。（漢志曰景帝增六其建國九中山常山淸河因舊郡故皆不數濟川後廢文景之間諸王驕僭其地兼郡連城天子所領內史隴西北地上郡雲中河東河南河內東郡潁川南陽南郡漢中巴蜀十五郡而已至是分削之及武帝下推恩令諸侯惟食租稅不預政事）

武帝雄才大略。專務拓邊北征匈奴西域南平南越甌閩。西南略諸夷。東定朝鮮。匈奴遠遁漠北。不復入寇。

大將軍衛靑出塞。取北河之南。復蒙恬之舊。置朔方五原（故秦九原郡）二郡。尋築受降城及五原塞。千餘里列亭障到盧朐。徙貧民實之。驃騎將軍霍去病。踰居延至祁連山。（即天山）置降者於塞外爲五屬國。（隴西北地上郡朔方雲中稱故塞五郡徙降者居之依本國之俗而屬於漢）遂置酒泉。（匈奴右地渾邪王地）武威。（同上休屠王地）張掖。（分武威）敦煌。（分酒泉）四郡。

其後李廣利伐大宛。（今浩罕）斬其王毋寡。築高障自敦煌至鹽澤。（即蒲昌海）屯田輪臺渠黎。

張騫等使於西域。踰葱嶺。出大宛康居。三十六國始通。

路博德楊僕等平南越。置南海。（秦置）蒼梧。鬱林。（故秦桂林郡）合浦。交趾。九眞。日南。（故秦象郡）珠厓。（宣帝時廢）儋耳（昭帝廢入珠厓）九郡。

又分長沙置零陵郡。楊僕韓說伐閩越。降之。遂徙東甌閩越民於江淮。空其地。

唐蒙司馬相如使西南夷。諷諭之。郭昌衛平等繼平之。夜郎王，滇王。先後入朝。置牂牁。（舊夜郎）越巂。（舊邛都）沈黎。

舊莋都後廢入蜀 文山。文後作汶舊冉駹宣帝時入蜀 武都。舊白馬 益州。舊滇地 六郡。又置犍爲郡。始通夜郎時置
初東夷濊降。置蒼海郡。尋廢。楊僕荀彘伐朝鮮。置樂浪。治朝鮮今平壤 臨屯。治東暆昭帝廢入樂浪 玄菟。治沃沮昭帝時徙高句麗地 眞蕃治霅昭帝時廢入玄菟 四郡。
開邊之業既成。乃建十三部置刺史。統郡國。
司隸。古雍州 治河南。 冀州。治常山國高邑。洛陽東北千里 幽州。治廣陽郡薊。洛陽東北二千里 幷州。治太原郡晉陽。洛陽北里數闕 兗州。治山陽郡昌邑。洛陽東八百二十里 徐州。治東海郡郯。洛陽東千五百里 荊州。治武陵郡漢壽。洛陽南二千里 豫州。治沛國譙，洛陽東南千二百里 益州。古梁州 治廣漢郡雒。洛陽西三千里 涼州。古雍州 治漢陽郡隴。洛陽西千百里 交趾。治蒼梧郡廣信。洛陽南六千四百十里〇十三州治所漢書不載今據後漢書前漢時司隸蓋治長安
分內史爲左右。遂更京兆尹。右內史 右扶風。同上 馮翊。左內史
分趙國。置平干國。今廣平府宣帝改廣平 分常山國。置眞定國。今正定府 分東海郡。置泗水國。今淮安府邳州宿遷縣東南
武帝增置二十人。
右扶風。左馮翊。弘農。陳留。臨淮。後漢明帝改下邳 零陵。犍爲。越巂。益州。牂牁。武都。天水。明帝改漢陽 武威。張掖。酒泉。敦煌。安定。西河。朔方。玄菟。樂浪。蒼梧。交趾。合浦。九眞。以上郡 平干。眞定。泗水。以上國〇漢志曰武帝增二十八南海鬱林日南卽秦置沈黎文山珠厓儋耳臨屯眞蕃後皆廢故不數

昭帝分隴西置金城郡。（今蘭州府○漢志曰昭帝增一）烏桓反擊破之。

宣帝神爵元年趙充國破西羌。留屯田湟中。（湟水左右之地後漢順帝增置）二年始置西域都護於烏壘城。（距陽關二千七百餘里）督察三十六國。初西城雖貢獻於漢。實役屬匈奴至是皆服於漢。號令遐布。尋匈奴亂五單于爭立互相屠殺。甘露三年。呼韓邪單于來降居之漠南。郅支單于西北徙。尋擊斬之。遂定匈奴。

前漢郡國百三。縣邑千三百十四。道三十二。侯國二百四十。疆東西九千三百二里。南北一萬三千三百六十八里。戶千二百二十三萬三千六十二。口五千九百五十九萬四千九百七十八。（據平帝元始元年所算）

王莽收西羌之地。（鮮川）置西海郡。省州爲九。（省幽并交趾涼爲雍益爲梁併司隸于雍）改易京師及州界郡名。屢變更。民不能記。

羣盜（赤眉等）並起。諸豪割據。

劉玄據長安。　公孫述據蜀。　隗囂據隴右。　王郎據邯鄲。　李憲據淮南。　張步據琅邪。　董憲據東海。

竇融據河西。　盧芳據安定。

後漢光武帝建武元年。卽位於高邑。（常山郡）都洛陽。十三年。省縣四百餘。并西京（長安）及諸郡。復十三部刺史制。

廣平入鉅鹿。眞定入常山。河間入信都。城陽入琅邪。泗水入廣陵。菑川高密膠東入北海。六安入廬江。廣陽入上谷。（明帝復廣陽和帝分樂成置河間）

自王莽之亂。匈奴略有西域諸國。屢寇邊。莎車獨不屬。遂服五十五國。漸驕橫。車師等十八國。懼請都護。帝不許。諸國復附匈奴，壽匈奴內亂。分爲南北。南單于內屬。入居雲中。（後徙西河）破北單于。卻地千里。匈奴稍衰。而西羌烏桓鮮卑漸强盛。數入寇。馬援祭肜等擊降之。交趾及武陵蠻反。馬援平之。置護羌校尉居金城。烏桓校尉居上谷。督護羌胡。

明帝之時。西南夷哀牢內附。置永昌郡。伐北匈奴。取伊吾盧。（今哈密）置屯田，（章帝罷之順帝復置）班超降鄯善。于闐。定疏勒。竇固定車師。置西域都護。（後屢有廢興）西域復通。（中絕六十五年）和帝之時復叛。班超降月氏。莎車。龜茲。姑墨諸國。爲部護。居龜茲。又平焉耆。尉黎。五十餘國皆內屬。遣使大秦。（羅馬）條支。（巴勒斯坦）窮西海。皆前世所未至也。超在西域三十餘年。歸後。撫御失方。西域復叛。

安帝之時。先零復起。烏桓鮮卑南匈奴高句麗夫餘等皆叛。連年侵寇邊郡。日蹙。置廣漢蜀犍爲張掖居延遼東等屬國部尉。徙西域東夷內屬者領護之。

順帝置玄菟屯田。分會稽置吳郡，靈帝分漢陽置南安郡。（獻帝改更載三國沿革之首）

後漢郡國百五。縣邑道侯國千百八十。戶九百六十九萬八千六百三十。口四千九百十五萬二百二十。（據順帝永和五年所算）

第六十八節　涼州諸將之亂

由兩漢極盛時代。轉入六代中衰時代。實以三國爲樞紐。三國前半似兩漢。後半似六代。此學者所宜注意也。推求其故。因東漢經羌胡之亂。天下精兵猛士。恆聚於涼州。其後羌胡之禍。雖賴以熄滅。而重兵所在。卒成亂階。何進之後。曹操之前。亂皇室者。皆涼州之士也。而始發難者。則爲董卓。卓字仲穎。隴西臨洮人也。性粗猛有謀。少嘗遊羌中。盡與豪帥相結。後歸耕於野。以健俠知名。爲州兵馬掾。膂力過人。雙帶兩鞬。左右馳射。爲羌胡所畏。桓帝末。以六郡良家子爲羽林郎。（漢制羽林皆以良家子充之。所以異於閭左贅壻也。）從中郎將張奐爲軍司馬。共擊叛羌。破之。所得賞賜。悉以與士。無所留。拜郎中。稍遷西域戊己校尉。并州刺史。河東太守。中平元年。拜東中郎將。代盧植討張角。軍政抵罪。是時金城人邊章韓遂。隴西太守李相如。涼州司馬馬騰。（字壽成。馬援後。其母羌女也。）與羌胡及河關羣盜。皆反。入寇三輔。二年。拜卓破虜將軍。從太尉張溫（穰人）討賊。時諸軍大敗。卓獨全師而還。以功封斄鄉侯。（國在今陝西武功縣）五年。拜前將軍。六年。徵爲少府。不就。始有跋扈之志矣。及靈帝崩。何進謀誅宦官。司隸校尉袁紹（字本初。汝南汝陽人。司徒湯之孫。）勸進私呼卓將兵入朝。以脅太后。卓得詔。卽時就道。且上書宣露其謀。以速內變。卓至雒陽。大禍已搆。於是卓迎少帝歸京師。是年。廢少帝。立獻帝。弑何后。卓遷太尉。領前將軍事。加節傳斧鉞虎賁。更封郿侯。（國在今陝西郿縣）卓乃上書。追理陳蕃竇武及諸黨人。以從人望。悉復蕃等爵位。擢用子孫。忍性矯情。擢用名士周毖。（字仲遠。武威人。）伍瓊。（字德瑜。未詳何郡人。）鄭泰。（字公業。未詳何郡人。）何顒。（字伯求。南陽襄鄉人。）荀爽。（字慈明。潁川潁陰人。）蔡邕。（字伯喈。陳留圉人。）之徒。皆爲列卿。卓所親愛。不處顯職。卓尋進相國。入朝不趨。劍履上殿。是時洛中貴戚。室第相望。金帛財產。家家殷積。卓放縱兵士。突其廬舍。淫略婦女。剽虜資物。謂之搜牢。及何后葬。開靈帝陵。卓悉取藏中珍物。又姦亂公主。妻略宮人。虐刑濫罰。睚眦必死。初平元年。袁紹之徒。凡十餘鎮。各興義兵。同盟討卓。而伍瓊周毖爲內主。卓覺之。殺伍瓊周毖等。於是遷天子西都長安。長安自遭赤眉之亂。宮室營寺焚滅無餘。是時惟有高廟京兆府舍。遂幸焉。後移未央宮。卓盡徙雒陽人數百萬戶於長安。步騎驅蹙。更相蹈藉。饑餓寇掠。積尸盈路。卓自屯留畢圭苑中。(苑名未詳何在)悉燒宮廟官府居家。二百里內。無復孑遺。又使呂布(字奉先五原九原人)發諸帝陵。及公卿已下冢墓。收其珍寶。時諸侯討卓。多爲卓敗。所得義兵士卒。皆以布纏裹。倒立於地。熱膏灌殺之。卓留諸將屯澠池華陰間。自引還長安。自拜太師。位在諸侯王上。僭擬車服。子孫雖在髫齔。男封列侯。女爲邑君。數與百官置酒宴會。淫樂縱恣。其戮人。先斷其舌。次斬手足。次鑿其眼目。以鑊煮之。未及得死。偃轉桮案間。觀者戰慄。卓飲食自若。羣僚內外。莫能自固。於是司徒王允(字子師太原祁人)前將軍呂布。僕射士孫瑞(未詳)謀誅卓。三年四月。帝疾新愈。大會未央殿。卓入朝。陳兵夾道。自壘(卓築壘於郿塢)及宮。左步右騎。屯衛周帀。令呂布等扞衛。王允士孫瑞先密以告帝。使呂布與騎都尉李肅(字未詳布同郡人)與布同心勇士十餘人。僞著衛士服於北掖門內。待卓。卓入門。肅以戟刺之。卓衷甲不入。傷臂墮車。大呼呂布何在。布曰。有詔討賊臣。卓大罵曰。庸狗敢如是耶。布應聲持矛刺卓。趣兵斬之。馳齎赦書。以令宮陛內外。士卒皆稱萬歲。百姓歌舞於道。長安士女賣其珠玉衣裝。市酒肉相慶者。塡滿街肆。使人攻董旻於郿塢。無少長皆殺之。尸卓於市。天時始熱。卓素肥。脂流於地。守尸吏然火置卓臍中。光明達曙。如是積日。諸袁門生。（袁紹起兵卓殺紹叔父司徒袁隗盡滅袁氏之在京師者）聚董氏之尸。焚而揚之於路。塢中珍藏。有金二三萬斤。銀八九萬斤。綿綺繢縠紈素奇玩積如丘山。初卓築郿塢積穀爲三十年儲。自曰吾事成。雄據天下。不成。守此足以畢老。其愚如此。方卓之西也使其將李傕（北地人）郭汜。（張掖人）張濟。（未詳）備東方。卓既誅。傕等求赦。王允不許。傕等遂西合卓故部曲樊稠。（未詳）李蒙。（未詳）共攻長安城。城峻不可拔八日呂布所領蜀兵內反。傕衆入城殺王允。呂布出奔。傕等乃自拜將軍。封列侯。傕汜稠共秉朝政。濟出屯弘農。初卓之入關。要韓遂馬騰共謀山東。遂騰見天下方亂。亦欲倚卓起兵。興平元年。馬騰從隴右來朝。進屯霸橋。時騰私有求於傕。不獲而怒。遂攻李傕。韓遂聞之。率衆來與騰合。傕汜稠與騰遂戰於長平觀下。（去長安五十里）遂騰大敗。走還涼州。稠等追之。爲遂所間。於是傕稠始相疑猜。是時長安城中賊盜不禁。白日虜掠。穀一斛五十萬。豆麥二十萬。人相食啖。白骨委積。臭穢滿路。二年春。傕刺殺稠。諸將各相疑異。傕汜遂復治兵相攻。楊定（卓故部曲將）與郭汜謀合迎天子。傕知之。劫天子皇后幸其營。遂放火燒宮殿官府居人悉盡。傕既劫帝后。汜遂留質公卿。相攻累月。死者以萬數。帝欲和之。傕不聽。六月。張濟自陝來和解之。乃已。二人仍欲遷帝幸弘農。帝亦思舊京。因遣使請傕求東歸。十反乃許。車駕即日發邁。傕等皆留。楊定楊奉（傕將、叛傕）董承（董太后之姪）從車駕進至華陰。寧輯將軍段煨（武威人）乃具服御及公卿以下資儲。請帝幸其營。初楊定與段煨有隙。遂誣煨欲反。乃攻其營。李傕郭汜等既悔令天子東歸。乃佯救段煨。因謀劫帝西返。楊定懼。奔荊州。十二月。傕汜濟與承奉大戰於弘農東澗。承奉軍敗。士卒多死。符策典籍略無所遺。承奉乃密招故白波帥李樂、韓暹、胡才、及南匈奴右賢王去卑等。率其衆來與承奉合擊傕等。傕等軍敗。乘輿乃得進。未幾。傕汜復來戰。承奉大敗。甚於東澗。自東澗轉戰四十里。方得至陝。夜潛過河。岸高十餘丈。帝后以絹縋下。餘人或匍匐岸側。或從上自投。死亡傷殘。不復相知。爭赴船者。不可禁止。董承以戈擊之。斷手指於舟中者可掬。得濟者。惟皇后、宋貴人、楊彪、（太尉）董承、及后父執金吾伏完等數十人。其宮女皆爲傕等所掠奪。至太陽。（漢縣屬河東郡今山西平陸縣）幸李樂營。射李樂等爲列侯。羣豎競求拜職。刻印不給。至乃以錐畫之。或齎酒肉。就天子燕飲。又遣太僕韓融至弘農。與傕汜等連和。傕乃放遣公卿百官。頗歸宮人婦女。反乘輿器服。初。帝入關。三輔戶口尚數十萬。自傕汜相攻。天子東歸後。長安城空四十餘日。強者四散。羸者相食。二三年間。關中無復人跡。建安元年七月。帝還至洛陽。幸張楊殿。（張楊河內太守名也楊字稚叔雲中人時繕修洛陽宮殿以爲己功故以己名名殿）時諸將爭權。干亂政事。董承患之。乃潛召兗州牧曹操。操乃將兵詣闕。操以洛陽殘破。遂移帝幸許。楊奉、韓暹等欲要車駕。曹操擊之。皆散走。數年之間楊奉、韓暹、李樂、胡才、張濟、郭汜、李傕、張楊。皆爲曹操所夷滅。董承、段煨、馬騰、韓遂。皆封列侯。事具別篇。自此權歸曹氏。天子總己百官備員而已。

第六十九節　曹操滅羣雄

方董卓之時。天子州牧太守。各據其郡之財賦甲兵。自相攻伐。爲兼幷。蓋其時劉氏必亡之象。已爲人所共知而各爲自立之計。其魄力較大。見於正史者凡十餘。

袁紹。見前居鄴。今河南臨漳縣併冀青幽幷四州。

曹操。見後居鄄。今山東濮州幷兗豫二州。

袁術。字公路紹弟居壽春。今安徽壽州據徐州。

陶謙。字恭祖丹陽人居彭城。今江南徐州府後劉備呂布迭居下邳。今江蘇邳州

劉表。字景升山陽高平人居襄陽。今湖北荊州府幷荊州。

劉焉。字君郎江夏竟陵人居綿竹。今四川德陽縣幷益州。

馬騰。韓遂。見前居□□幷涼州。

劉虞。字伯安東海郯人居薊。今直隸大興縣公孫瓚。字伯圭遼西人居易。今直隸雄縣據幽州。

公孫度。字升濟遼東襄平人居襄平。今遼陽北幷營州。

孫策。見後居吳。今江南蘇州府幷揚州交州。

張魯。字公祺沛國豐人居南鄭。今陝西漢中府據漢中郡。

董卓既亡。漢帝都許。依曹氏。而天下相爭益急。久之乃幷爲三國。三國者。一魏。二吳。三蜀也。魏之太祖武皇帝。姓曹。名操。字孟德。沛國譙人也。今安徽亳州桓帝世。曹騰爲中常侍大長秋。封列侯。養子嵩嗣。官至太尉。莫能審其

生出本末。嵩生操。操少機警。而任俠放蕩。不治行業。故世人未之奇也。惟橋玄、（字公祖梁國人）何顒（見前）異焉。玄謂太祖曰。天下將亂。非命世之才。不能濟也。能安之者。其在君乎。年二十。舉孝廉。累官至東郡太守。不就。稱疾歸鄉里。董卓何進執政。徵操爲典軍校尉。進將召外兵。操固爭之。進不聽。及董卓入。變姓名東歸。初平元年。袁紹、韓馥、（字文節潁川人冀州牧）孔伷、（字公緒陳留人豫州刺史）劉岱、（字公山東萊牟平人兗州刺史）王匡、（字公節泰山人河內太守）張邈、（字孟卓東平壽平人陳留太守後降魏）橋瑁、（字元偉梁國睢陽人東郡太守旋爲劉岱所殺）袁遺、（字伯業紹從兄山陽太守）鮑信、（泰山人濟北相）同時起兵誅董卓。推紹爲盟主。操爲奮武將軍。是時卓屯洛陽。紹屯河內。邈岱瑁遺屯酸棗。術屯南陽。伷屯潁川。馥在鄴。紹等畏卓。莫敢進。操勸其速進。事可立定。紹等不能用。稍相猜忌。互事誅夷。三年。王允誅董卓。關中大亂。黃巾餘衆百餘萬。入兗州。殺劉岱、鮑信等。乃迎操爲兗州牧。討黃巾。降之。鮑信死焉。興平元年。操攻陶謙。初。操父嵩。去官還譙。爲陶謙所殺。至此攻之。而呂布來襲鄄城。（布爲傕汜所敗東奔）兗州郡縣多失。操乃還。是歲。陶謙死。劉備代之。二年。攻張邈。殺之。兗州復定。建安元年九月。迎獻帝於洛陽。都許。漢封操司空。行車騎將軍。武平侯。（國在今河南鹿邑縣四四十里）而以袁紹爲大將軍。封鄴侯。是冬。呂布襲劉備。備來奔。三年十月。攻呂布於下邳。生得布。殺之。時袁術亦死。操遂幷徐州。四年。袁紹既幷公孫瓚。兼四州之地。衆十餘萬。進軍攻許。許都大震。操拒之官渡。（城名今河南中牟縣東北）十二月。操遣劉備擊袁術。初。備與董承等謀誅操。至此。備求出。備到下邳。遂叛。操擊之。不克。五年春正月。董承等謀洩。皆死。操自將征劉備。諸將皆曰。與公爭天下者。袁紹也。今紹方來。而棄之東。紹乘人後。奈何。操曰。夫劉備人傑也。今不擊。必爲後患。紹雖有大志。

而見事遲。必不動也。操擊備。破之。備奔袁紹。操獲其妻子。幷備將關羽。（羽旋亡歸劉備）紹卒不動。冬十月。與袁紹戰於官渡。大破之。七年。紹發病。嘔血死。子尚代。九年春三月。擊袁尚。大破之。操遂幷青冀幽幷四州。袁氏餘衆奔烏桓。十二年。逐烏桓。定遼東地。十三年。漢罷三公官。以操爲丞相。秋八月。劉表卒。操擊荊州。表子劉琮降。時劉備在荊州。及琮降。奔夏口。（今湖北漢陽府）十二月。操自江陵窮追擊備。備與操戰於赤壁。曹操大敗。僅以身免。由是操之勢力不能復至南方。而三國之勢遂定。劉備吾儔之歎。其有自知之明乎。（操嘗歎曰劉備吾儔也但見事稍遲耳）

第七十節　劉備孫權拒曹操

劉備。字玄德。涿郡涿縣人也。漢景帝子中山靖王勝之後。勝子貞。元狩中。封涿縣陸亭侯。坐酎金失侯。因家焉。備祖雄。父弘。皆嘗仕州郡。備少孤。與母販履織席爲業。年十五。母使行學。事九江太守盧植。同宗劉元起常資助之。備不甚樂讀書。少言語。善下人。喜怒不形於色。好交結豪俠。年少爭附之。中山大賈張世平、蘇雙等。貲累千金。販馬周旋於涿。見而異之。乃多與之金財。備由是得用合徒衆。靈帝末。黃巾起。州郡各舉義兵。備討賊有功。除聞喜尉。（今山西聞喜縣）以忤上官。尋棄官亡命。頃之。公孫瓚舉以爲別部司馬。從田楷。（青州刺史）復去楷仕陶謙。（徐州牧）謙病篤。顧州人曰。非劉備不能安此州也。衆以爲然。建安元年。備領徐州牧。曹操表備爲鎮東將軍。封宜城侯。（國在今湖北宜城縣南）尋爲呂布所襲。奔曹操。操厚遇之。使爲豫州牧。從操攻布。禽斬之。操表備爲左將軍。禮之愈重。

出則同輿。坐則同席。操嘗從容謂備曰。今天下英雄。惟使君與孤耳。備與董承謀誅操。事發。備時在下邳。遂叛曹氏。五年。曹操自將擊之。備敗奔袁紹。紹父子傾心敬重。備度紹無成。乃說紹南使荊州。因勸劉表乘袁曹相持。以襲許。表不能用。及操滅袁氏。南征表。劉琮以荊州降。時備屯樊。（今湖北樊口）諸葛亮（字孔明琅邪人）勸備襲荊州。備不許。駐馬呼琮。琮懼不能起。乃臨表墓。流涕而去。荊州人士皆歸之。到襄陽。曹操追之急。一日一夜。行三百里。不能得。備乃使諸葛亮於孫權。以同拒曹操。權字仲謀。吳郡富春人也。父堅。（字文臺）仕漢爲長沙太守。封烏程侯。（今浙江烏程縣）後因擊劉表。爲表所射殺。子策（字伯符）年尚少。與周瑜。（字公瑾廬江舒人）收合江浙士大夫，徙曲阿。（今江南丹陽縣）袁術奇之。以堅部曲還策。策因之。略定江南地。建安五年。曹操與袁紹相拒於官渡。策陰欲襲許迎漢帝。會爲人所刺殺。策死。權乃代領其衆。赤壁之戰。權立之第八年也。初。魯肅（字子敬臨淮東城人）聞劉表卒。言於孫權曰。荊州與國鄰接。江山險固。沃野萬里。士民殷富。若據而有之。此帝王之資也。今劉表新亡。二子不協。軍中諸將。各有彼此。劉備天下梟雄。與操有隙。寄寓於表。表惡其能。而不能用也。若備與彼協心。上下齊同。則宜撫安。與結盟好。如有離違。宜別圖之。以濟大事。肅請得奉命。弔表二子。並慰勞其軍中用事者。及說備使撫表衆。同心一意。共治曹操。備必喜而從命。如其克諧。天下可定也。今不速往。恐爲操所先。權即遣肅行。到夏口。聞操已向荊州。晨夜兼道。比至南郡。而琮已降。備南走。肅徑迎之。與備會於當陽長坂。肅宣權旨。論天下事勢。致殷勤之意。且問備曰。豫州今欲何至。備曰。與蒼梧太守吳臣有舊。欲往投之。肅曰。孫討虜（時權爲討虜將軍）聰明仁惠。敬賢禮士。江表英豪。咸歸附之。已據有六郡。兵精糧多。足以立事。今爲君計。莫若遣腹心。自結於東。以共濟世業。而欲投吳巨。巨是凡人。偏在遠郡。行將爲人所併。豈足託乎。備甚悅。肅又謂諸葛亮曰。我子瑜友也。即共定交。子瑜者。亮兄瑾也。避亂江東。爲孫權長史。備用肅計。進駐鄂縣之樊口。曹操自江陵將順江東下。諸葛亮謂劉備曰。事急矣。請奉命求救於孫將軍。遂與魯肅俱詣孫權。亮見權於柴桑。今江西德化縣西南九十里說權曰。海內大亂。將軍起兵江東。劉豫州收衆漢南。與曹操共爭天下。今操芟夷大難。略已平矣。遂破荊州。威震四海。英雄無用武之地。故豫州遁逃至此。願將軍量力而處之。若能以吳越之衆。與中國抗衡。不如早與之絕。若不能。何不按兵束甲。北面而事之。今將軍外託服從之名。而內懷猶豫之計。事急而不斷。禍至無日矣。權曰。苟如君計。劉豫州何不遂事之乎。亮曰。田橫齊之壯士耳。猶守義不辱。況劉豫州王室之冑。英才蓋世。衆士慕仰。若水之歸海。若事之不濟。此乃天也。安得復爲之下乎。權勃然曰。吾不能舉全吳之地。十萬之衆。受制於人。吾計決矣。非劉豫州莫可以當曹操者。然豫州新敗之後。安能抗此難乎。亮曰。豫州軍雖敗於長坂。今戰士還者。及關羽水軍精甲萬人。劉琦合江夏戰士。亦不下萬人。曹操之衆。遠來疲敝。聞追豫州。輕騎一日一夜行三百餘里。此所謂强弩之末。勢不能穿魯縞者也。故兵法忌之曰。必蹶上將軍。且北方之人。不習水戰。又荊州之民附操者。偪兵勢耳。非心服也。今將軍誠能命猛將。統兵數萬。與豫州協規同力。破操軍必矣。操軍破。必北還。如此則荊吳之勢强。鼎足之形成矣。成敗之機。在於今日。權大悅。與其羣下謀之。是時。曹操遺權書曰。近者奉辭伐罪。旌麾南指。劉琮束手。今治水軍八十萬衆。方與將軍會獵於吳。權以示臣下。莫不響震失色。長史張昭（字子布彭城人）曰。曹公豺虎也。挾天子以征四方。動以朝廷爲辭。今日拒之。事更不順。且將軍大勢可以拒操者。長江也。今操得荊州。奄有其地。劉表治水軍。蒙衝鬬艦。乃以千數。操悉浮以沿江。兼有步兵。水陸俱下。此爲長江之險。已與我共之矣。而勢力衆寡。又不可論。愚謂大計。不如迎之。魯肅獨不言。權起更衣。肅追於宇下。權知其意。執肅手曰。卿欲何言。肅曰。向察衆人之議。專欲誤將軍。不足與圖大事。今肅可迎操耳。如將軍不可也。何以言之。今肅迎操。操當以肅付還鄉黨。品其名位。猶不失下曹從事。（下曹從事諸曹從事之最下者）乘犢車。從吏卒。交游士林。累官故不失州郡也。將軍迎操。欲安所歸乎。願早定大計。莫用衆人之議也。權歎息曰。諸人持議。甚失孤望。今卿廓開大計。正與孤同。時周瑜受使至番陽。肅勸權召瑜還。瑜至。謂權曰。操雖託名漢相。其實漢賊也。將軍以神武雄才。兼仗父兄之烈。割據江東。地方數千里。兵精足用。英雄樂業。當橫行天下。爲漢家除殘去穢。況操自送死。而可迎之耶。請爲將軍籌之。今北土未平。馬超韓遂。尙在關西。爲操後患。而操舍鞍馬。仗舟楫。與吳越爭衡。今又盛寒。馬無藁草。驅中國士衆。遠涉江湖之間。不習水土。必生疾病。此數者用兵之患也。而操皆冒行之。將軍禽操。宜在今日。瑜請得精兵數萬人。進駐夏口。保爲將軍破之。權曰。老賊欲廢漢自立久矣。徒忌二袁、呂布、劉表與孤耳。今數雄已滅。惟孤尙存。孤與老賊。勢不兩立。君言當擊。甚與孤合。此天以君授孤也。因拔刀斫前奏案曰。諸將吏敢復有言當迎操者。與此案同。乃罷會。是夜。瑜復見權曰。諸人徒見操書言水步八十萬。而各恐懾。不復料其虛實。便開此議。

甚無謂也。今以實校之。彼所將中國人不過十五六萬。且已久疲。所得表衆亦極七八萬耳。尚懷狐疑。夫以疲病之卒。御狐疑之衆。衆數雖多。甚未足畏。瑜得精兵五萬。自足制之。願將軍勿慮。權撫其背曰。公瑾。卿言至此。甚合孤心。子布文表諸人。（秦松字文表）各顧妻子。挾持私慮。深失所望。獨卿與子敬與孤同耳。此天以卿二人贊孤也。五萬兵難卒合。已選三萬人。船糧戰具俱辦。卿與子敬、程公。（程公程普也時江東諸將普年最長人皆呼程公普字德謀右北平土垠人）便在前發。孤當續發人衆。多載資糧。爲卿後援。卿能辨之者誠決。邂逅不如意。便還就孤。孤當與孟德決之。遂以周瑜程普爲左右督。將兵與備并力逆操。以魯肅爲贊軍校尉。助畫方略。劉備在樊口。日遣邏吏於水次候望權軍。吏望見瑜船。馳往白備。備遣人慰勞之。瑜曰。有軍任。不可得委署。倘能屈威。誠副其所望。備乃乘單舸往見瑜曰。今拒曹公。深爲得計。戰卒有幾。瑜曰。三萬人。備曰。恨少。瑜曰。此自足用。豫州但觀瑜破之。備欲呼魯肅等共會語。瑜曰。受命不得妄委署。若欲見子敬。可別過之。備深愧喜。進與操遇於赤壁。（水經註江水自沙羨而東右逕赤壁山北郡縣志赤壁山在蒲圻西百三十里北岸烏林與赤壁相對即周瑜用黃蓋策焚曹公舡處杜佑曰赤壁在鄂州蒲圻縣武昌志曰曹操自江陵追劉備至巴丘遂至赤壁遇周瑜兵大敗取華容道歸赤壁山在今嘉魚縣對江北之烏林巴丘今巴陵華容今石首也黃州赤壁非是今之華容縣則晉之安南縣也）時操軍衆已有疾疫。初一交戰。操軍不利。引次江北。瑜等在南岸。瑜部將黃蓋曰。（字公覆零陵泉陵人）今寇衆我寡。難與持久。操軍方連船艦。首尾相接。可燒而走也。乃取蒙衝鬬艦十艘。載燥荻枯柴。灌油其中。裹以帷幕。上建旌旗。豫備走舸。繫於其尾。先以書遺操。詐云欲降。時東南風急。蓋以十艦最著前。中江舉帆。餘船以次俱進。操軍吏士皆出營立觀。指言蓋降。去北軍二里餘。同時發火。火烈風猛。船往如箭。燒盡北船。延及岸上營落。頃之煙燄張天。人馬燒溺死者甚衆。瑜等率輕銳繼其後。雷鼓大震。北軍大壞。操引軍從華容道步走。（華容縣屬南郡）遇泥濘道不通。天又大風。悉使羸兵負草塡之。騎乃得過。羸兵爲人馬所蹈藉。陷泥中死者甚衆。劉備周瑜水陸並進。追操至南郡。時操軍兼以飢疫。死者大半。操乃留征南將軍曹仁（字子孝。操從弟）橫野將軍徐晃（字公明。河東楊人）守江陵。折衝將軍樂進（字文謙。陽平衛國人）守襄陽。引軍北還。瑜乃渡江屯北岸。與仁相拒。十二月。孫權自將圍合肥。（今安徽合肥縣）使張昭攻九江之當塗。（今安徽當塗縣）不克。於是劉備遂取荊州地。

第七十一節　司馬懿盜魏政

赤壁戰後。操殺馬騰。幷涼州。三分之局定。操圖簒之謀遂急。建安十八年。自立爲魏公。受九錫。二十一年。自進爲魏王。二十五年春正月卒。（年六十六）子丕立。母卞后也。是爲文帝。（字子桓）改建安二十五年爲延康元年。是年簒漢。改元黃初元年。以漢帝爲山陽公。尊操爲武帝。在位七年崩。（黃初七年）年四十。子叡立。（字元仲）母甄皇后也。是爲明帝。在位十二年崩。（合太和六年靑龍四年景初二年）年三十六。無子。養子齊王芳立。（字蘭卿）以曹爽與司馬懿輔政。正始九年。司馬懿殺大將軍曹爽。遂盜大權。初時。大將軍爽（字昭伯。父眞。字子丹。武帝族子）兄弟數俱出游。司農桓範（沛國人）謂曰。總萬機。典禁兵。不宜並出。若有閉城門。誰復內入者。爽曰。誰敢爾耶。初司馬懿屢主重兵。威望漸重。有逼曹氏之志。曹爽欲圖之。正始九年冬。河南尹李勝。出爲荊州刺史。出辭太傅懿。懿令兩婢侍持衣。衣落。指口言渴。婢進粥。懿不持杯而飲。粥皆流出霑胸。勝曰。衆情謂明公舊風發動。何意尊體乃爾。懿使聲氣纔屬。說年老枕疾死在旦夕。君當屈并州。并州近胡。好爲之備。恐不復相見。以子師昭兄弟爲託。勝曰。當還忝本州。非并州。懿乃錯亂其辭曰。君方到并州。勝復曰。當忝荆州。懿曰。年老意荒。不解君言。今還爲本州。盛德壯烈。好建功勳。勝退告爽曰。司馬公尸居餘氣。形神已離。不足慮矣。他日又向爽等垂泣曰。太傅病不可復濟。令人愴然。故爽等不復設備。而懿陰與其子中護軍師散騎常侍昭謀殺曹爽。嘉平元年春正月甲午。帝謁高平陵。大將軍爽與弟中領軍羲武衛將軍訓散騎常侍彥皆從。太傅懿以皇太后令閉諸城門。勒兵據武庫。授兵出屯洛水浮橋。召司徒高柔字文惠陳留圉人假節行大將軍事。據爽營。太僕王觀字偉臺。東郡廩丘人行中領軍事。據羲營。因奏爽罪惡於帝曰。臣昔從遼東還。先帝詔陛下秦王及臣升御牀。把臣臂。深以後事爲念。臣言太祖高祖亦屬臣以後事。此自陛下所見。無所憂苦。萬一有不如意。臣當以死奉明詔。今大將軍爽背棄顧命。敗亂國典。內則僭擬。外則專權。破壞諸營。盡據禁兵。羣官要職。皆置所親。殿中宿衞。易以私人。根據盤互。縱恣日甚。又以黃門張當爲都監。伺察至尊。離間二宮。傷害骨肉。天下洶洶。人懷危懼。陛下便爲寄坐。豈得久安。此非先帝詔陛下及臣升御牀之本意也。臣雖朽邁。敢忘往言。太尉臣濟字子通楚國平阿人等皆以爽爲有無君之心。兄弟不宜典兵宿衞。奏永寧宮。皇太后令勅臣如奏施行。臣輒勑主者及黃門令罷爽羲訓吏兵。以侯就第。不得逗留。以稽車駕。敢有稽留。便以軍法從事。臣輒力疾將兵屯洛水浮橋。伺察非常。爽得懿奏事。不通。迫窘不知所爲。留車駕宿伊水南。伐木爲鹿角。發屯田兵數千人。以爲衛。懿使人說爽。宜早自歸罪。又使爽所信殿中校尉尹大目謂爽惟免官而已。以洛水爲誓。初爽以司農桓範。鄉里老宿。於九卿中特禮之。然不甚親也。及懿起兵。以太后令召範。欲使行中領軍。範欲應命。其子止之曰。車駕在外。不如南出。範乃出。至平昌城門。城門已閉。門候司蕃故範舉吏也。範舉手中版示之。矯曰。有詔召我。卿促開門。蕃欲求見詔書。範呵之曰。卿非我故吏耶。何以敢爾。乃開之。範出城。顧謂蕃曰。太傅圖逆。卿從我去。蕃徒行不能及。遂避側。懿謂蔣濟曰。智囊往矣。濟曰。範則智矣。然駑馬戀棧豆。爽必不能用也。範至。勸爽兄弟以天子詣許昌。發四方兵以自輔。爽疑未決。範謂羲曰。此事昭然。卿用讀書何爲耶。於今日卿等門戶。求貧賤復可得乎。且匹夫質一人。尚欲望活。卿與天子相隨。令於天下。誰敢不應也。俱不言。範又謂羲曰。卿別營近在闕南。洛陽典農治（典農中郎將屯兵）在城外。呼召如意。今詣許昌。不過中宿。許昌別庫。足相被假。所憂當在穀食。而大司農印章在我身。羲兄弟默然不從。自甲夜至五鼓。爽乃投刀於地曰。我亦不失作富家翁。範哭曰。曹子丹佳人。生汝兄弟。㹠犢耳。何圖今日坐汝等族滅也。爽乃通懿奏事。白帝下詔。免己官。奉帝還宮。爽兄弟歸家。懿發洛陽吏卒圍守之。四角作高樓。令人在樓上察視爽兄弟舉動。爽挾彈到後園中。樓上便唱言故大將軍東南行。爽愁悶。不知爲計。戊戌。有司奏黃門張當私以所擇才人與爽。疑有姦。收當付廷尉。考實。辭云。爽與尚書何晏、鄧颺、丁謐、司隸校尉畢軌、荆州刺史李勝等陰謀反逆。須三月中發。於是收爽、羲、訓、晏、颺、謐、軌、勝并桓範。皆下獄。劾以大逆不道。與張當俱夷三族。自此魏政出司馬氏。司馬懿既殺曹爽。改元嘉平。嘉平三年。司馬懿卒。是爲宣王。司馬師輔政。是爲景王。六年。帝爲師所廢。在位十五年。(合正始九年嘉平六年)年二十三。文帝曾孫高貴鄉公髦(字彥士)立。正元二年。司馬師卒。弟司馬昭輔政。是謂文王。甘露五年。高貴鄉公欲誅昭。爲昭所弒。在位七年。(合正元二年甘露五年)年二十。昭立武帝孫陳留王奐。(字景明)景元元年。司馬昭位相國。封晉公。加九錫。四年。鍾會鄧艾等滅蜀。咸熙元年。晉公進爵晉王。二年。司馬昭卒。子炎立。是爲晉武帝。是年十二月。篡魏。以奐爲陳留王。奐在位六年。(合景元四年咸熙二年)年二十。魏亡。

第七十二節　吳蜀建國始末

蜀先主劉備既大破曹操於赤壁下。遂有荊州地。十九年。破劉璋。據蜀幷益州。二十五年。魏文帝篡漢。傳聞獻帝見害。先主乃自立爲皇帝。是爲昭烈皇帝。以諸葛亮爲丞相。改元章武。章武元年。吳入荊州。殺關羽。先主自將伐吳。大敗。二年。崩。在位三年。(章武三年崩)年六十三。子禪立。母糜皇后也。建興十二年。丞相諸葛亮卒。延熙十二年。魏司馬懿誅曹爽。景耀六年。魏師入蜀。帝降於魏。蜀亡。禪在位四十一年。(合建興十五年延熙二十年景耀六年)魏封禪爲安樂公。至晉太始七年。卒於洛陽。年未詳。孫權既敗曹操。建安二十三年。與操和。操表權爲驃騎將軍。假節領荊州牧。封南昌侯。(今江西南昌府)二十五年。魏代漢。魏帝以權爲大將軍。使持節督交州。領荊州牧事。封吳王。加九錫。權雖外託事魏。而誠心不款。遂改黃初二年爲黃武元年。然猶與魏文相往來。逾年始絕。黃龍元年。權自立爲皇帝。國號吳。是爲吳大帝。在位二十八年崩。（合黃武七年黃龍三年嘉禾六年赤烏十三年太元二年）壽七十一。少子亮卽位。（字子明）母全皇后也。在位七年崩。（合□□二年五鳳二年太平三年）爲孫綝所廢。年十六。孫綝迎權子休。（字子烈）立之。是爲景皇帝。永安元年。誅綝。在位七年薨。（永安七年薨）年三十。無子。權孫皓（字元宗父和）立。甘露元年。晉篡魏。天紀四年。晉師大至。皓降於晉。吳亡。皓在位十三年。（合元興一年甘露一年寶鼎三年鳳皇三年天璽一年天紀四年）晉封皓爲歸命侯。至晉太康五年。卒於洛陽。年四十二。

第七十三節　三國末社會之變遷上

循夫優勝劣敗之理。服從强權。遂爲世界之公例。威力所及。舉世風靡。弱肉强食。視爲公義。於是有具智仁勇者出。發明一種反抗强權之學說。以扶弱而抑强。此宗教之所以興。而人之所以異於禽獸也。佛教。基督教。（基督教見下第二章）均以出世爲宗。故其反抗者在天演。神洲孔墨。皆詳世法。故其教中均有捨身救世之一端。雖儒俠道違。有如水火。而此一端。不能異也。顧其爲道必爲秉强權者之所深惡。無不竭力以磨滅之。歷周秦至魏晉垂及千年。上之與下。一勝一負。有如迴瀾。至司馬氏而後磨滅殆盡。至於今不復振。其興亡之故。中國社會至大之原因也。今特略舉歷史中蛛絲馬跡之證。以告學者。案韓非書顯學。儒分爲八。有子張之儒。有子思之儒。有顏氏之儒。有孟氏之儒。有漆雕氏之儒。有仲良氏之儒。有孫氏之儒。有樂正氏之儒。漆雕之議。不色撓。不目逃。

行曲則違於臧獲。行直則怒於諸侯。（孟子所引北宮黝必漆雕氏之儒也）莊周書天下。墨子腓無胈。脛無毛。沐甚雨。櫛疾風。以裘褐爲衣。以跂蹻爲服。日夜不休。以自苦爲極。淮南王書稱墨子服役者（卽弟子）百八十人。皆可使赴火蹈刃。死不旋踵。然則孔墨兩家皆明此義。特儒家非專宗此義。而墨家則標此爲職志耳。而世主待儒墨之軒輊。亦卽因此。戰國之世。此風彌盛。然亦不必皆出於孔墨。司馬遷（字子長。龍門人。漢武時爲太史令。著史記百三十卷。爲中國史學之宗）史記。特立刺客列傳。凡五人。首曹沫。魯人也。爲魯刦齊桓公。使歸魯侵地。專諸。吳堂邑人也。爲闔閭刺王僚。王僚死。專諸亦死。豫讓。晉人也。事智伯。趙襄子滅智伯。漆其頭以爲飮器。豫讓謀刺趙襄子。屢不成。乃漆身爲厲。吞炭爲啞。使形狀不可知。行乞於市。其妻不識也。行見其友。其友識之。曰。汝非豫讓耶。曰。我是也。其友爲泣。曰。以子之才。委質而臣事襄子。襄子必近幸子。近幸子。乃爲所欲。顧不易耶。何必殘身苦形。欲以求報。不亦難乎。豫讓曰。既已委質臣事人。而求殺之。是懷二心以事其君也。且吾所爲者。極難耳。然所以爲此者。將以愧天下後世之爲人臣懷二心以事其君者也。既去。頃之。襄子當出。豫讓伏於所當過之橋下。襄子至橋。馬驚。襄子曰。此必是豫讓也。使人問之。果豫讓也。於是襄子乃數豫讓曰。子不嘗仕范中行氏乎。智伯盡滅之。而子不爲報讎。而反委質臣於智伯。智伯亦已死矣。而子獨何以爲之報讎之深也。豫讓曰。臣事范中行氏。范中行氏皆衆人遇我。我故衆人報之。至於智伯。國士遇我。我故國士報之。襄子喟然歎息而泣曰。嗟乎豫子。子之爲智伯。名既成矣。而寡人赦子。亦已足矣。子其自爲計。寡人不復釋子。使兵圍之。豫讓曰。臣聞明主不掩人之美。而忠臣有死名之義。前者君已寬赦臣。天下莫不稱君之賢。今日之事。臣固伏誅。然願請君之衣而擊之焉。以致報讎之意。則雖死不恨。非所敢望也。敢布腹心。於是襄子大義之。乃使使持衣與豫讓。豫讓拔劍三躍而擊之。曰。吾可以下報智伯矣。遂伏劍而死。聶政。軹深井里人也。（在漢河內郡軹縣）爲嚴仲子刺韓相俠累。因自皮面決眼。自屠出腸。不欲累人。久之。政姊榮。伏屍哭之。曰。是軹深井里所謂聶政者也。遂死政之旁。荊軻。衞人也。至燕。愛燕之狗屠及善擊筑者高漸離。荊軻嗜酒。日與狗屠及高漸離。飲於燕市。酒酣以往。高漸離擊筑。荊軻和而歌於市中。相樂也。已而相泣。旁若無人者。燕之處士田光先生。知之。薦荊軻於燕太子丹。爲刺秦王。光遂自刎而死。以明不洩謀。荊軻將入秦。太子及賓客知其事者。皆白衣冠以送之。至易水之上。既祖。取道。高漸離擊筑。荊軻和而歌。爲變徵之聲。士皆垂淚涕泣。又前而歌曰。風蕭蕭兮易水寒。壯士一去兮不復還。復爲羽聲。杭慨。士皆瞋目。髮盡上指冠。荊軻擊秦王不中而死。高漸離變名姓。爲人庸保。既而秦皇帝得之。惜其善擊筑。重赦之。乃矐其目。使擊筑。稍益近之。高漸離乃以鉛置筑中。舉筑撲秦皇帝。亦死。其中惟專諸聶政所爲者。係一人之恩怨。識者譏之。然世遠年湮。其有無國家之關繫。不可知也。（觀闔閭即位而吳霸。則專諸之倫。未始非知王僚之不足有爲而殺身以立闔閭也。嚴仲子之仇。史記不詳。然觀聶政之待母與姊。及其友。漢以後之士大夫有愧色矣。）若豫讓、荊軻、田光、高漸離。則明明有家國存亡之感。日暮途遠。徼倖萬一。勝於坐斃而已。志士仁人最後之用心也。漆身吞炭之行。白衣祖道之歌。百世之下讀之。猶使人肅然興起。事雖不成。其有益於社會亦鉅矣。此司馬遷所以爲諸人立一專傳之義也。然其人自與孔墨不相附。固非宗教中人也。

第七十四節　三國末社會之變遷下

司馬遷又特立游俠列傳。觀其敍云。（前略）季次原憲。閭巷人也。讀書懷獨行君子之德。義不苟合當世。當世亦笑之。故季次原憲。終身空室蓬戶。褐衣疏食不厭。死而已四百餘年。而弟子志之不倦。今游俠其行雖不軌於正義。然其言必信。其行必果。已諾必誠。不愛其軀。赴士之阨困。既已存亡死生矣。而不矜其能。羞伐其德。蓋亦有足多者焉云云。（此段言孔墨皆有俠而此所謂俠者則非孔墨中人不引墨子者司馬遷惡言墨也（中略））又曰。誠使鄉曲之俠。與季次原憲。比權量力。效功於當世。不同日而論矣。要以功見言信。俠客之義。又曷可少哉。古布衣之俠。靡得而聞已。近世延陵、孟嘗、春申、平原、信陵之徒。皆因王者親屬。藉於有土。卿相之富厚。招天下賢者。顯名諸侯。不可謂不賢者矣。此如順風而呼。聲非加疾。其勢激也。至如閭巷之俠。修行砥名。聲施於天下。莫不稱賢。是爲難耳。然儒墨皆排擯不載。自秦以前。匹夫之俠。湮滅不見。余甚恨之云云。（此段言孔墨之外之俠有有藉者無藉者二類而本傳則言無藉者（後略））其傳中人首魯朱家。朱家者。與高祖同時。魯人皆以儒教。而朱家用俠聞。所藏活豪士以百數。其餘庸人不可勝言。然終不伐其能。歆其德。諸所嘗施。唯恐見之。振人不贍。先從貧賤始。家無餘財。衣不完采。食不重味。乘不過軥牛。專趨人之急。甚己之私。既陰脫季布將軍之阨。及布尊貴。終身不見也。自關以東。莫不延頸願交焉。楚田仲以俠聞。喜劍。父事朱家。自以爲行弗及。田仲已死。而雒陽有劇孟。周人。周人以商賈爲資。而劇孟以任俠顯諸侯。吳楚反時。條侯爲太尉。乘傳車。將至河南。得劇孟。喜曰。吳楚舉大事而不求孟。吾知其無能爲已矣。劇孟行大類朱家。而好博多少年之戲。劇孟母死。自遠方送喪者千乘。及劇孟死。家無餘十金之財。而符離人王孟。亦以俠稱江淮之間。是時濟南瞯氏。陳周庸。亦以豪聞。景帝聞之。使使盡誅此屬。其後代諸白。梁韓無辟。陽翟薛況。陝韓孺。紛紛復出焉。郭解。軹人也。字翁伯。善相人者許負外孫也。解父以任俠。孝文時誅死。解爲人短小精悍。不飲酒。少時陰賊。慨不快意。身所殺甚衆。以軀借交報仇。藏命作姦。剽攻不休。及鑄錢掘塚。不可勝數。適有天幸。窘急常得脫若遇赦。及解年長。更折節爲儉。以德報怨。厚施而薄望。然其自喜爲俠益甚。既已振人之命。不矜其功。其陰賊著於心。卒發於睚眦如故云。而少年慕其行。亦輒爲報仇。不使知也。中略 及徙豪富茂陵也。解家貧。不中貲。吏恐不敢不徙。衞將軍爲言。郭解家貧。不中徙。上曰。布衣權至使將軍爲言。此其家不貧。解家遂徙。諸公送者出千餘萬。未幾滅族。自是之後。爲俠者極衆。無足數者。然關中長安樊仲子。槐里趙王孫。長陵高公子。西河郭公仲。太原魯公孺。臨淮兒長卿。東陽田君孺。雖爲俠而逡逡有退讓君子之風。至若北道姚氏。西道諸杜。南道仇景。東道趙他羽公子。南陽趙調之徒。此盜跖居民間者耳。曷足道哉云云。觀史公二傳之文。知游俠之與刺客異者。刺客感於一時一事而起。其人之生平不必以此爲宗旨也。而游俠則生平宗旨有定。專以抵抗專制之威爲義務。以故專制者亦愈忌之。甚於刺客。歷景武兩朝。所以摧滅遊俠者無勿至。而遊俠遂終至絕滅。此其中有天演之理存焉。蓋刺客遊俠者。最不適於大一統之物也。然人心欲平其所不平之感。終不能亡。不過加以宗教之力。其質性變化。遂覺純粹光明。一改其慘礫之故。其天性則一也。案刺客遊俠至漢武之後。其風遂微。王莽之興。天下靡然從風。爲莽頌德者四十八萬七千五百七十二人。西漢之末之風俗。可想見矣。光武中興。知廉恥道喪。不可爲國。故首禮嚴光。（一名遵字子陵會稽餘姚人也）以爲天下勸。東漢一代。梁鴻。（字伯鸞扶風平陵人與妻孟光隱於吳有人賃舂）高鳳。（字文通南陽葉人隱身漁釣）臺佟。（字孝威魏郡鄴人）韓康。（字伯休一名恬休京兆霸陵人嘗賣藥長安市）矯慎。（字仲彥隱於置冕）戴良。（字叔鸞汝南慎陽人隱江夏山中）法眞。（字高卿扶風郿人）龐公。（南郡襄陽人登鹿門山采藥不反）之徒。遠引孤騫。亭亭物表。中國立國六千年。其人格無如東漢之高者。風俗既優。故其不仕者既不仕王侯。高尚其志。而其仕者亦危言深論。不隱豪强。黨錮列傳中。劉淑。（字仲承河間樂成人）李膺。（字元禮潁川襄城人士被其容接者謂之登龍門）杜密。（字周甫潁川陽城人與李膺齊名時人稱李杜）劉祐。（字伯祖中山安國人）魏朗。（字少英會稽上虞人）夏馥。（字子治陳留圉人）宗慈。（字孝初南陽安衆人）巴肅。（字恭祖勃海高城人）范滂。（字孟博汝南征羌人）尹勳。（字伯元河南鞏人）蔡衍。（字孟喜汝南項人）羊陟。（字嗣祖泰山梁父人）張儉。（字元節山陽高平人儉亡命望門投止莫不重其名行破家相容終得出塞）岑晊。（字公孝南陽棘陽人）陳翔。（字子麟汝南邵陵人）孔昱。（字元世魯國魯人）范康。（字仲眞勃海重合人）檀敷。（字文有山陽瑕丘人）劉儒。（字叔林東郡陽平人）賈彪。（字偉節潁川定陵人）其道與逸民相表裏。然此僅有姓名可見者而已。其他太學所逮繫者千餘人。爲客張儉破家者數十人。此並節俠之士。惜乎無姓名可見矣。何其盛乎。此蓋直接孔教中至高一派之遺傳。其微旨在補救君權之流弊。而非與君權爲敵者也。然而東漢之士大夫。亦有一蔽。其人往往喜比於外戚而攻宦官。（事皆見前）故士族與宦官積不相能。洎乎魏武爲中常侍曹騰之孫。其家世既與士族爲仇。又以篡立。深不利於氣節。故每提唱無賴之風。而摧抑士氣。觀十五年之令。明言廉士不足用。盜嫂受金。皆可明揚仄陋。其用意可知。文帝因之。加以任達。一時侍從之士。王粲、字仲宣山陽高平人徐幹、字偉長北海人陳琳、字孔璋廣陵人阮瑀、字元瑜陳留人應瑒、字德璉汝南人劉楨、字公幹東平人繁欽、字休伯潁川人丁儀、丁廙、皆沛國人之倫。皆以文章知名於世。於是六藝隱而老莊興。經師亡而名士出。秦漢風俗。至此一變。司馬宣王之世。雄猜益甚。阮籍、字嗣宗元瑜之子以沈淪自晦。倖免一時。其嵇康、字叔夜譙郡人著論非司馬氏何晏、鄧颺、李勝、皆南陽人丁謐、沛國人畢軌、東平人皆蒙顯戮。東漢氣節。蕩然無復存矣。自此以來。直至於唐。未有所易。故綜古今之士類言之。亦可分為三期。由三代至三國之初。經師時代也。經師者。法古守禮。而其蔽也誣。由三國至唐。名士時代也。名士者。俶儻不羈。而其蔽也疏。由唐至今。舉子時代也。舉子者。天地之大。萬物之多。而惟應試之知。故其蔽也無恥。此古今社會升降之大原矣。

第七十五節　三國疆域 節錄日本重野安繹支那疆域沿革略說

建安元年。曹操迎帝都許。改許昌今開封府許州政令皆出其手。操滅呂布。幷徐州。袁術死。幷淮南。揚州九江郡晉司隸校尉於弘農。以治關中。四年。孫策卒。弟權嗣立。有江東。五年。曹操大敗袁紹。劉備奔荊州。紹尋卒。操攻冀州。平之。袁氏亡。幷青、幷、幽。居鄴。十三年。伐荊州。劉琮降。劉備與孫權共破操於赤壁。分荊州。南郡零陵武陵長沙四郡屬孫權南陽一郡屬曹操備居公安。武陵郡孱陵備改名今屬荊州府權定交州。八年改交阯為交州都秣稜。本金陵改名建業。十八年。曹操廢司隸。幷十三州為九州。

青。兗。豫。并司隸之弘農河南 徐。荊。并交州 揚。冀。并幽并二州及司隸之河東河南馮翊扶風 益。雍。興平元年分涼州之河西四郡置雍州於是并司隸之京兆及涼州

操敗馬超子騰韓遂於關西。尋定關隴。先是劉璋迎劉備。十九年。備襲璋降之。取益州。都成都。曹操降張魯。取漢中。還爲魏王。劉備遂有漢中。稱漢中王。初。吳蜀定荊州之界。以湘水爲界。南郡零陵武陵以西屬蜀。長沙桂陽江夏以東屬吳。關羽在荊州。圍襄樊。吳襲殺之。取荊州。

獻帝之時。新置郡。凡二十四。

漢安。中平六年分扶風 永寧。初平元年分巴郡 永陽。同四年分漢陽上郡後廢 新平。興平元年分扶風 西海。同二年置在居延地與王莽所置異 陽安。建安二年分河南 譙。分沛郡 城陽。同三年分琅邪 利城。昌慮。分東海後共廢 長廣。五年分東萊 漢寧。同六年分漢中後廢 襄陽。同十三年分南郡以北 南鄉。分南陽西界 西城。分漢中西城地 上庸。分西城後省魏太和二年分新城置四年復省景初元年復分魏興置 西郡。分張掖 陰平。本廣漢屬國後入蜀 樂陵。分平原 西平。分金城 漢興。分中 新興。靈帝末羌胡大擾定襄雲中五原朔方上郡等五郡並流徙分散建安二十年始集塞下荒地郡置一縣合爲新興郡 高涼。靈帝末分鬱林置 帶方。公孫度分樂浪置

曹操薨。子丕受漢禪。都洛陽。與長安許昌鄴譙爲五都 改元黃初。二年。劉備即帝位於成都。改元章武。孫權遷都武昌。本鄂今武昌府江夏縣 明年。建元黃武元年。蜀章武二年吳黃武元年 劉備伐吳。敗歸。至永安。巴東郡魚復縣備改白帝爲永安今夔州府 崩。子禪立。改元建興。是歲西域通於魏。置戊己校尉。

六年。蜀建興三年吳黃武四年 蜀諸葛亮南征。至滇地。定南中四郡。益州永昌牂牁越嶲 明帝太和元年。蜀建興五年吳黃武六年 亮始伐魏。三

年。（蜀建興七年吳黃龍元年）取武都陰平。連出兵祁山。（在今鞏昌府西和縣）是歲。孫權稱帝。遷都建業。（孫皓甘露元年遷武昌明年復還建業）六年。（蜀建興十年吳嘉禾元年）魏改封諸侯王。皆以郡爲國。（魏制諸侯王皆寄地空名而無其實王國各有老兵百餘人以爲守衛隔絕千里之外不聽朝聘爲設防輔監國之官以伺察之雖有王侯之號而儕於四夫皆思爲布衣而不能得）景初元年。（蜀建興十五年吳嘉禾六年）遼東公孫淵。自稱燕王。（改元紹漢）明年。司馬懿擊平之。以遼東昌黎樂浪玄菟帶方五郡。爲平州。（後廢合幽州）元帝景元四年。（蜀炎興元年吳孫休永安六年）司馬昭伐蜀。劉禪降。

魏地有十三州。（郡國九十一〇實得漢十三州之九）

司。（黃初元年改司隸）領六郡。治河南。荊。（黃初三年以江北八郡南陽襄陽南鄉魏興新城南郡江夏宜都爲荊州江南諸郡零陵桂陽武陵長河等爲郢州尋孫權拒命復郢州爲荊州）領八郡。治襄陽。豫。領九郡。初治譙。尋治潁川。青。領九郡。治臨淄。兗。領八郡。治鄄。揚。領三郡。初治合肥。後治壽春。徐。領六郡。治彭城。涼。（黃初九年復置）領八郡。治武威。秦。（同年置）領六郡。治上邽。（正始五年廢）冀。領十三郡。治鄴。幽。（黃初元年復置）領十一郡。治薊。幷。（同上陘嶺以北棄之）領六郡。治晉陽。雍。領六郡。治長安。

魏新置郡。凡二十一。

新城。（建安初劉表分漢中置房陵郡黃初元年幷房陵上庸西城改新城）陽平。（黃初二年分魏郡東部）廣平。（分魏郡西部）魏興。（建安二十四年劉備分漢中置西城郡明年曹丕改魏興）平昌。（黃初三年分城陽）范陽。（本涿郡）燕。（本廣陽）昌黎。（改遼東屬國）弋陽。（分汝南）安豐。（分廬江）朝歌。（分河內）京兆。（本京兆尹）馮翊。（本左馮翊）扶風。（本右扶風）廣魏。（本永陽）淮南。（建安初袁術改九江魏因之）義陽。（景初元年分南陽）錫。（太和二年分新城景初元年省入魏興）汝陰。（分沛國後廢）東莞。（正始初分琅邪）平陽。（正始八年分河東）

蜀地有三州。郡國二十二〇實得漢十三州之一

益。領十二郡。治成都。梁。分益置之領十郡。治漢中。涼。分武都陰平二郡置之交州以建寧太守遙領〇

蜀新置郡凡十三。

巴西。建安六年劉璋以永寧爲巴東閬中爲巴西墊江仍爲巴郡巴東。建安二十一年劉備分巴郡爲固陵郡章武元年又爲巴東涪陵。分巴郡梓潼。建安二十三年分廣漢江陽。同五年劉璋時分犍爲漢嘉。本蜀郡屬國章武元年改朱提。本犍爲屬國同年改宕渠。建安中分巴郡尋省入巴西宜都。建安十三年曹操分南郡枝江以西爲臨江郡尋敗還十四年劉備改宜都後入吳建寧。建興二年改益州郡雲南。同年分建寧永昌興古。同年分建寧牁牂東廣漢。同年分廣漢蜀滅廢

吳地有五州。郡國四十三〇實得漢十三州之三

揚。領十三郡。治建業。荊。領十四郡。治南郡。郢。領郡未詳治江夏。交。黃武五年置領七郡。治龍編。今安南東都廣。同上分交州俄復歸永安七年復置領七郡。治番禺。

吳新置郡凡三十。

廬陵。孫策分豫章新都。建安十三年分丹陽鄱陽。同十五年分豫章武昌。同二十五年分江夏蘄春。同十二年分江夏晉入西陽臨賀。分蒼梧高興。分高涼合浦北部。永安六年置治寧浦東安。黃武五年分丹陽吳會稽尋廢彭澤。建安十四年分豫章廬江珠官。本合浦尋廢珠厓。赤烏五年復置吳滅省入合浦湘東。太平二年分長河東部衡陽。長沙西部臨海。甘露元年分零陵南部始興。分桂陽南部東陽。寶鼎元年分會稽吳興。分吳丹陽邵陵。分零陵北部安成。同二年分豫章廬陵新昌。建衡三年分交阯或曰本名新興晉太康三年改新昌武平。同上九德。分九眞桂林。鳳皇三年分鬱林黔陽。分武陵

匈奴。單于於扶羅入居平陽。久住塞內。與編戶大同。而不輸貢賦。弟呼廚泉嗣。建安二十一年。入朝於鄴。曹操留之。使右賢王去卑監國。單于給錢穀如列侯。分其衆爲左右前後中五部。左部居太原茲氏。右部居祁。南部居蒲子。北部居新興。中部居太陵。各立貴人爲帥。選漢人爲司馬監督之。帥皆稱劉氏。

烏桓。有遼西遼東屬國上谷右北平四部。遼西大人丘居力最彊。靈帝末。中山太守張純反。依丘居力。自稱彌天安定王。劉虞平之。丘居力從子蹋頓代立。有武略。助袁紹擊公孫瓚。破之。建安十一年。曹操征之。破之柳城。斬蹋頓。平四部。烏桓校尉閻柔統遺落徙居中國。率與征伐。由是烏桓爲天下名騎。二十三年。代郡上谷烏桓叛。曹操子彰擊大破之。

鮮卑。建安中。曹彰伐烏桓。鮮卑大人軻比能觀望强弱。烏桓敗。乃請服。軻比能勇健廉平。能威制諸部。最爲强盛。部落近塞。中國人多亡叛歸之。數爲邊寇幽并苦之。青龍元年。殺步度根。入寇并州。與魏軍戰於樓煩。（雁門郡）破之。三年。幽州刺史王雄殺之。種落離散。邊陲稍安。初。建安中。定襄雲中故縣。棄之荒外。甘露三年。索頭部大人拓跋力微徙居定襄之盛樂。力微之先。世居北荒。可汗毛始強大。統國三十六。大姓九十九。後五世至推寅。南遷大澤。又七世至鄰。使其兄弟及族人分統部衆爲十族。子詰汾又南遷。始居匈奴故地。子力微部衆寖盛。諸部皆畏服之。

高句麗。在遼東之東千里。南與朝鮮濊貊。東與沃沮。北與夫餘接。方可二千里。戶三萬。多大山深谷。人隨爲居。少田業力作。相傳爲夫餘別種。有涓奴絕奴順奴灌奴桂婁五族。漢武帝滅朝鮮。以高句麗爲縣。光武建武八年。朝貢。始稱王。後屢寇遼東。建安中。王伊夷模時。公孫康擊破其國。焚燒邑落、伊夷模更作新國。子位宮立。有勇力。善獵射。數爲侵叛。正始七年。幽州刺史毌丘儉擊破之。遂屠丸都。（在鴨綠江上流）位宮奔買溝。（沃沮北地）玄菟大守王頎追過沃沮千餘里。至肅愼南界。

第二章　中衰時代（魏晉南北朝）

第一節　讀本期歷史之要旨

凡國家之成立。必憑二事以爲型範。一外族之逼處。二宗教之薰染是也。此蓋爲天下萬國所公用之例。無國不然。亦無時不然。此二事明。則國家成立之根本亦明矣。本書所述。亦以發明此二事爲宗旨。以上所言。想閱者已早鑒之。而本篇則尤爲此二事轉變之時代。蓋此時以前。種族與宗教皆單簡。自此以後。種族與宗教皆複雜也。種族複雜之原。由於前後漢兩朝。專以併吞中國四旁之他族爲務。北則鮮卑匈奴。西則氐羌。西南則巴賨。幾無不遭漢人之吞噬者。中國以是得成大國。而其致亂。則亦因之。蓋漢人每於戰勝之後。必虜掠其民。致之內地。漫不加以敎養。而縣官豪右。皆得奴使之。積怨既久。遂至思亂。若政府無事。尚有所畏。一旦有烽煙之警。則羣思脫羈絆矣。及其事起。居腹心之地。掩不備之衆。其事比禦外尤難。故五胡之亂。垂三百年而後定也。其後河北之地。皆并於北魏。魏人於北邊設六鎮。配漢人以防邊。而自與其大姓居洛陽。久之。則强弱之形。彼此易位。適與兩漢時相反。於是高歡侯景等。稍稍通顯。至隋唐間。天下之健者。無一非漢人矣。案北方漢人與非漢人實不可分此不過據史文言之耳蓋其時二族通昏漸至合一如隋之獨孤皇后唐之長孫皇后此其證也此本篇所詳種族之大綱也。而其宗教複雜之原。則與種族相表裏。兩漢所用。純乎六藝耳。至魏晉時。乃尚老莊。其後漸變爲天師道。天師道者。源起於三苗之巫風。而假合以外來之教。故尤與南方之漢族爲宜。其時江左之大家。如王謝等。莫不奉天師道。而河洛秦雍諸國。其種人本從西北來。天竺佛教早傳於匈奴與西域。至此卽隨其種人以入中國。佛教之高深精密。其過天師道。本不可以數記。且孫恩之亂。假天師道以惑衆。其後士夫多不喜言天師道。猶之義和團亂後士夫不喜言鬼神符籙也於是佛教之力由江北以達江南。久之與古之巫風合而爲一。而儒家不過爲學術之一家。士大夫用之。非民所能與也。此二者之變幻。自魏晉以後。五代以前。大率如此。故本篇所述。必合第四篇有唐一代觀之。始知其全。及宋以後。則又爲一世界。與古人如二物矣。

第二節　魏晉之際上

晉之開國者。爲司馬懿。懿字仲達。河內溫縣今河南溫縣西南三十里人。其先楚漢間司馬卬。爲趙將。與諸侯伐秦。秦亡。立爲殷王。都河內。漢以其地爲郡。子孫遂家焉。自卬八世生征西將軍鈞。鈞生豫章太守量。量生潁川太守雋。雋生京兆尹防。懿。防之第二子也。少有奇節。聰明多大略。博學洽聞。性深阻有如城府。內忍而外寬。猜忌多權變。魏尚書崔琰。字季珪河東武城人謂懿兄朗曰。君弟聰亮明允。剛斷英特。非子所及也。魏武帝爲司空。聞而辟之。懿知漢運方微。不欲屈節曹氏。辭以風痹。不能起居。魏武使人夜往密刺之。懿堅臥不動。嘗曝書。遇暴雨。不覺自起收之。家惟有一婢見之。懿妻張氏恐事泄致禍。遂手殺之以滅口。而親自執爨。魏武帝爲丞相辟懿爲文學掾。勑行者曰。若復盤桓便收之。懿懼而就職。於是使與太子丕游處。累遷至主簿。魏國既建。遷太子中庶子。每與大謀。輒有奇策。爲太子所信重。魏武漸察懿有雄豪志。聞懿有狼顧相。欲驗之。乃召使前行。令反顧。面正向後。而身不動。又嘗夢三馬同食一槽。甚惡之。因謂太子曰。司馬懿。非人臣也。必預汝家事。太子素與懿善。每相全佑。故免。懿於是勤於吏職。夜以忘寢。至於芻牧之間。悉皆臨履。由是魏武意遂安。及魏武薨。文帝卽位。轉丞相長史。魏受漢禪。爲侍中尙書右僕射。每有征伐。懿常居守。遷撫軍大將軍。魏文謂之曰。吾東。撫軍當總西事。吾西。撫軍當總東事。於是懿常留鎭許昌。及魏文疾篤。懿與曹眞。（字子丹太祖族子官大司馬大將軍爽之父也）陳羣（字長文潁川許昌人祖父寔父紀皆有盛名羣仕魏官司空錄尙書事）等。見於崇華殿之南堂。並受顧命輔政。詔太子叡曰。有間此三公者。愼勿疑之。魏明卽位。懿遷驃騎將軍。出屯於宛。加督荆豫二州諸軍事。太和元年六月。（魏主叡立之第一年）新城（合房陵上庸西城三郡爲之在今湖北鄖陽府）太守孟達。（蜀宜都太守以延康元年降魏尋復通於蜀）潛圖通蜀。懿知其謀。而恐其速發。先以書慰諭之。達得書大喜。猶豫不決。懿乃潛軍進討。八日行一千二百里。至其城下。旬有六日克之。斬達。懿歸復屯於宛。四年。遷大將軍。加大都督。假黃鉞。西屯長安。都督雍梁二州諸軍事。自是與諸葛亮相距於祁山。（山名在今甘肅鞏昌府西和縣西北）凡五年。懿畏蜀如虎。不敢戰。亮因遺懿以婦人巾幗之飾。懿表請決戰。魏明不許。遣衞尉辛毗。（字佐治潁川陽翟人）杖節立軍門。懿乃止。亮聞之曰。彼本無戰心。所以固請者。以示武於其衆耳。將在軍。君命有所不受。苟能制吾。豈千里而請戰耶。青龍二年。亮卒。懿遷太尉。仍鎮長安。景初二年。（亮卒之五年）遼東太守公孫淵。（字文懿公孫氏自漢時世爲遼東太守）自立爲燕王。置百官。魏明徵懿詣洛陽。問以往還幾日。對曰。往百日。還百日。攻百日。以六十日爲休息。一年足矣。是年春發京師。夏克遼東。斬公孫淵。男子年十五以上七千餘人皆殺之。以爲京觀。公卿以下皆誅戮。是年冬。魏明寢疾。以武帝子燕王宇爲大將軍輔政。而劉放。（字子棄涿郡人漢宗室官中書監）孫資。（字彥龍太原人官中書令）久典機任。不欲宇入。乃白魏明。宇不堪大任。而深陳宜速召懿。時曹氏惟曹爽在側。放資亦幷薦爽。魏明從放資言。既而中變。敕停前命。放資復入見魏明。魏明又從之。時魏明已困篤。不能作手詔。放資執其手强作之。遂齎出大言曰。有詔免燕王宇等官。不得停省中。皆流涕而去。三年春正月。懿還至河內。得手詔。晝夜兼行。四百餘里一宿而至。引入臥內。升御牀。魏明執懿手涕泣曰。死乃復可忍。吾忍死待君。得相見。無所復恨。又指齊王芳謂懿曰。此是也。君諦視之。勿誤也。因教齊王前抱懿頸。遂與曹爽同受顧命。以懿爲侍中假節鉞。都督中外諸軍事。錄尚書事。入殿不趨。贊拜不名。劍履上殿。子弟三人爲列侯。四人爲騎都尉。曹爽初以父事懿。每事諮訪。不敢專行。及畢軌鄧颺李勝何晏丁謐說爽。以爲懿必危曹氏。爽乃白太后轉懿爲太傅。外以名尊之。而實去其權。懿於是欲誅曹爽。深謀祕策。世莫得知。嘉平元年。（懿與曹爽相持者蓋十年爽亦非常人也爲晉人所醜詆耳）遂殺曹爽。與何晏等並夷三族。乃自立爲丞相。加九錫。三年春正月。王淩（字彥雲太原祁人官太尉都督揚州諸軍事）起兵討懿。未作而覺。懿爲書諭淩。赦淩罪。然後大軍從水道下。九日而至百尺。（鎮名在今河南淮寧）

縣

凌計無所出。乃面縛水次。懿執凌歸於京師。凌道經賈逵（字道梁河東襄陵人豫州刺史）廟。大呼曰。賈道梁。王凌是大魏之忠臣。惟爾有神知之。至項。（晉縣今河南項城縣）仰藥而死。懿收其族。誅之。悉錄魏諸王公。置於鄴。命有司監視。不得交關。懿至京師。自立爲相國。封安平郡（今直隸冀州）公。六月懿寢疾。夢賈逵王凌爲祟。八月卒。年七十三。此司馬懿之生平也。後明帝時。王導侍坐，帝問前世所以得天下。導乃陳懿創業之始。明帝以面覆牀。曰。若如公言。晉祚安得長。石勒與徐光論古。亦曰。大丈夫行事，當磊磊落落。如日月皎然。終不能如曹孟德司馬仲達父子。欺他孤兒寡婦。狐媚以取天下也。此殆司馬宣王之定論歟。

第三節　魏晉之際下

司馬氏一家。傳十八主。而未正號以前。宣王景王文王三主。皆梟雄也。武帝始正號。而材實平庸。武帝已後。以迄於亡。凡十四主。昏庸相繼。無一能稍肖其祖宗者。亦可異矣。不得不謂家法不善。有以致之也。而其鈐鍵。實在景文二王。蓋懿以狠顧狐媚。盜天下於孤兒寡婦之手。其猜忍爲前世所未有。新莽魏操。方之蔑如。而起自儒生。及誅曹爽。年已七十。又三年而死。營立家門。未遑外事。使非二子能繼其志。晉業未可知也。而師與昭之猜忍。乃與懿略同。於是晉之代魏成。而晉之不及兩漢。亦定於此矣。其機實與中國相關。豈與今一家之幸不幸哉。今略述景文二王之事以證之。懿薨。衆推師爲大將軍。錄尚書事。斯時中外猶多魏之舊臣也。中書令李豐。太常夏侯玄。（字太初夏侯尚子）與魏主（即齊王芳）謀殺師。謀泄。師收豐玄等殺之。滅其族。魏主意愈不平。左右勸魏主俟昭（時爲安東將軍遣征蜀當入辭）入辭日。因殺之。而勒兵以退師位。（時爲大將軍）已書詔。魏主懼不敢發。師昭知之。乃謀廢魏主。使郭芝入白太后。太后曰。我欲見大將軍。口有所說。芝曰。何可見耶。但當速取璽綬。太后意折。乃遣傍侍御取璽綬。著坐側。芝出報師。乃迎高貴鄉公髦立之。而安東將軍毌丘儉（字仲恭河東聞喜人封安邑侯都督揚州諸軍事）素與夏侯玄李豐善。玄等死。儉不自安。乃與其所善揚州刺史文欽反於壽春。（晉縣今安徽壽州當時爲魏防吳之重鎮王淩毌丘儉諸葛誕皆鎮此者也）高貴鄉公之二年。師自討儉等。是夏文欽奔吳。毌丘儉走至愼縣。（晉縣今安徽潁上縣西北）爲其民所殺。然師以是時新割目瘤。創甚。及與文欽戰。軍中震擾。師驚駭。目突出。恐衆知之。蒙被而臥。嚙被皆破。殿中校尉尹大目幼爲曹氏家奴。忠於曹氏。知師一目已出。諷欽毋奔。欽不解其旨，卒以奔亡。未幾。師病創死。衆乃推昭爲大將軍。錄尙書事。高貴鄉公之四年。再有壽春之役。初征東大將軍諸葛誕。（字公休琅邪陽都人毌丘儉敗以誕都督揚州鎮壽春）與玄颺等至親。又王淩毌丘儉等累見夷滅。懼不自安。乃以甘露二年五月。通款於吳。吳人大喜。遣全懌全端唐咨王祚等率三萬衆。幷文欽赴之。誕遂反。六月。昭督中外諸軍二十六萬討之。明年二月。壽春破。吳全懌等降。斬諸葛誕。（時文欽已爲誕所殺）於是昭威權日盛。自進爲相國晉公。加九錫。高貴鄉公不勝其忿。召侍中王沈。（字處道太原晉陽人）尙書王經。散騎常侍王業謂曰。司馬昭之心。路人所知也。吾不能坐受廢辱。今日當與卿自出討之。經以爲不可。魏主出懷中素詔投地曰。行之決矣。沈業奔走告昭。呼經與俱。經不從。魏主遂拔劍升輦。率殿中宿衞蒼頭官奴。鼓譟而出。昭弟屯騎校尉伷。遇之於東止車門。左右呵之。伷衆奔走。中護軍賈充。字公閭平陽襄陵人父逵魏豫州刺史逵晚生充相者言後當有充閭之慶故以爲名字充仕晉至司空侍中尙書令假黃鉞大都督賈后之父也自外入。遂與魏主戰於南闕下。魏主自用劍。衆欲退。騎督成倅弟太子舍人濟問充曰。事急矣。當云何。充曰。司馬公畜養汝等。正爲今日。今日之事。無所問也。濟即抽戈前刺魏主。隕於車下。昭聞之。召左僕射陳泰曰。卿何以處我。泰曰。獨有斬賈充。可以少謝天下耳。昭久之。曰。更思其次。泰曰。泰言惟有進於此者。不知其次。昭乃不復更言。以太后令罪狀高貴鄉公。廢爲庶人。收王經。夷其族。以弒逆之罪。歸於成濟而殺之。更立常道鄉公奐。奐之四年。昭遣其將鍾會。字士季潁川長社人官至司徒封列侯鄧艾。字士載義陽棘陽人官至太尉封列侯二人皆以滅蜀後謀叛誅死滅蜀。明年。昭自進爲晉王。明年。卒。而子炎即位。遂於是年受魏禪矣。案司馬氏宣王景王文王三世皆與曹氏相持曹氏君臣所以謀去之者世各一次而皆不勝然後大權始盡歸於司馬氏而禪代以成其每次皆一內一外迭相感應懿誅曹爽而王淩起兵由內以及外也師殺李豐夏侯玄而毌丘儉畔亦由內以及外也昭滅諸葛誕而高貴鄉公欲成濟之刃由外以及內也先後情事如出一轍然推此諸人之命意則各自不同今史雖缺略不傳傳者亦不可盡信而據其顯見者以推之猶有可近信者焉何晏鄧颺之輔曹爽以謀誅司馬懿此忠於曹氏者也其惡名則司馬氏加之也陳壽三國志固司馬氏之書也王淩之舉兵則欲代懿而興者也非爲曹氏也觀其舉事則先廢無罪之主事敗則面縛迎於水次直至拒單舸之謁給棺釘之求而後大呼王淩是大魏忠臣情可知矣李豐先以依違爽懿之間故不與爽同誅其不與司馬氏爲仇可知也徒以數與芳語又不告師遂至見殺夏侯玄則一求附司馬氏而不得者耳毌丘儉則以與豐玄至親內不自安出於爲一激倖之舉觀其臨發之表專罪狀司馬師而稱司馬懿之忠至再故知其舉事之意在憂師之殺已而非恨懿之盜魏也惟諸葛誕之舉則爲曹氏而發魏末傳（三國志裴松之注所引）曰賈充與誕相見談說時事因謂誕曰洛中諸賢皆謂禪代君所知也君以爲云何誕厲色曰卿非賈豫州子世受魏恩如何欲負國欲以魏室輸人乎非吾所忍聞若洛中有難吾當死之充默然遂有徵誕爲司徒之命及壽春之破誕麾下數百人坐不降斬皆曰爲諸葛公死不恨於是數百人拱手爲列每斬一人輒降之竟不變至盡人比之於田橫誕非王淩毌丘儉之比矣然欲借敵國之兵以平內亂其事亦作俑於臨君子謂其功罪不相抵也高貴鄉公深於經

術自足爲守成令主而立於無可爲之日而強爲之雖不免於死抑亦賢於齊王芳矣然司馬氏父子其惡亦甚哉

第四節　晉諸帝之世系

懿誅曹爽。據魏政之時。年已七十。輔政三年薨。魏齊王芳嘉平元年至嘉平三年司馬師繼位輔政。師字子元。懿長子也。母張氏。名春華。師輔政凡五年薨。魏齊王芳嘉平三年至高貴鄉公髦正元二年年四十八。司馬昭繼位輔政。昭字子上。師之母弟也。昭輔政凡十一年薨。魏高貴鄉公髦正元二年至陳留王奐咸熙二年年五十五。昭始滅蜀。受相國晉王之號。司馬炎繼位輔政。炎字安世。昭長子也。母王氏。名元姬。炎於魏咸熙二年八月嗣位。是年十二月。受魏禪。始追尊懿爲宣皇帝。師爲景皇帝。昭爲文皇帝。帝始滅吳。全有中國。晉自帝以前凡三主皆未及一統。且未稱帝。自帝以後凡三帝皆大亂。不能一日安。又十一帝。皆不能保其一統。偏安江南。謂之東晉。故晉之盛時。帝一代而已。帝在位二十六年崩。凡泰始十年咸寧五年太康十年太熙一年年五十五。是爲武帝。司馬衷即位。衷字正度。武帝第二子也。母楊皇后。名豔。字瓊芝。帝最不慧。爲古今所罕。在位時。天下大亂。晉業遂衰。帝在位十七年。遇鴆而崩。凡永平九年永康一年永寧一年太安二年永興二年光熙一年年四十八。是爲孝惠帝。司馬熾即位。熾字豐度。武帝第二十五子也。在位五年。凡永嘉五年爲匈奴劉聰所虜。使青衣行酒。又二年。遇弒於平陽。年三十。是爲孝懷帝。司馬鄴即位。鄴字彥旗。武帝孫。吳孝王晏之子也。在位五年。元年猶稱永嘉凡建興四年又爲匈奴劉聰所虜。使帝執蓋。又一年。遇弒於平陽。年十八。是爲孝愍帝。懷愍二帝。聰明皆勝惠帝。

而蒙惠帝之亂。不可復止。愍帝崩。中原無復爲晉有。司馬睿卽位於建康。自是之後。謂之東晉。睿字景文。宣帝曾孫。琅邪王覲之子也。母夏侯氏。名光姬。或謂琅邪恭王妃夏侯氏與小吏牛氏通而生元帝在位六年崩。凡建武一年太興四年永昌一年年四十七。是爲元帝。司馬紹卽位。紹字道畿。元帝長子也。母荀氏。在位三年崩。凡太寧三年年二十七。是爲明帝。帝時有王敦之亂。司馬衍卽位。衍字世根。明帝長子也。母庾皇后。名文君。在位十七年崩。凡咸和九年咸康八年年二十二。是爲成帝。帝時有蘇峻之亂。司馬岳卽位。岳字世同。成帝母弟也。在位二年崩。凡建元二年年二十三。是爲康帝。司馬聃卽位。聃字彭子。康帝子也。母庾皇后。名蒜子。在位十七年崩。凡永和十二年升平五年年十九。是爲穆帝。司馬丕卽位。丕字千齡。成帝長子也。母周氏。在位四年崩。凡隆和一年興寧三年年二十五。是爲哀帝。司馬奕卽位。奕字延齡。哀帝母弟也。在位六年。凡太和六年爲桓溫所廢。司馬昱卽位。昱字道萬。元帝之少子也。在位二年崩。凡咸安二年太和六年十二月改元年五十三。是爲簡文帝。司馬曜卽位。曜字昌明。簡文帝第三子也。母王氏。名簡姬。在位二十四年。凡寧康三年太元二十一年遇弒於淸暑殿。年三十五。是爲孝武帝。司馬德宗卽位。德宗字德宗。孝武長子也。母陳氏。名歸女。在位二十二年崩。凡隆安五年元興三年義熙十四年年三十七。是爲安帝。時政歸劉裕。帝充位而已。司馬德文卽位。德文字德文。安帝母弟也。在位二年。凡元熙二年禪位於劉裕。裕尋弒之。是爲恭帝。晉亡。晉十五帝。除宣景文三王一百五十六年。中朝四帝。都洛陽。五十四年。江左十一帝。都建康。一百二年。而五涼四燕三秦二趙夏蜀十六國。皆並見於此時焉。

第五節　晉大事之綱領

晉氏一代。百餘年間。禍亂相尋。窮極慘礫。中國最晦蒙否塞之時也。舉其禍亂之大端。可分爲六。

一賈后之亂。

二八王之亂。

三五胡之亂。

四王敦之亂。

五蘇峻之亂。

六桓氏之亂。

第一母后也。第二諸侯王也。第三異族也。第四第五第六藩鎭也。舉古今中國之變。晉人皆備之。故曰中衰之世也。述此期之歷史者，但能於以上諸端。究徹其原委。而此期之事。已昭晰無遺矣。蓋東晉即南朝之代表也。

第六節　賈后之亂

初。賈充以譖諸葛誕。弑高貴鄉公之功。有寵於司馬昭。昭嘗欲以兄子攸（字大猷後爲齊王爲司馬氏之賢者攸死而大亂遂作）爲嗣。羣臣亦屬意於攸。惟充能觀察上意。稱炎寬仁。且又居長。有人君之德。宜奉社稷。乃以炎爲太子。及昭寢疾。炎請後事。昭曰。知汝者賈公閭也。炎既代魏。任充益重。充不能正身率下。專以諂媚取容。侍中任愷。（字元褒樂安博昌人官侍中愷一食萬錢猶云無可下筯）中書令庾純。（字謀甫潁川鄢陵人官中書令）等。剛直守正。咸共疾之。以充女爲齊王攸妃。懼後益盛。及氐羌反叛。武帝深以爲憂。愷因進說。請充鎭關中。武帝許之。而充不願也。充將之鎭。百僚餞於夕陽亭。荀勖（字公曾潁川潁陰人官尙書令充之黨）私焉。（謂與充私語）充以憂告。勖曰。獨有結婚太子。不頓駕而自留矣。充曰。然。孰可寄懷。勖曰。勖請言之。俄而侍宴。論太子婚姻事。勖因言充女才質令淑。宜配儲宮。初。武帝欲爲太子納衞瓘（字伯玉河東安邑人官司空後爲賈后所殺）女。而楊后（楊駿女事見後）納賈郭親黨之說。欲婚賈氏。武帝曰。衞公女有五可。賈公女有五不可。衞家種賢而多子。美而長白。賈家種妒而少子。醜而短黑。楊后固請。荀顗（字景倩潁川人官侍中太尉）亦固請。及勖言。武帝乃許之。充竟不行。太康三年卒。而充女遂爲太子妃矣。賈氏名南風。時年十五。大太子二歲。妬忌多權詐。太子畏而惑之。妃性酷虐。嘗手殺數人。或以戟擲孕妾。子隨刃墮。武帝聞之。大怒。將廢之。荀勖深救之。得不廢。妃不知后之助己也。以爲構己。深怨之。及武帝崩。太子卽位。以楊皇后爲皇太后。（武帝有兩楊后前楊后諱豔字瓊芝弘農華陰人父文宗惠帝母也泰始十年崩後楊后諱芷字季蘭前楊后之從妹也父駿與賈后相終始者皆後楊后也）后父楊駿（字文長）輔政。駿無他長。徒以后父。一朝膺社稷之重。初。武帝寢疾。詔中書以汝南王亮（字子翼宣帝第四子）與駿輔政。駿藏匿其詔。信宿之間。上疾遂篤。楊后乃奏帝以駿輔政。帝頷之。駿便召中書口宣帝旨。以駿爲太傅。大都督。假黃鉞。錄朝政。百官總己。爲政嚴碎。不允衆心。賈后欲專朝政。謀速誅之。永平元年。

楊駿執政所改元也二月。賈后召楚王瑋。字彥度武帝第五子至京師。三月。辛卯。賈后使殿中郎孟觀李肇啓帝。夜作手詔。誣駿謀反。命楚王瑋屯司馬門。東海公繇。字思玄宣帝孫後爲成都王穎所殺帥殿中四百人討駿。時中外隔絕。楊太后題帛爲書。射之城外。曰。救太傅者有賞。賈后因宣言太后同反。尋而殿中兵出。燒駿府。殺駿於廐中。盡誅楊氏之黨。死者數千人。壬辰。大赦改元。廢太后爲庶人。徙金墉城。在洛陽城西北隅太后母龐。當誅。臨刑。太后抱持號叫。截髮稽顙。上表詣賈后。稱妾請全母命。賈后不許。董養浚儀人遊於太學。升堂歎曰。朝廷建斯堂。將以爲何乎。天人之理既滅。大亂將作矣。遂與妻逃去。於是汝南王亮。太保衛瓘輔政。楚王瑋，安東王繇。並預國事。賈后謀悉去之。先徙繇於帶方。晉縣今在韓國平壤境內夏六月。后使帝作手詔曰。太宰太保。時亮爲太宰瓘爲太保欲行伊霍之事。夜使黃門齎以授瑋。瑋遂率本軍。時瑋掌北軍圍亮瓘府，皆殺之。瑋舍人歧盛。勸瑋宜因兵勢．遂誅賈郭。以正王室。安天下。瑋猶豫未決。會天明。太子少傅張華字茂先范陽方城人白賈后。宜幷誅瑋。賈后深然之。乃遣殿中將軍王宮齎騶虞旛解兵之旗號出麾衆曰。楚王矯詔。勿聽也。衆釋仗散走。無復一人。乃執瑋斬之。賈后於是以張華爲侍中中書監。裴頠字逸民河東聞喜人爲侍中。裴楷字叔則頠從叔爲侍中中書令。王戎字濬仲琅邪臨沂人爲右僕射。華等盡忠帝室。朝野粗安者數年。時賈后淫暴日甚。后母郭槐，槐性奇妬充子黎民年三歲乳母抱之當閤黎民見充入喜笑充就而拊之槐望見謂充私乳母卽鞭殺之黎民念戀發病而死後又生男過朞復爲乳母所抱充以手摩其頭郭疑乳母又殺之兒亦思慕而死充遂無後后妹午。南陽韓壽美姿容爲司空掾充讌僚屬午從青璅中窺見壽大感想發於寤寐乃遣婢召壽而私焉充知之遂以嫁壽養孫賈謐。字長深賈午之子充無子養以爲孫並干預國事。權侔人主。后荒淫放恣。與太醫令程據等亂。彰聞內外。往往引民間美少年入宮中。與亂。數月卽殺之有害太子之心。初太子（名遹字熙祖。惠帝長子。母謝才人。）幼而聰慧。武帝愛之。令譽流於天下。及長性剛。不能假借賈氏。賈謐訴之於后。故后欲廢之。太子右衛率劉卞（東平人）知其謀。以告張華。勸華廢后以立太子。華不能用。元康九年十二月。賈后詐稱帝不豫。召太子入朝。既至。后不見。置於別室。使婢陳舞以帝命賜太子酒三升。使盡飲之。太子辭以不能。舞逼迫之。太子不得已。飲盡。遂大醉。后使黃門侍郎潘岳（字安仁。滎陽中牟人。賈后之嬖人也。）作書草。令小婢承福。以紙筆及草因太子醉。稱詔使書之。文曰。陛下宜自了。不自了。吾當入了之。中宮又宜速自了。不自了。吾當手了之。并與謝妃共要剋期兩發。勿疑猶豫。以致後患。茹毛飲血於三辰之下。皇天許當掃除患害。立道文為王。蔣氏為內主。願成。當以三牲祠北君。（茹毛飲血謂盟誓也。道文太子子虨小字也。蔣氏虨母蔣俊也。內主后也。北君北帝也。）太子已醉。不覺。遂依而寫之。其字半不成。后補成之。以呈帝。壬戌。帝幸式乾殿。召公卿入。以太子書示之。曰。遹書如此。今賜死。諸公莫有言者。至日西不決。后懼事變。乃表免太子為庶人。帝許之。即日送太子於金墉城。而殺太子母謝淑妃及虨母蔣俊。太子既廢。衆情憤怒。右衛督司馬雅。常從督許超。殿中中郎士猗等。謀廢賈后。復太子。以張華裴頠安常保位。難與行權。右將軍趙王倫（字子彝。宣帝第九子。）執兵柄。性貪冒。可假以濟事。乃說孫秀（倫之嬖人）以廢賈后立太子事。秀許諾。言於倫。倫納焉。秀復言於倫曰。太子聰明剛猛。若還東宮。必不受制於人。公素黨於賈后。道路皆知之。今雖建大功於太子。太子謂公特逼於百姓之望。翻覆以免罪耳。雖含忍宿忿。必不能深德明公。若有瑕釁。猶不免誅。不若遷延緩期。賈后必害太子。然後廢賈后。為太子報讎。非徒免禍而已。乃更可以得志。倫然之。秀因使人流言。言殿中人欲廢皇后立太子。后聞之甚懼。倫秀因勸謐早除太子。以絕衆望。永康元年三月。癸未。賈后使太醫令程據和毒藥。矯詔使黃門孫慮至許昌毒太子。太子自廢黜。恐被毒。常自煮食於前。慮乃徙太子於小坊中。絕其食。宮人猶竊於牆上過食與之。慮逼太子以藥。太子不肯服。慮以藥杵椎殺之。四月。趙王倫孫秀將討賈后。告右衛佽飛督閭和。和從之。期以癸巳丙夜一籌。以鼓聲為應。及期。倫矯詔勅三部司馬。（前驅由基強弩三部司馬）從討賈后。衆皆從之。又矯詔開門夜入。陳兵道南。遣翊軍校尉齊王冏。（字景治齊王攸之子也）將三部百人排閤而入。迎帝幸東堂。以詔召賈謐於殿前。將誅之。謐走入西鍾下。呼曰。阿后救我。就斬之。賈后見齊王冏。驚曰。卿何為來。冏曰。有詔收后。后曰。詔當從我出。何詔也。后至上閤。遙呼帝曰。陛下有婦。使人廢之。亦行自廢矣。后問冏曰。起事者誰。冏曰。梁（謂梁王肜時亦與聞）趙。后曰。繫狗當繫頸。反繫其尾。安得不然。（恨不先滅宗室也）至宮西見謐尸。再舉聲而哭。遽止。倫乃矯詔遣尚書劉弘齎金屑酒。賜后死。時后母郭槐已死。乃收趙粲（武帝充華充華女官名）賈午等付暴室杖殺之。后短形青黑色。眉後有疵。死時年四十四。賈后雖死。而天下大亂。不可復止矣。

第七節　八王之亂

晉人鑒魏以孤立亡。乃廣建宗藩。徧於天下。無不擁強兵。據廣土。與西漢之初無異。其或入居端揆。外作岳牧。則漢初猶不及此。其矯魏之弊可謂深矣。然曾不數年。機權失於上。禍亂作於下。楚趙諸王。相仍構釁。朝為伊周。夕爲莽卓。詔陽謂羊后也后名獻容賈后既廢孫秀立之尋爲成都王穎所廢陳眕唱伐穎復后位張方入洛又廢后惠帝幸長安復后位未幾又爲張方所廢惠帝還洛迎后復位後洛陽令何喬又廢后張方死復后位洛陽破沒於匈奴劉曜曜僭位以爲皇后生二子而死自古皇后之數立數廢未有如羊后者也興廢。有甚奕棊。乘輿幽縶。史同羑里。胡羯淩侮。宗廟丘墟。中國幾不復振。自古宗室交鬨。其禍未有如晉者也。故八王之亂。實爲關中國盛衰之一大端。所謂八王者。晉之八王與魏之六鎮皆中衰復盛之關鍵

一汝南王亮。字子翼宣帝第四子

二楚王瑋。字彥度武帝第五子

三趙王倫。字子彝宣帝第九子

四齊王冏。字景度景帝子齊王攸之子

五長沙王乂。字士度武帝第六子

六成都王穎。字章度武帝第十六子

七河間王顒。字文載宣帝弟安平王孚之孫

八東海王越。字元超宣帝弟東武城侯馗之孫

八王之中。汝南王亮楚王瑋之事。已見前節。今當論趙王倫等之事。倫既誅賈后。自爲使持節。大都督督中外諸軍事。相國。侍中。王如故。一依宣文輔魏故事。文武官封侯者。至數千人。百官總己以聽。倫素庸下。無智策。復

受制於秀。秀之威權振於朝廷。天下皆事秀而無求於倫。秀起自琅邪小吏。以諂媚自達。狡黠小才。無深謀遠略。既執機衡。遂恣其姦謀。多殺忠良。君子不樂其生矣。倫秀乃矯作禪讓之詔。使其黨奉皇帝璽綬。禪位於倫。永康二年正月。（是年四月改元永寧）倫即帝位。改元建始。時齊王冏。河間王顒。成都王穎。各擁彊兵。分據一方。秀知冏等必有異圖。乃選親黨爲三王參佐。欲以防之。而三王謀益急。齊王冏。（鎭許昌）遣使告成都王穎。（鎭鄴）河間王顒。（鎭關中）穎許之。顒初不聽。執冏使以付倫。後聞二王兵盛。亦許之。咸以討倫秀爲名。檄至。倫秀大懼。遣其將孫輔李嚴。張泓。蔡璜。閭和。司馬雅。莫原。以拒冏。孫會。（秀子）士猗。許超。以拒穎。夏四月。張泓等與齊王冏戰於潁陰。（晉縣今河南許州）不利。引退。孫會等與成都王穎戰於黃橋。（在朝歌西黃澤上今河南淇縣）大破之。遂不設備。尋戰於溴水。（水名入河在軹縣東南在今河南淇縣北）會等大敗。棄軍南走。穎遂濟河。由是衆情疑沮。皆欲誅倫秀以自效。辛酉。左衞將軍王輿帥所部七百餘人。自南掖門入攻孫秀於中書省。斬之。乃迫倫使爲詔避位歸藩。迎帝於金墉城。帝既復位。改元永寧。詔送倫及子荂於金墉城。丁卯。賜倫死。誅其諸子。是日成都王穎至。己巳河間王顒至。六月乙卯。齊王冏至。冏至雒陽。居攸故宮。甲士數十萬。威震京師。自爲大司馬。加九錫。如宣景文武輔魏故事。穎顒俱還鎭。冏既輔政。於是大築第館。壞公私廬舍以百數。沈於酒色。不入朝見。坐見百官。識者知兵之未戢也。冏以河間王顒本與趙王倫通。不附己。心常恨之。顒亦不自安。永寧二年。（是年十二月改元太安）冬。顒上表言冏罪狀。與成都王穎同伐雒陽。使長沙王乂。（時從三王伐趙王倫因留京師）廢冏還第。以穎代輔政。十二月丁卯。長沙王乂馳入宮。奉天子攻齊王冏。是夕。

城中大戰。飛矢雨集。火光燭天。連戰三日。冏敗。斬之。初顒意以爲長沙王乂勢微弱。必爲冏所殺。因以爲冏罪而討之。遂廢帝立成都王穎。而己爲宰相輔政。專制天下。既而乂竟殺冏。不如所謀。乃遣其黨馮蓀、李含、卞粹。襲乂。乂並殺之。又遣刺客圖乂。乂又殺之。顒遂與穎同伐京師。時朝士以穎冏乂本兄弟。欲和解之。皆不聽。顒令張方（河間人）率兵七萬。穎令陸機（字士龍雲間人）率兵二十餘萬同伐京師。時二王軍逼。金鼓聞數百里。城中疲弊。而將士同心。皆願効死。張方以爲未可克。欲還長安。而東海王越慮事不濟。太安二年（是年改元永安又改永興）正月癸亥。越潛與殿中諸將夜收乂。置金墉城。密告張方。方取乂至營。炙而殺之。乂冤痛之聲。達於左右。公卿皆詣鄴謝罪。穎入京師。復還鎮。張方等大掠而歸。

穎形美而神昏。既克京師。自爲皇太弟。都督中外諸軍事。丞相。乘輿服御。皆遷於鄴。一如魏故事。事無巨細。皆赴鄴諮之。百度廢弛。甚於冏時。大失衆望。永興元年秋七月。右衛將軍陳昣、長沙故將上官巳等。奉帝北討穎。穎使其黨石超拒戰。己未。乘輿敗績於蕩陰（晉縣今河南湯陰縣）。帝頰中三矢。墮於草中。遂爲石超所得。執帝入鄴。東海王越遁歸國。平北將軍王浚（字彭祖太原晉陽人後爲石勒所殺）并州刺史東嬴公騰（越弟）皆與太弟有隙。至是浚騰共約鮮卑烏桓討穎（此爲引外族之始）。穎遣其將王斌石超禦之。既而皆爲浚等所敗。鄴中大震。百僚奔走。士卒分散。穎與數十騎。奉帝奔洛陽。會河間王顒遣張方將二萬騎救穎。方至雒陽。遇穎奔還。方遂挾帝擁穎。大掠雒陽而歸長安。河間王顒乃廢穎歸藩。更立豫章王熾爲皇太弟。帝兄弟二十五人。時惟穎熾存矣。其後三年。穎既依顒。顒敗。穎爲范陽王虓。字武會宣帝弟馗之孫所囚。虓死。爲劉輿所殺。河間王顒。既逼帝西幸。魏晉以來。雒陽所蓄積。遂掃地而盡。永興二年秋七月。東海王越傳檄山東。討顒。迎天子歸雒陽。王浚等皆從之。遂舉兵。屢敗西師。永興三年。是年六月改元光熙越遣人說顒。送帝歸雒陽。已與顒分主東西。顒將從之。而張方執不可。及事急。顒遣郅輔刺殺方。持方頭欵於越。越不許。夏四月。越遂入關。顒逃入太白山中。帝還雒陽。顒奔新野。晉縣今河南新野縣十二月。越遣南陽王模。字元表宣帝弟馗之曾孫扼殺之。光熙元年十一月。東海王越弑帝。太弟熾即位。改元永嘉。熾親覽萬機。留心庶政。越不悅。多殺帝親故。不臣之迹。四海共知。時宗藩彫謝。戎狄內侵。上下崩離。事已不救。永嘉五年三月丙子。越憂懼而死。四月。石勒追越喪。及之於苦縣。晉縣今河南鹿邑縣東大敗晉兵。縱騎圍而射之。十餘萬人相踐如山。無一免者。於是剖越棺。盡殺晉之王公。虜懷帝北去。西晉亡。

第八節　五胡之亂之緣起

西北諸游牧族。本與中國雜居。不能詳其所自始。至戰國之末。諸侯力征。諸戎乃爲中國所滅。餘類奔迸。逸出塞外。並見第二册其後族類稍繁。又復出爲中國患。兩漢之世。竭天下之力。歷百戰之苦。僅而克之。而後烏桓鮮卑。匈奴氐羌。西域之衆。悉稽首漢廷。稱臣僕。漢之勢亦可謂盛矣。然漢人之所以處置之者。其法甚異。往往於異族請降之後。即遷之內地。宣帝時納呼韓邪。居之亭鄣。委以候望。趙充國擊西羌。徙之於金城郡。光武時亦以南庭數萬衆。徙入西河。後亦轉至五原。連延七郡。而煎當之亂。馬援遷之三輔。在漢人之意。以爲遷地之後。即不復爲患。不知其後之患。轉甚於未滅時。董卓之亂。汾晉蕭然。已顯大亂之象。故其時深識之士。類能知之。晉武帝時。郭欽（西河人侍御史）上疏。謂若有風塵之警。胡騎自平陽（晉郡今山西平陽府）上黨。（晉郡今山西潞安府）不三日而至孟津。（在今河南孟津縣東）北地。西河。太原。馮翊。安定。上郡。（今太原汾州同州平涼諸府境謂胡騎南下則西北各郡爲所隔也）盡爲狄庭矣。宜盡徙內地雜胡於邊地。峻四夷入出之防。此萬世之長策也。（此策匈奴也）惠帝時江統。（字應元陳留圉人官太子洗馬）作徙戎論。其略曰。關中土沃物豐。有涇渭之流。溉其舄鹵。黍稷之饒。畝號一鍾。百姓謠詠其殷實。帝王之都。每以爲居。未聞戎狄。宜在此土。（漢時馬援徙羌於三輔魏時又徙武都氐於秦川故云云）而因其衰弊。遷之畿服。士庶翫習。侮其輕弱。使其怨恨之氣。毒於骨髓。至於蕃育衆盛。則坐生其心。以貪悍之性。挾憤怒之情。候隙乘便。輒爲橫逆。而居封域之內。無障塞之隔。掩不備之人。收散野之積。故能爲禍滋擾。暴害不測。此必然之勢矣。當今之時。宜及兵威方盛。衆事未罷。徙馮翊。北地。新平。安定。界內（今同州鳳翔平涼三府境）諸羌。著先零。罕幵。析支之地。（今甘肅西南邊西）徙扶風。始平。京兆之氐。（今陝西潞安府境）出還隴右。著陰平。武都之界。（今甘肅階州境）稟其道路之糧。令足自致。各附本種。反其舊土。屬國撫夷。就安集之。戎晉不雜。並得其所。縱有猾夏之心。風塵之警。則絕遠中國。隔閡山河。雖爲寇盜。所害不廣矣。（此策氐羌也）當時皆不能用。其後劉淵（諸戎種旅疆域並詳後）以惠帝永興元年據離石。稱漢。後九年。（此從晉書載記敘之文然案載記石勒稱趙在元帝太興二年則已十六年而非九年矣故其後每年皆差）石勒據襄國稱趙。張氏先據河西。自石勒後三十六年。（晉穆帝永和十年）張重華自稱涼王。（案傳張重華稱涼公在穆帝永和二年）後一年。（永和十一年）冉閔據鄴。稱魏。（案載記冉閔稱魏在永和六年）後一年。（穆帝永和十二年）苻健據長安。稱秦。（案載記苻健稱秦在永和七年）後一年。（穆帝升平元年）慕容儁據遼東。稱燕。（案載記慕容儁稱燕在永和八年）後三十一年。（孝武帝太元十二年）後燕慕容垂據鄴。（案載記慕容垂據鄴在太元九年）後二年。（太元十四年）西燕慕容沖據阿房。（案載記沖據阿房在太元十年）皆稱燕。是歲。伏乞國仁據枹罕。稱秦。（案載記伏乞國仁據枹罕在太元十年）後一年。（太元十五年）慕容永據上黨。稱燕。（案載記慕容永據上黨在太元十一年）是歲呂光據姑臧。稱涼。（案載記呂光稱涼在太元十一年）後十二年。（安帝元興三年）慕容德據滑臺。稱燕。（案載記慕容德稱燕在安帝隆安二年）是歲。禿髮烏孤據廉川。稱涼。（案載記禿髮烏孤稱涼在隆安元年）段業據張掖。稱涼。（案載記段業稱涼在隆安元年）後三年。（安帝義熙三年）李玄盛據敦煌。稱涼。（案載記李玄盛稱涼在隆安四年）後一年。（義熙四年）沮渠蒙遜殺段業。自稱涼。（案載記沮渠蒙遜稱涼在隆安五年）後四年。（義熙八年）譙縱據蜀。稱成都王。（案載記譙縱據蜀在義熙二年）後二年。（義熙十年）赫連勃勃據朔方。稱夏。（案載記赫連勃勃稱夏在義熙三年）後二年。（義熙十二年）馮跋據和龍。稱燕。（案載記馮跋稱燕在義熙五年）提封天下。十喪其八。莫不龍旌帝服。僭號自娛。窮兵凶於勝負。盡人命於鋒鏑。其爲戰國者一百三十六年。然後皆入於拓拔氏。是爲十六國。其人皆鮮卑匈奴氐羌之種也。（此就晉書載記敘訂正之敘中所述不止十六國而十六國中之成都李氏起惠帝太安元年終穆帝升平五年則又不述及不知何也至其載記則僅十六國矣）

第九節　五胡之統系

前趙。南匈奴人。（本僞漢劉曜立始改稱趙史家因有後趙故謂之前趙）

劉淵。字元海。父劉豹。仕晉爲左賢王。僭位凡八年。（元熙五年永鳳一年河瑞二年）死年無攷。僞諡光文皇帝。

劉聰。字元明。一名載。淵第四子。僭位九年。（光興一年嘉平四年建元一年麟嘉三年）死年無攷。僞謚武皇帝。

劉曜。字永明。淵之族子。僭位十二年。（光初十二年）爲石勒所殺。年無攷。前趙亡。右前趙三主共二十六年。

後趙。上黨武鄉羯人。（羯乃匈奴別部羌渠之後）

石勒。字世龍。初名匐。汲桑始命以石爲姓。勒爲名。父朱曷周。爲部落小率。僭位十四年。（趙王八年太和二年建平四年）死年六十。僞謚明皇帝。

石宏。字大雅。勒第三子。僭位二年。（延熙二年）爲石虎所殺。年二十二。

石虎。字季龍。勒之從子。僭位十五年。（建武十四年太寧一年）死年無攷。僞謚武皇帝。（石虎後有石世石遵石鑒石祇皆嘗僭號不久皆滅）

冉閔。字永曾。魏郡內黃人。幼爲石虎所養。遂以石爲姓。僭位三年。（永興三年）爲慕容儁所殺。年無攷。後趙亡。

右後趙七主共二十五年。

前燕。徒何鮮卑人。

慕容廆。字奕洛瓌。僭位四十九年。（未稱號）死年六十五。儁追謚武宣皇帝。

慕容皝。字元眞。廆第三子。僭位十五年。（未稱號）死年五十二。儁追謚文明皇帝。

慕容儁。字宣英。皝第二子。僭位十一年。（燕元三年元璽五年光壽三年）死年四十二。僞謚景昭皇帝。

慕容暐。字景茂。儁第三子。僭位十一年。（建熙十一年）爲苻堅所殺。年三十五。前燕亡。

右前燕四主。共八十五年。

前秦。　略陽臨渭氐人。

苻洪。　字廣世。　仕晉爲廣川郡公。爲麻秋所酖。年六十六。僞諡惠武帝。

苻健。　字建業。　洪第三子。　僭位四年。（皇始四年）死年三十九。僞諡明皇帝。

苻生。　字長生。　健第三子。　僭位二年。（壽光二年）爲苻堅所殺。年二十三。

苻堅。　字永固。一名文玉。　洪子雄之子。　僭位二十九年。（永興二年甘露六年建元二十一年）爲姚萇所縊。年四十八。

苻丕。　字永叔。　堅之長庶子。　僭位二年。（太安二年）爲慕容永所敗。走死。年無攷。

苻登。　字文高。　堅之族孫。　僭位九年。（太初九年）爲姚興所殺。年五十二。前秦亡。

右前秦六主。共四十四年。

後秦。　南安赤亭羌人。燒當之後。

姚弋仲。　仕晉。封高陵郡公。　死年七十三。僞追諡景元皇帝。

姚襄。　字景國。　弋仲第五子。　爲苻堅所殺。年二十七。

姚萇。　字景茂。　弋仲第二十四子　僭位十一年。（白雀二年建初九年）死年六十四。僞諡武昭皇帝。

姚興。　字子略。　萇之少子。　僭位二十二年。（皇初五年宏始十八年）死年五十一。僞諡文桓皇帝。

姚泓。字元子。興之長子。僭位二年。永和二年爲宋武帝所執。送建康斬之。年三十。後秦亡。

右後秦三主共三十二年。

前蜀。巴西宕渠賨人。

李特。字元林。僭位一年。建初一年死年無攷。雄追謚景皇帝。

李流。字元通。特第四子。特死自稱大將軍。數月死。年五十六。

李雄。字仲儁。特第三子。僭位三十年。建興三十年死年六十一。僞謚武皇帝。

李班。字世文。雄養子。立一年。爲李越所殺。年四十七。

李期。字世運。雄第四子。僭位三年。玉恆三年爲李壽所廢。自殺。年二十五。

李壽。字武考。雄兄驤之子。僭位五年。漢興五年死年四十四。僞謚昭文皇帝。

李勢。字子仁。壽長子。僭位四年。太和二年嘉寧二年爲桓溫所執。送建康斬之。年無攷。前蜀亡。

右前蜀七主共四十六年。

前涼。安定烏氏人。漢常山王張耳十七世孫。按前涼實晉之藩鎮與諸僭竊者不同故晉書自爲傳不列於載記

張軌。字士彥。仕晉爲涼州牧。卒年六十。張祚卽位。謚武王。

張寔。字安遜。軌世子。嗣爲涼州牧。凡四年。爲劉宏所殺。年無攷。張祚卽位。謚成王。

張駿。字公庭。寔之世子。稱涼王二十二年。（太元二十二年）卒年四十。謚文王。

張重華。字泰臨。駿第二子。在位十一年。（永樂十一年）卒年二十七。謚桓王。

張祚。字太伯。駿之長庶子。在位三年。（和平三年）爲宋混所殺。年無攷。

張元靖。字元安。重華少子。在位九年。（太始九年）卒年十四。謚沖王。

張天錫。字純嘏。駿少子。在位十三年。（太清十三年）降於姚興。卒年六十一。前涼亡。

右前涼七主。共七十六年。

西涼。隴西狄道人。漢前將軍李廣十六世孫。

李暠。字元盛。僭位十七年。（庚子五年建初十二年）卒年六十。僞謚昭武王。

李歆。字士業。暠第二子。僭位四年。（嘉興四年）爲沮渠蒙遜所殺。年無攷。西涼亡。

右西涼二主。共二十一年。

北涼。臨松盧水胡人。匈奴左沮渠之後。

沮渠蒙遜。僭位三十三年。（元始三十三年）死年六十六。僞謚武宣王。

沮渠茂虔。一作牧健。蒙遜子。僭位六年。（永和六年）爲拓拔氏所擒。年無攷。北涼亡。

右北涼二主。共三十九年。

後涼。略陽氏人。

呂光。字世明。僭位十四年。（太安三年麟嘉七年龍飛四年）死年六十三。僞謚武皇帝。

呂纂。字永緒。光長庶子。僭位三年。（咸寧三年）爲呂超所殺。年無攷。僞謚靈皇帝。

呂隆。字永基。光弟寶之子。僭位三年。（神鼎三年）爲姚興所執。年無攷。後涼亡。

右後涼三主。共二十年。

後燕。徒何鮮卑人。

慕容垂。字道明。皝第五子。僭位十一年。（建興十一年）死年七十一。僞謚成武皇帝。

慕容寶。字道祐。垂第四子。僭位三年。（永康三年）爲蘭汗所殺。年四十四。

慕容盛。字道運。寶長庶子。僭位三年。（建平三年）死年二十九。僞謚昭武皇帝。

慕容熙。字道文。垂之少子。僭位六年（光始六年）爲慕容雲所殺。年二十三。

慕容雲。字子雨。寶之養子。本姓高氏。僭立未幾。爲馮跋所殺。年無攷。後燕亡。

右後燕五主。共二十四年。

南涼。河西鮮卑人。

禿髮烏孤。僭位三年。（太初三年）死年無攷。僞謚武王。

秃髮利鹿孤。烏孤弟。僭位三年。（建和三年）死年無攷。僞謚康王。

秃髮傉檀。利鹿孤弟。僭位十三年。（宏昌六年嘉平七年）爲乞伏熾磐所酖。年五十一。南涼亡。

右南涼三主。共十九年。

南燕。徒何鮮卑人。

慕容德。字玄明。皝之少子。僭位五年。（建平五年）死年七十。僞謚獻武皇帝。

慕容超。字祖明。德兄納之子。僭位六年。（太上六年）爲宋武帝所執。送建康斬之。年二十六。南燕亡。

右南燕二主。共十一年。

西秦。隴西鮮卑人。

乞伏國仁。僭位四年。（建義四年）死年無攷。僞謚烈王。

乞伏乾歸。國仁弟。在位四年。（更始四年）死年無攷。僞謚武元王。

乞伏熾磐。乾歸長子。僭位十五年。（永康八年建宏七年）死年無攷。僞謚文昭王。

乞伏慕末。熾磐子。僭位三年。（永宏三年）爲赫連定所殺。年無攷。西秦亡。

右西秦四主。共二十六年。

北燕。長樂信都人。畢萬之後。

馮跋。字文起。僭位二十三年。（太平二十三年）死年無攷。僞諡成皇帝。

馮弘。字文通。跋弟。僭位五年。（大興五年）爲拓拔氏所滅。年無攷。

右北燕二主。共二十八年。

夏。

匈奴右賢王去卑之後。

赫連勃勃。僭位十九年。（龍昇十一年晶武一年眞興七年）死年四十五。僞諡烈皇帝。

赫連昌。勃勃第三子。僭位四年。（永光四年）爲拓拔氏所殺。年無攷。

赫連定。勃勃第五子。僭位四年。（勝光四年）又爲拓拔氏所殺。年無攷。夏亡。

右夏三主。共二十七年。

五胡十六國之亂。起於晉惠帝永興元年甲子。劉淵僭號。終於宋文帝元嘉十六年己卯。沮渠牧犍爲魏所滅。卽魏主拓跋燾太延五年也。共一百三十六年。

第十節　前趙後趙之始末（匈奴羯）

五胡之事。至爲複雜。故紀述最難。分國而言。則彼此不貫。編年爲紀。則淩雜無緒。皆不適於講堂之用。今略用紀事本末之例。而加以綜覈。凡其國之興亡。互相連貫者。則連類及之。如此則可分十六國之起伏。爲五大支派。

一漢。前趙。後趙。此二國皆互相連貫者也。十六國實無不互相連貫今指其甚者而言

一前燕。後燕。南燕。北燕。此四國皆互相連貫者也。

一前秦。後秦。西秦。夏。此四國皆互相連貫者也。

一前涼。後涼。南涼。北涼。西涼。此五國皆互相連貫者也。

一蜀。自爲一支派。亦有後蜀不在十六國之例

此五大支派。今當以次及之。南匈奴自降漢後。入居於西河美稷。自以爲其先曾與漢約爲兄弟。遂冒姓劉氏。魏分其衆爲五部。皆以劉氏爲部帥。太康中。改置都尉。雖分屬五部。皆家於汾晉之間。劉淵於武帝時。爲左部帥。惠帝時太弟穎表淵爲左賢王。監五部軍事。使將兵在鄴。淵長八尺。鬚長三尺。猿臂善射。膂力過人。每觀書傳。常鄙隨陸之無武。絳灌之無文。按史家述諸人多致美辭覈之實事毫無左驗此最不可解者今以古來傳說如此不能不仍之云爾學者當知可疑也太安中。惠帝失政。諸王迭相殘廢。州郡奸豪。所在蠭起。淵從祖北部都尉右賢王劉宣字士則後爲淵之丞相等議曰。自漢亡以來。我單于徒有虛號。無復尺土。自餘王侯。降同編戶。今吾雖衰。猶不減二萬。奈何斂首就役。奄過百年。左賢王淵。英武超世。天苟不欲興匈奴。必不虛生此人也。今司馬氏骨肉相殘。四海鼎沸。復呼韓邪之業。此其時矣。乃相與謀推淵爲大單于。使其黨詣鄴告之。淵白穎。請歸會葬。穎未許。淵乃招集五部。及雜胡。聲言欲助穎。實則叛之。及

王浚東嬴公騰挾鮮卑烏桓內寇。淵說穎曰。今二鎮跋扈。衆十餘萬。恐非宿衞及近郡士衆所能禦也。請爲殿下還說五部。以赴國難。望殿下鎮鄴以待之。不然。鮮卑烏桓。未易當也。穎悅。拜淵爲北單于。淵至左國城。（在今山西介休縣西南）劉宣等上大單于之號。二旬之間。有衆五萬。（按劉宣云今吾雖衰猶不減二萬何以竟得五萬知其時漢族多從匈奴內叛者矣民心如此此所以亘數百年而不制也）都於離石。（晉縣今山西永寧州治）尋遷左國城。建國號曰漢。（此與冒姓劉同意）以劉宣爲丞相。時穎已南奔。淵聞之。曰。穎不用吾言。遂自潰敗。眞奴才也。然吾與其有言矣。不可不救。於是命其將劉景劉延年率步騎二萬討鮮卑。劉宣等固諫曰。晉爲無道。奴隸御我。今司馬氏父子兄弟。自相魚肉。此天厭晉德。授之於我。單于當與我邦族。復呼韓邪之業。鮮卑烏桓。我之氣類。可假以爲援。奈何距之。而拯仇敵。淵曰。大丈夫當爲漢高魏武。呼韓邪何足道哉，（按劉淵既不能實力援晉又不能結好鮮卑其後後趙遂爲鮮卑所滅淵生平大言大率類是）永興元年。即漢王位。東嬴公騰使將軍聶玄討之。大敗。騰東奔。淵遣劉曜寇太原諸郡。皆陷之。二年。進據河東。入蒲阪。遣王彌（東萊人）石勒略冀州諸郡。及兗豫以東。永嘉二年。僭即皇帝位。遷都平陽。遣其子聰與王彌。進寇洛陽。劉曜與趙固爲後繼。爲晉弘農太守桓延所襲。大敗而歸。是冬。復遣劉聰劉曜王彌寇洛陽。仍敗歸。四年。淵死。以子和爲嗣。淵死。聰殺其太子和而自立。聰究通經史百家之言。膂力驍疾。冠絕一時。既即僞位。命其黨呼延晏。王彌。劉曜。南寇晉師。前後十二敗。長驅圍洛陽。陷之。縱兵大掠。虜天子。殺太子及百官已下三萬餘人。於洛水北築爲京觀。遷帝於平陽。聰謂帝曰。卿家骨肉相殘。何其甚也。帝曰。此殆非人事。皇天使爲陛下相驅除耳。（此與羊后對劉曜語皆喪心之談可以觀其時貴族之敎育）聰又使帝行酒。庾珉（字子珞潁川鄢陵人官侍中王儁起而大哭。聰遂弒帝。并害珉等。愍帝即位於長安。聰復使劉曜陷長安。執帝歸平陽。聰欲觀晉人之意。使帝行酒。洗爵。更衣。又使帝執蓋。多有涕泣。或失聲者。辛賓起而抱帝大哭。聰又弒帝。并害賓等。聰自是志得意滿。納其臣靳準二女為左右貴嬪。大曰月光。小曰月華。皆國色也。數月立月光為上皇后。劉氏為左皇后。月華為右皇后。遂有三皇后。既而月光以穢行自殺。劉氏死無攷又以樊氏為上皇后。其宦官王沈養女年十四。有妙色。立為左皇后。宦官宣懷養女為中皇后。遂有四后。聰遂委政於靳準王沈及其子粲。字士則不復朝見羣臣。或三日不醒。於是石勒鵰視趙魏。曹嶷乃青州刺史攻陷山東者狼顧東齊。鮮卑之衆。星布燕代。齊。曹嶷代。鮮卑拓拔氏燕。鮮卑慕容氏趙。石勒皆有將大之氣。西北氐羌。叛者十餘萬落。匈奴之勢。不復支矣。晉太興元年。聰死。而傳偽位於粲。粲昏暴愈於聰。既嗣偽位。聰皇后四人。靳氏。樊氏。宣氏。王氏。年皆未滿二十。並國色也。粲晨夜烝淫於內。志不在哀。未幾為靳準所殺。劉氏無少長。皆斬之於東市。發掘劉淵墓。焚燒其宗廟。準謀欲降晉。而為劉曜所攻滅。曜少孤。見養於淵。身長九尺。白眉。目赤色。鬚不過百餘根。鐵厚一寸。射而洞之。曾隱於管涔山。以琴書為事。聰時曜破長安。虜愍帝。遂留鎮長安。靳準之變。曜自長安赴難。未至。靳氏之黨。殺準以降曜。太興元年。僭即偽位。以晉惠帝后羊氏為皇后。一日曜問后曰。吾何如司馬家兒。后曰。胡可並言。陛下開基之聖主。彼亡國之暗夫。有一婦一子。及身三耳。不能庇之。貴為帝王。而妻子辱於凡庶之手。遣妾爾時實不思生。何圖復有今日。妾生於高門。常謂世間男子皆然。自奉巾櫛以來。始知天下有丈夫耳。曜甚愛寵之。頗預朝政。生二子而死。劉淵自來國號爲漢。以漢諸帝爲祖。曜始改國號曰趙。祭冒頓以配天。時石勒據全趙。聰之季年。已思獨立。及曜即位。勒入平陽。曜奔長安。封勒爲太宰。大將軍趙王。備九錫。既而悔之。吝不予。勒大怒。曰。趙王趙帝。孤自爲之。何假於人。咸和三年。勒使石虎攻曜。曜大敗之。虎奔還。曜攻石生於金墉。（石生乃石勒之守洛陽者）石勒自率大衆救之。將戰。曜飲酒數斗。比出。復飲酒斗餘。遂昏醉。爲石堪所乘。墜於冰上。被創十餘。通中者三。爲堪所執。送歸襄國。尋遂殺之。曜子胤奔上邽。爲石虎所破。坑其王公以下萬餘人。南匈奴遂亡。（凡淵聰粲曜謂之前趙淵聰粲居平陽曜居長安）

十六國半瑣細不足道。惟石勒苻堅稍大。石勒初名訇。羯人。年十四。隨人行販洛陽。倚嘯上東門。王衍（字夷甫琅邪臨沂人晉之最善清談者）見而異之。顧左右曰。向者胡雛。吾觀其聲視。恐將爲天下之患。馳遣收之。會勒已去。（案此殆石勒貴後愚人之詞）大安中。幷州飢。刺史司馬騰。執諸胡於山東賣充軍實。兩胡一枷。（此可見晉時待諸胡之法）勒時年二十餘。亦在其中。勒賣與茌平師懽爲奴。懽奇而免之。勒得與馬牧帥汲桑相往來。遂相率爲羣盜。及劉淵僭位。趙魏大亂。桑與勒皆起事。始以石爲姓。勒爲名。及爲苟晞（字道將河內山陽人官大將軍都督中外諸軍事）所敗。桑死。勒歸劉淵。淵使爲將。遂荼毒中原。陷州郡不可勝數。尋陷山東諸郡。南寇江漢。有久據之志。張賓（字孟孫趙郡中丘人）勸之北還。遂陷許昌。遇東海王越薨。其衆二十餘萬。以太尉王衍率之東下。勒追及之。圍而射之。相踐如山。無一免者。時洛陽陷於劉曜。苟晞駐蒙城。（今安徽蒙城縣）勒執之。以爲左司馬。又襲殺王彌而幷其衆。尋害苟晞。復欲南寇。爲晉師所敗而歸。勒雖强盛。然攻城而不有其地。略地而不有其人。翕然雲合。忽復獸散。張賓勸其北還。進據襄國。以規久遠。勒乃進據襄國。（晉縣

（今直隸順德府治）而以石虎鎮鄴。（晉郡今河南臨漳縣南）乃襲王浚於幽州。（浚字彭祖太原晉陽人官司空幽州刺史謀僭號而爲石勒所賣幽州今直隸北境及盛京境）斬之。襲劉琨於幷州。（琨字越石中山魏昌人官太尉幷州刺史琨忠於晉者幷州今山西省陰霍州之西南）琨奔代。（今山西代州）靳準之亂。勒入平陽。焚劉氏宮室。勒始明叛於漢矣。太興二年。僞號趙王。始號胡人曰國人。與漢人異其法制。以稱胡人爲不敬。著於律令。既獲劉曜。遂壹中原。以咸和五年。僭卽帝位。時石虎跋扈之象。中外皆知。徐光嘗請於勒曰。陛下廓平八州。而神色不悅者。何也。勒曰。吳蜀未平。書軌不一。司馬家猶不絕於丹陽。恐後之人將以吾爲不應符籙。每一思之。不覺見於神色。（案此可以見其諱胡之意）光曰。此四支之輕患耳。中山王。（石虎爲中山王）乃陛下心腹之患也。勒默然。而竟不從。勒以咸和七年死。傳僞位於其太子弘。

弘旣卽位。知石虎之將簒。使石堪出據兗州（今山東南境）以爲援。石虎獲堪。炙而殺之。虎遂殺勒妻劉氏。時石生鎮關中。石朗鎮洛陽。皆起兵討石虎。虎親攻朗於洛陽。獲朗。刖而斬之。進攻長安。生部下斬生降。虎還。石弘大懼。齎璽綬親詣虎諭禪位意。虎曰。天下人自當有議。何爲自論此也。弘還宮。對其母流涕曰。先帝眞無復遺矣。俄而皆爲虎所殺。虎遂卽僞位。

石虎。勒之從子也。幼與勒母同依劉琨。後琨送之還勒。虎長七尺四寸。性殘忍。降城陷壘。坑斬士女。少有遺類。而指揮攻討。所向無前。勒信任之。仗以專征之任。勒卽僞位。虎爲太尉尚書令。鎮鄴。虎自以爲功高一時。勒必以己爲嗣繼。而勒以授其子弘。虎大怒曰。主上晏駕之後。不足復留種也。蓋簒弒之念。決於此矣。既殺石弘。盡誅勒之諸子。乃卽僞位。自照鏡而無頭。大懼。故不敢稱皇帝。而稱天王。遷都於鄴。以子邃爲太子。總百揆。邃荒忞無人理。裝飾宮人美者。斬首洗血。置於盤上傳觀之。又擇諸比丘尼有姿色者。與之交而殺之。合牛羊肉煮而食之。而疾其弟韜如仇。嘗謂左右曰。吾欲行冒頓之事。（言將弒父）如何。衆莫對。虎乃收邃及其妻妾子女二十六人。同埋於一棺之中。而立子宣爲太子。宣復疾韜如仇。使其黨殺韜於佛寺。旦入奏之。將俟虎臨喪而殺之。虎驚哀氣絕。久之方蘇。將出。疑而止。於是有人告變。言其事。虎乃幽宣於庫。以鐵環穿其頷而鎖之。取害韜刀箭。舐其血。哀號震動宮殿。尋積薪柴以焚宣。拔其髮。抽其舌。斷其手足。斫眼潰腸。如韜之喪。而後焚之。虎從後宮數千。登高觀之。并殺其妻子九人。虎時東與慕容皝。西與張重華構兵。皆不勝。而志在窮兵。且興作不已。營宮觀者四十萬人。造甲者五十萬人。船夫十七萬人。皆取之於民。公侯牧宰。競興私利。百姓失業。十室而七。獵車千乘。養獸萬里。（謂圈獸之地）奪人妻女十萬。盈於後宮。虎知民怨。乃立私論之條。偶語之律。人不聊生矣。而石虎乃自謂得計。嘗升高見其子宣行獵。從卒十八萬。樂而笑曰。我家父子如此。自非天崩地陷。當復何愁。但抱子弄孫。日爲樂耳。虎太子邃。太子宣。先後死。虎不知所立。初。虎將張豺。嘗虜劉曜女以進虎。虎嬖之。生子世。至是豺言於虎曰。陛下再立儲宮。皆出自倡賤。是以禍亂相尋。今宜擇母貴子孝者。立之。虎曰。卿且勿言。吾知太子處矣。乃立世爲太子。時年十歲。永和四年。虎死。世卽僞位。石氏遂大亂。夷族以亡。（凡石勒石弘石虎石世石遵石鑒爲後趙。勒居襄國。虎以下居鄴）

後趙之末。慕容燕之前。有一足紀之事焉。卽冉閔之逐羯是也。觀此事。可知當時各族相處之況。特述之稍詳於他事。初冉閔屢世爲漢將。年十二。爲石勒所獲。使石虎子之。既長。驍猛多力。攻戰無前。石虎末年。奪民妻女凡數萬家。人心思亂。定陽（郡今陝西宜川縣西北）梁犢起兵。自稱晉征東大將軍。衆數十萬。自潼關以至洛陽。名城重鎭無足制限。石虎大懼。以冉閔、姚弋仲、苻洪等討之。閔一戰平之。斬梁犢。由是功名大顯。胡夏宿將。莫不憚之。石虎死。石世立。閔平秦洛班師。遇虎子遵。因說以舉兵討世而自立。遵從之。張豺懼。謀拒戰。嘗舊羯士皆曰。天子兒來奔喪。吾當出迎之。不能爲張豺城戍也。開門迎石遵。遵遂誅劉氏、石世、張豺。而卽僞位。（世立凡三十三日）石沖、（虎子時鎭薊）石苞、（虎子時鎭關中）皆謀討遵。並爲閔所擒斬。遵之舉兵也。謂閔曰。努力事成。以爾爲儲貳。既而立其子衍爲太子。閔大怒。始有圖遵之心矣。遵亦忌閔。召石鑒等入謀於其太后鄭氏之前。鑒出馳告閔。閔以甲士三十。執遵殺之。及其太后。太子。而立鑒。（遵立凡一百八十三日）時石祗、（鎭襄國）石成、石啓、石暉皆謀誅閔。爲閔所殺。石鑒亦自欲誅閔。使李松（鑒中書令）攻閔。不克。死之。又使孫伏都（鑒龍驤將軍）結羯士三千攻閔。亦不克。死之。閔乃宣令內外六夷（匈奴羯氐羌鮮卑賨）敢稱兵仗者斬之。胡人或斬關。或踰城而出者。不可勝數。趙人百里內悉入城。胡羯去者塡門。閔知胡之不爲己用也。班令內外趙人斬一胡首者。文官進位三等。武悉拜牙門。一日之中。斬首數萬。閔躬率趙人。誅諸胡羯。無貴賤男女少長皆斬之。死者二十餘萬。尸諸城外。悉爲野犬所食。屯據四方者。所在承閔書誅之。於時高鼻多鬚。至有濫死者。（案此則胡羯之狀。爲高鼻多鬚而深目。此狀頗類今亞洲西境諸族人。而非匈奴種也。是後此族遂亡）閔遂殺石鑒。（鑒立一百三日）并石虎孫三十八人盡滅石氏之族羯亡。時永和六年也。閔自立爲皇帝。改國號曰魏。閔臨江告晉曰。胡逆亂中原。今已誅之。若能共討者。可遣軍來也。晉人不答。時石祗據襄國。羣胡與州郡擁兵者皆歸之。祗使石琨率衆十萬攻閔。閔大敗之。斬二萬八千人。閔攻祗於襄國。不能拔。石琨自冀州。慕容儁自龍城。姚弋仲自灄頭。戍名今直隸棗強縣東北皆救之。三方勁旅。合十餘萬。三面攻之。祗衝其後。閔師大敗。與十數騎奔還鄴。於是人物殲矣。石祗復使劉顯攻閔。爲閔所敗。顯歸而殺石祗。稱尊號於襄國。閔復伐之。入襄國。殺劉顯。閔歸。遇慕容恪儁之大將於魏昌。晉縣今直隸無極縣東北恪爲方陣而前。閔所乘駿馬曰朱龍。日行千里。左杖雙刃矛。右執鉤戟。順風擊之。斬鮮卑三百餘級。俄而燕騎大至。圍之數周。衆寡不敵。躍馬潰圍東走。行二十餘里。馬無故而死。爲恪所擒。送之於薊。儁問閔曰。何自妄稱天子。閔曰。天下大亂。爾曹亂賊。人面獸心。尚欲篡逆。我一時英雄。何不作帝王耶。儁送閔於龍城。斬於徑山。山左右七里草木悉枯。儁乃謚之爲武悼天王。而祀之。時太和八年也。閔死而鮮卑始盛。

第十一節　前燕後燕南燕北燕亦有西燕不在十六國之列之始末鮮卑

五胡種族。惟匈奴羯最凶暴無人理。羯爲匈奴別種北涼沮渠蒙遜夏赫連勃勃皆匈奴族也氐羌次之。而以鮮卑爲至能規仿中國。故其氣運亦視別種爲長。此鮮卑之特色也。鮮卑其先有熊氏之苗裔。此與匈奴出於淳維同義世居北夷。邑於紫蒙之野。卽大棘城號曰東胡。其後與匈奴並盛。控弦之士二十餘萬。秦漢之際。冒頓盛時爲匈奴所敗。分保鮮卑山。不知何地因號鮮卑。其俗以季春大會作樂水上。髡頭飲晏。方匈奴盛時。未有名通於漢。光武時。南北匈奴。各相攻伐。匈奴衰耗。而鮮卑遂盛。（尚有烏桓一族亦鮮卑之類入南北朝其族無著名之人物爲）其族有慕容氏。（慕容乃步搖之訛其祖莫護跋好冠漢人步搖之冠故以爲氏）有段氏。（未知得氏之故）有拓跋氏。（魏書稱拓跋氏出於鮮卑其先黃帝之後鮮卑語謂土爲拓謂后爲跋黃帝以土德王故以爲氏宋書則謂拓跋出於匈奴爲李陵之後不知孰是）又有宇文氏。（魏書稱宇文出於匈奴而居於遼東其語言與鮮卑頗異人皆翦髮而留其頂上以爲首飾周書自稱炎帝之後鮮卑奉之爲君其俗謂天曰宇謂君曰文故以爲氏二說亦不知孰是）段氏。拓跋氏、宇文氏、皆相仍而起。各有所表見。而前燕、後燕、南燕、北燕、則慕容氏也。慕容氏邑於遼東北。至涉歸仕晉。拜鮮卑單于。涉歸死。子廆嗣。廆長八尺。雄傑有大度。初拜鮮卑都督。太康十年。始居徒河。（晉縣今盛京錦州府西北）永嘉初。自稱鮮卑大單于。而仍事晉。元帝中興。廆與劉琨合辭勸進。晉封廆大單于。昌黎公。廆刑政修明。虛懷引納。士庶多襁負歸之。廆乃徧舉人望。委以政事。廆之政策。南臣事晉。而西與胡羯爲敵國。永嘉八年。廆卒於徒河。子皝嗣。皝龍顏版齒。身長七尺八寸。雄毅多權略。通經學。嗣位後。其兄仁叛。盡亡遼左之地。久乃克之。咸康三年。自稱燕王。是年。石虎來伐。戎卒四十餘萬。皝奮擊大破之。明年。又大破之。六年。入冀州。徙都龍城。（故城在今內蒙古土默特右翼西）晉封以燕王。燕趙之興亡。決於此矣。（案劉淵嘗曰鮮卑之衆未易當也石勒亦嘗曰鮮卑健國也可引以爲援觀此知羯胡極畏鮮卑）永和四年。皝卒。子儁嗣。儁長八尺。善爲辭賦。既嗣燕王位。時石氏大亂。永和八年。儁遣其輔國將軍慕容恪伐冉閔。遂擒閔。送龍城。略後趙地。皆下之。得石氏乘輿服物。是年十一月。僭即皇帝位。升平三年。遷都於鄴。夢石虎齧其臂。寤而惡之。命發其墓。剖棺出屍。踏而罵之曰。死胡安敢夢生天子。鞭而投之漳水。是年儁死。子暐嗣。儁爲慕容氏極盛之時。

暐嗣位之十年。晉大司馬桓溫來伐。慕容垂大敗之於枋頭。(今河南濬縣西南)垂威名人盛。慕容評大不平。謀殺垂。垂奔苻堅。明年。堅將王猛來伐。評以三十萬衆禦之。大敗。評僅以身免。猛入鄴。執慕容暐送長安。(堅淮南敗後始殺之)燕地盡入於秦。是爲前燕。(居鄴)燕自晉帝奕太和五年。(燕建熙十一年)爲秦所滅。歷十四年。至晉孝武帝太元九年而復興。(秦建元二十年)初。慕容垂奔秦。苻堅大悅。禮之甚重。王雄勸堅殺垂。堅不聽。堅淮南之敗。垂軍獨全。堅以千餘騎奔之。垂子寶勸垂殺堅。垂不聽。仍以兵屬堅。垂至澠池。乃請於堅。請輯寧朔裔。堅許之。垂至鄴。會丁零翟斌。(北族流寓中國者)謀逼洛陽。時苻丕(堅子)鎮鄴。乃與垂兵二千。監以氐騎(秦之同種)一千。使救洛陽。垂至河內。(晉郡今河南河內縣治)悉殺氐兵而與翟斌合。反兵攻鄴。僭稱燕王。晉太元十年。克鄴。苻丕奔并州。垂定都中山。(今直隸定州)十一年。稱帝。十九年。攻滅西燕。二十年。率衆伐魏。戰於參合陂。(在今山西陽高縣北)垂大敗。明年。復謀伐魏。得疾而還。遂死。子寶嗣。

西燕與後燕同時。西燕起於慕容泓。暐之弟也。前燕亡。泓隨暐入秦。爲北地長史。秦末大亂。泓聞垂已攻鄴。乃亡命奔關東。收鮮卑數千人。還屯華陰。(晉縣今陝西華陰縣)堅遣强永擊之。爲泓所敗。泓遂稱濟北王。(泓在前燕原封濟北王)堅使苻叡。率姚萇討之。時慕容沖(泓弟前燕中山王爲堅所幸時爲平陽太守)亦叛。堅使寶衡討之。叡擊泓。大敗。叡死之。(姚萇懼罪而叛詳下)衝擊沖。大破之。沖遂奔泓。鮮卑之衆。因殺泓而立沖。沖進至阿房。以暐爲內應。暐伏兵將殺堅。事覺。爲堅所殺。太元十年。沖乃僭卽帝位。改元更始。入長安。明年。沖衆因沖毒虐失人心。殺沖。立沖將段隨爲燕王。改元昌平。尋爲慕容覬所殺。覬稱燕王。改元建明。率鮮卑男女三十餘萬口。去長安而東。慕容永有貳志。遂殺覬。慕容恆立沖子望爲帝。改元建平。衆不從。悉去望奔永。永殺望而立泓之子忠爲帝。改元建武。永尋殺忠而自立。稱河東王。稱藩於垂。永求東歸。爲苻丕所阻。（時丕稱帝於晉陽）永擊丕大敗之。遂稱帝。改元中興。此皆晉太元十一年事也。永居長子。（晉縣今山西蒲州府）至太元十九年。爲慕容垂所滅。是爲西燕。不在十六國之列。故附記於此。（居長子）

寶既立。是時燕已有必爲魏滅之勢。太元二十一年。（即寶嗣位之年）魏主拓跋珪來伐。克信都。寶大懼。率萬餘騎奔薊。寶子會守龍城。聞寶敗。率衆赴難。逢寶於路。寶分奪其軍。以授弟農。會怒。攻農殺之。遂攻寶。寶走龍城。會追圍之。爲寶將高雲所敗。會奔中山。爲慕容詳所殺。詳遂稱帝。改元建始。未幾。寶弟麟叛。寶率衆入中山。斬詳。亦稱帝。改元延平。寶率衆自龍城將攻中山。衆憚遠征。皆潰。寶還龍城。爲垂舅蘭汗所殺。及其子弟百餘人。寶子盛蘭汗壻也。故捨之。

盛以計襲蘭汗及其子穆而殺之。遂即僞位。不稱皇帝。稱庶人大王。尋僭號。盛懲寶以優柔失衆。遂峻極威刑。纖介必問。於是人不自安。遂闇中擊殺之。將死。屬後事於其叔父熙。（垂子）

熙即位。盡殺寶盛之諸子。而大興土木。築龍騰苑。景雲山。逍遙宮。甘露殿。天河渠。曲光海。淸涼池。時當季夏。暍死者大半。其妻苻氏嘗季夏求凍魚膾。不得。乃悉殺有司。苻氏死。熙斬衰徒跣。悲號躃踴。死而復蘇。轜車高大。毀城門而出。馮跋閉門執而殺之。而立高雲爲帝。

雲本高麗族。以敗慕容會功。寶封以爲子。拜夕陽公。既爲馮跋所立。自以非種。內懷疑懼。常養壯士。以爲腹心。義熙五年。馮跋又殺之。是爲後燕。（居龍城）

起於後燕慕容寶之時者。爲南燕。初慕容德。皝之少子也。前燕時。與慕容垂同敗桓溫於枋頭。威望亞於垂。燕滅入秦。及寶即位。以德爲丞相。鎮鄴。魏師南伐。寶奔龍城。詳麟先後僭號於中山。晉安帝隆安二年。魏拔燕中山。麟南奔鄴。勸德僭號。德率衆去鄴。南走滑臺。（今直隸滑縣）自稱燕王。徐兗之民盡附之。德入廣固。（今山東青州府城西北）據以爲都。遂僭號。後六年死。兄子超嗣。

超僭位六年。義熙六年。宋武帝北伐。執超歸於建康。斬之。是爲南燕。（居廣固）慕容氏僭號者。前後凡十九人。至此而亡。（凡慕容廆慕容皝慕容儁慕容暐慕容垂慕容寶慕容盛慕容熙慕容雲慕容泓慕容沖慕容顗慕容望慕容忠慕容永慕容詳慕容麟慕容德慕容超十九人總謂之燕）

據龍城之舊壤。殺高雲而自立者。爲北燕。然馮跋實漢族。非鮮卑種也。仕燕爲衛中郎將。援立高雲。跋爲侍中。公事一決於跋。雲死。跋自稱燕王。在位二十三年卒。跋寢疾。少弟宏勒兵而入。跋驚懼而死。宏殺跋子百餘人。遂即位。宋元嘉十三年。爲魏所滅。宏走死朝鮮。是爲北燕。（凡馮跋馮宏爲北燕仍居龍城）

第十二節　前秦後秦西秦夏之始末（氐　羌　鮮卑　匈奴）

氐族不詳其所自來。而與中國交通極早。詩商頌殷武稱昔有成湯。自彼氐羌。莫敢不來享。莫敢不來王。曰商是常。是知夏商之際。已有氐名矣。其先有扈氏之苗裔。（此亦循例而有之言）至晉苻洪乃入主中夏。苻洪。略陽臨渭（晉縣甘肅秦安縣東南）氐也。其家池生蒲長五丈。節如竹形。時咸異之。謂之蒲家。因以爲氏。洪少爲羣氐部帥。石勒徙氐於枋頭。進洪爵爲侯。佐冉閔平梁犢。進略陽公。冉閔之亂。羣氐奉洪爲主。衆至十餘萬。自稱爲大單于三秦王。謀據關中。爲麻秋所鴆死。（秋石虎舊將降洪者）子健。（初名羆）遂入長安。（將京兆人杜洪據長安）走杜洪。僭稱天王。俄稱帝。國號秦。立五年死。子生代。生殘暴。彎弓露刃。以見朝臣。錘鉗鋸鑿。備置左右。截脛刳胎。拉脅鋸頸者。動有千數。勳舊親戚。殺害略盡。苻堅時爲龍驤將軍。乃因人怨而殺之。

堅卽位。去皇帝之號。僭稱天王。晉帝奕太和五年。堅親伐燕。克鄴。擒慕容暐。寧康元年。攻克晉漢中。取成都。西南諸夷悉附之。太元元年。滅代。（拓拔氏）又滅涼。（張氏）又平西域諸國。幅員之大。爲五胡所未有。乃大舉伐晉。戎六十萬。騎二十七萬。苻融先進攻壽春。克之。堅頓大軍於項城。率輕騎八千。會融。與融登城觀晉軍。又望八公山（山名在今安徽壽州）草木。皆類人形。顧謂融曰。此亦勍敵也。憮然有懼色。晉將謝石欲戰。融陣逼淝水。石遣使謂融小退。融亦欲俟其半渡擊之。於是麾軍却陳。軍遂退奔。制之不可止。融馬倒。爲晉軍所殺。軍遂大敗。謝石乘勝追擊。至於青岡。（去壽州三十里）死者相枕。堅單騎遁還。收集離散。衆十餘萬。行未及關。慕容垂叛去。東方皆失。未幾。而慕容泓慕容沖叛。姚萇又叛。與泓沖合攻長安。堅命其子宏守長安。自率數百騎奔五將山。（山名在今陝西岐山縣）爲姚萇所得。萇求傳國璽。堅曰。汝羌也。圖緯符命。何所依據。五胡次序。無汝羌名。璽已送晉。不可得也。（案姚弋仲亦嘗曰自古以前未有夷狄作

（天子者是羌於胡中爲最賤其故今不可攷）萇縊殺之。

堅之出長安。其子宏郎奔潰後歸晉。仕爲梁州刺史。堅子丕。時守鄴。慕容垂圍之累年。丕奔并州。堅爲姚萇所殺。丕乃僭號於晉陽。進據平陽。將討姚萇。而慕容永請假道東歸。丕勿許。使其丞相王永伐之。王永敗死。丕衆離散。南奔晉。爲晉將馮該所殺。丕族子登。初爲狄道（晉縣今陝西鄜州西北四十里）長。關中大亂。奔於枹罕。（晉縣今甘肅河州治）羣氐推爲雍河二州牧。伐姚萇。大破之。丕死。登僭號於隴東。（晉郡今甘肅平涼府西四十里）後爲姚興所攻。戰死。子崇奔於湟中。（湟中謂湟水之漢今甘肅西寧府）僭號。爲乞伏乾歸所殺。氐亡。是爲前秦。（苻洪　苻健　苻生　苻堅　苻丕　苻登　苻崇　堅以前在長安　丕在晉陽　登在隴　崇在湟中）

仇池氏楊氏。不在十六國之列。然實氐之大宗。附誌於此。氐者。西夷之別種。號曰白馬。三代之際世一朝見。秦漢以來。世居岐隴以南。漢川以西。自立豪帥。漢武遣中郎將郭昌衞廣滅之。以其地爲武都郡。（晉郡今甘肅階州西八十里）自汧渭抵於巴蜀。種類實繁。或謂之白氐。或謂之故氐。各有侯王。受中國封拜。漢建安中。有楊騰者。爲部落大帥。騰始徙居仇池。仇池方百頃。因以爲號。四面斗絕。高七里餘。羊腸蟠道三十六回。其上有豐草水泉。煑土成鹽。騰後有名千萬者。魏拜爲百頃氐王。千萬孫飛龍。漸彊盛。千萬無子。養外甥令狐茂搜爲子。惠帝之亂。羣氐推茂搜爲主。關中人士流移者多依之。茂搜死。部衆分爲二。子難敵爲左賢王。居下辨。（晉縣今陝西南鄭縣地）子堅頭爲右賢王。居河池。（晉縣今陝西鳳縣治）難敵死。子毅立。自號下辨公。堅頭死。子盤立。自號河池公。臣晉。毅兄初。殺毅。并盤而自立。毅弟宋奴。復殺初。初子國。又殺宋奴。自立爲仇池公。永和中。國從叔俊。殺國自立。國子安。復殺俊自立。仍臣晉。稱仇池公。安死。子世立。世死。弟統立。安子纂殺統自立。晉咸安元年。苻堅伐纂。滅之。徙其民於關中。空百頃之地。苻堅既敗。宋奴之孫定。（父佛奴苻堅壻也）率衆奔隴。（去仇池二百十里）復稱仇池公。後有秦州之地。稱隴西王。尋爲乞伏熾磐所殺。失秦州。宋奴之孫盛。（父佛狗）復稱仇池公。後有漢中之地。稱藩於晉。宋封盛爲仇池王。盛死。子玄立。玄死。弟難當立玄子保宗。保顯皆奔宋。宋納之。難當遂叛宋。自稱大秦王。改元。置百官。元嘉中舉兵攻宋梁州。宋將裴方明來伐。難當大敗。棄仇池奔魏。宋留其將胡崇之守仇池。魏遣將吐奚弼、拓跋齊、襲崇之。崇之敗沒。保宗弟文德。率其舊衆。襲魏兵。大敗之。斬拓跋齊。吐奚弼遁還。文德復稱仇池公。元嘉二十五年。魏人復來。文德奔建康。時氐衆在漢中者數千戶。宋立保宗子元和爲武都王。治白水。（晉縣今四川昭化縣西北）旋降魏。自是楊僧、楊文度、楊文弘、楊後起、楊集始、楊紹先、相爲氐王。其滅亡之年。史所不詳。十六國無此長久者也。（楊文德以前在仇池楊文德以後在武興）

羌在兩漢。最爲巨患。而十六國之亂。則羌遠不及鮮卑。亦不及匈奴。其顯於一時者。惟姚氏而已。羌姚弋仲者。燒當之後也。仕石虎爲奮武將軍。封襄平公。虎遇之甚厚。而弋仲意在事晉。永和七年。石氏衰亂。弋仲使使降晉。晉拜弋仲使持節六夷大都督。督江淮諸軍事。儀同三司。大單于。封高陵郡公。明年死。子襄嗣。襄自稱大將軍大單于。屯於淮南。爲桓溫所敗。西奔關中。爲苻堅所殺。弟萇率子弟降於堅。事堅。官龍驤將軍。慕容泓兵起。堅遣子叡討之。以萇爲副。叡敗沒。萇懼罪。遂叛堅。自稱萬年秦王。與慕容沖聯和。堅出至五將山。萇執而殺之。

僭稱皇帝。入據長安。夢苻堅將鬼兵刺己。遂發狂而死。子興立。

興嗣僞位。滅苻登。陷洛陽。滅西秦。滅後涼。國勢甚盛。時魏人漸盛。興與相持。兵屢敗。而方鎮四叛。國力遂弱。義熙十二年。興死。子泓立。立一年。爲宋武帝所滅。羌亡。是爲後秦。（凡姚萇姚興姚泓皆在長安）

鮮卑乞伏國仁事苻堅。爲鎮西將軍。鎮勇士川。（在今甘肅金縣東北）苻堅之敗。國仁遂以隴右叛。衆十餘萬。自稱大將軍。大單于。未幾。國仁死。

弟乾歸自立。遷於苑川。（故城在今甘肅靖遠縣西南）爲姚興所破。遂降於秦。尋逃歸苑川。自稱秦王。後爲兄子公府所殺。

子熾磐殺公府而自立。襲禿髮傉檀於樂都。滅之。兵強地廣。宋元嘉間死。

子暮末嗣位。刑政酷濫。內外崩離。又爲夏赫連定所逼。知不自保。遂降於魏。是爲西秦。（凡乞伏國仁乞伏乾歸乞伏熾磐乞伏暮末皆居苑川）

夏之先出於鐵弗。鐵弗者。北人謂胡（匈奴）父鮮卑母之稱也。劉虎爲匈奴左賢王去卑之後。而母鮮卑人。遂以爲號。虎始附拓跋氏。後事劉聰。拜安北將軍。虎死。子務桓嗣。務桓死。弟閼陋頭嗣。務桓子悉勿祈逐閼陋頭而自立。悉勿祈死。弟衞辰嗣。自務桓以來。皆依違於拓跋氏苻氏之間。至衞辰乃道苻堅滅拓跋氏。堅分代爲二部。自河以西屬之衞辰。自河以東屬之劉庫仁。拓跋中興。殺衞辰。幷其衆。子勃勃奔於姚興。

勃勃事姚興。大見信重。興以勃勃爲安北將軍五原公。鎮朔方。勃勃乃僭稱大夏天王。恥姓鐵弗。遂改爲赫連。

自云徽赫與天連。又號其支庶爲鐵伐。言剛銳如鐵。皆堪伐人。宋武之入長安。擒姚泓也。自以內患南歸。留子義眞守長安。勃勃大喜。伐義眞。大破之。遂入長安。僭稱皇帝。定都統萬。（故城在今陝西懷遠縣西）蒸土爲城。鐵錐刺入一寸。卽殺作人而幷築之。所造兵器。射甲不入。卽斬弓人。如其入也。便斬鎧匠。凡殺匠數千人。常居城上。置弓劍於側。有所嫌忿。手自殺之。視民如草芥焉。勃勃死。子昌立。

昌立。魏師來伐。拔統萬。昌奔上邽。（晉縣今甘肅秦州西南）爲魏所擒。後以謀反誅。昌敗。弟定奔於平涼。自稱尊號。未幾。爲吐谷渾慕璝所襲。擒定送於魏。殺之。鐵弗亡。是爲夏。（赫連勃勃赫連昌赫連定皆居統萬）

第十三節　前涼後涼南涼北涼西涼之始末

昔漢武逐匈奴。奪其休屠王渾邪王所居之地。以斷匈奴與羌通之道。遂開涼州之地。卽今之甘肅省也。初置五郡。金城。（今蘭州府）武威。（今涼州府）張掖。（今甘州府）酒泉。（今肅州府）敦煌、（今安西州）後漸增置。至晉時成三州十餘郡。其地南俯西羌。北負匈奴。西通西域。爲中國用兵之處。其民遂習於武。漢末。董卓以涼州創亂。其後亂者不絕。東晉之亂、涼州割據之事。較他國尤複雜。今先舉其綱領如下。而後再言其委曲。

晉以張軌爲涼州刺史。其後遂據全涼。獨立。後爲苻堅所滅。地入於秦。是爲前涼。

苻堅盛時。命其驍騎將軍呂光討西域。及光平西域。歸至涼州。聞秦亂亡。遂據涼州自立。其後諸郡皆叛。呂氏不能全有涼州。僅居姑臧。縣名。涼州治也。漢爲武威。今甘肅武威縣治。未幾。爲姚萇所滅。是爲後涼。

禿髮氏爲河西鮮卑之大姓。於後涼呂光龍飛二年。禿髮烏孤據金城自立。至禿髮傉檀。降於姚萇。萇使守姑臧。後姑臧爲沮渠蒙遜所得。傉檀奔西秦。是爲南涼。

禿髮傉檀據金城之年。後涼建康分張掖酒泉所置太守段業叛。據張掖。未幾。沮渠蒙遜殺業自立。旋據姑臧。後爲魏所滅。是爲北涼。

段業叛時。敦煌之衆推李暠爲敦煌太守。而自立。後爲沮渠蒙遜所滅。是爲西涼。

由是觀之。可知前涼爲全有涼州之國。自起至滅。與諸涼無涉。而南涼北涼西涼。則皆分於後涼。其後則後涼併於後秦。南涼亦併於後秦。而後同歸北涼。北涼復西併西涼。於是復盡有涼州之地。其後乃爲拓跋魏所滅。此十六國時涼州之大沿革也。

張軌。漢張耳之後也。少明敏。好學有器望。姿儀典則。張華甚器之。仕晉爲散騎常侍。以時方多難。陰圖據河西。永寧初。出爲護羌校尉。涼州刺史。於時鮮卑反叛。寇盜縱橫。軌到官。卽討破之。斬首萬餘級。遂威著河西。遂定涼州之業。軌在州十三年。薨。子寔嗣。

寔卽位。晉拜寔涼州刺史西平公。及劉曜陷長安。愍帝蒙塵。寔乃自稱涼州牧。承制行事。於時天下喪亂。秦雍之民。死者十八九。惟涼獨全。寔在位六年。太興三年爲左右所弒。弟茂嗣。

茂即位。時與晉隔絕。茂自號平西將軍。涼州牧。而推寔子駿爲西平公。劉曜來寇。擊退之。茂雅有志節。能斷大事。太寧三年卒。臨終。命傳位於駿。遺令白帢入棺。無以朝服。

駿即位。自稱涼州牧。西平公。駿始逐辛晏。隴西人時據枹罕克枹罕。有河南之地。今鞏昌秦階諸州境於是分涼州爲三州。一曰涼州。領武威、武興、西平、張掖、酒泉、建康、西海、西郡、湟河、晉興、廣武、十一郡。二曰河州。領金興、晉城、武始、南安、永晉、大夏、武城、漢中、八郡。三曰沙州。領敦煌、晉昌、高昌、三郡。西域都護、戊己校尉、玉門大護軍、三營。州各有刺史。

駿私署涼王。督攝三州。永和元年。薨。子重華嗣。

重華即位。自署涼王。秦雍涼三州牧。石虎來寇。大敗之。永和十年。重華薨。子曜靈嗣立。

曜靈立。年十歲。重華兄祚。弒曜靈而自立。

祚專爲姦虐。駿及重華女未嫁者。皆淫之。明年。其河州刺史張瓘起兵討之。驍騎將軍宋混。率衆應瓘。軍至姑臧。祚廚士徐黑殺祚。衆立重華少子玄靖。又作元靚

玄靖即位。襲涼王。張瓘輔政。欲殺宋混。而廢玄靖。宋混攻張瓘。殺之。遂輔政。未幾。混死。混司馬張邕起兵滅宋氏而輔政。駿少子天錫。因民心。殺邕。弒玄靖。遂即涼王位。

天錫嗣位。凶賊不仁。太元元年。苻堅遣將苟萇、毛當、梁熙、姚萇、來伐。天錫敗。降於秦。張氏亡。是爲前涼。苻堅肥水之敗天錫奔晉晉仍拜天錫西平郡公盧江太守遇之甚厚而天錫國破家亡形神昏喪雖處朝列不復齒及資人戲弄而已桓元時卒年六十一凡張軌張寔張茂張駿張重華張祚張玄靖張天錫八主皆居姑臧

晉哀帝興寧三年。（秦苻堅建元元年）秦滅前涼。孝武帝太元十一年。（秦苻登太初元年）呂光僭號於姑臧。涼爲秦有者正二十二年也。初略陽氐（與苻堅同種）呂婆樓。爲苻堅大將。婆樓子光長八尺四寸。沈毅知兵。仕秦爲驍騎將軍。孝武太元八年。（秦苻堅建元十九年）堅使光率衆討西域諸胡。所經諸國。莫不降附。至龜茲王帛純拒戰。諸胡救帛純者七十餘萬。光大敗之。帛純逃去。降者三十餘國。（本載紀云胡厚於養生家有蒲萄酒千斛十年不敗可以知其人之種族矣）光乃以駝二千餘頭。致外國珍寶殊禽怪獸千有餘品。駿馬萬餘匹而還。時苻堅敗後。中原大亂。堅涼州刺史梁熙發兵拒光。光擊之。遂入姑臧。自署涼州刺史。太元十年也。明年稱涼州牧。酒泉公。未幾稱三河王。改元。尋僭號天王。光死。子紹嗣。紹兄纂。殺紹而自立。纂昏虐任情。忍於殺戮。纂弟超。殺纂而立其兄隆。隆即位。沮渠蒙遜。禿髮傉檀。頻來攻擊。乃降於姚興。氐呂氏亡。是爲後涼。（凡呂光呂紹呂纂呂隆皆居姑臧）

後涼之所以不及前涼之統一者。其鈐鍵全在段業。晉安帝隆安元年。（呂光龍飛二年）其建康太守段業叛。自稱涼州牧。以孟敏爲沙州刺史。李暠爲效穀令。（今甘肅敦煌縣西）敏死。衆推暠領敏衆。居敦煌。尋自號涼公。遷於酒泉。暠死。子歆嗣。與沮渠蒙遜戰於蓼泉。爲蒙遜所殺。遂入酒泉。歆弟恂。復自立於敦煌。復爲蒙遜所攻滅。李氏亡。是爲西涼。（凡李暠李歆李恂居敦煌）

鮮卑禿髮氏。其先有壽闐。壽闐生於被中。乃名禿髮。其俗爲被覆之義。世爲河西大族。至烏孤。爲呂光益州牧。龍飛二年。段業叛呂光。烏孤亦以是年據金城。稱武威王。後墮馬而死。弟利鹿孤嗣。

利鹿孤卽位。自稱河西王。尋卒。弟傉檀嗣。

傉檀卽位。僭號涼王。降於姚興。興使爲涼州刺史。鎭姑臧。遂有後涼地。傉檀西襲乙弗。（不知其處當去樂都不遠）使文支守姑臧。子虎臺守樂都。（晉縣今甘肅碾伯縣治）乞伏熾磐乘虛來襲。陷樂都。傉檀方大勝乙弗。將士聞之皆逃散。傉檀乃降於熾磐。尋爲熾磐所殺。禿髮氏亡。（或云後爲吐番）是爲南涼。（凡禿髮烏孤禿髮利鹿孤禿髮傉檀居樂都）

涼州諸酋之至强者。沮渠蒙遜也。蒙遜爲匈奴左沮渠之後。故以爲氏。爲河西大族。呂光龍飛二年。蒙遜二伯父羅仇麴粥。從呂光征河南。大敗。爲光所殺。宗族會葬者萬人。蒙遜哭謂衆曰。呂王髦荒。虐民無道。君等豈可坐觀成敗。使二父有恨黃泉乎。衆咸稱萬歲。遂立盟約。一旬之間。衆至萬。乃推建康太守段業爲涼州牧。業憚蒙遜雄武。微欲遠之。蒙遜亦內不自安。蒙遜兄男成。素有恩信。部衆坿之。蒙遜乃密誣告男成叛逆。使業殺之。蒙遜乃泣告衆。欲爲男成復仇。衆從之。遂攻殺業。自稱涼州牧。張掖公。旣克姑臧。自稱河西王。復滅敦煌。遂有全涼之境。宋文帝元嘉十年。蒙遜死。子牧犍嗣立。

沮渠牧犍。尙魏公主。卽位六年。魏師來伐。乃降於魏。

牧犍之敗也。其弟無諱奔晉昌。魏眞君時。圍酒泉。克之。復圍張掖。不克。遂奔西域。西域諸國拒之。三年。西域敗。無諱據鄯善立國。

無諱死。弟安周代立。爲蠕蠕所滅。沮渠氏亡。是爲北涼。（凡沮渠蒙遜沮渠牧犍沮渠無諱沮渠安周前二世居姑臧後二世居鄯善）

第十四節　蜀之始末竇

與漢族相爭。而割中國之地。以自立國者。大抵惟北族能之。若西南夷而能與中國抗者。古今一蜀李氏而已。

李氏者。廩君之苗裔也。巴郡南郡蠻。本有五姓。巴氏。樊氏。瞫氏。相氏。鄭氏。皆出於武落鍾離山。（未詳何在）其山有赤黑二穴。巴氏之子。生於赤穴。四姓之子。皆生黑穴。未有君長。俱事鬼神。乃共擲劍於石穴。約能中者。奉以爲君。巴氏之子務相。乃獨中之。衆皆歎。又令各乘土船。約能浮者。當以爲君。餘姓悉沈。惟務相獨浮。因共立之。是爲廩君。廩君乃乘土船。從夷水至鹽陽。（皆未詳何地）鹽水有神女。謂廩君曰。此地廣大。魚鹽所出。願留共居。廩君不許。鹽神暮輒來取宿。旦即化爲蟲。與諸蟲羣飛。掩蔽日光。天地晦冥。積十餘日。廩君思其便。因射殺之。天乃開明。廩君於是君乎夷城。四姓皆臣之。廩君死。魂魄世爲白虎。巴氏以虎飲人血。遂以人祠焉。（以上皆後漢書引世本語晉書載紀再引之此即西南夷自言其開國之神話也）世居於巴西宕渠。秦并天下。爲黔中郡。薄賦其民。口出錢三十。巴人謂賦爲賨。因爲名焉。

漢末大亂。自宕渠遷漢中。魏武時又遷略陽。遂與氏相習。賨人李特。生於略陽。身長八尺。沈勇有大度。曾仕州郡。爲賨渠。晉惠時關西大亂。特率流人復自略陽遷漢中。遂入巴蜀。時晉益州刺史趙欽反。特起兵誅之。晉拜特宣威將軍樂鄉侯。諸流人皆剛剽。（有氏羌習也）殆盈十萬。而蜀人愞弱。客主有不相制之勢。而晉朝受流人賄賂。聽其就食。於是散在梁益。不可復制。尋朝廷忽下苻秦雍州。凡流人入漢川者。皆徵還。於是流人大懼。晉益州刺史羅尙等。又誅求不已。流人乃推李特爲主。與羅尙相攻。屢破之。太安元年。特自稱益州牧。改年號。太安二年。羅尙大敗之。斬特於陣。

特弟流代統特衆。時流人大衰。流將降尙。有涪陵人范長生。岩居穴處。求道養志。向爲蜀人所敬信。而心願助賨。（范長生爲漢族儒者而欲助賨逐漢其用心殆不可解後賨人尊長生爲天地太師）賨遂復盛。流尋病死。

特子雄立。逐羅尙。克成都。益有全蜀。以永興元年。僭號成都王。范長生復勸雄稱帝。雄遂以光熙元年稱帝。國號成。以長生爲天地太師。領丞相。西山王。雄死。兄蕩子班立。

班嗣僞位。雄子期殺班而自立。

期僭號。特子驤之子壽。復殺期而自立。改國號曰漢。壽生平欣慕石虎。恥聞父兄時事。蜀民始怨矣。壽死。子勢嗣。三年。爲桓溫所滅。賨亡。是爲蜀。（凡李特李流李雄李班李期李壽李勢皆居成都）

賨李氏在十六國中爲蜀。亦稱爲前蜀。前蜀者。對後蜀而言之也。李氏自晉永和三年亡後。又四十八年。至義熙元年。安西府參軍譙縱。（巴西南充人）據涪城叛。自號梁秦二州刺史。殺益州刺史毛璩。縱入成都。自稱成都王。而稱藩於姚興。義熙十年。爲宋將朱齡石所滅。此所謂後蜀也。

以上爲十六國之始末。其間惟前涼張氏。西涼李氏。北燕馮氏。爲中國人。餘皆胡人也。晉南北朝時。胡族與中國交涉者。不止此。此則皆寄居內地諸降胡所爲。其事與黃巾羣盜相同。而與敵國外患有別。故附記於八王之後。所以見中國之亂。當時有如此也。若夫其他邊外諸族。則俟中衰時代漢族歷史述畢後。再及之。

第十五節　元帝王敦之亂

賈后之亂。八王之亂。皇室也。五胡之亂。異族也。因此二釁。遂使中國幾亡。黃河以北。淪為異域者數百年。其禍亦烈矣。然其時漢族之人。其幸災樂禍者。亦正不乏。懷愍之際。王彌亂於青兗。（東萊人。為劉淵侍中。勸淵稱帝。偕劉曜陷洛陽。逼辱羊后。發陵寢。死者三萬人。又歷陷中原各郡。後石勒誘殺之）張昌亂於江漢。（平氏縣吏。據江夏。尋造妖言。立妖賊丘沈為天子。名之曰聖人。後為陶侃所破伏誅）陳敏亂於淮徐。（字令通。廬江人。仕晉為廣陵度支。因張昌之亂。遂有吳越。後為顧榮所敗走死）王如亂於襄沔。（京兆新豐人。大掠於沔漢間。與石勒結為兄弟。後為王敦所殺）杜曾亂於南郡。（新野人。自稱南中郎將。竟陵太守。後為陶侃周訪所殺）杜弢亂於湘中。（字景文。蜀郡成都人。自稱湘州刺史。後為陶侃周訪所殺）王機亂於交廣。（字令明。長沙人。為晉交州刺史。乘亂謀自立。後為陶侃所殺）其人或出士族。或為庶民。而皆為漢人。史所謂永嘉之亂也。（懷帝年號）其後大都為王敦陶侃所平。而後禍即基於此。終東晉之世。大半皆朝廷與藩鎮。或衝突。或調停之事。今舉其要者述之。

元帝本晉之庶孽。位不當立。永嘉之亂。帝為安東將軍。都督揚州諸軍事。鎮下邳。（晉縣。今江蘇邳州）用王導計。始移鎮建康。（今江蘇江寧府治）以顧榮（字彥先。吳國吳郡人。吳相顧雍之孫。為南土著姓。官侍中）為軍司馬。賀循（字彥先。會稽山陰人。吳將賀齊之孫。官太常太子太傅）為參佐。王敦、（字處仲。瑯邪臨沂人。魏晉之名族也。尚武帝女襄城公主。事詳後）王導、（字茂弘。敦從弟。事詳後）周顗、（字伯仁。汝南安城人。官尚書左僕射。後為王敦所殺）刁協、（字玄亮。渤海饒安人。官尚書令。後為王敦所殺）並為腹心股肱。賓禮名賢。存問風俗。江東歸心焉。其間以王氏之功為至多。亦以王氏之權為至大。初。

元帝爲琅邪王。導以世爵爲尚書郎。與帝素相親善。導知天下已亂。遂傾心潛奉。有興復之志。及帝鎮建康。吳人不附。居月餘。士庶莫有至者。導乃躬造顧榮賀循。爲帝延譽。二人皆應命至。二人皆江東之望也。由是吳會風靡。君臣之分始定。俄而洛京傾覆。中州士女避亂江左者十六七。導勸帝收其賢人君子。與之圖事。時中原雖亂。而江右晏安。戶口殷實。導爲政。務在淸靜。朝野傾心。號爲仲父。元帝旣任王導爲相。又任王敦爲將。敦導之從兄。少有奇人之目。東海王越輔政時。以敦爲揚州刺史。帝初鎮江東。敦與導同心翼戴。江州刺史華軼（字彥夏。平原人）不奉帝命。敦督甘卓（字季思。丹陽人。吳將甘寧之孫。官梁州刺史。後爲王敦所殺）擊斬之。蜀賊杜弢作亂。敦遣陶侃周訪（字士達。汝南安城人。官荆州刺史）擊斬之。杜曾作亂。敦又遣陶侃周訪擊斬之。（考東晉建國之初。亂事七起。惟二杜爲敦所平。其他五者。王彌敗於石勒。與江東無涉。張昌平於陶侃。在劉弘都督荆州時。王敦未用事也。陳敏之潰。因江左人望不附。故於敦無與。王如以見逼於石勒而降敦。亦非敦之功。王機爲陶侃所破。在敦與侃疑貳之後矣）威名日著。時人爲之語曰。王與馬。共天下。敦素有重名。又立大功於江左。專任閫外。手握强兵。遂欲專制朝廷。有問鼎之心。帝畏而惡之。遂引劉隗（字大連。彭城人。爲丹陽尹。尋出鎮泗口。爲王敦所逼。奔石勒。病卒）刁協爲心膂。導敦等甚不平。於是嫌隙始構矣。敦每酒後。輒詠魏武樂府歌曰。老驥伏櫪。志在千里。烈士暮年。壯心不已。以如意打唾壺爲節。壺邊盡缺。永昌元年正月。敦爲侍中大將軍江州牧。遂率衆內向。（敦鎮武昌。爲建康之上游。其後六朝方鎮之叛者。皆處上游之勢者也）僞以誅劉隗刁協爲名。帝亦下詔討敦。四月。敦至石頭。王導周顗戴淵（字若思。廣陵人。官尚書僕射。尋出鎮壽陽。後爲王敦所殺）三道攻之。皆敗。敦入石頭。殺周顗戴淵刁協。惟劉隗北奔得免。敦擁兵不朝。自署丞相江州牧武昌郡公。還屯武昌。又殺甘卓。元帝以憂憤而崩。明帝旣立。敦移姑孰。（今安徽太平府治暴慢愈甚。以沈充字士居湖郡武康人錢鳳字世儀亦不知何許人為謀主。充等並凶險驕恣。共相騙扇。敦以溫嶠字太眞太原祁人少事劉琨琨使至江左勸進遂留江左官驃騎將軍江州刺史為丹陽尹。欲使覘伺朝廷。嶠至。具以敦謀告帝。明帝性沈毅。久欲討敦。嘗微服至蕪湖。察其營壘。既聞嶠言。知衆情所畏惟敦。乃僞言敦死。下詔討之。而敦亦竟病。不能御衆。以其兄含為元帥。率錢鳳等內向。以誅溫嶠為名。太寧二年七月。帝自將與王含戰於越城。在秦淮南王氏大敗。敦聞怒曰。我兄老婢耳。門戶衰矣。因作勢而起。困乏復臥。敦夢刁協乘軺車導從瞋目令左右執之。遂驚懼而死。年五十九。敦無子。以含子應為後。應不發喪。日夜淫樂。充復率衆渡淮。臨淮太守蘇峻進擊大破之。錢鳳沈充皆死。含與應單船奔荊州刺史王舒。敦之從弟舒使人沈之於江。惟王導歷相元帝明帝成帝三世。以咸和五年卒。年六十四。王氏仍為江東望族。

第十六節　成帝蘇峻之亂

晉之名將。王敦之外。曰甘卓。曰陶侃。曰周訪。敦皆憚之。故終訪之世。敦不敢動。及敦作逆。卓已耄荒。敦襲殺之。侃時為交州刺史。遠在嶺外。故敦一舉事。天下無其敵。遂至不可收拾。而崛起而滅敦者。乃在素不知名之蘇峻。峻於是以天下為莫己若。故繼敦而稱兵焉。此蘇峻與王敦相因之理也。峻字子高。長廣掖人。少為書生。永嘉之亂。百姓流亡。所在屯聚。峻糾合數千家。結壘於本縣。後遠近皆推以為主。青州刺史曹嶷王彌將降晉者疑之。峻不自安。率數百家。泛海奔晉。太寧初。歷官至臨淮太守。王敦內向。使人說峻。峻不從。王敦平。加冠軍將軍。歷陽內史。邵陵公。峻以單家。聚衆於擾攘之際。歸順之後。志在立功。既有功於國。威望漸著。至是有銳卒萬人。器械甚精。朝廷以江外寄之。峻遂潛有異志。時明帝崩。成帝初立。年幼。皇太后庾氏臨朝。政事一決於后兄亮。（字元規潁川鄢陵人代王導爲司徒）亮與峻不平。乃徵峻爲大司農。峻以爲害己。曰。我寧山頭望廷尉。不能廷尉望山頭。咸和二年。遂反。遣其將韓晃、張健、襲姑孰。自率萬人濟江。進據覆舟山。（在建康城北）因風放火。臺省營寺。一時蕩盡。遂陷宮城。縱兵大掠。裸剝士女。哀號之聲。震動內外。峻自爲驃騎領軍將軍。錄尚書事。以祖約（字士少祖逖之弟繼逖爲豫州刺史與蘇峻同反峻敗約奔石勒勒惡其爲人滅其族）爲太尉尚書令。明年。江州刺史溫嶠自尋陽（宋郡今江西九江府）荊州刺史陶侃自武昌（晉郡今湖北武昌府）皆起兵討峻。嶠等與峻連戰皆敗。嶠初輕峻。及連敗。亦深憚之。九月。與峻戰於石頭。（在今江寧府西）峻舍其衆。率數騎突陣。嶠軍投之以矛。峻墜馬。遂斬之。峻司馬任讓等。立峻弟逸爲主。未幾。皆爲嶠等所誅。

第十七節　晉末桓氏之亂

晉自成帝咸和三年。平蘇峻之亂後。至安帝元興二年。中間七十六年。北方極石勒、石虎、冉閔、慕容暐、苻堅、慕容垂、姚萇、呂光、段業、禿髮烏孤、沮渠蒙遜、李暠、乞伏國仁之亂。皆蠭起於是時。生民幾將滅矣。而江左獨晏然無事。休養生息。國力漸充。遂成二次北伐之效。此桓氏之功也。使非北方混壹於拓跋氏。則光復舊物。非無望也。桓氏仕晉。始自桓彝。（字茂倫譙國龍亢人）彝少孤貧。而早得盛名。仕至宣城太守。蘇峻之亂。爲峻所害。彝有五子。温、雲、豁、祕、沖、並知名。而與歷史有關繫者。則惟温。温字元子。彝之長子也。幼時爲温嶠所賞。故名温。既長。眼如紫石稜。鬚作蝟毛磔。時人謂爲孫仲謀司馬宣王之流。尙帝女南康公主。永和一年。歷官至荊州刺史。時李勢力微弱。温率衆伐之。遂滅蜀。及石虎死。（永和四年）趙魏大亂。温謀北伐。自江陵（晉縣今湖北江陵縣）率衆而下。朝廷恐其爲變。乃以殷浩（字深源陳郡長平人）爲揚州刺史以制之。温遂還鎭。浩素負盛名。累徵不就。於時擬之管葛。伺其出處以卜江左興亡。王濛（字仲祖太原晉陽人哀帝王皇后之父）謝尙。（字仁祖陳國陽夏人官豫州刺史）嘗相與省之。知浩有確然之志。退而相謂曰。深源不起。當如蒼生何。及是爲揚州刺史。毅然以中原爲己任。然温素知浩。弗之憚也。以國無他釁。遂得相持彌年。時後趙初亡。羌姚襄率衆降於浩。浩因是得至洛陽。修復園陵。已而姚襄叛。浩棄軍而走。器械都盡。温因朝野之怨。遂奏廢浩。浩既被廢。但終日書空作咄咄怪事而已。（後温將以浩爲尚書令浩欣然許焉將答書慮有謬誤開閉者數十竟達空函大忤温意由是遂絕永和十二年卒於家于消爲温所殺）温遂統步騎四萬出襄陽。以趨長安。與苻生戰於藍田。（晉縣今陝西藍田縣）温奮擊大破之。苻健以五千人自守。居人皆持牛酒迎温。耆老感泣曰。不圖今日復見官軍。居久之。温以糧盡引還。温自以雄姿風發。自謂宣帝（即司馬懿）劉琨之儔。有以其比王敦者。意甚不平。及是征於北方。得一巧作老婢。訪之。乃琨伎女也。一見温。便潸然而泣。温問其故。答曰。公甚似劉司空。温大悅。出外整理衣冠。又呼婢問。婢云。面甚似。恨薄。眼甚似。恨小。鬚甚似。恨赤。形甚似。恨短。聲甚似。恨雌。温於是褫衣解帶。昏然而睡。不怡者數日。（案此事類乎戲言似非當時實事然史稱温自擬劉琨人比以王敦則不樂而

（又稱溫行經王敦墓望之曰可人可人又常慨然曰既不能流芳後世不足復遺臭萬年耶是溫之用心前後互異惡知不爲此老婢所激哉）永和十二年。溫北伐。與姚襄戰於伊水。（水名戰處當在洛陽之南）大敗之。襄遂西奔。溫至洛陽而旋。還軍之後。北方復陷於賊。哀帝興寧二年。溫又北伐。與慕容垂戰於枋頭。死者三萬人。溫久懷異志。欲先立功河朔，還受九錫。既逢覆敗。名實頓滅。於是急於廢立以立威。乃誣帝（哀帝弟奕）爲閹。而立簡文帝。溫自爲丞相。大司馬。俄而帝疾。溫意簡文臨終。必傳位於己。及簡文崩。遺詔以子曜爲嗣。溫怨憤。孝武（即曜）徵溫入朝。溫至。有位望者。咸震慴失色。溫謁成帝陵。因而遇疾。（史言溫忽見成帝責之）歸於姑孰。諷朝廷加己九錫。謝安。（字安石謝尚從弟官太傅）王坦之。（字文度太原晉陽人）故綏其事。錫文未成。而溫死。年六十二。溫弟沖。（字幼子）代領其衆。時謝安之禦苻堅也。沖深以爲憂。對衆歎曰。天下事可知。吾其左衽矣。俄而王師大捷。苻堅僅以身免。時沖已病。遂慚恥而終。蓋是時北府兵强。（謝安使謝玄以精兵鎭北固謂之北府其後謝玄之敗苻堅劉裕之誅桓玄及擒慕容超殺盧循滅姚弘皆此軍也）沖有所懾而不敢。非眞忠於王室也。然桓氏素樹威于荊楚。人樂爲用。故溫沖繼沒。而餘業遂集於玄。

肥水戰後之二年。（太元十年）謝安卒。帝弟會稽王道子。繼安執政。道子與帝日夕以酣歌爲事。朝廷無復有政治。太元二十一年。帝爲張貴人弒於淸暑殿。僞云因魘暴崩。太子闇弱。會稽王道子昏荒。遂不復推問。安帝既立。寒暑飢飽。亦不能辨，賴人爲之節適。愚闇更甚於孝武。朝政愈壞。時帝舅王恭。（字孝伯太原晉陽人哀王皇后之姪孝武王皇后之兄也）自以元舅之尊。風神簡貴。素與道子不協。恭鎭北府。後將軍王國寶。（史失其字王坦之之子謝安之壻也）勸道子因恭入覲。殺之。恭知其謀。隆安元年。乃密結江州刺史殷仲堪。（陳郡人史失其字）前義興太守桓玄（玄仕爲義興太守忽忽不樂棄官就國溫封南郡公玄襲其爵故居荆楚與仲

（堪同居仲堪甚敬憚之州人畏玄甚於仲堪）為援。而已舉兵內向。以誅國寶為名。道子大懼。殺國寶以說於恭。恭乃還。隆安二年。譙王尙之。（字伯道宣帝弟進之玄孫）說道子以藩伯強盛。宰相權弱。乃以其司馬王愉。（史失其字坦之子國寶兄也後為宋武所殺）為江州刺史。（新立江州非仲堪所統）割豫州所統四郡與之。時庾楷（失其字庾亮之孫）為豫州刺史。大惡之。乃說王恭殷仲堪桓玄同舉兵內向。以誅王愉尙之及弟休之為名。恭等並許之。道子不知所為。悉以事付其子元顯。已但日飲醇酒而已。九月。尙之大破庾楷於牛渚。楷單騎奔桓玄。（後復欲殺玄應道子謀洩被殺）王恭未發。元顯使人說其司馬劉牢之。（字道堅彭城人）謂殺恭。即以恭之位予之。牢之遂襲恭。恭將奔桓玄至長塘湖。（在今金壇縣）為人所告。執至京師。斬之。於是北府西府。（豫州刺史鎮歷陽謂之西府）皆平。惟仲堪及玄。連敗官軍。進至石頭。朝廷危逼。乃謀間殷桓之交。詔玄為江州刺史。而出仲堪為交州刺史。玄大喜。猶豫未決。仲堪大怒。遽西歸。謂諸軍曰。汝輩不即散歸。吾至江陵。悉誅汝家。諸軍欲散。玄大懼。追及仲堪於尋陽。相盟。以子弟交質。皆不受朝命。朝廷不得已。乃以仲堪為荊州。玄為江州。乃各還鎮。時雍州刺史楊佺期。（弘農華陰人曾為仲堪司馬勸仲堪殺桓玄者）與玄有隙。玄恐終為殷楊所滅。隆安三年。起兵攻仲堪。佺期來救。玄大敗之。斬佺期。仲堪聞佺期死。將奔姚興。為玄所追獲。仲堪自殺。朝廷以玄督荊江司雍秦梁益寧八州諸軍事。江州刺史。玄自謂三分有二。為勢運所歸矣。於是中外乖違。相持者數年。元興元年正月。以元顯為大都督。劉牢之為前鋒。（時帝童騃道子昏荒國事皆元顯為之）以討桓玄。玄聞之大驚。欲完聚保江陵。（玄雖必反然謂朝廷未暇討己猝聞之故驚）長史卞範之。（字敬祖濟陰宛句人玄之謀主也）勸玄東下。玄發江陵。及過尋陽。不見官軍。意甚喜。二月至姑孰。殺譙王尙之。（時鎮西府）時元顯所伙。惟劉牢之。（時鎮北府）三月牢之降於玄。（牢之欲假玄以圖執政而自取之不意竟爲桓玄所賣奪其兵柄自縊死）玄遂至新亭。（今江寧府西）元顯之衆遂潰。玄入建康收會稽王道子及元顯。皆殺之。自署總百揆。都督中外諸軍事。錄尚書事。揚州牧。領徐荊江三州刺史。假黃鉞。（此後遂爲圖篡者必歷之階）還鎮姑孰。遷帝於尋陽。元興三年十一月。自稱爲相國楚王。尋受安帝禪。國號大楚。以桓石康（桓溫子豁之子）爲荊州刺史。（鎮江陵）郭昶之爲江州刺史。（鎮尋陽）桓弘（桓沖之子）爲青州刺史。（鎮廣陵今江蘇揚州府治）以桓脩（桓沖之子）爲徐兗二州刺史。（鎮京口今江蘇鎮江府治）刁逵（刁協之孫）爲豫州刺史。（鎮歷陽今安徽和州此五州爲南朝重鎮）玄既得意。驕奢荒侈。遊獵無度。性又暴急。呼召嚴速。朝野勞瘁。思亂者十家而至八九。元興三年二月。劉裕（宋武帝也事見後）劉毅（字希樂彭城人）何無忌（東海郯人劉牢之之甥也）等在京口。合謀起兵。使其黨劉毅。劉道規。（裕弟）孟昶。（平昌人）殺桓弘。據廣陵。諸葛長民。（琅邪陽都人）殺刁逵。據歷陽。王叡。（字元德）王懿。（字仲德叡弟二人皆苻秦臣來奔者）辛扈。（隴西人）童厚之。（東莞人）在建康攻玄。爲內應。裕與何無忌殺桓脩。據京口。刻期齊發。二月乙卯。劉裕僞稱傳詔。直入斬桓脩。遂據京口。劉毅亦以出獵斬桓弘。據廣陵。惟王叡等謀洩。爲玄所殺。諸葛長民亦事洩。爲刁逵所囚。將送之玄。至途聞玄敗。送人共破檻出長民。還趨歷陽。刁逵走死。玄聞裕起。憂懼特甚。顧左右曰。劉裕足爲一世之雄。劉毅家無擔石之儲。樗蒱一擲百萬。何無忌酷似其舅。今共舉大事。吾其敗乎。（初劉裕從桓脩入朝玄妻劉氏有智鑒謂玄曰劉裕龍行虎步瞻視不凡恐終不能居人下不如早除之玄曰我方平蕩中原非裕莫可用者俟關河平定然後徐議之耳）三月。裕軍進至江乘。（晉縣在今江蘇句容縣北六十里）斬玄將吳甫之皇甫敷二人。皆玄之驍將也。卞範之悉衆屯覆舟山。裕又大敗之。玄遂西奔。裕入建康。自爲徐州刺史。玄挾帝至江陵。桓石康納之。五月。裕使劉毅追及玄。又敗之。

玄棄帝將奔漢中。就桓希。（希時爲梁州刺史）行至回枚洲。（在江陵縣南水中）益州刺史毛璩。（字叔璉。滎陽陽武人）使兄孫毛祐之。迎斬之。劉毅自謂大事已定。不急追躡諸桓。桓謙（字敬祖。沖之長子。玄之揚州刺史）桓振。（字道全。桓豁之孫。玄之淮南太守）匿於沮澤中。聚黨得二百人。襲江陵。陷之。復挾帝。何無忌攻之。大敗。義熙元年。正月。劉毅攻克江陵。奉帝返正。諸桓皆奔姚興。桓氏久處江荊。故人樂爲用。至是遂亡。朝政歸於劉裕。安帝端拱而已。其後又十六年。劉裕篡位。司馬氏亡。此兩晉之大略也。至於晉之政治教化風俗藝文。均與宋齊梁陳相聯屬。當俟下總述之。

第十八節　宋武帝之概略

二十四史中。人主得國之正。功業之高。漢高而外。當推宋武。不得以混壹偏安之異。而有所軒輊也。宋武姓劉氏。名裕。字德輿。小名寄奴。彭城人。自云漢楚元王交之後。（宋書本紀敘自交至裕凡二十一世。皆記其官與名。似甚可據。而魏書以爲本姓項氏。殆不可攷）身長七尺六寸。時晉人風俗尙門第。貴沖虛。而帝名微位薄。輕狡無行。僅識文字。樗蒲傾家。落魄不修廉隅。故盛流皆不與相知。隆安三年。孫恩作亂於會稽。（恩字靈秀。琅邪人。世奉五斗米道。叔父泰事錢塘杜子恭。子恭有祕術。泰傳其法。百姓敬之如神。泰見晉祚將終。私合徒衆。謀爲亂。謀洩。會稽王道子誅之。恩逃於海。衆聞泰死。皆謂蟬蛻登仙。就海中資給恩。恩合亡命百餘人。自海上攻上虞。沿海郡縣。莫不響應。旬日之間。衆數十萬。恩據會稽。號其黨曰長生人。尋爲劉牢之所破。復逃入海。其後屢寇沿海及江邊郡縣。皆爲宋武所破。窮蹙赴海自沈。妖黨謂水仙。恩死。衆推恩妹夫盧循爲主。循字子先。盧諶之曾孫也。循改恩之舊策。不攻江浙。襲廣州據之。時宋武新誅桓玄。朝廷多故。乃授循廣州刺史）朝廷以劉牢之討之。帝應募爲牢之參軍。帝大破孫恩。以功遷下邳太守。桓玄起兵。朝廷以會稽世子元顯爲郡督。討玄。以劉牢之爲前鋒。牢之陰持兩端。帝極諫。牢之不聽。乃降於玄。玄入建康。以牢之爲會稽內史。牢之知被奪。私告帝欲起兵於廣陵。帝知牢之將敗。自還京口。起兵討桓玄。義熙元年。桓氏滅。安帝復位。以帝爲侍中車騎將軍。都督中外諸軍事。使持節。徐靑二州刺史。錄尙書事。封豫章郡公。尋進揚州刺史。義熙六年二月。南燕慕容超寇宿豫。（晉郡。今江蘇宿遷縣。）大掠男女二千五百。付其太樂敎之。以爲優伶。帝惡之。三月。自將伐南燕。先爲舟師自淮入泗。五月。至下邳。留船艦輜重。步進至琅邪。所過皆築城留兵守之。衆慮鮮卑塞大峴（山名。在今山東沂水縣境）之險。堅壁清野。大軍深入。不惟無功。將不能歸。帝料其必不能。旣過大峴。燕兵不出。帝舉手指天。喜形於色。曰。虜已入吾掌中矣。（前之料其不能堅壁淸野者。知燕人退惜禾稼。進利虜獲也。今之入險而喜者。知士卒有必死之志也。）六月。超以步騎十萬戰於臨朐南。（晉縣。今山東臨朐縣治。）日向昃。勝負未決。帝出奇兵。出燕兵後。攻臨朐。拔之。燕兵大潰。超遁還廣固。帝進圍之。六年正月。克廣固。以其民皆衣冠舊族。先帝遺民。赦之。而誅其王公以上三千人。執超至建康。斬於市。（按南燕疆域至小。且又新造。於五胡十六國中最微弱。不足數。而宋武克之若甚難者。然此可以觀南北之强弱矣。）帝以六年二月克南燕。而盧循徐道覆於三月至尋陽。殺江州刺史何無忌。（時鎭尋陽。）中外震駭。朝議奉乘輿北走就帝。旣而知賊未至。乃止。急徵帝還。帝留韓範（南燕降將。後以謀叛誅。）守南燕故地。以船載輜重。自率精銳步歸。至山陽。（今江蘇山陽縣。）聞何無忌死。卷甲兼行。至淮上。問行人。知朝廷未動。帝大喜。（此云大喜。則前之懼可知。若盧循早至兩月。則宋武大事去矣。）至京口。衆乃大安。四月。帝至建康。五月。循又敗豫州刺史劉毅。賊連克二鎭。（江豫二州。）戰士十餘萬。舟車百里。不絕。而北歸將士多病創。建康戰士。不過數千。孟昶諸葛長民諸宿將皆謂必不能抗。欲奉乘輿過江。固請不已。帝曰。今若遷動。便自土崩。江北豈可得至。今兵士雖少。自足一戰。若其克濟。臣主同休。苟厄運必至。我當橫尸廟門。不能草間偷活也。此可見當時情勢矣昶仰藥而死。料裕必敗是月。循至建康。帝策之曰。賊若於新亭直進。勝負之數。未可量。若迴泊西岸。此成禽耳。徐道覆固請盧循。自新亭焚舟直上。循不從。欲待建康自潰。帝登石頭望循軍。初見引向新亭。顧左右失色。既而迴泊西岸。乃大喜。循久無所得。乃欲還荊江。七月。西引。帝豫使孫處。字季高會稽永興人官南海太守由海道襲廣州。十一月。據之。十二月。帝自將與循戰於大雷。今安徽望江縣西循兵大敗。追至尋陽。循僅以身免。餘衆皆降。七年。以帝爲太尉中書監。循還廣州。攻城不克。交州刺史杜慧度擊循。大破之。循沈水死。徐道覆亦爲劉藩毅從弟所殺。盧徐既滅。帝乃亟於誅異己者。於是受禪之機見矣。義熙八年。以劉毅爲荊州刺史。滅桓玄後以弟道規爲荊州刺史是年以疾告歸毅性剛猛沈斷。而專肆很愎。與帝協成大業，而功居其次。深自矜伐。不相推伏。帝素不學問。而毅頗涉文學。故朝士有清望者。多歸之。既據上流。相圖遂急。毅請從弟藩以自副。帝僞許之。藩入朝。時爲兗州刺史帝殺之。而自將討毅。所以置毅於荊州者欲以速成其罪也十月。掩至江陵。振武將軍王鎮惡。北海劇人苻堅相王猛之孫克其城。毅逃至城南牛牧佛寺而縊。毅投寺求庇於僧僧曰昔先師藏桓氏亡人爲劉衛軍所殺劉毅爲衛將軍今實不敢容異人毅無所容遂縊毅既死。諸葛長民時太尉留府事聞而歎曰。昔年醢彭越。今年殺韓信。禍其至矣。今日欲爲丹徒布衣。豈可得也。九年。帝自江陵歸。剋日謂預定到日而屢淹其期。既而輕舟潛還東府。帝所居明旦。長民始聞之。驚而至門。帝引長民卻人閑語。凡平生於長民所不盡者。皆與及之。長民甚悅。帝已密令左右壯士丁旿等。自幔後出。拉而殺之。劉毅之後。以司馬休之（尙之弟）爲荊州刺史。休之宗室之重。又得江漢人心。帝尤忌之。十一年。收休之子文寶兄子文祖。皆殺之。而自將討休之。三月。至江陵。休之奔於姚興。（奔秦亡入魏卒）八月還。時內亂已平。帝仍有平定關洛之意。初帝之伐南燕也。慕容超求救於姚興。興遣使告帝曰。慕容見與鄰好。又以窮告急。今當遣鐵騎十萬。逕據洛陽。晉軍若不退者。便當長驅而進。帝答之曰。語汝姚興。我定燕之後。息甲三年。當平關洛。今能自送。便可速來。劉穆之（字道和東莞莒人裕之謀主官左僕射）馳入。尤帝曰。當日事無大小。必賜與謀之。此宜詳之。云何卒爾。帝笑曰。此是兵機。非卿所解。故不語耳。夫兵貴神速。彼若審能遣救。必畏我知。寧先遣信命。此是其見我伐燕。內已懷懼。自張之辭耳。（劉穆之所以能自全而不爲裕所忌者裕知不解兵機耳然亦可見解兵機之人無不死矣此河關之所以終不守也）秦救卒不至。（秦實以兵一萬救燕以北有赫連勃勃之警召還）至是。朱齡石（字伯兒沛郡沛人）已平譙縱。（裕平後蜀事在九年）十二年。聞姚興死。北伐之謀遂定。八月。發建康。留劉穆之統內外之事。以王鎭惡、檀道濟、（高平金鄉人）爲前鋒。自淮肥以向許洛。入秦境。所向皆捷。其餘王仲德、沈田子、分道而進。十月。克洛陽。十三年三月。進至潼關。諸將皆會。秦兵出戰。奮擊大破之。轉戰而前。八月。鎭惡等入長安。秦主泓降。（送建康斬之）九月。帝至長安。帝欲留長安。經略西北。而諸將佐久役思歸。又聞劉穆之卒。根本無託。遂決計東還。乃留次子義眞守長安。（時年十二）以王脩、（京兆人太尉諮議參軍）王鎭惡、沈田子、毛脩之、（字敬文滎陽陽武人）輔之。三秦父老。聞帝將還。詣門流涕。帝慰然久之。十二月。發長安。帝之滅秦也。斯時北族有大國三。而各有用意。魏之論曰。裕必克秦。歸而謀簒。關中華戎亂雜。風俗勁悍。必不能以荊揚之化施之。終爲國家有也。夏之論曰。裕必滅泓。然不能久留。裕南歸。留子弟守關中。如拾芥耳。涼主蒙遜聞帝入秦。大怒。其臣劉祥入言事。蒙遜曰。汝聞劉裕入關。敢研研然也。（研研喜貌）遂斬之。十四年正月。赫連勃勃率衆向長安。而諸將內相猜忌。沈田子先殺王鎭惡。王脩又殺沈田子。劉義眞又殺王脩。無人拒戰。帝乃召義眞東歸。而以朱齡石代義眞鎭關中。義眞等出關。夏兵大至。段宏背負義眞得免。朱齡石毛脩之等皆沒於夏。（朱齡石自殺。脩之亡入魏）帝登城北望。慨然流涕而已。（時留彭城）自此不復用兵。明年。晉安帝崩。恭帝立。又明年入朝。受晉禪。在位三年崩。年六十七。

第十九節　宋諸帝之世系

宋武以義熙十三年北伐。年六十一矣。滅姚秦後三年而篡。又二年而殂。年六十七。在位僅三年。（凡永初三年）劉義符即位。義符小字車兵。武帝長子也。母張夫人。武帝舉義後所納。名闕。不知何郡縣人。帝即位後。與宰相徐羨之、傅亮、謝晦、等有隙。爲羨之等所廢。尋弒之。在位二年。（凡景平二年）年十九。是爲少帝。劉義隆即位。義隆小字車兒。武帝第三子也。母胡婕妤。名道女。淮南人。帝在位三十二年。（合元嘉三十年景平二年改元）爲子劭所弒。年四十七。是爲文帝。劉駿即位。駿字休龍。小字道民。文帝第三子也。母路淑媛。名惠男。丹陽建康人。帝以豫州刺史舉兵誅劭。遂即帝位。在位十一年崩。（凡孝建三年大明八年）年三十五。帝昏暴無倫理。宋氏遂衰。是爲孝武帝。劉子業即位。小字法師。孝武帝長子也。母王皇后。名憲嫄。琅邪人。帝昏狂。在位一年。（凡景和一年）爲劉彧所弒。年十七。是爲前廢帝。劉彧即位。

或字炳休。小字榮期。文帝第十一子。而前廢帝之叔父也。母沈婕妤。名容。不知何許人。帝性猜忌。以翦落宗室爲得計。宋室之亡。遂決於是。帝在位八年崩。（凡泰始七年泰豫一年景和年內改元）年三十四。是爲明帝。劉昱卽位。昱字德融。小字慧震。明帝長子也。母陳貴妃。名妙登。建康屠家女。帝昏狂甚於前廢帝。在位五年。（凡元徽五年）爲蕭道成所弒。年十五。是爲後廢帝。道成援立劉準。準字仲謀。小字智觀。明帝第三子也。母陳昭華。名法容。建康人。明帝晚年。不能御內。諸弟姬人有懷孕者。輒取入宮。及生男。皆殺其母。而以與六宮所愛者養之。帝桂陽王休範之子也。以昭華爲母焉。帝在位三年。（凡昇明三年年內改元）爲蕭道成所廢。尋弒之。年十三。是爲順帝。宋亡。宋八帝。六十年。

第二十節　宋少帝之亂

晉時最重門閥。其名門子弟。雖祖尙玄虛。而獨重孝友。與河北風俗。截然不同也。宋起自寒微。不與士類相洽。徒以智勇取天下。功業雖高。而家法則非其所喩。加以無作人之道。輔弼無人。於是抔土未乾。宮庭喋血。六十年間。骨肉之禍。無日無之。至終遂以釀蕭道成之篡。而劉氏之族以赤。亦云慘矣。其尤奇者。自劉宋而後。南朝代有童騃之主。其昏狂無狀。爲古今所無。而獨在此百年中。亦事之至可怪者也。（唐劉知幾謂被廢者每受廢之者之汚辭。蓋非此無以明己篡弒之不得已也。此說甚有理。然此時南北分裂。事事反對。今觀魏書所載。與宋書齊書相同。彼豈肯爲廢之者諱耶。則被廢者之惡。蓋確矣。）此種人物。起宋少帝。而迄於齊東昏侯。而少帝稍近情。初。宋武無子。晚得少帝。甚喜。武帝疾篤。以徐羨之。（字宗文。東海郯人。與武帝同仕北府。永初。宋官尙書令。揚州刺史。進位司空。錄之起自布衣又無學術直以志力局度一旦居廊廟朝野推服時人論曰觀徐公言論不復以學問爲長其爲時所重若此死時年六十三）傅亮。（字季友北地靈州人永初末官尚書僕射中書令亮博學有文章死時年五十四）謝晦。（字宣明陳郡陽夏人永初末官侍中領軍將軍中書令晦美風儀善言笑眉目分明鬒髮如漆與劉穆之不協穆之死乃遷官死時年三十七）同受顧命。少帝既立。年十七。居喪無禮。好與左右狎暱。游戲無度。與謝靈運（謝玄之孫元嘉中官始興太守爲文帝所殺）顏延之（字延年琅邪臨沂人以官金紫光祿大夫老壽終二人皆宋人之最擅文章者也）善。許以之爲宰相。（觀此則知少帝必文人）於是羨之等惡之。而密謀廢帝。（案古今廢立之事未有輕忽如羨之等者而）次立者爲廬陵王義眞。羨之等先與有隙。乃先廢之爲庶人。（時爲南豫州刺史）徙新安。（今安徽徽州府）羨之等密召檀道濟（時爲南兗州刺史）王弘。（字休元琅邪臨沂人爲江州刺史）景平元年五月。至建康。及兵衆。皆伏領軍府中。（謝晦所居）詰旦。道濟引兵居前。羨之等繼其後。入雲龍門。宿衞莫有禦者。帝未起。扶出。收璽綬。送故太子宮。旋遣人殺之。帝多力。不即受制。突門走出。追者以門關踣而弑之。年十八。又殺義眞於新安。迎宜都王義隆。（時爲荊州刺史）傅亮率百僚詣江陵迎義隆。義隆見傅亮問義眞及少帝薨廢本末。悲哭嗚咽。哀動左右。亮汗流沾背。不能對。八月。至建康。卽帝位。羨之私問亮曰。王可方誰。亮曰。晉文景以上人。羨之曰。必能明我赤心。亮曰。不然。帝以晦爲荊州刺史。晦既發。顧望石頭城喜曰。今得脫矣。帝密謀討羨之亮晦。以王弘檀道濟。止於脅從。可撫而用。元嘉三年正月。召道濟至建康。（時在廣陵）乃下詔暴羨之亮晦之罪。傅亮入朝。至西明門外。聞變。馳出。使報羨之。羨之出郭至新林。（去建康城二十里）入陶竈中。自經死。亮亦乘馬出郭門。追得殺之。晦聞之。遂舉兵反。晦從武帝殺伐四方。入關十策。晦得其九。指麾處分莫不曲盡其宜。自率衆三萬東下。道濟與到彥之。（宋書本傳闕遂無考）合擊之。初。晦以道濟共事。必同禍福。自以無恐。及見道濟軍乃大懼。西師無復鬪志。遂不戰而潰。遁還江陵。與七騎將北遁。爲人所執。檻送建康。殺之。此後宋之夙將。惟有檀道濟。官司空江州刺史時魏統一北方。勢將南下。道濟屢與魏戰。魏不能逞。元嘉八年。文帝慮道濟終不可制。遂徵入殺之。道濟見收。脫幘投地曰。乃復壞汝萬里長城。自是拓跋之師。至於江上。江北千里。無雞犬之聲矣。

第二十一節　宋文帝被弑之亂

南朝文化。雖雜用老莊。浮屠。天師道。不能如兩漢之專用儒家。然士大夫皆知以不孝不弟爲大惡。與北朝之胡化大不同也。惟二凶弑父之事。幾與胡羯無異。此亦南朝之大變。然終無以自存。則南朝之習尚不能容之也。觀其事。亦可見南人社會之情焉。按南朝諸國孫吳蕭梁陳其開國者雖仁暴不同然其人皆士大夫也故家法亦較善惟劉宋起自市井無賴故道德最無足觀

宋文帝元嘉三年。袁皇后名齊嬀陳郡陽夏人生皇子劭。字休遠按中國自古無人君即位後皇后生太子者后自詳視。便馳白帝曰。此兒形貌異常。必破國亡家。不可舉。即欲殺之。帝狼狽至后殿戶外。手撥幔禁之。乃止。後潘淑妃生始興王濬。字休明袁皇后性妒。以淑妃有寵於上。恚恨而殂。淑妃專總內政。由是太子劭深惡淑妃及濬。濬懼爲將來之禍。乃曲意事劭。劭更與之善。時女巫嚴道育者。吳興人自言能辟穀服食。役使鬼物。因東陽公主名英娥劭之妹也婢王鸚鵡出入主家。主與劭濬皆信惑之。劭濬並多過失。數爲上所詰責。使道育祈請鬼神。欲令過不上聞。號曰天師。其後遂與道

育鸚鵡，及東陽主奴陳天與。黃門陳慶國。共爲巫蠱。琢玉爲上形像。埋于含章殿前。東陽主卒。鸚鵡應出嫁。劭濬慮事泄。（謂巫蠱事）濬府佐沈懷遠。（吳興人）素爲濬所厚。遂以鸚鵡嫁之爲妾。鸚鵡先與天與私通。既適懷遠。恐事泄。（謂私通事）白劭使密殺之。陳慶國懼曰。巫蠱事惟我與天與宣傳往來。今天與死。我其危哉。（誤會以爲爲巫蠱事也）乃具以其事白上。上大驚。即遣收鸚鵡。封籍其家。得劭濬書數百紙。皆咒詛巫蠱之言。又得所埋玉人。命有司窮治其事。道育亡命。捕之不獲。上惋歎彌日。謂潘淑妃曰。太子圖富貴。更是一理。虎頭復如此。（濬之小字）非復思慮所及。汝母子豈可一日無我耶。遣中使切責劭濬。劭濬惶懼無辭。唯陳謝而已。上雖怒甚。猶未忍罪。嚴道育之亡命也。上分遣使者搜捕甚急。道育變服爲尼。匿于東宮。或出止民張旿家。旋復還東宮。而爲人所告。上初不信。試使掩錄。得其二婢。知果道育也。上謂劭濬已斥遣道育。及此聞其猶與往來。惆悵惋駭。乃命京口送二婢須至檢覆。乃治劭濬罪。潘淑妃抱濬泣曰。汝前呪詛事發。猶冀能刻意思愆。何意更藏嚴道育。上怒甚。我叩頭乞恩。不能解。今何用生爲。可送藥來。當先自取盡。不忍見汝禍敗也。濬奮衣起曰。天下事尋自當判。（謂將弒帝）上欲廢太子劭。賜始興王濬死。議久不決。每夜與徐湛之。（字孝源東海郯人官尚書令）屏人語。或連日累夕。常使湛之自秉燭。繞壁檢行。慮有竊聽者。上以其謀告潘淑妃。淑妃以告濬。濬馳報劭。劭乃密與腹心陳叔兒張超之等謀爲逆。初上以宗室強盛。慮有內難。特加東宮兵使與羽林相若。至有實甲萬人。劭性黠而剛猛。帝深倚之。及將作亂。每夜饗將士。或親自行酒。王僧綽（琅邪臨沂人官侍中）密以啓聞。上猶不決。會嚴道育婢將至。元嘉三十年二月癸亥夜。劭詐爲上詔。

云魯秀（時典禁兵者）謀反。汝可平明守闕率衆入。因使張超之等。集素所畜養兵士二千餘人。甲子。宮門未開。劭以朱衣加戎服上。從萬春門入。舊制。東宮隊不得入城。劭以僞詔示門衛曰。受敕有所收討。遂與張超之等數十人馳入雲龍門。及齋閣。拔刀徑上合殿。帝是夜與徐湛之屛人語至旦。燭猶未滅。門階戶席。直衛兵尙寢未起。帝見超之入、舉几捍之。五指皆落。遂弑之。湛之驚起趨北戶。未及開。兵入殺之。劭進至合殿中閤。聞帝已殂。出坐中堂。使人殺潘淑妃。及江湛。（字徽淵濟陽考城人官吏部尚書）王僧綽。幷太祖親信左右數十人。急召始興王濬。使帥衆屯中堂。濬時在西州府。既入見劭。劭謂濬曰。潘淑妃遂爲亂兵所害。濬曰。此是下情由來所願。百官至者纔數十人。劭遽卽位。卽位畢。亟稱疾還永福省。（太子所居）不敢臨喪。以白刃自守。夜則列燈。以防左右。劭密與太子步兵校尉沈慶之（字弘先吳興武康人官太尉後爲廢帝所殺年八十宋之名臣也）書。令殺武陵王駿。（本鎮尋陽時以討蠻與慶之皆在蘄州）慶之往見王。示以劭書。王泣。請入內與母訣。慶之曰。下官受先帝厚恩。今日之事。惟事是視。殿下何見疑之深。王起。再拜曰。家國安危。皆在將軍。慶之卽命內外勒兵。旬日之間。內外整辦。三月庚寅。駿誓衆起兵。丁未。自尋陽東下。或勸劭保石頭城。劭曰。昔人所以固石頭城。候諸侯勤王耳。我若守此。誰當見救。唯應力戰決之。不然不克。戊午。駿至南州，（地屬姑孰）降者相屬。癸亥。柳元景（字孝仁河東解人官尚書令後亦爲廢帝所殺）潛至新亭。依山爲壘。甲子。劭使蕭斌（右軍長史爲劭所封者）統步軍。褚湛之（濬妻叔父）統水軍。與魯秀、王羅漢、劉簡之等。精兵合萬人。攻新亭壘。劭自登朱雀門督戰。元景宿令軍中曰。鼓繁氣易衰。叫數力易衰。但銜枚疾戰。一聽吾鼓聲。劭將士懷劭重賞。皆殊死戰。劭兵勢垂克。魯秀擊退鼓。劭衆遽止。元景乃開壘鼓譟以乘之。劭衆大潰。墜淮死者甚衆。劭更率餘衆自來攻壘。元景復大破之。所殺傷過于前。劭手斬退者不能禁。劭僅以身免。其黨或死或降皆盡。己巳。駿卽皇帝位。甲戌。夜。劭閉守六門。于門內鑿塹立柵。城中沸亂。濬勸劭載寶貨逃入海。劭以人情離散。不果行。丙子。諸軍克臺城。劭穿西垣入武庫井中。隊副高禽牽出之。禽將劭至殿。臧質字含文東莞莒人官江州刺史後以佐南郡王義宣舉兵兵敗被誅見之慟哭。劭曰。天地所不覆載。丈人何爲見哭。乃縛劭於馬上。防送軍門。斬於牙下。劭妻殷氏。殷淳之女陳郡長平人賜死於廷尉。臨死。謂獄丞曰。汝家骨肉相殘。何以枉殺無罪人。丞曰。受拜皇后。非罪而何。殷氏曰。此權時耳。當以鸚鵡爲后也。濬率左右數十人南奔。遇江夏王義恭。武帝子時從駿起兵濬下馬曰。南中郎謂駿今何所作。義恭曰。上已俯順羣心。君臨萬國。濬曰。虎頭來得無晚乎。義恭曰。殊當恨晚。濬又曰。故當不死耶。義恭曰。可詣行闕請罪。濬又曰。未審猶能賜一職自效不。義恭曰。此未可量。勒與俱歸。於道斬首。道育鸚鵡。並於都街鞭殺。案此事爲中國自孔教通行以來。人倫至大之禍。生民得無左袵。亦爲幸矣。此宋書語

第二十二節　宋前廢帝之亂

劉氏一代。可紀之事。自骨肉相殘外。無他事焉。不獨元凶劭一人也。今紀前後二廢帝之事於前。而以五王之事次之。廢帝卽位。時止二年。而其事有足鑒者。廢帝幼而狷急。及卽位。始猶難太后大臣及戴法興。會稽山陰人越騎校

尉未敢自恣。太后既殂。（太后疾篤使呼廢帝帝曰病人間多鬼那可往太后恚怒謂侍者取刀來剖我腹那得生寧馨兒）帝年漸長。欲有所爲。法興輒抑制之。謂帝曰。官所爲如此。欲作營陽（謂少帝）邪。帝稍不能平。永光元年八月辛酉。賜法興死。初世祖號猜忌。王公大臣。重足屏息。莫敢妄相過。後世祖殂。太宰義恭等皆相賀曰。今日始免橫死矣。既殺戴法興。諸大臣無不震慴。各不自安。於是柳元景顏師伯。（字長淵琅邪臨沂人官左僕射）密謀廢帝。立義恭。日夜聚謀。而持疑不能決。元景以其謀告沈慶之。慶之與義恭素不厚。又師伯常專斷朝事。不與慶之參懷。謂令史曰。沈公爪牙耳。安得預政事。慶之恨之。乃發其事。癸酉。帝自帥羽林兵討義恭。殺之。并其四子。斷絕義恭支體。分裂腸胃。挑取眼珠。以蜜漬之。謂之鬼目粽。并殺柳元景顏師伯。沈慶之等。遂大誅宗室。自是公卿以下。皆被捶曳。如奴隸矣。山陰公主。（名楚玉）帝姊也。適駙馬都尉何戢。（廬江灊人）公主尤淫恣。嘗謂帝曰。妾與陛下。男女雖殊。俱託體先帝。陛下六宮萬數。而妾唯駙馬一人。事大不均。帝乃爲公主置面首左右三十人。何邁尚帝姑新蔡長公主。（名英媚）帝納公主於後宮。謂之謝貴嬪。既而殺邁。帝畏忌諸父。恐其在外爲患。皆聚之建康。拘于殿內。毆捶陵曳。無復人理。湘東王彧。建安王休仁。山陽王休祐。皆肥壯。帝爲竹籠。盛而稱之。以彧尤肥。謂之豬王。謂休仁爲殺王。休祐爲賊王。東海王禕性凡劣。謂之驢王。嘗以木槽盛飯。并雜食攪之。掘地爲坑。實以泥水。裸彧內坑中。使以口就槽食之。用爲歡笑。或嘗忤旨。帝裸之。縛其手足。貫之以杖。使人擔付太官。曰。今日屠豬。休仁請俟皇子生。乃殺豬取心肝。帝乃釋之。湘東王彧。主衣阮佃夫。內監始興王道隆。學官令臨淮李道兒。與直閤將軍柳光世。又帝左右琅邪淳于文祖等。陰謀弑帝。先是帝遊華林園竹林堂。使宮人裸相逐。一人不從命。斬之。夜夢在竹林堂。有女子罵曰。帝悖虐不道。明年不及熟矣。帝于宮中求得一人似所夢者。斬之。又夢所殺者罵曰。我已訴上帝矣。於是巫覡言竹林堂有鬼。是日晡時。帝出華林園。建安王休仁、山陽王休祐、會稽公主並從。湘東王彧獨在祕書省。不被召。益憂懼。帝素惡主衣吳興壽寂之。見輒切齒。阮佃夫以其謀告寂之。寂之等聞之皆響應。帝欲南巡。腹心宗越等並聽出外裝束。唯隊主樊僧整防華林閣。其夕帝悉屏侍衛。與羣巫及采女數百人。射鬼於竹林堂。事畢。將奏樂。壽寂之抽刀前入。帝見寂之至。引弓射之。不中。綵女皆奔走。帝亦走。大呼寂寂者三。寂之追而弑之。迎彧即位。

第二十三節　宋後廢帝之亂

明帝在位八年。其人稍愈於前廢帝耳。及死而子昱立。則又無異於前廢帝。殆又過之。是爲後廢帝。初帝在東宮。好緣漆帳竿。去地丈餘。喜怒乖節。主師不能禁。太宗屢敕陳太妃痛捶之。及即帝位。內畏太后太妃。外憚諸大臣。未敢縱逸。自加元服。內外稍無以制。數出遊行。始出宮。猶整儀衛。俄而棄車騎。帥左右數人。或出郊野。或入市廛。太妃每乘青犢車。隨相檢攝。既而輕騎遠步一二十里。太妃不復能追。儀衛亦懼禍。不敢追尋。唯整部伍。別在一處。瞻望而已。每微行自稱劉統。或稱李將軍。常著小袴衫。營署巷陌。無不貫穿。或夜宿客舍。或晝臥道傍。排突廝養。與之交易。或遭慢辱。悅而受之。凡諸鄙事。裁衣作帽。過目則能。未嘗吹篪。執管便韻。天性好殺。

以此爲歡。一日無事。輒慘慘不樂。每夕去晨返。晨出暮歸。從者並執鋋矛。行人男女及犬馬牛驢。逢無免者。民間擾懼。商販皆息。門戶晝閉。行人殆絕。鍼椎鑿鋸。不離左右。少有忤意。卽加屠剖。殿省憂惶。食息不保。阮佃夫與直閤將軍申伯宗等謀。因帝出江乘射雉。稱太后令。喚隊仗還。閉城門。遣人執帝廢之。立安成王準。事覺。帝收佃夫等殺之。太后數訓戒帝。帝不悅。會端午。太后賜帝毛扇。帝嫌其不華。令太醫煮藥。欲酖太后。左右止之曰。若行此事。官便應作孝子。豈復得出入狡獪。帝曰。汝語大有理。乃止。元徽五年（卽昇明元年）六月甲戌。有告散騎常侍杜幼文司徒左長史沈勃遊擊將軍孫超之與阮佃夫同謀者。帝登帥衞士。自掩三家。悉誅之。刳解臠割。嬰孩不免。沈勃時居喪在廬。左右未至。帝揮刀獨前。勃知不免。手搏帝耳。唾罵之曰。汝罪踰桀紂。屠戮無日。遂死。是日大赦。帝嘗直入領軍府。時盛熱。蕭道成晝臥裸袒。帝立道成于室內。畫腹爲的。引滿將射之。道成斂板曰。老臣無罪。左右王天恩曰。領軍腹大。是佳射堋。一箭便死。後無復射。不如以骲箭射之。帝乃更以骲箭射。正中其臍。投弓大笑曰。此手何如。帝忌道成威名。嘗自磨鋋曰。明日殺蕭道成。陳太妃罵之曰。蕭道成有功于國。若害之。誰復爲汝盡力耶。帝乃止。道成憂懼。密與袁粲（字景倩陳郡陽夏人官尚書令以討蕭道成敗死）褚淵（字彥回河陽翟人降齊爲司徒）謀廢立。秋七月丁亥夜。帝微行至領軍府門。左右曰。一府皆眠。何不緣牆入。帝曰。我今夕欲于一處作適。宜待明夕。員外郎桓康（北蘭陵承人事齊爲青冀二州刺史）等於道成門間聽聞之。戊子。帝乘露車。與左右于臺岡賭跳。仍往青園尼寺。晚至新安寺偷狗。就曇度道人煮之飲酒。醉。還仁壽殿寢。楊玉夫常得帝意。至是忽憎之。見輒切齒。曰。明日當殺此于取肝肺。是夜令玉夫伺織女渡河。曰見當報我。不見將殺汝。時帝出入無常。省內諸閤。夜皆不閉。廂下畏相逢值。無敢出者。宿衛並逃避。內外莫相禁攝。是夕王敬則（晉陵南河人事齊爲太尉會稽太守以反誅）出外。玉夫伺帝熟寢。與楊萬年。取帝防身刀刎之。敕廂下奏伎陳奉伯袖其首。依常行法。稱敕開承明門出。以首與敬則。敬則馳詣領軍府。叩門大呼。蕭道成慮蒼梧王誑之。不敢開門。敬則于牆上投其首。道成洗視。乃戎服乘馬而出。袁粲等皆從入宮。衆聞帝死。皆呼萬歲。已丑旦。道成戎服出殿庭槐樹下。以太后令召袁粲褚淵劉秉（宋之宗室官尚書左僕射）入會議。道成謂秉曰。此使君家事。何以斷之。秉未答。道成鬚髯盡張。目光如電。秉曰。尚書衆事。可以見付。軍旅處分。一委領軍。道成次讓袁粲。粲亦不敢當。王敬則拔白刃在牀側跳躍曰。天下事皆應關蕭公。敢有開一言者。血染敬則刀。乃手取白紗帽加道成首。令即位。曰今日誰敢復動。事須及熱。道成正色呵之曰。卿都自不解。粲欲有言。敬則叱之。褚淵曰。非蕭公無以了此。手取事授道成。道成曰。相與不肯。我安得辭。遂受事。自是宋亡矣。

第二十四節　宋諸王之亂

晉八王之亂。爲古今所罕。而宋諸王之亂。亦不下於晉。惟八王之亂。南北朝因之以分。其關繫甚鉅。而宋諸王之亂。則關繫於中國者輕。故治歷史者不視之爲重要耳。然固劉宋一朝之大事也。今略述之。武帝七男。少帝義符。廬陵王義眞。（初鎮關中後爲徐羨之等所殺）文帝義隆。彭城王義康。江夏王義恭。（爲廢帝所殺）南郡王義宣。衡陽王義季。其中考終者。惟義季一人。則以早夭之故。而義宣則叛。文帝十九男。元凶劭。始興王濬。孝武帝駿。南平王鑠。（字休玄為孝武所殺）廬陵王紹。竟陵王誕。建平王宏。（字休度）東海王禕。晉熙王昶。（字休文北奔魏）武昌王渾。明帝彧。建安王休仁。（爲明帝所殺）晉平王休祐。（爲明帝所殺）海陵王休茂。鄱陽王休業。臨慶王休倩。新野王夷父。桂陽王休範。巴陵王休若。（爲明帝所殺）除早夭數人外。餘均見殺。而誕及休範皆叛。孝武二十八男。廢帝子業。豫章王子尚。（爲前廢帝所殺）晉安王子勛。安陸王子綏。子深。松滋侯子房。（與子勛同死）臨海王子頊。（與子勛同死）始平王子鸞。（爲前廢帝所殺）永嘉王子仁。子鳳。始安王子眞。（爲明帝所殺）子玄。邵陵王子元。（爲前廢帝所殺）齊王子羽。子衡。淮南王子孟。（爲明帝所殺）子況。南平王子產。晉陵王子雲。子文。廬陵王子輿。南海王子師。（爲前廢帝所殺）淮陽王子霄。子雍。子趨。子期。東平王子嗣。（爲明帝所殺）子悅。其非未封即死者。大略皆爲前廢帝與明帝所夷滅。而子勛則反。明帝十二男。後廢帝昱。法良。順帝準。第四子。（無名）智井。晉熙王燮。（字仲賢）邵陵王友。隨陽王翽。（字仲儀）新興王嵩。始建王禧。（字仲安）齊皆滅之。故宋四世六十六男。而壽考令終者無一焉。亦云酷矣。

其中當以義康、義宣、誕、休範、子勛、五人爲最著。

義康雖不叛。而兩爲叛者所推。少而聰察。久爲荊州刺史。（宋荊州刺史恆以親藩處之）元嘉六年。徵入以侍中輔政。義康性好吏職。銳意文案。糾剔是非。莫不精盡。凡所陳奏。入無不可。方伯以下。並委義康授用。由是朝野輻輳。勢傾天下。府門每旦。常有數百乘車。文帝有虛勞疾。將死者屢。義康盡心衛奉。湯藥飲食。非口嘗不進。或連夕不寐。連日不解衣。內外衆事。皆專決施行。十六年。進位大將軍。義康素無學術。闇於大體。自謂兄弟至親。不復存君臣形跡。率心逕行。曾無猜防。文帝嘗病危。朝臣多擬私奉之者。義康不知也。及文帝愈。微聞之。遂成嫌隙。十七年。解所任。改江州刺史。臨發之日。文帝惟對之慟哭。餘無一言。沙門惠琳（此宋名僧）往送之。義康曰。弟子（南北朝隋唐士大夫對沙門自稱如此）有還理否。惠琳曰。恨公不讀數百卷書。二十二年。范曄謀反。（字蔚宗順陽人官宣城太守爲求婚王室不得遂謀反被誅）事逮義康。乃削王爵。爲庶人。徙赴安成郡。義康在安成。讀淮南王書。乃歎曰。前代有此。我得罪爲宜也。二十八年。豫章人胡誕世等謀反。奉戴義宣。事平。賜死於安成。

因孝武以誅劭得國。以誅劭之功而起者。則爲義宣。義宣生而舌短澀。人材凡劣。十六爲荊州刺史。義宣至鎭。頗自課勵。爲人白晳。美鬚眉。長七尺五寸。腰帶十圍。多畜嬪御。後房千餘。尼媪數百。在鎭十年。值元凶弒立。義宣聞之。卽時起兵。孝武卽位。功居第一。以義宣爲丞相。兵强財富。威名著天下。時江州刺史臧質自謂人材爲一世雄。陰有異志。以義宣凡弱。易可傾移。欲假爲亂。以成其事。乃自出江陵說之。義宣亦以孝武淫其諸女。遂許之。密治舟甲。期孝建元年秋冬舉兵。邀司州刺史魯爽。（字女生扶風郡人魏將降宋者）兗州刺史徐遺寶。同反。爽素染殊俗。無復華風。粗中好飮。義宣使至。値爽大醉。失義宣旨。卽日起兵。義宣及質聞爽已動。皆狼狽反。三月。義宣帥衆十萬發江陵。孝武乃命柳元景、王玄謨、（字彥德太原祁人官大將軍江州刺史死年八十一）禦之。尋以沈慶之督江北諸軍。（爽遺寶從北來）四月。慶之與魯爽戰於大峴。（在合肥境）爽飮酒過醉。薛安都（河東汾陰人官徐州刺史與子勛反子勛敗奔魏）躍馬直前刺之。應手而倒。爽世爲將家。驍猛喜戰。號萬人敵。一戰而死。義宣與質聞其死。皆駭懼。四月。王玄謨、柳元景、與義宣臧質等戰於梁山。

(在蕪湖境)義宣等水陸俱敗。義宣單舸迸走。閉戶而泣。義宣既去。質不知所爲。逃至武昌。無所歸。遁於南湖。(在武昌城外)掇蓮實噉之。追兵至。以荷覆頭。自沉於水。出其鼻。衆望見之。射之中心。兵刃亂下。腸胃縈於水草。義宣逃至江陵。爲朱脩之(字恭祖義陽平氏人官荆州刺史)所獲。被殺。

因平義宣之功而起者。則爲誕。義宣之反也。挾四州之力。威震天下。孝武欲奉乘輿法物以迎義宣。誕固執不可。乃止。上流平定。誕之力也。孝武由此憚之。誕亦密爲之備。大明元年。出爲南兗州刺史。(鎮廣陵)三年四月。孝武使兗州刺史垣閬給事中戴明寶襲誕。至廣陵。爲誕所覺。皆殺之。乃抗表反。孝武使沈慶之討之。七日。克廣陵。孝武欲悉殺城中大小。慶之請自五尺以下全之。其餘父子皆死。女子以爲軍賞。猶殺三千餘口。皆先刳腸抉眼。或笞面鞭腹。苦酒灌創。然後斬之。復聚其首於石頭。以爲京觀。孝武之虐如此。

前二者孝武之事。其在前廢帝時者。則有子勛。子勛以大明中爲江州刺史。孝武崩。前廢帝狂凶。遣左右朱景雲送藥賜子勛死。景雲至湓口。停不進。遣信使報長史鄧琬。(字元琬豫章南昌人)琬等因奉子勛起兵。以廢立爲名。會明帝已立。詔子勛罷兵。琬等不受命。傳檄京邑。泰始二年。奉子勛爲帝。即僞位於尋陽城。年號義嘉元年。備置百官。四方並響應。威震天下。是歲。四方貢計。並詣尋陽。朝廷所保。惟丹揚淮南數郡。至八月。爲柳元景沈攸之(字仲達慶之從父兄子也官荆州刺史以討蕭道成兵敗死)蕭道成所敗。子勛將張悅斬鄧琬以降。沈攸之諸軍至尋陽。誅子勛。及其母同逆皆夷滅。子勛死時。年十一。皆鄧琬以子勛爲奇貨也。

其在後廢帝時者。則有休範。休範素凡訥。少知解。不爲諸兄所齒遇。物情亦不向之。故明帝之末。得免於禍。久任爲江州刺史。及後廢帝卽位。休範自謂尊親莫二。應入爲宰輔。既不如志。怨憤頗甚。元徽二年五月。遂反。懲前代之失。晝夜取道。以襲建康。丙戌。發尋陽。辛卯。卽至新林。去建康二十里。壬辰。自新林捨舟步上。蕭道成使黃回（竟陵人事齊爲兗州刺史爲道成所誅）張敬兒詐降。休範信之。敬兒見休範無備。卽奪休範防身刀。斬休範首。左右皆散。敬兒持首馳歸。然其黨尙力戰數日。後皆爲蕭道成所敗。蓋子勛休範二人。天下爲之騷然。而實受其益。蕭道成一人而已。

第二十五節　齊諸帝之世系

南朝自宋武以後。不知作育人材。而以摧抑英才爲得計。二百年間。遂至通國無一豪傑。卽齊梁陳開國之主。攷其勳業。亦不足觀。皆桓玄鄧琬崔慧景之得志者耳。較之高歡宇文泰之流。相去固甚遠也。惟爲正統帝皇之所係。則其年號名字。亦爲治歷史者所當詳。今先述齊之諸帝如下。齊起於蕭道成。道成字紹伯。小名鬬將。蘭陵（郡名今江蘇常州府）人也。爲漢相國蕭何二十四世孫。父承之。仕宋至南泰山太守。承之久爲宋將。數與北朝相攻戰。道成以將門子。亦屢與征討。宋明帝之世。漸見信用。及平桂陽王休範之亂。威望始隆。至王敬則弒蒼梧王而內禪決矣。受禪之歲。已在暮年。在位四年殂。（凡建元四年）年五十六。是爲高帝。蕭賾卽位。賾字宣遠。小諱龍兒。高帝長子也。母劉皇后。名智容。廣陵人。帝在位十一年崩。（凡永明十一年）年五十四。是爲武帝。蕭昭業卽位。昭業字元尙。小字法身。武帝孫也。（父惠文太子長懋）母王皇后。名寶明。臨沂人。帝在位一年。（凡隆昌一年）爲蕭鸞所弑。年二十一。是爲鬱林王。蕭昭文卽位。昭文字季尙。惠文太子第二子也。立數月。（改元延興）蕭鸞又弑之。年十五。是爲海陵王。蕭鸞卽位。鸞字景栖。小名玄度。高帝兄子也。（父始安王道生）母未詳。帝在位五年崩。（凡建武四年永泰一年）年四十七。是爲明帝。帝殺高武子孫無遺類。蕭氏遂衰。蕭寶卷卽位。寶卷字智藏。明帝第二子也。母劉皇后。名惠端。彭城人。帝在位三年。（凡永元三年）爲蕭衍所弑。年十九。是爲東昏侯。蕭寶融卽位。寶融字智昭。明帝第八子也。母未詳。帝在位二年。（凡中興二年）蕭衍復弑之。年十五。齊亡。齊凡七帝。二十四年。其人物歷運。在南朝中爲最下。

第二十六節　齊鬱林王之亂

齊高武二代。皆起自艱難。卽位之後。措置稍省。至武帝殂。鬱林王立。而國事又大亂。當武帝之大漸也。詔竟陵王子良。（字雲英。武帝第二子。文惠太子長懋之弟。鬱林王之叔父也。高帝十二王。武帝十七王。後皆爲明帝所殺）甲仗入延昌殿侍醫藥。子良以蕭衍（梁武帝也）范雲（字彥龍。南鄉舞陰人。後仕梁爲尙書）等皆爲帳內軍主。子良日夜在內。太孫（卽鬱林王）間日參承。永明十一年七月戊寅。武帝疾亟。暫絕。太孫未入。內外惶懼。百僚皆已變服。中書郎王融。（字元長。琅邪臨沂人。）欲矯詔立子良。詔草已立。及太孫來。王融戎服絳衫。於中書省閤口斷東宮仗。不得進。頃之。上復蘇。問太孫所在。因召東宮器甲皆入。以朝事委尙書左僕射西昌侯鸞。此中當有他事在惟史未言耳俄而上殂。融處分以子良兵禁諸門。鸞聞之急馳至雲龍門。不得進。鸞曰。有敕召我、排之而入奉太孫登殿。命左右扶出子良。指揮部署。音響如鐘。殿中無不從命。事乃大定。未幾子良以憂死。王融亦爲鬱林王所殺。而鸞攬大權矣。鬱林王性辨慧。美容止。善應對。哀樂過人。武帝尤愛之。而矯情飾詐。陰懷鄙慝。與左右羣小共衣食同臥起。始爲南郡王。少養於子良妃袁氏。從竟陵王子良在西州。文惠太子每禁其起居。節其用度。王密就富人求錢。無敢不與。別作鑰鉤。夜開西州後閤。與左右至諸營署中淫宴。所愛左右。皆逆加官爵。疏於黃紙。使囊盛帶之。許南面之日。依此施行。侍太子疾。及居喪。憂容號毀。見者嗚咽。裁還私室。即歡笑酣飲。常令女巫楊氏禱祀。速求天位。及太子薨。謂由楊氏之力。倍加敬信。既爲太孫。武帝有疾。又令楊氏禱祀。時何妃何戢之女猶在西州。武帝疾稍危。太孫與何妃書。紙中央作一大喜字。而作三十六小喜字繞之。侍武帝疾。言發淚下。武帝以爲必能負荷大業。謂曰。五年中一委宰相。汝勿措意。五年外。勿復委人。若自作無成。無所多恨。臨終。執其手曰。若憶翁。當好作。遂殂。大殮始畢。悉呼世祖諸妓。備奏衆樂。自山陵之後。即與左右微服遊走市里。好於崇安陵即文惠太子陵隧中。擲塗賭跳。作諸鄙戲。極意賞賜左右。動至百數十萬。每見錢曰。我昔思汝一枚不得。今日得用汝未。武帝聚錢上庫五億萬。齋庫亦出三億萬。金銀布帛。不可勝計。鬱林王即位未朞歲。所用垂盡。入主衣庫。令何后及寵姬。以諸寶器相投擊破碎之。用爲笑樂。何后亦淫泆。私於帝左右楊珉。與同寢處。如伉儷。朝事大小。皆決於西昌侯鸞。鸞數諫爭。帝多不從。心忌鸞。欲除之。而鸞已潛謀弑帝。隆昌元年十月改建武七月壬辰。鸞使蕭諶（字彥孚，蘭陵人，官中領軍，先爲鬱林王所信，及佐鸞弒鬱林王，又勸鸞盡殺高武諸王，後亦爲鸞所殺）先入宮。鸞引兵自尚書省入雲龍門。戎服加朱衣於上。比入門。三失履。王晏（字士彥，琅邪臨沂人，官尚書令，後亦爲鸞所殺）徐孝嗣（字始昌，東海郯人，官司空，爲東昏侯所殺）蕭坦之（蘭陵人，官尚書左僕射，爲東昏侯所殺）陳顯達（南彭城人，高帝舊將，官大尉，江州刺史，討東昏兵敗死）沈文季（字伯達，吳興武康人，官尚書右僕射，爲東昏侯所殺）皆隨其後。帝在壽昌殿。聞外有變。猶密爲手敕呼蕭諶。又使閉內殿諸房閤。俄而諶引兵入壽昌殿。帝走趨徐姬房。拔劍自刺不入。以帛纏頸。輿接出延德殿。諶初入殿。宿衛將士皆操弓楯欲拒戰。諶謂之曰。所取自有人。卿等不須動。宿衛素隸服於諶。皆信之。及見帝出。各欲自奮。帝竟無一言。行至西弄。殺之。輿尸出殯徐龍駒（帝之嬖人）宅。葬以王禮。鸞既弒帝。欲作太后令。徐孝嗣於袖中出而進之。鸞大悅。癸巳。以太后令追廢帝爲鬱林王。又廢何后爲王妃。迎立新安王昭文（文惠太子之子）。丁酉。新安王卽皇帝位。時年十五。以鸞爲驃騎大將軍。錄尚書事。揚州刺史。宣城郡公。大赦。改元延興。昭文在位。起居飲食。皆諮鸞而後行。尋又弒之。遂篡位。於是大誅高武諸王。鄱陽王鏘、江夏王鋒、南平王銳、宜都王鏗、晉熙王銶、河東王鉉、（以上高帝諸子）廬陵王子卿、魚復侯子響、安陸王子敬、晉安王子懋、隨郡王子隆、建安王子眞、西陽王子明、南海王子罕、巴陵王子倫、邵陵王子貞、臨賀王子岳、西陽王子文、衡陽王子峻、南康王子琳、湘東王子建、南郡王子夏、（以上武帝諸子）巴陵王昭秀、桂陽王昭粲。（以上惠文諸子。齊制諸王雖有封地而大權並寄典簽。故殺之甚易）

第二十七節　齊末東昏侯之亂

帝爲南朝昏暴主之終。其後唐宋明皆不復有此。帝在東宮。便好弄。不喜書學。明帝亦不以爲非。但勖以家人之行。嘗夜捕鼠達旦。以爲笑樂。明帝之喪。每當哭。輒云喉痛。性重澀少言。不與朝。惟親信閹人及左右御力應敕等。明帝臨崩。屬以後事。以鬱林王爲戒。曰。作事不可在人後。（以鬱林不殺蕭鸞爲戒非以其暴亂爲戒也）故帝遂以委任羣小誅戮宰臣爲務。初明帝雖顧命羣公。而多寄腹心在江祏兄弟。（祏字弘業濟陽考城人官中書令祏妹爲明帝之母）二江更直殿內。動止關之。帝稍欲行意。徐孝嗣不能奪。蕭坦之時有異同。而祏執制堅確。帝深忿之。帝左右會稽茹法珍吳興梅蟲兒等。爲帝所委任。祏常裁折之。法珍等切齒。帝失德寖彰。祏議廢帝。江夏王寶玄。（明帝子）更欲立建安王寶寅。（亦明帝子）祏密謀於始安王遙光。（明帝之弟）遙光自以年長。意欲自取。以微旨動祏。祏意回惑。會事爲劉暄（彭城人帝之元舅）所發。帝召祏入殺之。并及其弟祀。帝自是無所忌憚。益得自恣。日夜與近習於後堂鼓吹戲馬。常以五更就寢。至晡乃起。羣臣節朔朝見。晡後方前。或際闇遣出。臺閣案奏。多數十日乃報。或不知所在。宦者用以裹魚肉還家。並是五省黃案。帝嘗習騎致適。顧謂左右曰。江祏常禁吾乘馬。小子若在。吾豈能得此。因問祏親戚餘誰。對曰。江祥今在冶。（囚所在處）帝於馬上作敕賜祥死。始安王遙光素有異志。與其弟荊州刺史遙欣。密謀舉兵據東府。使遙欣自江陵引兵急下。刻期將發。而遙欣病卒。江祏被誅。帝召遙光入殿。告以祏罪。遙光懼。還省。即佯狂號哭。遂稱疾不復入臺。帝既誅二江。恐遙光不自安。遙光恐見殺。永元二年秋八月乙卯晡時。收集二州部曲(其弟遙欣遙昌豫荆二州之舊部)於東府。以討劉暄爲名。夜遣數百人破東冶出囚。於尚方取仗。天稍曉。遙光戎服出聽事。命上仗登城行賞賜。及日出。臺軍稍至。蕭坦之帥臺軍討遙光。衆軍圍東城三面。燒司徒府。遙光遣其黨垣歷生從西門出戰。乙未。垣歷生棄矟降。遙光大怒。於牀上自踊。其晚。臺軍以火箭燒東北角樓。至夜城潰。遙光還小齋帳中。著衣帢坐。秉燭自照。令人反拒齋閤。皆重關。左右並踰屋散出。臺軍入。遙光聞外兵至。滅燭扶匐牀下。軍人排閤入。於闇中牽出斬之。遙光死二十餘日。帝以兵圍坦之宅。殺之。又殺劉暄。十月。殺徐孝嗣沈文季。於是陳顯達不自安。(時爲江州刺史)十一月。顯達舉兵尋陽。帝以護軍將軍崔慧景(字君山清河東武城人事見下)禦之。十二月。顯達至采石。建康震恐。乙酉。顯達以數千人登落星岡。(石頭城西)新亭諸軍聞之。奔還宮城。大駭。閉門設守。顯達執馬矟。從步兵數百。於西州前與臺軍戰。再合。顯達大勝。手殺數人。矟折。臺軍繼至。顯達不能抗。退至西州後。騎官趙潭注刺顯達墜馬。斬之。帝既誅顯達。益自驕恣。漸出遊走。又不欲人見之。每出先驅斥所過人家。惟置空宅。尉司擊鼓蹋圍。鼓聲所聞。便應奔走。不暇衣屨。犯禁者應手格殺。一月凡二十餘出。出輒不言定所。東西南北。無處不驅。常以三四更中。鼓聲四起。火光照天。幡戟橫路。士民喧走相隨。老小震驚。啼號塞道。處處禁斷。不知所過。四民廢業。樵蘇路斷。吉凶失時。乳婦寄產。或輿病棄尸。不得殯葬。巷陌懸幔爲高鄣。置仗人防守。謂之屏除。亦謂之長圍。嘗至沈公城。有一婦人臨產不去。因剖腹視其男女。又嘗至定林寺。有沙門老病不能去。藏草間。命右左射之。

百箭俱發。帝有膂力。牽弓至三斛五斗。又好擔幢。白虎幢高七丈五尺。於齒上擔之。折齒不倦。自制擔幢校具。使衣飾以金玉。侍衞滿側。逞諸變態。曾無愧色。學乘馬於東冶營兵俞靈韻。常著織成袴褶。金薄帽。執七寶矟。急裝縛袴。淩冒雨雪。不避坑穽。馳騁渴乏。輒下馬解取腰邊蠡器。酌水飲之。復上馬馳去。又選無賴小人善走者。爲逐馬左右五百人。常以自隨。或於市側過親幸家。環回宛轉。周徧城邑。或出郊射雉。置射雉場凡二百九十六處。奔走往來。略不暇息。二年二月。帝欲殺裴叔業。（河東聞喜人豫州刺史）三月。遣崔慧景將水軍討之。（時叔業已卒其衆以豫州降齊）慧景過廣陵數十里。召會諸軍。告以討帝。衆皆響應。乃還軍向廣陵。慧景停廣陵二日。卽收衆濟江。奉寶玄爲主。甲子。慧景入樂遊苑。（在玄武湖南）遂圍宮門。稱太后令。廢帝爲吳王。陳顯達之反也。帝召諸王侯入宮。將殺之。巴陵王昭胄。（子良之子）與弟永興侯昭穎。詐爲沙門。逃於江西。及慧景舉兵。昭胄兄弟出赴之。慧景意更向昭胄。猶豫未知所立。慧景性好談義。兼解佛理。頓法輪寺。對客高談。時豫州刺史蕭懿（梁武之兄）將兵在小峴。帝遣密使告之。懿方食。投箸而起。帥軍主胡松李居士等數千人。自采石濟江。頓越城。舉火。臺城中鼓叫稱慶。慧景遣崔覺（慧景之子）將精卒數千人渡南岸。懿軍昧旦進戰。數合。士皆致死。覺大敗。赴淮死者二千餘人。覺單騎奔還。崔恭祖（慧景兄子）本與覺不平。至是與慧景驍將劉靈運詣城降。衆心離壞。夏四月。慧景餘衆皆走。慧景圍城。凡十二日而敗。從者於道稍散。單騎至蟹浦。爲漁人所斬。以頭內鰌鹽。擔送建康。其黨皆死。八月甲辰夜。後宮火。時帝出未還。宮內人不得出。外人不敢輒開。比及開。死者相枕。燒三千餘間。時嬖倖之徒。皆號爲鬼。有趙鬼者。能讀西京賦。言於帝曰。柏梁既災。建章是營。帝乃大啓芳樂玉壽等諸殿。以麝香塗壁。刻裝畫飾。窮極綺麗。役者自夜達曉。猶不副速。後宮服御。極選珍奇。府庫舊物。不復周用。貴市民間金寶。價皆數倍。建康酒租。皆折使輸金。猶不能足。鑿金爲蓮花。以帖地。令潘妃行其上。曰。此步步生蓮花也。（此是以佛教菩薩比潘妃。非纏足也。唐以前婦人無纏足者。）又訂出雉頭鶴氅白鷺縗。嬖倖因緣爲姦利。課一輸十。百姓困盡。號泣道路。作芳樂苑，山石皆塗以五采。望民家有好樹美竹。則毀牆折屋而徙之。時方盛暑。隨即枯萎。朝暮相繼。又於苑中立市。使宮人宦者。共爲裨販。以潘貴妃爲市令。帝自爲市錄事。小有得失。妃則與杖。又開渠立埭。身自引船。或坐而屠肉。又好巫覡。左右朱光尚詐云見鬼。帝入樂遊苑。人馬忽驚。以問光尚。對曰。嚮見先帝大嗔。不許數出。帝大怒。拔刀與光尚尋之。既不見。乃縛菰爲明帝形。北向斬之。懸首苑門。蕭懿之平崔慧景也。入爲尚書令。其弟衍。（時爲雍州刺史。鎮襄陽。）勸懿行伊霍之事。懿不從。十月。帝賜懿死。十一月乙巳。衍舉兵襄陽。數帝罪惡。立南康王寶融。（明帝子。時爲荆州刺史。）三年（即中興元年）正月。發襄陽。所至皆捷。而是年七月。建安王寶寅（明帝子。後奔齊。）謀自立。不成。十一月。蕭衍進至建康。帝出戰大敗。十二月丙寅夜。臺城人引外兵入殿。御刀豐勇之爲內應。帝在含德殿作笙歌。寢未熟。聞兵入。趨出北戶。欲還後宮。門已閉。宦者黃泰平刀傷其膝。仆地。張齊斬之。令百僚署牋。以黃紬裹帝首。降於蕭衍。蕭衍以太后令。追廢帝爲東昏侯。寶融即位。改元中興。是爲和帝。守府而已。次年。禪於梁。

第二十八節　梁諸帝之世系

蕭衍字叔達。小字練兒。蘭陵人。齊之同族也。齊明帝時。爲雍州刺史。鎭襄陽。知天下將亂。潛造器械。密爲之備。及兄懿被殺。齊司徒遂起兵。以至受禪。事前已述。及受禪在位四十八年。凡天監十八年普通八年大通三年中大通六年大同十二年中大同二年太清三年中多年內改元者爲侯景所弒。年八十六。是爲武帝。蕭綱卽位。綱字世纘。小字六通。武帝第三子也。母丁貴嬪。名令光。譙國人。帝在位二年。凡太寶二者又爲侯景所弒。年四十九。是爲簡文帝。蕭繹卽位。繹字世誠。小字七符。武帝第七子也。母阮修容。名令嬴。會稽餘姚人。本東昏侯宮人帝在位三年。凡承聖三年爲周人所執。遂殺之。年四十七。是爲元帝。武帝、簡文帝、元帝皆擅文章。爲後世所美。蕭方智卽位。方智字慧相。小字法眞。簡文第九子也。母未詳。帝在位三年。紹泰一年太平二年爲陳霸先所弒。梁亡。梁四帝。凡五十六年。

梁元帝之見殺。其故由於梁詧。詧字理孫。梁武帝孫也。父昭明太子統大同時。詧封岳陽王。爲雍州刺史。鎭襄陽。時元帝爲荆州刺史。鎭江陵。詧以正嫡。不得立。素怨望。又與元帝有隙。及元帝建號。詧與元帝。遂治兵相攻。詧累敗。勢將不振。乃降於宇文黑獺。卽周太祖也事見後承聖三年十一月。黑獺遣于忠攻江陵。陷之。乃立詧爲帝。在位八年。殂。號大定年四十四。子巋嗣位。字仁遠在位二十三年。殂。號天保年四十四。子琮嗣位。字温文年號廣運琮入朝於隋。隋收其國。自詧至琮亡。凡三十三年。皆稱藩於北朝。世謂之西梁。

第二十九節　北魏拓跋氏之世系

自五胡之亂後。未曾言及北朝之事。非無事也。與南朝無大交涉而已。至梁而北朝與南朝。又有大交涉。遂不能不補述北朝之事於此。晉惠帝永興之初。李特劉淵創亂。而十六國次第建立。紛擾一百數十年。至宋文帝元嘉間。而次第歸併於魏。五胡之亂。實與司馬氏相終始。魏既全有北土。有宋一代。當其最盛之時。至齊稍衰。至梁而分爲東魏西魏。東魏篡於齊。西魏篡於周。周又滅齊。而篡於隋。隋再滅陳。南北再合爲一。經三十年。天下復亂。而定於唐。隋之楊氏。唐之李氏。其先皆北周之臣也。故隋唐之風俗政教。皆衍於北朝。而與南朝無涉。其詳至述唐代時當言之。大約孫吳、與東晉、宋、齊、梁、陳、自成一種風俗政教。前不知其所從來。其後則至陳滅而絕。惟五代之南唐差近之。此亦漢族之一特色也。魏既爲隋唐之原。則其源流不可不陳其略。案拓跋氏世居北荒。其地有大鮮卑山。因以爲號。畜牧遷徙。射獵爲業。魏人自謂昌意少子。受封北土。爲鮮卑君長。黃帝以土德王。種人謂土爲拓。謂后爲跋。其得姓之原如此。而中國人則謂漢將李陵降匈奴。其後爲索頭部。姓託跋氏。兩說互異如此。然皆謂爲漢族之裔。殆皆非也。其祖始均。當堯時曾入中國。以下均據魏書積六十六世。未通中國。名亦無攷。至第六十七世以後。乃可攷。

毛　追謚成帝。

貸 追諡節帝。

觀 追諡莊帝。

樓 追諡明帝。

越 追諡安帝。

寅 追諡宣帝。始南遷大澤。

利 追諡景帝。

俟 追諡元帝。

肆 追諡和帝。

機 追諡定帝。

蓋 追諡僖帝。

儈 追諡威帝。

鄰 追諡獻帝。

詰汾 鄰子 追諡聖武帝。始居匈奴之故地。

力微 詰汾子 追諡神元皇帝。尊爲始祖。相傳帝爲神女所生。始居定襄之盛樂。故城在山西歸化城南 始朝貢於魏晉。

在位五十八年。年一百四歲。

悉鹿（力微子）追諡章帝。在位九年。

綽（悉鹿少弟）追諡平帝。在位七年。

弗（力微孫沙漠汗子）追諡思帝。在位一年。

祿官（力微子）追諡昭帝。分國爲三部。自以一部。居東。在上谷東北。接宇文部。以猗㐌（沙漠汗子）統一部。居代之參合陂北。以猗盧（猗㐌弟）統一部。居定襄之盛樂。在位十三年。時劉淵自稱漢皇帝。

猗盧　晉太尉劉琨失并州。來依代。三部復合爲一。始受晉封爲代王。以平城爲南都。（今山西大同府治）在位九年。爲子六修所弒。

鬱律（弗子）追諡平文帝。時石勒自稱趙王。在位五年。爲猗㐌妻所殺。

賀傉（猗㐌子）追諡惠帝。太后臨朝。時人謂之女國。

紇那（賀傉弟）追諡煬帝。時前趙爲後趙所滅。在位五年。奔於宇文部。

翳槐（鬱律子）追諡烈帝。在位七年。紇那復入。翳槐奔石虎。

紇那　在位三年。石虎以兵納翳槐。紇那奔慕容部。

翳槐　復立一年而死。

什翼犍翳槐弟追謚昭成帝。時張駿自稱涼王。晉滅蜀。苻健自稱大秦王。慕容儁滅趙。自稱燕皇帝。秦苻堅滅燕慕容暐。秦苻堅滅涼張天錫。在位三十九年。秦王苻堅使苻洛來伐。什翼犍大敗。遁至雲中今土默特界內而死。年五十七。種落離散。堅使劉庫仁、劉衞辰、分攝其衆。

珪什翼犍孫珪幼依劉庫仁。時苻堅敗亡。姚萇自稱秦皇帝。慕容垂、慕容沖、皆自稱燕皇帝。乞伏國仁自稱秦王。呂光自稱涼王。後燕慕容垂滅西燕慕容永。禿髮烏孤自稱西平王。慕容德自稱燕王。李暠自稱涼公。沮渠蒙遜自稱河西王。赫連勃勃自稱夏天王。秦姚興滅後涼呂纂。珪光復舊物。自稱魏王。繼稱帝。大敗後燕慕容寶。寶東北遁。後爲北燕。珪遂有中原。初建臺省。置百官。在位二十四年。凡登國十年皇始二年天興六年天賜六年爲愛妾萬人名萬人也所弒。年三十九。是爲道武帝。珪頗有學問。此語出於宋書索虜傳故知非誣而性殘忍。有神巫勸珪當殺萬人。乃可以免。珪遂日手殺人。嘗乘小輦。手自執劍。擊擔輦人腦。一人死。一人代。每一行。死者數十。欲令其數滿萬。而不知乃其妾也。

嗣珪長子時宋武帝滅南燕慕容超。西秦乞伏熾磐滅南涼禿髮傉檀。宋武帝滅後秦姚泓。北涼沮渠蒙遜滅西涼李歆。晉禪於宋。在位十三年。凡永興五年神瑞八年年三十二。是爲明元帝。

燾嗣長子時夏赫連昌滅西秦乞伏暮末。魏滅夏赫連昌。魏滅北燕馮文通。魏滅北燕沮渠牧犍。燾始一統北方。頻與宋構兵。然終不敢渡江。在位二十五年。凡始光四年神䴥四年延和三年太延五年太平眞君十一年正平二年年四十五。是爲太武帝。

濬（燾孫父晃）在位十二年。（凡興安二年興光一年太安五年和平六年）年二十六。是爲文成帝。

弘（子濬）在位六年。（凡天安一年皇興五年）傳位於太子。稱太上皇。又六年。爲母馮氏所殺。年二十三。是爲獻文帝。

宏（子弘）時宋禪於齊。在位二十九年。年三十三。（凡延興五年承明一年太和二十三年）是爲孝文帝。宏始遷都洛陽。又改姓爲元氏。爲魏之令主。求之漢唐宋明諸帝。亦不多見。

恪（子宏）時齊禪於梁。在位十六年。（凡景明四年正始四年永平四年延昌四年）年三十三。是爲宣武帝。恪時魏漸衰亂。

詡（子恪）在位十三年。（凡熙平二年神龜二年正光五年孝昌三年武泰一年）年十九。爲母胡太后所殺。是爲孝明帝。

子攸（獻文帝孫父彭城王勰）子攸爲爾朱榮所立。復誅榮。遂爲爾朱兆所殺。在位三年。（凡永安三年）年二十四。是爲孝莊帝。

曄（獻文孫父咸陽王禧）曄爲爾朱兆等所推。在位一年。（凡建明一年）讓位於恭。

恭（獻文帝孫父廣陵王羽）恭爲爾朱氏所立。在位二年。（凡普泰二年）爾朱氏敗。恭爲齊神武所弒。年三十五。是爲前廢帝。

朗（字仲哲晃玄孫父章武王融）朗爲高氏所立。在位二年。（凡中興二年）爲高歡所弒。年二十。是爲後廢帝。（前後二廢帝同時並立）

脩（字孝則孝文帝孫父廣平王懷）脩爲高歡所立。復欲圖歡。不勝。奔於宇文泰。於是魏分東西。脩在位二年（凡永熙三年）出奔。是年。爲泰所弒。年二十五。是爲孝武帝。

善見（父清河王亶） 善見爲高氏所立。在位十七年。（凡天平四年元象一年興和四年武定八年） 禪位於高洋。尋爲所弒。是爲孝靜帝

東魏亡。

寶炬（孝文帝孫父京兆王愉） 寶炬爲宇文氏所立。在位十七年。（凡大統十七年） 殂。是爲文帝。

欽（寶炬子） 在位二年。（無年號） 爲宇文泰所廢。

廓 在位四年。（無年號） 禪位於宇文覺。是爲恭帝。西魏亡。

魏起拓跋珪。十七帝。一百七十六年。

第三十節 拓跋氏衰亂

魏自太武被清河王紹、（太武之子）及愛妾萬人、所弒之後。歷百有餘年。皆父子相承。骨肉之爭絕少。南朝視之有愧色焉。魏之亂亡。皆起於胡靈后一人。（臨涇人父名國珍） 初。太武立子嗣爲太子。其母劉貴人。卽賜死。太武告太子曰。昔漢武帝將立其子而殺其母。不令婦人後與國政。使外家爲亂。汝當繼統。故吾遠同漢武。爲長久之計。自是以後。遂爲家法。歷代無母后臨朝者。及宣武帝時。胡充華（女官名） 生皇子詡。數年立爲太子。始不殺其母。延昌四年。（梁天監十四年） 宣武殂。子詡立。是爲孝明帝。孝明之初立也。高后（宣武后司徒高肇之妹自云勃海蓨人或云高麗人） 欲殺胡貴嬪。（女官名） 崔光。（字長仁東河鄃人官太保） 于忠。（字思賢代人官儀同三司） 侯剛。（字乾之代人官儀同三司） 劉騰。（字青龍平原人少爲宦者官大長秋卿中侍中崔光等四人皆胡后之嬖人亡魏者也然皆以壽考終於家）

四人。置貴嬪於別所。嚴加守衛。由是得免。故太后深德四人。（胡后初入宮。同列以故事祝之。願生諸王公主。勿生太子。胡后曰。姜之志異於諸人。奈何畏一身之死而使國家無嗣乎。及有娠。同列勸去之。胡后不可。自誓曰。若幸而生男。次第當長。男生身死。所不憾也。觀此可知后已早畜自免之成算矣）未幾。逼高后爲尼。自立爲皇太后。尋弒高后。

后臨朝稱制。太后性聰悟。頗好讀書屬文。射能中針孔。政事皆手筆自決。而光等四人貴用事。權傾天下。政治濁亂。正光元年。（即梁普通元年。胡后臨朝四年矣）將軍元乂。（字伯儁。小字夜叉。道武之孫。太后之妹夫也）與劉騰。怨清河王懌。（字宣仁。孝文之子）而殺之。懌亦得幸於太后者也。二人遂乘亂勢幽太后於別宮。服膳俱廢。不免飢寒。孝昌元年。（梁普通六年）劉騰死。乂亦自寬。夏四月。太后復臨朝。誅元乂。元乂之執政也。予奪任情。紀綱亂壞。牧守令長。人人貪汚。由是百姓困窮。人思爲亂。及太后復臨朝。淫亂肆情。爲天下所惡。寵任鄭儼。（字季然。滎陽人。官中書舍人。領嘗食。後爲爾朱榮所殺）李神軌。（頓丘人。爲員外常侍。亦爲爾朱榮所殺。神軌與儼皆得幸於太后）徐紇（字武伯。樂安博昌人。官黃門舍人。胡后敗。奔梁）等。手握王爵。輕重在心。文武解體。所在亂逆。土崩魚爛。不可止矣。於是六鎭皆叛。六鎭者。懷朔鎭。高平鎭。禦夷鎭。懷荒鎭。柔玄鎭。沃野鎭也。（六鎭並在馬邑。雲中。單于界）蓋起於魏都平城時。以北邊爲重。盛簡親賢。配以高門子弟。（其人蕃夏皆有）以捍朔方。當時人物。忻慕爲之。中葉以後。役同廝養。一生推遷。不過軍主。而其同族。留京師者。皆爲清途。鎭人或多逃亡。乃制鎭人不得浮游在外。由是積久生怨。一時蠭起。轉相攻剽。朝廷不能制。永安三年。（梁大通二年。太后再臨朝三年矣）時事日非。天下雲擾。太后以帝年日長。自以所爲不謹。恐爲帝所聞。凡帝所親愛者。輒去之。遂與帝不平。帝意不自安。時車騎將軍儀同三司幷肆汾廣恆雲六州大都督爾朱榮。（北秀容契胡也。世爲秀容部酋長。世臣於魏）兵勢强盛。帝乃密詔榮誅鄭儼等。會高歡（即北齊神武帝也。事見後）亦勸榮舉兵。

榮遂以歡爲前鋒。至上黨。太后懼。二月。酖帝而殺之。四月。榮至洛陽。執太后。沈之於河。立長樂王子攸爲帝。是爲孝莊帝。殺王公以下二千餘人。高歡又勸榮稱帝。榮乃鑄金爲像卜之。不成而止。榮又欲遷都晉陽。久之亦止。乃自立爲天柱大將軍。五月。還晉陽。榮性嚴暴。喜慍無常。刀槊弓矢。不離於手。左右恆有死憂。孝莊遂決意除之。永安二年。四月。（梁中大通元年）梁使將軍陳慶之。（字子雲義興國山人官司州刺史）以兵納元顥（字子明魏獻文帝之孫封北海王顥見魏亂陰圖自立乞師於梁蓋北朝之蕭詧也）於洛陽稱帝。孝莊出走。尋以榮之力復洛陽。慶之敗。南還。顥走死。榮威權愈重。自加大丞相太原王。納其女爲皇后。建明元年。（梁中大通元年）九月。榮朝於洛陽。孝莊卽欲殺之。以榮黨元天穆（魏之宗室而爾朱氏之黨也官太宰在并州）恐爲後患。故并召天穆。戊戌。孝莊伏兵於明光殿東序。聲言皇后生子。遣騎至榮第告之。榮信之。與天穆俱入朝。孝莊聞榮來。不覺失色。遂連索酒飲之。榮天穆入。與孝莊俱坐。榮見光祿少卿魯安。典御李侃晞等抽刀從東戶入。卽起趨御座。孝莊先横刀膝下。遂手刃之。安等亂斫。榮與天穆同時俱死。榮子菩提及從者三十餘人。從榮入宮者。亦爲伏兵所殺。於是內外喜譟。聲滿洛陽。是夜榮妻及爾朱世隆。（榮從弟）率榮部曲焚西陽門出屯河陰。己亥。攻河橋。孝莊與屢戰。不克。汾州刺史爾朱兆。（榮從子）聞榮死。據晉陽。奉長廣王曄爲帝。（魏人不以之爲帝）以兆爲大將軍。世隆爲尙書令。榮從弟度律爲太尉。世隆兄彥伯爲侍中。仲遠爲車騎將軍。及爾朱天光（榮從子）皆起兵向洛陽。十二月。兆等入洛陽。鎖孝莊帝於永寧寺樓上。爾朱兆以北邊有警。挾孝莊還晉陽。留世隆度律彥伯等鎮洛陽。甲子。爾朱兆縊孝莊帝於晉陽三級佛寺。建明二年（梁中大通三年）二月。兆等又以爲長廣王曄疏遠。又無人望。欲更立近親。乃立廣陵王恭爲帝。是爲前廢帝。（又謂之節閔帝）是時高歡亦立渤海太守朗於信都。是爲後廢帝。至爾朱氏敗。高氏得志。歡弒前廢帝。同時又弒後廢帝。而立平陽王脩。是爲孝武帝。卽圖歡不成。而奔宇文泰者。事見下節。

第三十一節　北齊神武帝之概略

魏六鎭之叛也。後漸幷於杜洛周。（柔玄鎭人）旣而葛榮。（懷朔鎭人）滅杜洛周。幷其衆。及爾朱榮滅葛榮。其部衆流入幷肆者。二十餘萬人。爲契胡所淩暴。皆不聊生。大小二十六反。誅夷者半。猶謀亂不止。兆患之。問計於歡。歡曰。六鎭反殘。不可盡殺。宜選腹心大將以統之。則亂自平矣。兆卽以命歡。時兆方醉。歡知其醒必悔。遂出。宣言受委統州鎭兵。可集汾東受號令。乃建牙陽曲川。陳部分。軍士素惡兆而樂屬歡。莫不皆至。居無何。歡又請於兆。言幷汾荒旱。請率其衆就食山東。兆亦聽之。歡自發晉陽。道逢北鄉長公主。（爾朱榮之妻。蓋非公主而受公主之封者）自洛陽來。有馬三百匹。盡奪而易之。兆始悔。自追之。至漳水。隔水召歡。歡不赴。兆亦無如歡何。歡至山東。約勒士卒。絲毫無所犯。每過麥地。歡輒步牽馬。於是遠近歸心。魏後廢帝中興元年六月。（卽梁中大通三年）高歡將起兵討爾朱氏。（時爾朱世隆爲太保鎭洛陽。爾朱仲遠爲徐州刺史鎭東郡。爾朱天光爲雍州刺史鎭關中。並爲大將軍。爾朱兆爲幷州刺史鎭晉陽。爲天柱大將軍。封太原王。高歡爲冀州刺史鎭信都。封渤海王）先詐爲書。稱爾朱兆將以六鎭人配契胡爲部曲。衆皆憂懼。又僞爲幷州符。（爾朱兆之符也）徵兵討步落稽。（卽稽胡）發萬人遣之。歡親送之郊。

雪涕執別。衆皆號慟。聲震原野。歡乃諭之曰。與爾俱爲失鄉客。義同一家。不意在上徵發乃爾。今直西向已當死。後軍期又當死。配國人。（謂契胡爲國人）又當死。奈何。衆曰。惟有反耳。歡曰。反乃急計。然當推一人爲主。誰可者。衆共推歡。歡曰。爾鄉里難制。（謂己與六鎮人爲鄉里）不見葛榮乎。雖有百萬之衆。曾無法度。終自敗滅。今以吾爲主。當與前異。毋得淩犯漢人。犯軍令。生死任吾。則可。不然。不能爲天下笑。（歡此數語爲復盛時代之根原）衆皆頓顙曰。死生惟命。歡乃椎牛饗士。庚申。起兵於信都。中興二年。正月。（梁中大通四年）歡克鄴。擒相州刺史劉誕。（契胡人）閏三月。天光自長安。兆自晉陽。度律自洛陽。仲遠自東郡。皆會於鄴。衆二十萬。夾洹水而軍。而歡之兵。不滿三萬。衆寡不敵。乃於韓陵（山名在鄴）置圓陣。連繫牛驢。以塞歸路。志在必死。既戰。兆等大敗。兆奔還晉陽。仲遠奔還東郡。度律天光將奔洛陽。而洛陽之人。已盡誅爾朱氏之黨。於是執世隆。天光。彥伯。獻於高歡。歡俱斬之。爾朱仲遠奔梁。歡遂入洛陽。太昌元年。（梁中大通四年）歡以歲首掩爾朱兆於秀容。兆逃於窮山。自縊而死。爾朱氏亡。歡遂自立爲大丞相。齊王。而專魏政。其實魏主也。（自曹魏至元魏宅中原者皆以鄴爲重地至歡乃移於晉陽自此歷唐五代未改）永熙二年。（梁中大通五年）正月。魏侍中斛斯椿。（字法壽廣牧富昌人）與南陽王寶炬。武衞將軍王思政。（字思政太原祁人官都官尚書）密勸孝武圖高歡。孝武遂置閣內都督部曲。又增武直人數。自直閣以下。員列數百。皆選四方驍勇者充之。帝數出巡幸。椿自部勒。別爲行陣。由是朝政軍謀。帝專與椿決之。帝以關中大行臺賀拔岳。（字阿斗泥尖山人岳與悅皆乘爾朱氏之敗逐爾朱顯專而據關中）擁重兵。密與相結。又出侍中賀拔勝（岳之兄後兵敗奔梁爲都督三荊二郢七州諸軍事。荊州刺史。欲倚勝兄弟以敵歡。歡不悅。侍中司空高乾（字乾邕神武同族）之在信都也。遣父喪。不暇終服。及孝武卽位。表請解職行喪。詔聽解侍中。司空如故。乾雖求退。不謂遽見許。旣去內侍。朝政多不關豫。居常怏怏。帝旣貳於歡。冀乾爲己用。嘗於華林園宴罷。獨留乾。謂之曰。司空奕世忠良。今復建殊效。相與雖則君臣。義同兄弟。今宜共立盟約。以敦情契。殷勤逼之。乾對曰。臣以身許國。何敢有貳。時事出倉猝。且不謂帝有異圖。遂不固辭。亦不以啓高歡。及帝始置部曲。乾乃私謂所親曰。主上不親勳賢。而招集羣小。數遣王思政等。往來關西。與賀拔岳計議。又出賀拔勝爲荊州。外示疎忌。內實樹黨。令其兄弟相近。冀據有西方。禍難將作。必及於我。乃密啓歡。歡召乾詣并州。面論時事。乾因勸歡受魏禪。歡乃以袖掩其口曰。勿妄言。今令司空復爲侍中。門下之事。一以相委。歡屢啓請。帝不許。乾知變難將起。密啓歡。求爲徐州。二月辛酉。以乾爲驃騎大將軍。開府儀同三司。徐州刺史。三月。高乾將之徐州。魏主聞其漏泄機事。乃詔丞相歡曰。乾邕與朕私有盟約。今乃反覆兩端。歡聞其與帝盟。亦惡之。卽取乾前後數啓論時事者。遣使封上。帝召乾對歡使責之。乾曰。陛下自立異圖。乃謂臣爲反覆。人主加罪。其可辭乎。遂賜死。帝又密敕東徐州刺史潘紹業。殺其弟敖曹。（名昂以字行官司徒齊之驍將）敖曹先聞乾死。伏壯士於路。執紹業。得敕書於袍領。遂將十餘騎奔晉陽。歡抱其首。哭曰。天子枉害司空。敖曹兄仲密（名慎亦以字行）爲光州刺史。孝武敕青州斷其歸路。仲密亦間行奔晉陽。初。賀拔岳遣行臺郎馮景詣晉陽。高歡聞岳使至。甚喜。曰。賀拔公詎憶吾耶。與景歃血。約與岳爲兄弟。景還。言於岳曰。歡姦詐有餘。不可信也。府司馬宇文泰。（字黑獺鮮卑人卽北周文帝也事見後）自請使晉陽。以觀歡之爲人。旣至。歡奇其狀貌。曰。此兒視瞻非常。將留之。泰固求覆命。歡既遣而悔之。發驛急追至關。不及而返。泰至長安。謂岳曰。高歡所以未篡者。正憚公兄弟耳。侯莫陳悅（代人爲渭州刺史）之徒。非所忌也。公但潛爲之備。圖歡不難。因勸岳西輯氐羌。北撫沙塞。還軍長安。（時岳在秦隴）匡輔魏室。（泰意正與歡勸爾朱榮同）岳大悅。復遣泰詣洛陽請事。密陳其狀。孝武喜。加泰武衛將軍。使還報。以岳爲都督雍等十二州諸軍事。雍州刺史。又割心前血。遣使者齎以賜之。岳遂引兵西屯平涼。以牧馬爲名。諸部落等。皆附於岳。岳以夏州被邊要重。欲求賢良刺史以鎮之。衆舉宇文泰。岳曰。宇文左丞。吾左右手。何可廢也。沈吟累日。卒表用之。永熙三年。（梁中大通六年）正月。岳召悅共討靈州刺史曹泥。會於高平。悅乃謀取岳。岳使悅先行。至河曲。悅誘岳入營坐論軍事。悅陽稱腹痛而起。其壻元洪景拔刀斬岳。岳左右皆散走。乃還入隴。屯水洛城。（在渭州）岳衆散還平涼。未有所屬。乃召宇文泰於夏州。泰與帳下輕騎馳赴平涼。令杜朔周（岳之舊將也。後更名赫連達）帥衆先據彈箏峽（在渭州）泰至平涼。哭岳甚慟。將士皆悲喜。孝武聞岳死。遣武衛將軍元毗慰勞岳軍。召還洛陽。並召侯莫陳悅。毗至平涼。軍中已奉宇文泰爲主。悅乃附高歡。不肯應召。泰因元毗上表稱臣。孝武乃以泰爲大都督。即統岳兵。泰與悅書。責以岳事。三月。泰引兵擊悅。至原州。衆軍畢集。夏四月。宇文泰引兵上隴。泰軍令嚴肅。秋毫無犯。百姓大悅。軍出木峽關。雪深二尺。泰倍道兼行。出其不意。悅聞之。退保略陽。留萬人守水洛。即降。泰遣輕騎數百趨略陽。悅退保上邽。尋棄州城。南保山險。棄軍迸走。數日之中。盤桓往來。不知所趣。左右勸向靈州。依曹泥。悅從之。自乘騾。令左右皆步從。欲自山中趣靈州。宇文泰使原州都督賀拔穎追之。悅望見追騎。縊死於野。泰入上邦。以次定關中之地。入長安。據之。孝武以泰爲侍中驃騎大將軍。開府儀同三司。關西大都督。略陽縣公。承制封拜。侍中封隆之（字祖裔渤海蓨人官齊州刺史）言於歡曰。斛斯椿等今在京師。必搆禍亂。隆之與僕射孫騰。（字龍雀咸陽石安人官太保）爭尙魏主妹平原公主。公主歸隆之。騰泄其言於椿。椿以白帝。隆之懼。逃還鄉里。歡召隆之詣晉陽。會騰帶仗入省。擅殺御使。懼罪。亦逃就歡。領軍婁昭（歡之妻弟）辭疾歸晉陽。帝以斛斯椿。兼領軍。改置都督。及河南關西諸刺史。五月丙子。孝武增置勳府庶子廂六百人。又增騎官廂別二百人。孝武欲伐晉陽。辛卯。下詔戒嚴。云欲自將伐梁。發河南諸州兵大閱於洛陽。南臨洛水。北際邙山。孝武戎服。與斛斯椿臨觀之。六月丁巳。魏主密詔高歡。稱宇文黑獺、賀拔勝、頗有異志。故假稱南伐。潛爲之備。王亦宜共爲形援。讀訖燔之。歡表以爲荊雍。將有逆謀。臣今潛勒兵十萬。伏聽處分。帝知歡覺其變。乃出歡表。命羣臣議之。欲止歡軍。歡亦集幷州僚佐。共議。還以表聞。仍云臣爲嬖佞所間。陛下一旦賜疑。臣若敢負陛下。使身受天殃，子孫殄絕。陛下若垂信赤心。使干戈不動。佞臣一二人。願斟量廢出。中軍將軍王思政言於孝武曰。高歡之心。昭然可知。洛陽非用武之地。宇文泰乃心王室。今往就之。還復舊京。何慮不克。帝深然之。遣散騎常侍河東柳慶見泰於高平。共論時事。泰請奉迎輿駕。慶覆命。帝復私謂慶曰。朕欲向荊州何如。慶曰。關中形勢。宇文泰才略可依。荊州地非要害。南迫梁寇。臣愚未見其可。帝又問閤內都宇文顯和。顯和亦勸帝西幸。陳郡太守。河東裴俠。帥所部詣洛陽。王思政問曰。今權臣擅命。王室日卑。奈何。俠曰。宇文泰爲三軍所推。居百二之地。所謂已操戈矛。寧肯授人以柄。雖欲投之。恐無異避湯入火也。思政曰。然則如何而可。俠曰。圖歡有立至之憂。西巡有將來之慮。且至關右。徐思其宜耳。思政然之。乃進俠於孝武。授左中郎將。初。歡以爲洛陽久經喪亂。欲遷都于鄴。孝武曰。高祖定鼎河洛。爲萬世之基。王既功存社稷。宜遵太和舊事。歡乃止。至是復謀遷鄴。孝武不樂。遂下制書。數歡罪惡。孝武以宇文泰兼尚書僕射。爲關西大行臺。許妻以馮翊長公主。謂泰帳內都督秦郡楊薦曰。卿歸語行臺。遣騎迎我。以薦爲直閤將軍。泰以前秦州刺史駱超爲大都督。將輕騎一千赴洛。又遣薦與長史宇文側出關候接。歡召其弟定州刺史琛。使守晉陽。勒兵南出。以高敖曹爲前鋒。宇文泰亦移檄州郡。數歡罪惡。自將大軍發高平。前軍屯弘農。賀拔勝軍於汝水。秋七月己丑。魏主親勒兵十餘萬。屯河橋。以斛斯椿爲前驅。陳於邙山之北。椿請帥精騎二千。夜渡河。掩其勞弊。帝始然之。黃門侍郎楊寬說帝曰。高歡以臣伐君。何所不至。今假兵於人。恐生他變。椿若渡河。萬一有功。是滅一高歡。生一高歡矣。帝遂敕椿停行。椿歎曰。頃熒惑入南斗。今上信左右間構。不用吾計。豈天道乎。宇文泰聞之。謂左右曰。高歡數日行八九百里。此兵家所忌。當乘便擊之。而主上以萬乘之重。不能渡河決戰。方緣津據守。且長河萬里。捍禦爲難。若一處得渡。大事去矣。歡至河北十餘里。再遣使口申誠款。帝不報。丙午。歡引軍渡河。帝遣使召椿還。遂帥南陽王寶炬清河王亶廣陽王湛。以五千騎宿於瀍西。南陽王別舍沙門惠臻負璽持千牛刀以從。衆知帝將西出。其夜亡者過半。戊申。帝西奔長安。己酉。歡入洛陽。會於永寧寺。遣領軍婁昭等追帝。請帝東還。高敖曹帥精騎追帝至陝西。不及。帝鞭馬長騖。糧糗乏絕。三二日間。從官惟飲澗水。

宇文泰使趙貴（字元貴天水南安人官太保後爲宇文護所殺）梁禦（字善通安定人官上柱國）帥甲騎二千奉迎。循河西行。孝武謂禦曰。此水東流。而朕西上。若得復見洛陽。親謁陵廟。卿等功也。帝及左右皆流涕。泰備儀衛迎帝。謁見於東陽驛。遂入長安。以雍州廨舍爲宮。大赦。以泰爲大將軍。雍州刺史。兼尚書令。軍國之政。咸取決焉。別置二尚書。分掌機事。辛酉。歡自追迎魏王。至弘農。九日乙巳。使行臺僕射元子思（魏之宗室）帥侍官迎帝。己酉。攻潼關。克之。進屯華陰。歡自發晉陽。至是凡四十啓。魏主皆不報。歡乃東還。冬十月。歡至洛陽。又遣僧道榮奉表於孝武帝曰。陛下若遠賜一制。許還京洛。臣當帥勒文武。式清宮禁。若返正無日。則七廟不可無主。萬國須有所歸。臣寧負陛下。不負社稷。帝亦不答。歡遂立清河世子善見爲帝。是爲孝靜帝。歡以洛陽西逼西魏。南近梁境。乃議遷鄴。書下三日卽行。丙子。孝靜帝發洛陽。十一月。庚寅。至鄴。居城北相州之廨。魏孝武帝復與丞相泰有隙。十二月。帝飲酒遇酖而殂。泰奉太宰南陽王寶炬而立之。是爲文帝。大統元年。（卽梁大同元年而東魏天平二年也）春正月。歡始聞孝武帝之喪。爲之舉哀制服。大統三年（梁大同三年東魏天平四年）閏九月。高歡將兵二十萬。自壺口趣蒲津。使高敖曹將兵三萬出河南。關中饑。宇文泰所將將士不滿萬人。冬十月。壬辰。泰至沙苑。（馮翊縣）泰背水東而爲陳。李弼（字景和遼東襄平人官司空）爲右拒。趙貴爲左拒。命將士皆偃戈於葦中。約聞鼓聲而起。晡時。東魏兵至渭曲。都督太安斛律羌舉曰。黑獺舉國而來。欲一死決。譬如猘狗。或能噬人。且渭曲葦深土濘。無所用力。不如緩以相持。密分精銳。徑掩長安。巢穴既傾。則黑獺不戰成擒矣。歡曰。縱火焚之。何如。侯景（字萬景雁門人事見後）曰。當生擒黑獺。以示百姓。若衆中燒死。誰復信之。彭樂盛氣請鬬曰。我衆賊寡。百人擒一。何憂不克。歡從之。東魏兵望見魏兵少。爭進擊之。無復行列。兵將交。泰鳴鼓。士皆奮起。于謹（字思敬洛陽人官雍州牧）等六軍與之合戰。李弼等帥鐵騎橫擊之。東魏兵中截爲二。遂大破之。明日。歡欲復戰。竟無應者。喪甲士八萬人。棄鎧甲十有八萬。泰追歡至河上。都督李穆曰。高歡破膽矣。速追之可獲。泰不聽。還軍渭南。乃於戰所人種柳一株。以旌武功。侯景言於歡曰。黑獺新勝而驕。必不爲備。願得精騎二萬。徑往取之。歡以告婁妃。妃曰。設如其言。景豈有還理。得黑獺而失景。何利之有。歡乃止。大統四年（梁大同四年東魏元象元年）春二月。東魏大行臺侯景等治兵於虎牢。將復河南諸州。魏韋孝寬（名叔裕以字行京兆杜陵人官太尉）等皆棄城西歸。於是南汾潁豫廣四州復入東魏。秋七月。侯景高敖曹等圍魏獨孤信（雲中人官太保）於金墉。歡帥大軍繼之。景悉燒洛陽官寺民居存者什二三。文帝將如洛陽拜園陵。會信等告急。遂與泰俱東。八月庚寅。泰至穀城。侯景等欲整陳以待其至，儀同三司莫齊婁貸文不從。進戰敗死。泰進軍瀍東。侯景等夜解圍去。辛卯。泰帥輕騎追景至河上。景爲陳。北據河橋。南據邙山。與泰合戰。泰馬中流矢驚逸。遂失所之。泰墜地。東魏兵追及之。左右皆散。都督李穆下馬。以策抶泰背。罵曰。籠東軍士。爾曹主何在。而獨留此。追者不疑其貴人。捨之而過。穆以馬授泰。與之俱逸。魏兵復振。擊東魏兵。大破之。東魏兵北走。高敖曹意輕泰。建旗蓋以臨陳。魏人盡銳攻之。一軍皆沒。歡聞之。如喪肝膽。魏又殺東魏西兗州刺史宋顯等。虜甲士萬五千人。赴河死者以萬數。是日東西魏置陳既大。首尾懸遠。從旦至未，戰數十合。氛霧四塞。莫能相知。魏兵不知魏主及泰所在。皆棄其卒先歸。泰山是燒營而歸。於是自襄廣以西城鎮。復爲魏有。大統九年。（梁大同九年東魏武定元年）三月。高歡將兵十萬。至河北。泰退軍瀍上。縱火船於上流。以燒河橋。斛律金（字阿六敦敕勒部人官太尉）使行臺郎中張亮。以小艇百餘。載長鎖。伺火船將至。以釘釘之。引鎖向岸。橋遂獲全。歡渡河。據邙山爲陳。不進者數日。泰留輜重于瀍曲。夜登邙山以襲歡。候騎白歡曰。賊距此四十餘里。蓐食乾飯而來。歡曰。自當渴死。乃正陳以待之。戊申。黎明。泰軍與歡軍遇。東魏彭樂以數千騎衝魏軍之北垂。所向奔潰。遂馳入魏營。人告彭樂叛。歡怒甚。俄而西北塵起。樂使來告捷。虜魏督將僚佐四十八人。諸將乘勝擊魏。大破之。斬首三萬餘。歡使彭樂追泰。泰窘。謂樂曰。汝非彭樂耶。癡男子。今日無我。明日豈有汝耶。何不急還營。收汝金寶。樂從其言。獲泰金帶一囊以歸。言於歡曰。黑獺漏刃破膽矣。歡雖喜其勝。而怒其失泰。令伏諸地。親捽其頭。連頓之。并數以沙苑之敗。舉刃將下者三。噤齘良久。樂曰。乞五千騎。復爲王取之。歡曰。汝縱之何意。而復言取耶。命取絹三千匹壓樂背。因以賜之。明日復戰。泰悉併其步卒。歡失馬。赫連陽順下馬以授歡。歡上馬走。從者步騎七人。追兵至。親信都督尉興慶曰。王速去。興慶腰有百箭。足殺百人。歡曰。事濟。以爾爲懷州刺史。若死。用爾子。興慶曰。兒少。願用兄。歡許之。興慶拒戰。矢盡而死。東魏兵士有逃奔魏者。告以歡所在。泰募勇敢三千人。配執短兵。配大都督賀拔勝以攻之。勝識歡於行間。執槊與十三騎。逐之馳數里。槊刃垂及。因字之曰。賀六渾。賀拔破胡（勝字）必殺汝。歡氣殆絕。河州刺史劉洪徽從旁射勝。中其二騎。武衛將軍段韶射勝馬。斃之。比副馬至。歡已逸去。勝歎曰。今日不執弓矢。天也。頃之。東魏兵復振。泰與戰又不利。會日暮。魏兵遂遁。東魏兵追之。獨孤信于謹收散卒自後擊之。追兵驚擾。魏諸軍由是得全。案自劉淵創亂以來。中原之紛擾。至於不可紀極。而高歡與宇文泰之競爭。則其蛻化之時也。隋唐之局。於此開矣。故述高歡之事。不得不稍詳焉。

第三十二節　梁末侯景之亂

高歡與侯景幼同鄉里。及得志。任景若己之半體。侯景右足偏短。弓馬非其長。而多謀算。諸將高敖曹彭樂等。皆勇冠一時。景常輕之。曰此屬皆如豕突。勢何所至。景常言於高歡。願得兵三萬。橫行天下。要須濟江縛取蕭衍老公。以爲太平寺主。景素輕高澄。嘗謂司馬子如（字遵業河內溫人官太尉）曰。高王在。吾不敢有異。王沒。吾不能與鮮卑小兒共事。子如掩其口。及歡疾篤。澄詐爲歡書以召景。先是景與歡約曰。今握兵在遠。人易爲詐。所賜書皆請加微點。歡從之。景得書無點。辭不至。又聞歡疾篤。用其行臺郎潁川王偉計。遂擁兵自固。歡謂澄曰。我雖病。汝面更有餘憂。何也。澄未及對。歡曰。豈非憂侯景叛耶。對曰。然。歡曰。景專制河南。十有四年矣。嘗有飛揚跋扈之志。顧我能畜養。非汝所能駕御也。堪敵侯景者。惟有慕容紹宗。（慕容恪之後官南道大行臺）我故不貴之。留以遺汝。梁太清元年（東魏武定五年）春正月丙午。東魏渤海獻武王高歡薨。侯景自念己與高氏有隙。內不自安。辛亥。據河南叛。歸於魏。高澄遣司空韓軌督諸軍討景。庚辰。景遣其行臺郎中丁和來上表言。臣與高澄有隙。請舉函谷以東。瑕丘以西。豫、廣、潁、荊、襄、兗、南兗、濟、東豫、洛陽、北荊、北揚等十三州內附。惟青徐數州。僅須折簡。且黃河以南。皆臣所職。易同反掌。若齊宋一平。徐事燕趙。是歲正月乙卯。帝夢中原牧守皆以地來降。舉朝稱慶。旦見中書舍人朱异告之。（字彥和吳郡錢塘人官中領軍）且曰。吾爲人少夢。若有夢。必實。异曰。此乃宇內混一之兆也。及丁和至。稱景定計以正月乙卯。上愈神之。然意猶未決。嘗獨言我國家如金甌。無傷缺。今忽受景地。詎是事宜。脫致紛紜。悔之何及。壬午。以景爲大將軍。封河南王。都督河南北諸軍事。大行臺。秦乃召景入朝。景因謀叛魏。事計未成。至是果辭不入朝。遺丞相泰書曰。吾恥與高澄雁行。安能比肩大弟。遂決意來降。八日乙丑。下詔大舉伐東魏。遣南豫州刺史貞陽侯淵明等。高澄數遣將。伐侯景。皆大敗。冬十一月。高澄使以慕容紹宗爲東南道行臺。代侯景。初景聞他將來。曰。噉猪腸兒何能爲。又曰。兵精人凡。諸將無不爲所輕者。及聞紹宗來。叩鞍有懼色。曰。誰教鮮卑兒解遣紹宗來。若然。高王定未死邪。紹宗帥衆十萬出韓山。攻潼州刺史郭鳳。營矢下如雨。淵明醉不能起。命諸將救之。皆不敢出。初侯景常戒梁人曰。逐北不過二里。紹宗將戰。以梁人輕悍。恐其衆不能支。一一引將卒謂之曰。我當陽退。誘吳兒使前。爾擊其背。東魏兵實敗走。梁人不用景言。乘勝深入。魏將卒以紹宗之言爲信。爭共掩擊之。梁兵大敗。貞陽侯淵明及胡貴孫、趙伯超等。皆爲東魏所虜。失亡士卒數萬人。帝方晝寢。宦者張僧胤白朱异啓事。上駭之。遽起升輿至文德殿閣。异曰。韓山失律。上聞之。怳然將墜牀。僧胤扶而就坐。乃歎曰。吾得無復爲晉家乎。郭鳳退保潼州。慕容紹宗進圍之。十二月甲子朔。鳳棄城走。慕容紹宗引軍擊侯景。景輜重數千兩。馬數千匹。士卒四萬人。退保渦陽。紹宗士卒十萬。旗甲耀日。鳴鼓長驅而進。景使謂之曰。公等爲欲送客、爲欲定雌雄耶。紹宗曰。欲與公決勝負。遂順風布陳。景閉壘。俟風止。乃出。紹宗曰。侯景多詭計。好乘人背。使備之。果如其言。景命戰士身被短甲。執短刀。入東魏陳。但低視。斫人脛馬足。東魏兵遂敗。紹宗墜馬。儀同三司劉豐生被傷。顯州刺史張遵業爲景所禽。紹宗豐生俱奔譙城。裨將斛律光（字明月金之子官至丞相爲廢帝所殺光死而齊亡）張恃顯尤之。紹宗曰。吾戰多矣。未見如景之難克者也。君輩試犯之。光等被甲將出。紹宗戒之曰。勿度渦水。二人軍于水北。光輕騎射之。景臨渦水。謂光曰。爾求勳而來。我懼死而去。我汝之父友。何爲射我。汝豈自解不度水南。慕容紹宗敎汝也。光無以應。景使其徒田遷射光馬。洞胸。光易馬隱樹。又中之。退入於軍。景擒恃顯。既而捨之。光走入譙城。紹宗曰。今定何如。而尤我也。侯景與慕容紹宗相持數月。景食盡。太淸二年（東魏武定六年）春正月。己亥。慕容紹宗以鐵騎五千。夾擊侯景。景誑其衆曰。汝輩家屬。已爲高澄所殺。衆信之。紹宗遙呼曰。汝輩家屬並完。若歸。官勳如舊。被髮向北斗而誓。景士卒不樂南渡。其將暴顯等。各帥所部降于紹宗。景衆大潰。爭赴渦水。水爲之不流。景與腹心數騎。自硤石濟淮。稍收散卒。得步騎八百人。晝夜兼行。追兵不敢逼。使謂紹宗曰。景若就禽。公復何用。紹宗乃縱之。侯景既敗。不知所適。壬子。景夜至壽陽城下。襲而據之。魏高澄既逐侯景。數遺書移。復求通好。（欲令侯景自疑也）帝亦厭用兵。乃從之。景不自信。上書力爭其事。帝不從。景又致書于朱异。餉金三百兩。异納金而不通其啓。景乃詐爲鄴中書。求以貞陽侯易景。帝從之。復書曰。貞陽旦至。侯景夕返。景謂左右曰。我固知吳老公薄心腸。王偉說景曰。今坐聽。亦死。舉大事。亦死。唯王圖之。於是始爲反計。屬城居民。悉召募爲軍士。輒停責市估及田租。百姓子女。悉以配將士。秋八月。侯景自至壽陽。徵求無已。朝廷未嘗拒絕。景請娶於王謝。帝曰。王謝門高非偶。可於朱張以下訪之。景恚曰。會將吳兒女配奴。又啓求錦萬匹。爲軍人作袍。中領軍朱异議以青布給之。又以臺所給仗。多不能精。啓請東冶鍛工。欲更營造。敕並給之。帝既不用景言。與東魏和親。是後景表疏稍稍悖慢。又聞徐陵（字孝穆後入周）等使魏。反謀益甚。有入告者。時帝以邊事專委朱异。動靜皆關之。异以爲必無此理。戊戌。景反於壽陽。以誅中領軍朱异爲名。己酉。自橫江濟采石。有馬數百匹。兵八千人。是夕朝廷始命戒嚴。景分兵襲姑孰。執淮南太守文成侯寧。南津校尉江子一。（字元貞濟陽考城人）己酉。景至慈湖。建康大駭。御街人更相劫掠。不復通行。景啓言异等弄權。乞帶甲入朝。除君側之惡。是時梁興四十七年。境內無事。公卿在位。及閭里士大夫。罕見甲兵。賊至猝迫。公私駭震。宿將已盡。後進少年。並出在外。軍旅指撝。決于羊侃。（字祖忻泰山梁甫人官侍中）侃膽力俱壯。太子深仗之。十二日。侃發病卒。賊乃得逞。辛亥。景至朱雀桁南。太子以景乘勝至闕下。城中恟恟。壬子。景列兵繞臺城。旛旗皆徧。繞城既帀。百道俱攻。鳴鼓吹脣。喧聲震地。遣其將任約于子悅。至城下拜表求和。乞復先鎭。太子以城中窮困。白上請許之。上怒曰。和不如死。太子固請。上遲回久之。乃曰。汝自圖之。勿令取笑千載。遂報許之。上常蔬食。及圍城日久。上廚蔬茹皆絕。乃食雞子。太淸三年（東魏武定七年）三月。景入臺城。帝安臥不動。歎曰。自我得之。自我失之。亦復何恨。上問左右景何在。可召來。景入見於太極東堂。以甲士五百人自衞。景稽顙殿下。典儀引就三公榻。帝神色不變。問曰。卿在軍中日久。無乃爲勞。景不敢仰視。汗流被面。又曰。卿何州人而敢至此。妻子猶在北邪。景皆不能對。任約從旁代對曰。臣景妻子。皆爲高氏所屠。惟以一身歸陛下。上又問初度江有幾人。景曰。千人。圍臺城幾人。曰。十萬。今有幾人。曰。率土之內。莫非己有。上俛首不言。景復至永福省見太子。太子亦無懼容。侍衞皆驚散。景拜太子。太子與言。景不能對。景退謂人曰。吾嘗跨鞍對陳。矢刃交下。而意氣安緩。了無怖心。今見蕭公。使人自慴。豈非天威難犯。吾不可以再見之。景使其軍士入直省中。或驅驢馬。帶弓刀。出入宮庭。帝怪而問之。直閣將軍周石珍對曰。侯丞相甲士。上大怒。叱石珍曰。是侯景。何謂丞相。左右皆懼。是後帝所求。多不遂志。飲膳亦爲所裁節。憂憤成疾。五月丙辰。帝臥淨居殿。口苦索蜜。不得。再曰荷荷。遂殂。年八十六。迎太子即位。是爲簡文帝。時四方皆起兵討景。景號令所行。惟吳郡以西南陵以北而已。景性殘酷。於石頭立大碓。有犯法者擣殺之。常戒諸將曰。破柵平城。當盡殺之。使天下知吾威名。故諸將每戰勝。專以焚掠爲事。斬刈人如草芥。以資戲笑。由是百姓雖死。終不附景。冬十月乙未。景自加宇宙大將軍都督六合諸軍事。初景既克建康。常言吳兒怯弱。易以掩取。當須拓定中原。然後爲帝。及陳霸先。（陳武帝也事見後）王僧辯。（字君才太原祁人官大司馬爲霸先所襲殺）討侯景。景自巴陵敗歸。猛將多死。自恐不能久存。欲早登大位。大寶二年（齊天保二年）七月。廢帝爲晉安王。尋殺之。并殺太子。迎豫章王棟立之。十一月。又廢之。自立爲帝。還登太極殿。其黨數萬。皆吹脣鼓譟而上。元帝承聖元年（齊天保三年）春正月。湘東王命王僧辯等東擊侯景。二月庚子。諸軍發尋陽。舳艫數百里。陳霸先帥甲士三萬。舟艦二千。自南江出湓口。會僧辯於白茅灣。築壇歃血。共讀盟文。流涕慷慨。癸酉。王僧辯至蕪湖。侯景守將張黑棄城走。景聞之甚懼。三月己巳朔。景下詔欲自至姑孰。僧辯等至蕪湖。停十餘日。景黨大喜告景曰。西師畏吾之強。勢將遁矣。不擊且失之。丁丑。僧辯至姑孰。合戰中江。侯子鑒（景黨守姑孰者）大敗。士卒赴水死者數千人。子鑒僅以身免。收散卒走還建康。景聞子鑒敗。大懼。涕下覆面。引衾而臥。良久方起。歎曰。誤殺乃公。庚辰。僧辯督諸軍至張公洲。辛巳。乘潮入淮。進至禪靈寺前。丁亥。王僧辯進軍招提寺北。侯景帥衆萬餘人。鐵騎八百餘匹。陳於西州之西。景與霸先殊死戰。景帥百餘騎。棄稍執刀。左右衝陳。陳不動。衆遂大潰。諸軍逐北至西明門。景至闕下。不敢入臺。召王偉責之曰。爾令我為帝。今日誤我。偉不能對。繞闕而藏。景欲走。偉執鞚諫曰。自古豈有叛天子耶。宮中衞士。猶足一戰。棄此將欲安之。景曰。我昔敗賀拔勝。破葛榮。揚名河朔。度江平臺城如反掌。今日天亡我也。因仰觀石闕。歎息久之。以皮囊盛江東所生二子。挂之鞍後。與房世貴等百餘騎東走。進至嘉興。腹心數十人。單舸走。推墮二子於水。將入海。欲向蒙山。己卯。景晝寢。其黨遂直向京口。至胡豆洲。景覺大驚。未及言。白刃交下。景走入船中。以佩刀抉船底。衆以稍刺殺之。納鹽腹中。送於建康。僧辯傳首江陵。截其手。使謝葳蕤送於齊。暴景尸於市。民爭取食之。并骨皆盡。

第三十三節　陳諸帝之世系

陳霸先。字興國。小字法生。吳興（郡名今浙江湖州府）人。漢太丘長陳寔之後也。初事梁。為廣州刺史蕭暎中直兵參軍。以高要太守。起兵討侯景。與王僧辯同有大功。既而襲殺王僧辯。遂專朝政。尋受梁禪。在位三年崩。（凡永定三年）年五十七。是爲武帝。陳蒨卽位。蒨字子華。武帝兄子也。（父始興昭烈王道談）母未詳。在位七年崩。（凡天嘉六年天康一年）年未詳。是爲文帝。帝爲陳之令主。陳伯宗卽位。伯宗字奉業。小字藥王。文帝長子也。母沈皇后諱妙容。吳興武康人。在位二年。（凡光大二年）爲陳頊所廢。尋弑之。年十九。是爲廢帝。陳頊卽位。頊字紹世。小字師利。文帝之母弟也。在位十四年崩。（凡太建十四年）年五十三。是爲宣帝。帝無道。江左之亡。遂決於是。陳叔寶卽位。叔寶字元秀。小字黃奴。宣帝長子也。母柳皇后名敬言。河東解人。帝在位七年。（至德四年禎明三年）爲隋所滅。帝降於隋。仁壽四年。（陳滅後之十六年）爲隋所殺。年五十二。陳五帝三十三年。

第三十四節　北齊高氏之世系

高歡。字賀六渾。渤海蓨人。六世祖隱。晉玄菟太守。後世事慕容氏。慕容氏亡。歸魏。既累世北邊。故習其俗。遂同鮮卑。歡深沈有大度。輕財重士。爲豪俠所宗。目有精光。長頭高顴。齒白如玉。始見爾朱榮。榮以其憔悴。未之奇也。因隨榮之廄。廄有惡馬。榮命翦之。歡乃不加羈絆而翦。竟不蹄齧。已而起曰。御惡人亦如此馬矣。榮遂坐歡於牀下。而訪時事。語自日中至夜半乃出。自是漸顯。及滅爾朱氏。專魏政者十七年。殂。（自魏普泰元年至武定五年）年五十二。終身未稱尊號。但號齊王。時河朔經五胡之亂。幾二百年。無漢族爲君長者。自歡之後。楊氏繼起。至唐李氏。

遂篡漢業。而歡發其始。眞人傑也。歡後追尊神武帝。高澄襲齊王位。澄字子惠。神武長子也。母婁太后。名昭君。代郡平城人。此人不能決其爲何族澄執政三年。武定五年至七年爲梁降人蘭京所刺。年二十九。謚文襄。高洋立。洋字子進。神武第二子也。母婁太后。武定八年。受東魏禪。在位十年殂。凡天保十年年三十一。是爲文宣帝。帝狂暴極天下之惡。爲暴君之極則焉。然能委任楊愔。民得休息。帝之暴惡。蓋所以挫鮮卑。而非以仇百姓也。高殷卽位。殷字正道。文宣長子也。母李皇后。在位一年。凡乾明一年爲高演所弒。年十七。是爲廢帝。高演卽位。演字延安。神武第六子也。母婁太后。在位二年殂。凡皇建二年年二十七。是爲孝昭帝。帝兄弟中差爲和平。高湛卽位。字未詳神武第九子也。母婁太后。在位五年殂。凡太寧一年河清四年年三十三。是爲武成帝。帝昏悖亞於文宣。高緯卽位。緯字仁綱。武成長子也。母胡皇后。失其名。安定人。帝與胡后皆昏淫狂亂。恣其所爲。在位十一年。凡天統五年武平六年爲宇文氏所逼。傳位於太子恆而自號太上皇。改元承光。是年爲宇文氏所滅。帝降於周。入周後三年。爲周所殺。北齊七帝。四十九年。從神武起

第三十五節　北周宇文氏之世系

宇文泰字黑獺。代武川人。其先爲鮮卑大姓。事慕容氏。慕容氏滅。歸拓跋氏。泰長八尺。方顙廣額。美鬚髯。髮長委地。面有紫光。人望而敬畏之。以步兵校尉從賀拔岳。在關中。時爾朱顯壽鎮長安。岳逐之。自爲關西大行臺。

而以泰爲左丞。岳旋以泰爲夏州刺史。未幾。岳爲侯莫陳悅所殺。泰聞。率輕騎赴之。泰遂有關中。永熙三年。魏主脩與神武不協。奔關中。泰納之。歡更立善見爲魏主。自是魏分東西。泰執朝政凡二十三年殂。（自魏永熙三年至恭帝三年）年五十二。（與歡同壽而少於歡十歲）亦終身未稱尊號。但稱太師大冢宰。後追尊文帝。宇文覺襲太師大冢宰位。覺字陁羅尼。文帝第三子。母元太后。魏孝武妹。是年受魏禪。在位一年。（未改元）爲叔父宇文護所殺。年十六。是爲孝閔帝。宇文毓即位。毓小名統萬突。文帝長子也。母姚夫人。在位四年。（前二年無號又武成二年）復爲宇文護所弑。年二十七。是爲明帝。宇文邕即位。邕字禰羅突。文帝第四子也。母叱奴太后。在位十八年殂。（凡保定五年天和六年建德七年）年三十六。是爲武帝。帝沈毅有智謀。克己勵精。聽覽不倦。凡布懷立行。皆欲踰越古人。身衣布袍。寢布被。土階數尺。不施櫨栱。後宮嬪御。不過十餘人。勞謙接下。自彊不息。以海內未安。銳情教習。至於校兵閱武。步行山谷。履涉勤苦。皆人所不堪。每宴會將士。必自執杯勸酒。至於征伐之處。躬在行陣。性又果決。能斷大事。故能內誅宇文護。外滅高緯。時混一之勢已成。楊氏特蒙其業耳。宇文贇即位。贇字乾伯。武帝長子也。母口李太后。名娥。江南人。在位二年殂。（凡大象二年）年二十二。是爲宣帝。帝窮侈極奢。適與武帝反。國政遂爲后父楊堅所盜。宇文衍即位。宣帝長子也。母朱皇后。在位一年。（凡大定一年）禪位於隋。帝遇弑。年九歲。周亡。凡六帝。共四十八年。（從文帝起）

第三十六節　隋諸帝之世系

自晉惠帝末年之亂。神洲板蕩。分爲數十國。起滅無恆。不能自靖擾攘三百餘年。至隋而後又成一統。故隋者。亦古今之關鍵也。然隋人事業。非楊氏自創之。其實皆藉宇文氏之遺業。（此與宋藝祖藉周世宗之遺義正同）初無過人之智術沐之勞。拱手而得天下。不可謂不幸。乃曾幾何時。天下又復大亂。於是神器遺之唐人。而楊氏不啻爲李氏之先導。（此與嬴氏爲劉氏之先導正同）又何其不幸也。而其間至要之事。則此時漢族漸强。蕃族漸弱。一變自永嘉以來之習氣。然漢族雖强。而其所用之習俗。（如衣緋綠著靴用椅垂脚坐之類）宗敎。（如佛敎）官制。望族。（如崔盧裴韋鄭竇之類）皆上承宇文。遙接拓跋。與宋齊梁陳之脈。固不相接。而與兩漢魏晉。亦自異也。此風至唐代而大昌。隋不過其過渡耳。然亦學者所不可不知也。隋高祖姓楊氏。名堅。弘農華陰人。漢太尉楊震之後。世仕北朝。至楊忠。（字奴奴）爲宇文泰之元勳。位上柱國大司空。隋國公。賜姓普六茹氏。堅忠之子也。（母呂氏）爲人龍頷。額上有玉柱入頂。目光外射。有文在手曰王。長上短下。沈深嚴重。雖至親昵。不敢狎也。幼以父蔭官散騎常侍。屢從征伐。至定州總管。周齊王憲。（武帝之弟）屢欲除之。武帝不信。宣帝卽位。以后父遷大前疑。宣帝亦深疑之。欲殺而不果。周大象二年。五月。宣帝崩。靜帝幼沖。內史上大夫鄭譯。（字正義滎陽開封人仕隋爲上柱國）御正大夫劉昉。（博陵望都人仕隋爲上柱國後爲文帝所殺）矯詔引堅入總朝政。都督內外諸軍事。周氏諸王在藩者。堅恐其生變。稱趙王招將嫁女於突厥爲詞以徵之。既至。皆殺之。自爲丞相。六月。相州總管尉遲迥。（字薄居羅代人由大前疑出爲相州總管周之宿將也）舉兵討堅。東夏趙魏之士。從者若流。旬日之間。衆至十餘萬。堅使韋孝寬討之。十月。殺迥。關東悉平。孝寬班師。十一月。孝寬卒。時鄖州總管司馬消難。（字道融河南溫人子如之子靜帝后父也）亦起兵應迥。堅使王誼（字宜君河南洛陽人官大司徒後爲隋文帝所殺）討之。消難奔陳。鄖州平。益州總管王謙。（字敕萬太原人）亦起兵討堅。堅使梁睿（字恃德安定烏氏人亦周之舊將也入隋爲益州總管後徵還終於家）討之。斬王謙。益州平。當三方之起也。堅大懼。忘寢與食。及皆平。堅乃謀篡。十二月。自稱爲隋王。備殊禮。明年二月。遂受周禪。復姓楊氏。改元開皇。開皇八年。命楊素、（字處道弘農華陰人官尚書令楚國公隋之權臣也）王世積、（字闡熙新囶人官涼州總管爲煬帝所殺）韓擒虎、（字子通河南東垣人官代州總管）賀若弼、（字輔臣河陽雒陽人官領軍大將軍爲煬帝所殺）等。伐陳。九年。平陳。中國再爲一統。仁壽四年七月丁未。爲太子廣所弒。在位二十四年。（凡開皇二十年仁壽四年）年六十四。是爲文帝。帝外質木而內明敏。性好節儉。勤於吏治。開皇仁壽之際。中國得以粗安。然性沈猜。素無學術。好爲小數。不達大體。元勳宿將。誅夷罪退。罕有存者。又不悅詩書。除廢學校。惟婦言是用。廢黜太子。（名勇帝長子）逮於暮年。持法尤急。喜怒不常。過於殺戮。隋業遂不得長。文帝崩。楊廣卽位。廣一名英。小字阿麼。文帝第二子也。母獨孤皇后。（周獨孤信之女）既弒父而自立。在位十三年。（凡大業十三年）爲侍臣宇文化及所弒。年五十。煬帝初年。自以藩王。次不當立。每矯情飾行。以釣虛名。陰爲奪宗之計。時文帝最信獨孤皇后。后性忌妾媵。皇太子勇。內多嬖倖。以此失愛。帝後庭有子。皆不育之。示無私寵。取媚於后。大臣用事者。傾心與交。中使至第。無貴賤。皆曲承顏色。申以厚禮。婢僕往來者。無不稱其仁孝。又常私入宮掖。密謀於獨孤后。楊素等因機構煽。遂成廢立。自文帝大漸。暨諒闇之中。烝淫無度。山陵始就。卽事巡遊。所至勞費。天下爲之騷然。以天下承平日久。士馬全盛。慨然慕秦皇漢武之事。乃盛治宮室。窮極侈靡。召募行人。分使絕域。諸蕃至者。厚加禮賜。有不恭命。以兵擊之。盛興屯田於玉門柳城之外。課天下富室益市武馬。匹直十餘萬。凍餒者十家而九。帝性多詭譎。所幸之處。不欲人知。每至一所。輒數道置頓。四海珍羞殊味。水陸必備焉。求市者無遠不至。郡縣官人。競爲獻食。豐厚者進擢。疎儉者獲罪。姦吏侵漁。內外虛竭。頭會箕斂。人不聊生。於時軍國多務。日不暇給。帝方驕怠。惡聞政事。寃屈不治。奏請罕決。又猜忌臣下。無所專任。朝臣有不合意者。必構其罪而族滅之。無罪橫受夷戮者。不可勝紀。政刑弛紊。賄貨公行。莫敢正言。道路以目。六軍不息。百役繁興。行者不歸。居者失業。人飢相食。邑落爲墟。帝不之卹也。東西遊幸。靡有定居。每以供費不給。逆收數年之賦。所至後宮。留連沈湎。惟日不足。招迎姥媼。共肆醜言。又引少年。令與宮人穢亂。不軌不遜。以爲娛樂。區宇之內。盜賊蠭起。刼掠從官。屠陷城邑。近臣互相掩蔽。隱賊數。不以實對。或有言賊多者。輒大被詰責。各求苟免。上下相蒙。每出師徒。敗亡相繼。戰士盡力。並不加賞。百姓無辜。咸受屠戮。黎庶憤怨。天下土崩。至於就擒。而猶未之悟也。

第三十七節　晉南北朝隋之行政機關

中國之宗教、政治、學術、民風、自古及今。凡經數變。自三代至秦爲一變。自秦至趙宋爲一變。自趙宋至今日爲一變。此治歷史者之所共知也。然論古今行政之機關。則其分別與前說稍異。中國行政機關之組織。古今只分二類。春秋戰國秦漢爲一類。曹魏至今日爲一類。而其關鍵實皆由於魏武一人。此故治歷史者罕言之。今不得不述其梗概於此。三代之世用人出於世官。（與國君或同族或不同族亦無一定）七國兩漢用人出於特起。其登進之途雖殊。而其設官分職之法。則原理無貳。大約各官皆有其固有之權限。其權非竊君主之權以爲之者。執政大臣之職任。無異君主之副貳。君主必不能以斷役畜之此義在兩漢以前。歷歷可見。自東漢中葉以後。母后臨朝。相繼不絕。於是不能不委政於外戚與宦官。（非母后之必信此二者因中國男女隔絕爲母后者不得不依倚此二者則宗教爲之也）而此二者。其勢又必不相容。歷觀漢時宦官外戚之爭。以理言之。則外戚近正。而宦官至逆。以勢言之。則宦官至近。而外戚已遠。遠必不足以敵近。故宦官常勝。而外戚常敗。（唐與明本無外戚乃欲以疏遠之廷臣圖宦官遂百無一勝）至何進與張讓之構難。其時宦官稔惡。已爲薄海所切齒。亦以何進先殺蹇碩。而奪禁兵。故進雖死。而宦官亦盡。然外戚與宦官之隙。則終古不可解矣。魏武爲宦官養子。固嘗受宦官之家庭教育者也。綜其生平。縱刑殺（志注引曹瞞傳極言操之慘毅寡恩）而薄廉恥。（史載操求盜嫂受金之士之令又曹瞞傳極言操輕佻無威儀）輕繇術而尚辭章。（辭賦之習出於桓靈嬖人閹尹之徒見後漢書楊秉傳）無一非宦官之習。而其至大者。則在改古來行政機關之體。盡去三公卿校之實權。而舉天下之實權。一一歸之中官之手。自是以來。大臣擁虛位。而散秩握政柄。夫以奔走之官。而寄賞罰之實。名無可圖。惟利是競。此中國之政治。所以經千百年。江河日下。而永無澄淸之望也。嗟乎。宦官之流毒。亦遠矣哉。今請舉東晉以來。行政機關實徵之。以晉爲主。（因魏無職官志而晉制卽魏制也）其晉後南北朝隋與魏晉同者十之九也。

第一品。（分品用宋書百官志魏書官氏志分九品各有上中下與宋略同隋分正從亦與宋無大異）

太宰一人。卽古之太師。

太傅一人。

太保一人。

此古三公。晉後則爲優禮大臣之虛號。

相國一人。

丞相一人。

此古之當國者。晉後則爲奸雄圖簒者所歷之階。平時不置。

太尉一人。掌兵。

司徒一人。職如丞相。

司空一人。職如御史大夫。

大司馬一人。職如太尉。

大將軍一人。掌征伐。

此諸職。皆漢時執政之官。晉後則爲之者必兼他官。如或兼尙書令僕。或兼督某軍事。或兼某牧某刺史之類。猶淸之大學士之必有兼官也。於是此諸官。亦不過爲大臣虛號。

第二品。

驃騎車騎衛將軍各一人。

諸持節都督無定員。

此皆臨時置設。蓋亦號之類。

第三品。

尙書令一人。任總機衡。

左僕射一人。領殿中、主客、二曹。（各曹之設見隋書百官志）

吏部尙書一人。領吏部、刪定、三公、比部、四曹。

祠部尙書一人。領祠部、儀曹、二曹。（此部尙書例與右僕射兼職故或謂之右僕射）

度支尙書一人。領度支、金部、倉部、起部、四曹。

左民尙書一人。領左民、駕部、二曹。

都官尙書一人。領都官、水部、庫部、功部、四曹。

五兵尙書一人。領中兵、外兵、騎兵、別兵、都兵、五曹。

令一人。僕射二人。尙書五人。統謂八座。此魏晉後政權之所寄也。攷尙書本秦官。官有四人。主在殿中發書。

屬少府。其職甚微。漢承秦置。及漢武帝遊晏後庭。始用宦者主中書。以司馬遷爲之。成帝時。罷中書宦者。而置尙書五人。一人爲僕射。四人分四曹。此爲尙書省之濫觴。然終漢之世。不爲顯秩。至魏以荀彧爲尙書令。始爲眞宰相矣。此魏武以中官代三公之徵一也。

侍中四人。掌奏事。直侍左右。

給事黃門侍郎四人。職與侍中同。

侍中秦官。分掌乘輿服物。下至褻器虎子之屬。與宦官俱止禁中。黃門侍郎亦秦官。掌宮門。漢承秦置。皆以中人爲之。魏後乃爲宰相。所謂門下省是也。此魏武以中官代三公之徵二也。

中書令一人。掌詔命。（或爲中書監 或爲祕書監）

亦秦官。漢承秦置。亦以宦者爲之。魏後乃又爲宰相。所謂中書省是也。此魏武以中官代三公之徵三也。

案尙書門下中書三官。益以僚佐。謂之三省。魏晉以來中國之政府也。而在秦漢則皆以宦官爲之。其職與公卿絕異。且卽以魏晉所定三省之權限論。亦不過通奏事掌詔命之員而已。而其後實權乃至於此。識者當知政體之所由來矣。

諸征鎭將軍無定員。亦不常置。

光祿大夫左右二人。

大長秋一人。職與秦漢同。

太子詹事一人。職與秦漢同。

諸卿尹。

第四品。

屯騎步兵越騎長水射聲五校尉。每官一人。後省

左右五官虎賁四中郎將。每官一人。

南蠻西戎南夷三校府。每官一人。

諸州刺史領兵者。州一人

御史中丞二人。

都水使一人。

第五品。

給事黃門散騎。無定員

中書侍郎四人。

二官爲中書門下兩省之次官。

謁者僕射一人。

太子中庶子四人。

　　詹事之次官。

諸雜將軍。無定員。

諸州刺史不領兵者。州一人

郡國太守內史相。郡一人

第六品。

尚書丞郎二十五人。

　　尚書省之次官。

侍御史。多時八人少時二人

都尉無定員。

博士十六人。不復分掌一經

各持節都督領護長史司馬。以下皆不詳其員數

公府從事中郎將。

廷尉正監評。
秘書著作丞郎。
王國公三卿師友文子。
諸縣令千石者。
太子門大夫。
殿中將軍司馬督。
雜號護軍。
第七品。
謁者。
殿中監。
諸卿尹丞。
太子詹事率丞。
諸軍長史司馬六百石者。
諸府參軍。

戎蠻府長史司馬。

公府掾屬。

太子洗馬舍人食官令。

諸縣令六百石者。

第八品。

內臺正令史。

郡丞。

諸縣署長。

雜號宣威將軍以下。

第九品。

內臺書令史。

外臺正令史。

諸縣署丞尉。

魏晉南北朝隋（唐亦同）之官。大略從同。若持此以較漢官。則見有一大異處。漢之公孤。執實權者。至此皆爲虛設。

或僅爲奸雄僭竊之階。尋常人臣。不以相處。漢諸卿中有獨立專治一事者。至此大半併省。歸入尙書各曹中。而任事之官。則惟尙書中書門下三省。而此三省諸官。則皆秦漢時少府所屬之官者也。至此則省去少府。而改以士人充之。蓋漢之丞相。對於國家負責任。與今之各國同。但其策免之法。則因天變而不因議會。此所以與今日有虛實之別耳。而其理一也。至魏後則宰相不過爲皇帝之私人。與國家無涉。實卽漢官者之易名。非古之大臣也。二者因歷史不同。故果效亦不同。而國家遂大受其影響。古人之治。遂不可復矣。漢時丞相位尊而十二州之刺史皆丞相之史其制與今各國之中央集權同魏後宰相位卑而方鎭皆大將位與宰相埒故無所謂統一之治矣

至於外官之改變。其輕重適與內職相反。內職改而趣輕。外官則改而趣重。內職之趣輕者。所以便專制。外官之趣重者。所以便用兵。二者之理一也。然其後遂有方鎭之禍。自南北朝至唐。內鬨無虛日。至趙宋始息。而國力遂一弱而不可復矣。溯外官之緣起。春秋時有邑宰。官最微。七國時有郡守。權頗重矣。秦漢皆因之不改。漢又於每州置刺史。秩卑於太守。而可以制太守。後漢病其太輕。乃改刺史爲州牧。位在太守上。於是以州轄郡。州有刺史。以郡轄縣。郡有太守。以縣轄鄉亭。縣有令。小者稱長。略如今制矣。顧其時之人。喜增置州郡。以自侈大。置州益多。則刺史太守之轄境益小。從始置刺史時之十一州。至隋乃有二百餘州。唐不得不以州爲郡。而於刺史上再置節度使焉。此外官之大略也。

第三十八節　晉南北朝隋之風俗

世人皆知唐人極重氏族之學。然氏族之學。不始於唐。唐特氏族之習之餘響耳。氏族之習。蓋萌芽於魏之九品中正。而殄滅於隋之進士科。其始也。行乎其所不得不行。其終也。止乎其所不得不止。皆出於其政治上必然之果效。非空言所能爲也。溯中國自黃帝以來。以貴族爲立國之基。直至春秋。其制未改。至於戰國。則因社會進化。貴族之制。不足以自存。於是乎易世守之法。而爲游說之法。上書求見。抵掌前席者。二百餘年。其勢頗不可以久。漢興。則用徵辟之法。其士大夫大率先受業於國學之博士。卒業後。就公卿方岳之聘。試爲其掾屬。久之。累官而上。其制獨與今歐美諸國相近。漢行之四百年。其人材最盛。其流弊亦最少。非倖致也。使循其途而不改。則中國今日。其現象必不若是。而改之者。則亦由於曹魏。魏之於中國。其關繫亦大矣。案魏文延康元年。以陳羣之議。立九品官人之法。其法於州郡縣。俱置大小中正。各取本處人在諸府公卿及臺省郎吏有才德者充之。區別所管人物。定爲九等。吏部不復審定。但委中正。銓第等級。憑之授受。其弊也。惟能知其閥閱。非復辨其賢愚。所謂下品無高門。上品無寒士也。南朝至於梁陳。北朝至於周隋。選舉之法。雖互相損益。而九品及中正。終爲定制。（至開皇中罷之而制科立矣於是氏族廢）又因其時。匈奴羯胡鮮卑氐羌諸族。深入禹域。與諸夏雜處。婚嫁不禁。種族混淆。衣冠之族。不能不自標異。積此諸因。遂不得不由徵辟之世。倒演而歸於門閥之世。其所以與三代不同者。三代與政治相連。此不必與政治相連耳。然其時士庶之見。望族爲士平民爲庶此二字屢見南北朝人口中蓋當時之名詞也深入人心。若天經地義然。今所聞見於史傳者事實甚顯。大抵其時士庶。不得通婚。故司馬休之之數宋武曰。裕以庶孽。與德文嫡婚。致茲非偶。指宋少帝爲公主時尙晉恭帝女事言沈約字休文吳興武康人之彈王源琅邪臨沂人曰。風聞東海王源。嫁女與富陽滿氏。王滿聯姻。實駭物聽。此風勿翦。其源遂開。點世塵家。將被比屋。宜寘以明科。黜之流伍。可以見其界之嚴矣。其有不幸而通婚者。則爲士族之玷。如楊佺期弘農華陰人自以楊震之後。門戶承藉。江表莫比。有以其門地比王珣琅邪臨沂人者。猶恚恨。而時人以其過江晚。婚宦失類。每排抑之。然其庶族之求儷於士族者。則仍不已。不必其通婚也。一起居動作之微。亦以偕偶士族爲榮幸。而終不能得。如紀僧眞丹陽建康人嘗啓齊武曰。臣小人。出自本州武吏。他無所須。惟就陛下乞作士大夫。帝曰。此事由江斆字叔文濟陽考城人謝瀹字義潔陳郡夏陽人我不得措意。可自詣之。僧眞承旨詣斆。登榻坐定。斆命左右移吾牀讓客。僧眞喪氣而退。告帝曰。士人夫固非天子所命也。其有幸而得者。則以爲畢生之慶。如王敬則晉陵南沙人與王儉字仲寶琅邪臨沂人同拜開府儀同。曰。我南州小吏。徼倖得與王衞軍同拜三公。夫復何恨。甚至以極凶狡之夫。乘百戰之勢。亦不能力求。如侯景請娶於王謝。梁武曰。王謝高門非偶。當朱張以下訪之。積此諸端觀之。則當時士庶界限之嚴。可以想見。此外類此者史中屢見隨檢可得此舉其一二耳

然此皆南朝之例耳。若夫北朝。則其例更嚴。南朝之望族。曰琅邪王氏。陳國謝氏。北朝之望族。曰范陽盧氏。滎陽鄭氏。清河博陵二崔氏。南北朝著姓不僅此此其尤著耳南朝之望族。皆與皇族聯姻。其皇族如彭城之劉。蘭陵之二蕭。

吳興之陳。不必本屬淸門。惟既爲天子。則望族卽與聯姻。亦不爲恥。王謝二家之在南朝。女爲皇后。男尙公主。其事殆數十見也。而北朝大姓。則與皇室聯姻者絕少。案魏朝共二十五皇后。漢人居十一。而無一士族焉。其人曰平文王皇后。廣寧人曰明元杜皇后。魏郡鄴人曰文成李皇后。梁國蒙縣人曰獻文李皇后。中山闕喜人曰孝文林皇后。平原人曰孝文兩馮皇后。長樂信都人曰孝文高皇后。渤海蓨人曰宣武胡皇后。安定臨涇人曰孝明胡皇后。前胡后兄女曰孝靜高皇后。渤海蓨人案此則齊高隆之高德正謂文宣曰漢婦人不可爲天下母非惟自蔑其族抑亦不諳朝章國故之甚矣此殆由種族之觀念而成。故惟庶族乃有與別族聯姻者。隋文之獨孤皇后。唐太之長孫皇后。皆鮮卑人也。長孫之遠祖亦漢人而斛律明月稱公主滿家。則皆渤海高氏之女。皆可爲此事之證。此風直至唐時。其勢猶盛。厥後忽然而衰。其故述唐人歷史時。當詳之。本篇不及也。

其時尚有一大事。爲吾人所當留意者。則北朝鮮卑人與漢相待之情狀是也。案其時大約鮮卑人事爭戰。而漢人事耕稼。有古秦人待三晉人之風。而漢人亦謹事鮮卑人。爭學鮮卑語以求自媚。隋書經籍志所載。學國語之書。卽鮮卑語至夥。幾如今之學東西文也。此事觀北齊書神武紀及顏之推家訓卽知其詳二族之界至北齊始平。至唐始泯。自唐中葉。而鮮卑之語言氏族。無一存矣。然其習俗與血統。則已與漢人糅雜。而不可分也。

此外尚有晉南北朝隋人之宗教。其時變化極繁。始有儒釋道三教之名。因其局必兼唐而言。原委始盡。故俟述唐歷史時再詳之。至於食貨兵刑等事。在今日皆成專科。而在當時。則率由一二人之私臆行之。殆無機關之可言也。

第三十九節　兩晉疆域沿革（此從日本重野安繹支那疆域沿革圖錄出取其簡明若欲知其詳當叅考淸徐文范東晉南北朝輿地表）

晉武帝（司馬炎）受魏禪。都洛陽。置秦、（泰始五年分雍涼梁三州之七郡太康五年廢七年復置）寧、（泰始七年分益州南中四郡太康五年廢惠帝復置）平、（泰始十年分

三州。滅吳。取揚、荊、（合郢）交、廣、四州。改置司州。（魏置於鄴今遷河南）於是有十九州。郡國百七十三。

司。治洛陽。　兗。治廩丘。（今東昌府濮州范縣東南）　豫。治項城。（今開封府陳州項城縣）　冀。治房子。（今正定府趙州高邑縣西南）　幷。治晉陽。

青。治臨淄。　徐。治彭城。　荊。治襄陽。後遷江陵。　揚。治壽春。後遷建業。　涼。治武威。　雍。治京兆。　秦。治冀

城。（今陝西府伏羌縣）後遷上邽。　益。治成都。　梁。治南鄭。　寧。治雲南。　幽。治涿。　平。治昌黎。（今屬承德府）　交。治龍編。

廣。治番禺。

有戶二百四十五萬九千八百四十。口千六百十六萬三千八百六十三。惠帝置江州。（元康元年分揚荊二州之十郡）治豫章。

後遷武昌。康帝之時。寄治半洲。（今九江府西）簡文帝之時。遷尋陽。懷帝置湘州。（永嘉元年分荊廣二州之八郡）治長沙。（成帝廢安帝復置尋廢）

有二十一州。

初武帝革魏孤立之弊。大封宗室。（晉制王不之國官於京師或登三公或鎮要地）惠帝暗弱。賈后擅政。八王亂起。骨肉相殘。

汝南。（司馬亮）　楚。（司馬瑋）　趙。（司馬倫）　齊。（司馬冏鎮許昌）　長沙。（司馬乂）　成都。（司馬穎鎮鄴）　河間。（司馬顒鎮長安）　東海。（司馬越）

遂致胡羯陵侮。中原淪沒之禍。漢燕等諸僭國幷起。惟晉王浚守幽州。劉琨守幷州。漢將劉曜石勒等陷洛陽

長安。執懷帝愍帝。

漢。匈奴單于於扶羅子劉豹。爲左部帥。居太原。子淵嗣。匈奴推爲大單于。都西河郡離石。稱漢王。進取河東。稱帝。遷都平陽。定冀州。子和立。劉聰殺之代立。子粲立。靳準殺之。準死。子明降劉曜。

西晉新置郡國凡五十。

章武。分河間渤海魏置尋廢晉復置滎陽。分河南上洛。分京兆汲。舊朝歌頓丘。分東郡襄城。分潁川成帝廢汝陰。分汝南魏置尋廢晉復置濮陽。分東南始平。分京兆扶風廣寧。分上谷新都。分廣漢略陽。舊廣魏天水。舊漢陽臨淮。分下邳在淮南者建平。吳晉各有建平并之順陽。舊南鄉尋廢後又爲順陽南平。舊吳南郡宣城。分丹陽毗陵。分吳郡後改晉陵新安。舊吳新都晉安。分建安南康。分廬陵建昌。分長沙宋改巴陵西陽。分弋陽南廣。分朱提新蔡分汝陰陳。武帝置陳郡於梁國惠帝復置南頓。分汝南秦國。舊扶風晉昌。分敦煌酒泉狄道。分隴西寧浦。舊吳合浦北部宕渠。分巴西晉寧。分建寧爲益州郡後改高密。分城陽蘭陵。分東海東安。分琅邪魏置尋廢晉復置淮陵。分臨淮堂邑。分臨淮淮陵安帝改秦郡義興。分吳興丹陽隨。分義陽新野。分南陽竟陵。分江夏尋陽。分廬江武昌大康初廢彭澤永興初復置之成都。分南郡後復之歷陽。分淮南平夷。分牂牁朱提建寧復改平蠻夜郎。同上西平。分興古河陽。分永昌雲南

元帝司馬叡在江東即帝位。都建康。即建業愍帝改有揚荊江湘交廣六州。尋有王敦蘇峻之亂。皆平之。

時割據者。有趙。後趙。燕。成。涼。代。六國。

趙。劉曜屬漢。屢有戰功。劉粲見殺。曜稱帝號趙。都長安。有雍秦隴右。降氐羌及涼。後爲石勒所殺。子熙等

據上邽。石虎滅之。

後趙。石勒羯人也。隸漢。劉粲死。稱趙王。都襄國。遂稱帝。以洛陽爲南都。石虎嗣。徙都鄴。定遼西。虎卒。子遵殺弟世。石鑒殺遵。冉閔又殺鑒。稱帝號魏。燕遂滅之。

燕。鮮卑慕容部。魏末入居遼西。涉歸遷遼東。子廆徙居昌黎郡徙河。又遷大棘城。稱大單于。子皝立。弟仁叛據遼東。皝破烏桓鮮卑。殺仁。稱燕王。遷都龍城。（舊柳城皝改）號新宮曰和龍。又破高句麗。併宇文部。子儁取幽州。遷薊。滅魏。徙都鄴。子暐取許昌洛陽。及苻堅來攻。遂降。時有郡百五十七。戶二百四十六萬。口九百九十九萬。

成。李特據廣漢。稱益州牧。攻羅尚敗死。子雄取成都據之。稱帝號成。有益涼寧三州。子期立。李壽廢期。改號漢。晉伐取寧州。子勢立。桓溫滅之。

涼。張軌爲涼州刺史。居姑臧。據河西。晉封西平公。子寔。時關隴亂。涼州獨安。寔弟茂。子駿。皆稱藩於趙。民富兵強。伐龜茲鄯善焉耆降之。西域朝貢。子重華破後趙。稱涼王。庶兄祚篡立被殺。玄靚又稱藩於秦。天錫立。遂降秦。

代。鮮卑拓跋力微子悉鹿立。諸部離散。至祿官分國爲三部。祿官居上谷。猗㐌居代郡。猗盧居定襄。猗㐌西略漠北。降二十餘國。猗盧立。並三部爲一。劉琨致句注陘北之地方數百里。城盛樂爲北都。修平城爲南都。晉封代王。鬱律時。西兼烏孫故地。東吞勿吉（即靺鞨）以西。賀傉遷都東木根山。及什翼犍。東自濊貊西及破洛那。莫不款附。徙都盛樂。伐高車大破之。匈奴劉衛辰叛。乃還雲中。爲燕子寔君所弒。國中大亂。石勒最彊盛。殺王浚段匹磾（據遼西）執劉曜。盡有冀幷幽司豫兗青徐雍秦十州。慕容廆取遼東。破夫餘高句麗。穆帝之時。晉桓溫取蜀。下青徐兗豫等州。復洛陽。石虎卒。趙亂。慕容雋遂滅之。幷其地。而秦起於關中。

秦。　略陽氐苻洪。屬劉曜石虎。趙亂。自稱三秦王。子健嗣。據長安。定關中。至苻堅立。益雄大。桓溫伐燕。敗於枋頭。（在今大名府濬縣西南）苻堅遂滅燕。及涼。擊代。走什翼犍。氐羌降附者八萬三千餘落。東夷西域入貢者六十二國。大江以北。率屬於秦。孝武帝太元八年。堅侵晉。謝玄大破之於肥水。（在今鳳陽府壽州東北）復兗青益等州。堅敗歸。秦大亂。後燕。後秦。西燕。後涼。西秦等起。堅爲姚萇所殺。子丕據晉陽。爲後燕所滅。族子苻登據隴右。稱帝。與後秦戰敗死。

後燕。　慕容皝子垂。奔秦。及苻堅敗。起兵。都中山。稱帝。定冀幷幽平青兗徐諸州。滅匈奴劉顯。伐魏拔平城。子寶立。魏來伐。敗。奔龍城。保平州。子盛伐高句麗。開境七百餘里。高雲弒熙自立。尋被殺。

後秦。　南安羌姚弋仲。仕劉曜石虎。趙亂。子襄據許昌。與秦戰敗死。弟萇降秦。苻堅敗。萇據安定。稱秦王。取長安。都之。子興陷洛陽。淮漢以北多降。河湟諸國皆服事之。至子泓。晉劉裕滅。

西燕。　苻堅敗。慕容暐弟泓起兵華陰。弟沖取長安。沖被殺。慕容永去據上黨稱帝。慕容垂滅之。

後涼。呂婆樓爲苻堅功臣。子光伐西域。降焉耆破龜茲。撫寧諸國。威恩甚著。遠方諸國前世所不能服者皆來附。還據姑臧稱涼王。光卒國亂。至隆降於西秦。

西秦。鮮卑乞伏部秦始初遷夏。至司繁降於苻堅。堅敗司繁子國仁據隴西稱苑川王。子乾歸徙金城稱秦王。徙都苑川。子熾盤遷枹罕。滅南涼。降旁近諸羌。至暮末夏滅之。

先是代中衰。拓跋珪起於賀蘭部。更稱魏王。破庫莫奚高車柔然等。滅匈奴劉衛辰。慕容垂卒。伐燕幷其地。都平城稱帝。

魏。什翼犍被弒。孫珪幼。秦分諸部爲二。河東屬劉庫仁。河西屬劉衛辰。珪奔賀蘭部。遂起兵都盛樂。更號魏。定後燕。徙都平城。正封畿。標道里。置八部帥以擬八座。珪被弒。子嗣立。

南燕。北燕。南涼。北涼。西涼。夏。又起。

南燕。慕容德垂弟也。魏伐燕。德守鄴。南徙滑臺。後定青兗二州。都廣固稱帝。兄子超嗣。劉裕滅之。

北燕。馮跋仕慕容寶。高雲被殺。跋自立。都龍城。至子泓。魏滅之。

南涼。鮮卑遷河西稱禿髮氏。樹機能秦始中取涼州。晉殺之。至思復犍部衆稍盛。子烏孤據廣武定嶺南五郡。稱武威王。遷樂都。弟利鹿孤遷西平。稱河西王。弟傉檀稱涼王。秦徙之鎭姑臧。西秦滅之。

北涼。匈奴沮渠王之後沮渠蒙遜。起兵據金山。推段業爲建康公。徙治張掖。遂殺業。稱張掖王。取姑臧據之稱河西王。滅西涼并其地。西域諸國來貢。至子牧犍。魏滅之。

西涼。李暠叛北涼。據敦煌稱涼公。擊玉門以西皆下之。徙酒泉。至子歆。北涼滅之。

夏。劉衛辰子赫連勃勃。據朔方稱夏天王。築統萬城居之。下嶺北諸夷。後秦亡。進據安定。遂取長安稱帝。

至定。滅西秦。爲吐谷渾所擒亡。

安帝之時。桓玄篡位。劉裕誅玄。尋滅南燕。後秦。

西秦之亂。中原淪陷。元帝以後。僑置諸州郡。

徐。（淮南）兗。（京口後或徙江北或徙江南後常治廣陵）豫。（江淮間）靑。（治廣陵）幽。冀。并。（皆治於揚州之域後幽冀入徐靑并入兗）雍。（荊州南陽郡治酇尋廢孝武置於襄陽）

劉裕取南燕地。有北徐。（舊徐州淮北地）北靑。（鎮東陽）北兗。（舊兗州）等州。

又有弘農河東數郡。以處西北流人。無實土。哀帝興寧二年。桓溫以西北士民僑寓東南者無定本。以土著爲斷。今一其業。謂之土斷。劉裕又申其令。諸流寓郡縣。并省者多。

東晉新置郡凡二十七。

汝陽。（分汝南）鍾離。（分淮南）馬頭。（同上）盱眙。（分臨淮）海陵。（分廣陵）山陽。（同上）晉熙。（分廬江）武寧。（分南郡）長寧。（同上宋改永寧）義成。（分襄陽）營陽。（分零陵）華山。（分弘農京兆扶風）梁水。（分古興）興寧。（分雲南）西河。（同上）晉壽。（分梓潼）金山。（分巴西梓潼）建都。（分建寧）晉興。（分鬱林）永嘉。（分臨

海）東官。（分南海）新會。（同上）晉康。（分蒼梧）新寧。（同上）永平。（同上）遂寧。（分廣漢）義安。（分東官）

其他紛紛改易。及僑立州郡。不可悉記。

僭僞諸國（小）各置州郡。其係新稱者。

朔州。（劉曜治高平赫連勃勃治三城）洛州。（苻健鎮宜城苻堅治陝城後徙豐陽）河州。（苻堅治武始張駿分興晉等八郡治枹罕）晉州。（苻堅置於晉興郡）中州。（慕容儁改趙司州）定州。（河間王顒改秦州爲定州尋廢計茂分武興等四郡復置）沙州。（張駿分敦煌等三郡）之類是也。張涼開西境。新置郡最多。

吐谷渾。吐谷渾。慕容廆庶兄也。永嘉之亂。度隴而西。據洮水之西。極於白蘭。地方數千里。孫葉延。以祖名爲國號。至烏紇堤。爲乞伏乾歸所破。保南涼。姪樹洛干。奔莫河川稱王。沙强雜種。莫歸附。弟阿柴嗣。

仇池。西夷別種號白馬氐。漢滅之置武都郡。建安中楊騰爲部落大帥。徙居仇池。仇池方百頃。四面斗絕。高七里餘。蟠道三十六回。上有豐水。煮土成鹽。至楊初自立稱仇池公。世襲之。屬石虎。又稱藩於晉。至楊纂。苻堅破之。徙其民於關中。堅死。楊定奔隴右。治歷城。遂有秦州。稱隴西王。乞伏乾歸擊殺之。楊盛嗣。分諸氐羌爲二十部護軍。據漢中。

高句麗。高釗時。慕容皝來伐。自南道進入丸都。獲釗母妻。還釗。稱臣於燕朝貢。

第四十節　南北朝疆域沿革

晉末僭國俱敗。魏都遠在平城。劉裕直取關洛。關中尋沒於夏交晉禪。國號宋。都建康。臺城在今上元縣東北五里晉成帝作新宮宋齊梁陳皆仍之州郡概仍晉舊。永初中。除北字。寓立於南者加南字。晉時州郡本無加南字者晉書誤據宋志追書加南字三年。淮西爲豫州。淮東爲南豫州。漢豫州本治譙晉元帝時祖約退治壽春成帝僑立後或治蕪湖邾城武昌牛渚歷陽馬頭姑熟等至是豫治汝南南豫治歷陽此爲南北必爭之地得失無常分合不定漢揚州治變爲豫州治又南之豫州治或變爲北之揚州治又分荊州置湘州。

魏明元帝侵宋入青州。明年陷洛陽。取司兗豫諸郡。司州盡入魏兗州自湖陸豫州自項城以南屬宋築長城自赤城西至五原二千餘里。太武帝虔漠伐柔然。所搜討東西五千里。南北三千里。柔然遠遁。置武川。撫冥。懷朔。懷荒。柔玄。禦夷。六鎮。自平城北塞東至濡源水千里。伐夏取統萬城。禽赫連昌。昌弟定滅西秦。乞伏暮末既爲吐谷渾所虜。夏亡。魏又滅北燕馮弘北涼。沮渠牧犍其地皆入於魏。西域久不朝。降鄯善。比其地於郡縣。敗焉耆龜茲。西域復通。又大敗吐谷渾。可汗遁入於闐。宋文帝伐魏大敗。魏主臨江而還。

文帝置冀。分青州雍。晉孝武僑立至是分荊州二州。孝武帝治東揚。分揚州又以揚州爲王畿東揚爲揚州尋復大明八年廢郢。分荊襄江豫二州。

宋大明八年。魏文成帝和平五年有二十州。郡二百五十四縣千三百四十九揚治建康。京都領郡十。南徐。東晉淮北爲北徐淮南爲徐州宋武加徐以南淮北但曰徐文帝以江北爲南兗江南爲徐治京口。丹徒郡十七。京都水二百四十陸二百里徐。初治彭城。泰始失淮北。僑立治鍾離。舊領郡十二。後領郡三。京都水千三百六十陸千南兗。東晉時寄治京口。宋文分江淮間治廣陵。後移盱眙。又省之。其後復立。治廣陵。郡十一。京都水二百五十陸百八十兗。宋武平河南。治滑臺。文帝移鄒山。又寄治彭城。遂省之。後復立。治瑕丘。郡六。泰始失淮北。寄治淮陰。（里數闕）南豫。文帝省。尋分揚州置。治姑熟。淮東自永初至大明。爲南豫。明帝屢分合。初治歷陽。後治宜城。自失淮西後。於淮東分立兩豫。仍治歷陽。郡十九。（京都水百六十）豫。泰始退治壽陽。（即壽春晉簡文改）郡十。（京都水千七百陸七百終宋世二豫並立然南豫是實土北豫是虛名）江。治尋陽。郡十。（京都水千四百）青。初治東陽。孝武徙歷城。大明八年還東陽。郡九。（京都陸二千泰始後僑立於鬱州鬱州在海中周數百里虛治郡縣荒民無幾）冀。治歷城。郡九。（皆僑立河濟間京都陸二千四百泰始寄治鬱州但名存耳）荊。治江陵。郡十二。（京都水三千三百八十四）郢。治江夏。郡六。（京都水二千百）湘。（文帝廢置不一孝武再置）治臨湘。郡十。（京都水三千三百）雍。（文帝時僑郡猶寄寓孝武分實土爲僑郡境）治襄陽。郡十七。（京都水四千四百陸二千百）梁，初治南城。（漢中苞縣）文帝徙南鄭。郡二十。（里數闕）秦。寄治南鄭。郡十四。（里數闕）益。治成都。郡二十九。（京都水九千九百七十）寧。治建寧。郡十五。（京都水一萬三千三百）廣。治番禺。郡十八。（京都水五千二百）交。治龍編。郡七。（京都水一萬）

戶七十一萬五千七百四十二。口五百十九萬八千九百九十八。（郡縣中有後置者人口亦缺寧交二州今姑據宋書郡縣志舉其大略）明帝泰始二年。置司州。（宋初司州治虎牢領三郡景平初淪沒文帝僑立於汝南尋廢至是復分南豫置）治義陽。郡四。（縣二十）戶一萬八千六百七十四。（一郡闕）口六萬六千六百八十一。（二郡闕京都水二千七百陸千七百四年置東徐徐州東青州二州不詳蓋尋廢）七年置越州。（分交廣）治臨漳。舊領郡三。新立郡六。（戶口不詳）共爲二十二州。時伐魏大敗。淮北四州。（青冀徐兗）及淮西（豫州諸郡）皆入於魏。

齊高帝仍宋舊。建元二年。置巴州。（宋泰始五年入荊益四郡置三巴校尉治白帝蓋以其地爲巴州武帝初省）有二十三州。（郡三百九十縣千四百八十五郡縣之建置雖多名存實忘境土蹙於宋大明之時）

魏孝文帝太和十年。（齊武帝永明四年）改置州郡。共爲三十九州。

司。道武置太和中改恆州孝昌中陷治平城。東魏寄治肆州。相。道武置東魏遷都改司州治鄴。汾。明元置治蒲子。孝昌中陷。徙西河。懷。獻文置治河內。并。治晉陽。東雍。太武置治邵。肆。明元置治九原。定。道武置安州尋改治中山。瀛。孝文分定冀治趙都軍城。朔。治盛樂。後陷。永熙中改雲州。寄治并州。冀。治信都。幽。治薊。平。治肥如。營。太平眞君五年置治和龍。以上十四州在河北雍。治長安。涼。治隴。秦。治上邽。夏。太武爲統萬鎮孝文改治大夏。涇。治臨涇。華。孝文分秦州治華陰。岐。同上治雍。河。太武爲鎮後改治枹罕。班。獻文置華州孝文改尋改邠州治彭陽。渠。太武置仇池鎮孝文改宣武又改南秦州治洛谷。沙。治敦煌。陝。孝文置治陝。洛。明元置孝文遷都改司州治洛陽。荊。太武時治上洛。孝文徙穰。郢。孝文置治安陽。北豫。治虎牢。東荊。東魏改淮州治淮陰。南豫。治懸瓠。兗。治瑕丘。南徐。治彭城。東徐。獻文置太和末改南青治莒。青。治東陽。齊。宋冀州獻文取之改治歷城。濟。明元置治濟北。碻磝。光。獻文分青治掖。以上二十五州在河南

尋遷都洛陽。觀兵齊境。宣武帝立。陷淮南。又取梁州。十四郡東西七百里南北千里

梁武帝略魏荊州。置宛州。不詳蓋宛地也天監十年有二十三州。仍齊舊但巴州既省蓋以宛州足之郡三百五十縣千二十二

魏孝明帝立。胡太后擅政。六鎮邠涼等亂。杜洛周叛上谷。葛榮叛恆州。號齊。定相殷孝昌三年分定相置冀等皆陷。梁乘其亂。復淮北諸州。郢北青南荊南兗膠東徐東益巴等沈慶之入洛陽。尋失

是後梁州名浸多。大同中有百七州。郡縣稱此。以小大不倫。分爲五品。其下品徒有州名而無土地。或因荒徼置州。職貢罕通。廢置離合。不可勝紀。州郡雖多。戶口日耗。魏亦然。魏書地形志錄武定之世所列百十三州其有郡縣名無戶口數者大抵他國地而虛官

之西魏元平三年宇文泰改州四十六置一改部百六改縣二百三十齊亦天保七年併省三州百五十三郡

魏高歡據冀州。平亂。李武帝立。尋奔長安。依宇文泰。魏分爲西。孝武東。孝靜遷鄴泰破歡于沙苑取河南。歡又破泰于邙山復之。

侯景叛魏。取梁淮北。尋降于梁。復叛陷建康。稱漢帝。於是東魏取淮南。西魏取漢東梁益。梁元帝誅景。都江陵。州郡大半入兩魏自巴陵以下至建康以江爲限荆州界北盡武寧西距硤口嶺南復爲蕭勃所據詔令所行千里而近西魏陷之。立蕭詧後梁爲梁主。鎭江陵。梁雍州皆屬西魏。梁別立敬帝。

高陽簒東魏。國號齊。破庫莫奚柔然。修長城。齊築長城凡三次天保三年自黃櫨嶺北至社平戍四百餘里（蓋起唐石州北抵武州）六年自幽州夏口（即居庸夏口）西至恆州九百餘里七年自西河東至海前後所築東西凡三千餘里柔然終衰。而突厥方彊。宇文覺亦簒西魏。國號周。平宕昌越嶲。河南自洛陽。河北自平陽。以東屬齊。以西屬周。周遂滅齊。得州五十。郡百六十二縣三百八十戶三百三十萬二千五百二十八。口二千萬六千六百八十六。靜帝大象二年。有二百十一州。郡五百八縣千百二十四明年傳位於隋。

陳武帝承梁末。威力所加。不出荆揚。雖平蕭勃。惟有四十二州。郡百九縣四百三十八戶六十萬耳。及亡州四十郡百縣四百文帝歸魯山。今漢口地於周。江北盡入於周。宣帝伐齊。暫有淮南。尋失之。至後主。隋滅後梁。蕭琮伐陳降之。

大抵疆土南朝伸於宋。絀於齊。羸於梁。縮於陳。北朝太和爲極盛。至孝昌而衰。東西分立。與梁三分天下。周終有其八分。幷於隋。其間地理參差。其詳難舉。實由名號驟易。境土屢分。展轉改更。迷其本末。故今此圖。以宋大明魏太和爲據。其前後改置。惟記緊要者。

高句麗。魏太武時王談德子高璉入貢。後雖交通南北貢獻不絕。外結柔然。相共脣齒。其勢方彊。

百濟。出自夫餘。其地北去高麗千餘里。處小海之南。古馬韓也。漢初。朝鮮王箕準爲衛滿所逐。來居稱王。後亡。前魏時。馬韓攻樂浪帶方二郡滅之。晉亂。南夫餘來據此地。建國號百濟。都漢城。（今京城）自晉末常入貢南北。與高麗戰。斬其王釗。兵交不解。魏孝文時。王餘慶請發兵伐高麗。不許。尋失漢城。徙熊川。（今忠清道公州）王明禮時又失之。徙泗沘。（今忠清道扶余）改號南夫餘。尋復。

新羅。本辰韓種也。傳言秦世亡人避役來馬韓。割其東界居之。故亦曰秦韓。地在高麗東南。東濱大海。晉末建國曰新羅。梁普通二年。隨百濟貢方物。

仇池。宋以楊盛爲武都王。後屬南北。反覆無常。盛次子難當自立稱大秦王。宋擊取仇地。難當奔上邽。屬魏。至曾孫文熙亡。姪文德自漢中入有武興陰平。爲宋所殺。其族集始。魏孝文以爲武興王。後叛。魏滅之。以其地爲武興鎮。

吐谷渾。阿柴併氐羌。地方數千里。號爲彊國。部內有黃沙周數百里。因號沙州。兄子慕璝嗣。衆至五六百落。南通蜀漢。北交涼州。魏太武時。虜赫連定送之魏。封西秦王。與隴西之地。又通宋。弟慕利延立。魏伐之。走白蘭。遂入于闐。殺其王。南征罽賓。後還舊土。拾寅立。始邑伏羅川。復降魏。歲貢及秦賊莫折念生反伏連壽亦叛。子夸呂始稱可汗。居伏俟城。在西海西十五里。其地兼鄯善且末。東西三千里。南北千餘里。復朝貢於東魏。

柔然。東胡苗裔也。拓拔力微之末。有木骨閭。收合逋逃。子車鹿會。始有部衆。號柔然。（後魏太武改號蠕蠕）車鹿會之後數世。分爲二部。道武時。擊社崙破之。社崙遁入高車。遂併諸部。北徙弱洛水。自號可汗。號爲彊盛。其地西焉耆。東朝鮮。北渡沙漠。南臨大磧。魏屢伐之。或和或叛。常爲邊患。阿那瓌時國亂。遂服至魏末。頗驕。復叛。後累爲突厥所破。奔西魏。遂亡。

第四十一節　隋疆域沿革

隋文帝造新都於龍首山。（在長安長六十里首入渭水尾達樊川）名大興城。遷都之。悉罷諸郡爲州。揚尚希見天下州郡過多。上表曰。今郡縣倍多於古。或地無百里。數縣並置。或戶不滿千。二郡分領。民少官多。十羊九牧。今存要去閑。幷小爲大云云。文帝從之。

時突厥分爲東（沙鉢略）西。（阿波）隋援東部以破西部。後其國大亂。又援啓民（東部）以破達頭。（西部）遂滅梁陳。幷天下。南平寧羌。高麗寇遼西。命漢王諒伐之。遇饑疫歸。高麗尋降。

煬帝好遠略。以洛陽爲東京。（後改東都）營新宮。（東去故都十八里）疏通濟渠。自東京西苑引穀洛水達於河。鑿運河。自板渚在虎牢東引河歷滎澤在滎陽入汴。又自大梁之東。引汴水入泗達於淮。又開邗溝。自山陽至揚子入于江。溝廣四十步。旁皆築御道。樹以柳。自長安至江都。置離宮四十餘所。遂幸江都。又通永濟渠。引沁水。出上黨達于河。通涿郡。即御河也。開江南河。自京口至餘杭八百餘里。廣十餘丈。後曰浙西運河

文帝之末。析置州縣滋多。文帝之初民戶不滿四百萬末年踰八百九十萬煬帝并省之。大業三年悉改州爲郡。具見隋書地理志置司隸刺史。分部巡察。

唐虞九州十二州。歷秦漢魏晉南北朝。其名尙存。至隋始革去州名。蓋後魏每州所管郡。有少至二三郡者。并有不領郡之州。其州名新製者。共有五六十。隋承魏。其分析亦多。事勢古今不同。萬不能更爲沿襲。故革之也。

裴矩奏西域圖記。三卷合四十四國別造地圖。窮其要害。從西傾在隴西以去。縱橫所亘將二萬里。發自敦煌至西海。在條支西地中海也凡爲三道。北道從伊吾。中道從高昌。南道從鄯善。總湊敦煌。因擊吐谷渾。破之。盡有其故地。東西四千里南北二千里伊吾又獻地數千里。並置郡縣。五年。凡有百九十郡。縣千二百五十五戶八百九十萬七千五百四十。口四千六百一萬九千九百五十。墾田五千五百八十五萬四千四十一頃。東西九千三百里。南北一萬四千八百十五里。隋之盛極於此。

帝北巡。鑿太行山達於并州。以通馳道。過雁門榆林出塞至涿郡。開御道長三千里。幸突厥之庭。復築長城。大業

三年西（在定襄）距榆林東至紫河四年自榆谷而東又西巡．出臨津關．在枹罕界經浩亹川．在西平郡至燕支山．在武威郡高昌王及西域二十七國謁於道左．

劉方等伐林邑．破之．常駿等使赤土．扶南別種在南海中水行百餘日而達朱寬至流求．蓋今臺灣歟遂擊斬其王．裴矩又勸伐高麗．八年發左右各十二軍．帝親度遼．圍遼東城．漢襄平城久不下．別遣水軍泛海入浿水．大同江攻平壤敗還．宇文述等諸軍．度鴨綠水．逼平壤．士卒飢弊．為高麗所敗．初兵三十萬五千．還至遼者．二千七百人．帝大怒．引還．是役唯拔遼水之西武厲邏．高麗置邏於水西者置遼東郡而已．明年復伐之．聞楊玄感反．棄軍資器械而還．明年復伐之．高麗困弊．乞降．乃還．

巡幸征討．轉輸鉅億萬計．民夫凍餒疲頓．死者相枕．加以饑饉．於是所在盜起．其尤雄桀者．楊玄感反黎陽．攻洛陽．敗死．杜伏威據歷陽．有淮南．後降於唐．林士弘據豫章．號楚．自九江南及番禺有之．竇建德據樂壽．後都洛州．號夏．有河北諸郡．徐圓朗據東平．自琅邪西北至東平有之．梁師都據朔方．號梁．劉武周據汾陽宮．號定楊．李密據洛口．號魏．趙魏以南．江淮以北歸之．薛舉據天水．號秦．有隴西．子仁杲嗣．李軌據武威．號涼．有河西五郡．蕭銑據江陵．號梁．東自九江．西抵三峽．南盡交阯．北距漢川．皆有之．沈法興據毗陵．號梁．有江表十餘郡．李子通據海陵．後取江都．號吳．李淵起兵太原．定長安．立代王侑．尋受禪．是為唐高祖．煬帝在江都．宇文化及弒之．越王侗即位洛陽．王世充擁侗破李密。密降於唐。世充遂簒立。號鄭。有李密故地。化及北上保聊城。魏州號許。竇建德擊斬之。

唐秦王世民西滅薛仁杲。北平李軌。劉武周。時世充建德最彊。世民伐世充。建德援之。世民禽建德。降世充。定諸賊。建德將劉黑闥又起。據洛州。號漢東略建德故地。太子建成等擊滅之。趙郡王孝恭李靖等滅蕭銑。定江南。天下歸一。

高麗　璉六世孫陽成。開皇初入貢。平陳後懼修守備。子元時。高祖討之。煬帝怒其闕藩禮。三討之。敗績。元遂降。徵入朝。會大亂。遂不復行。

百濟　明禮子昌。高祖伐高麗。請爲軍導。事平。高麗知之。侵掠其境。至曾孫璋。又入貢。煬帝伐高麗。來請軍期。嚴兵於境。然內與高麗通。持兩端。尋有隙。每相戰爭。

新羅　王金伯淨。開皇十四年。始入貢。時百濟人多歸之者。遂致强盛。大業以來。歲通朝貢。

林邑　古越裳界也。在日南南四百餘里。北接九德郡。縱廣可六百里。馬援開置象林縣。建銅柱。漢末區連稱王。范熊及其子逸代立。無嗣。日南人范文自立。後數世屢犯日南。宋文帝征服之。歷齊梁貢獻。煬帝聞其多奇寶。伐之。王梵志敗。入海。後復其地。

吐谷渾　夸呂。開皇中屢入寇。擊破之。子世伏立。稱藩。尋國亂。弟伏允立。煬帝諷鐵勒擊之。隋亦掩擊之。伏允南遁雪山。其地入隋。伏允客黨項。大業末復其故地。屢寇河西。

突厥 平涼雜胡也。後魏滅沮渠氏。阿史那奔然居金山。號突厥。至大葉護漸强盛。後有伊利可汗。始通西魏。大破鐵勒柔然子木杆。勇而多智。遂滅柔然而破挹怛。（大月氏種類）東走契丹。北併契骨。（古堅昆）威服塞外諸國。其地東自遼海西至西海長萬里。南自沙漠以北五六千里皆屬之。姪沙鉢略立。治都斤山。木杆子阿波。別領所部浸强。東距都斤。西越金山。龜茲鐵勒伊吾及西域悉附之。號西突厥。共有隙。沙鉢略來漠南居白道川。請援於隋。弟莫何立。擊阿波擒之。姪都藍立。沙鉢略子突利居北方。尙隋公主。南徙度斤。錫賚優渥。都藍怒。叛隋攻突利。突利奔歸隋。以爲啓民可汗。遷在夏勝二州間。都藍死。達頭立。國大亂。隋伐之。奔吐谷渾。啓民遂有其衆。朝貢甚謹。子始畢立。復叛。圍煬帝於雁門。隋亂。遂大强盛。諸僭國皆稱臣請援。

西突厥阿波被執。國人立泥利。死。子處羅立。居烏孫故地。大業初。其國多叛。煬帝遣使諭之。處羅朝貢。隋又立酋長射匱爲可汗。擊之。處羅大敗東走。遂入朝。從征高麗。江都之亂。奔歸京師。爲北蕃所殺。

附錄

以見於本書之先後爲次

李斯。楚上蔡人荀卿弟子秦丞相封侯

張良。字子房韓人漢封留侯

蒙恬。其先齊人祖蒙驁父蒙武皆仕秦秦之世卿也

趙高。秦宦者二世即位爲丞相或云趙人自宮以亡秦報趙也

蒙毅。蒙恬弟

陳勝。字涉陽城人自立爲楚王

吳廣。字叔陽夏人

張耳。大梁人楚封常山王漢封趙王

陳餘。大梁人楚封代王

項梁。楚人項燕子項羽叔父也

項籍。字羽自立爲西楚霸王史記爲立本紀比於天子

蕭何。沛豐人漢丞相封酇侯

曹參。沛人漢丞相封平陽侯

黥布。六人姓英氏以黥故號黥布漢封九江王

范增。居巢人項羽封之爲亞父

楚懷王。名心故楚懷王孫懷王入秦不返楚人憐之故立孫心即襲懷王號

樊噲。沛人漢封舞陽侯

彭越。字仲昌邑人漢封梁王

韓信。淮陰人漢封三齊王徙楚王後爲淮陰侯

陳平。陽武戶牖鄉人漢丞相封戶牖侯

酈食其。陳留高陽人漢之辯士史記漢書稱之曰酈生生即先生也

蒯徹。范陽人楚漢間之辯士

灌嬰。沛人漢封汝陰侯

武涉。盱眙人楚之辯士

季布丁公．皆楚人兄弟也

盧綰．豐人漢封燕王

叔孫通．薛人

陳豨．宛朐人

周勃．沛人漢丞相封絳侯

陸賈．楚人太中大夫

賈誼．雒陽人漢長沙王傅

鼂錯．潁川人漢御史大夫

李廣．隴西成紀人未央衛尉

董仲舒．廣川人漢江都王相

程不識．長樂衛尉

李少君．齊人

司馬相如．字長卿蜀郡成都人漢中郎將

路博德．平州人漢封符離侯

江充．字次倩趙國邯鄲人漢繡衣直指

劉屈氂．武帝庶兄中山靖王子也漢丞相

霍光．字子孟河東平陽人驃騎將軍霍去病之弟漢大將軍封博陸侯

丙吉．字少卿魯國人漢丞相

魏相．字弱翁濟南定陶人漢丞相

霍禹．光子右將軍

霍山．光兄去病孫奉車都尉領尚書事封樂平侯

霍雲．光兄孫中郎將封冠陽侯

范明友．光女壻度遼將軍未央衛尉封平陵侯

鄧廣漢．光女壻長樂衛尉

蕭望之．字長倩蘭陵人漢太傅

周堪．字少卿齊人漢光祿大夫

石顯．字君房濟南人漢宦者

弘恭．沛人

劉更生。名向字子政楚元王交後

劉歆。字子駿劉向子後改名秀仕新莽封紅休侯

王章。字仲卿泰山鉅平人

劉輔。河間人宗室

孔光。字子夏孔子十四世孫仕新莽

何武。字君公蜀郡郫縣人仕新莽

董賢。字聖卿雲陽人哀帝嬖人官大司馬

馬武。字子張南陽湖陽人漢捕虜將軍封楊虛侯

王常。字顏卿潁川舞陽人漢橫野大將軍封山桑侯

劉玄。字聖公光武族兄

李通。字元次南陽宛人

李軼。通弟

朱鮪。下江人

鄧禹。字仲華南陽新野人太傅封高密侯

任光。字伯卿南陽宛人信都太守封阿陵侯

邳彤。字偉君信都人太常封靈壽侯

劉植。字伯先鉅鹿宋子人驍騎將軍封昌成侯

耿純。字伯山鉅鹿宋子人東郡太守封東光侯

耿況。字俠游扶風茂陵人上谷太守

彭寵。字伯通南陽宛人漁陽太守

吳漢。字子顏南陽宛人大司馬封廣平侯

寇恂。字子翼上谷昌平人執金吾封雍奴侯

劉永。梁孝王八世孫

公孫述。字子陽扶風茂陵人

李憲。潁川許昌人

張步。字文公琅琊不其人

延岑。字叔牙南陽人

田戎。汝南人

岑彭。字君然南陽棘陽人征南大將軍封舞陽侯

馮異。字公孫潁川城父人征西大將軍封陽夏侯

蓋延。字巨卿漁陽要陽人虎牙大將軍封安平侯

耿弇。字伯昭建威大將軍封好時侯

朱祐。字仲先南陽宛人建義大將軍封鬲侯

馬成。字君遷南陽棘陽人中山太守封全椒侯

竇融。字周公扶風平陵人大司空封安豐侯

隗囂。字季孟天水成紀人

來歙。字君叔南陽新野人太中大夫

祭遵。字弟孫潁川潁陽人征虜將軍封潁陽侯

馬援。字文淵扶風茂陵人伏波將軍封新息侯

臧宮。字君翁潁川郟人城門校尉封朗陵侯

賈復。字君文南陽冠軍人左將軍封膠東侯

桓譚。字君山沛國相人漢議郎給事中後漢之反對讖緯者

嚴光。一名遵字子陵會稽餘姚人

杜篤。字季雅京兆杜陵人從事中郎馬氏之客

班固。字孟堅扶風平陵人蘭臺令史竇氏之客著漢書百卷

傅毅。字武仲扶風茂陵人蘭臺令史

鄭衆。漢宦者字季產南陽犨人大長秋封鄛鄉侯

蔡倫。漢宦者字敬仲桂陽人長樂太僕封龍亭侯

杜根。字伯堅潁川定陵人漢尚書

楊震。字伯起弘農華陰人漢太尉

翟酺。字子超廣漢雒人漢將作大匠

孫程。漢宦者字稚卿涿郡新城人騎都尉封濟陽侯

李固。字子堅漢中南鄭人太尉

曹騰。漢宦者字季興沛國譙人大長秋封費亭侯

唐衡。漢宦者潁川郾人中黃門封汝陽侯

杜喬。字叔榮河內林慮人大司農

單超。漢宦者河南人中常侍封新豐侯
左悺。漢宦者河南平陰人中黃門封上蔡侯
徐璜。漢宦者下邳良城人中常侍封武原侯
具瑗。漢宦者魏郡元城人中常侍封東武陽侯
郭太。字林宗介休人
賈彪。字偉節潁川定陵人
李膺。字元禮潁川襄城人長樂少府
陳蕃。字仲舉汝南平興人太傅
侯覽。漢宦者山陽防東人中常侍封高鄉侯
杜密。字周甫潁川陽城人太僕
陳翔。字子麟汝南邵陵人御史中丞
陳寔。字仲弓潁川許人太丘長
范滂。字孟博汝南征羌人太守功曹
曹節。漢宦者字漢豐南陽新野人大長秋

王甫。漢宦者黃門令封冠軍侯
朱瑀。漢宦者五官長樂史封華容侯
張奐。字然明敦煌酒泉人大司農
段熲。字紀明武威姑臧人太尉封新豐侯
盧植。字子幹涿郡涿人北中郎將
皇甫嵩。字義眞安定朝那人太尉封都鄉侯
朱儁。字公偉會稽上虞人太尉封錢唐侯
呂强。漢宦者字漢盛河南成皋人中常封侍都鄉侯
衞青。字仲卿河東平陽人大將軍封長平侯
霍去病。衞青姊子驃騎將軍封冠軍侯
蘇武。字子卿杜陵人屬國都尉
甘延壽。字君況北地郁郅人西域都護封義成侯
陳湯。字子公山陽瑕丘人射聲校尉封破胡侯
何熙。字孟孫陳國人司隸校尉

耿夔。字定公耿弇弟國子度遼將軍封粟邑侯

梁慬。字伯威北地弋居人度遼將軍

張騫。漢中人中郎將封博望侯

李廣利。李夫人之兄貳師將軍

傅介子。北地人封義陽侯

鄭吉。會稽人西域都護

竇固。字孟孫竇融弟子衛尉封顯親侯

班超。字仲叔班固弟射聲校尉封定遠侯

耿秉。字伯初耿弇弟國子度遼將軍封美陽侯

耿恭。字伯宗耿弇弟廣子長水校尉

班勇。字宜僚班超子西域長史

李息。郁郅人大行

趙充國。字翁孫隴西上邽人後將軍衛尉封營平侯

馮奉世。字子明上黨潞人左將軍關內侯

馬防。字江平馬援子車騎將軍封潁陽侯

龐參。字仲達河南緱氏人太尉

虞詡。字升卿陳國武平人尙書令

皇甫規。字威明安定朝那人護羌校尉壽成亭侯規與張奐段熲世謂之涼州三明

中華民國二十二年十一月初版

平

（35642精）

大學叢書（教本）中國古代史一册

每册定價大洋叁元

外埠酌加運費匯費

著作者 夏曾佑

發行人 王雲五 上海河南路

印刷所 商務印書館 上海河南路

發行所 商務印書館 上海及各埠